雨花台年鉴

2019

YUHUATAI ALMANAC

南京市雨花台区地方志编纂委员会　编

方志出版社
Publishing House of Local Records

图书在版编目（CIP）数据

雨花台年鉴. 2019 / 南京市雨花台区地方志编纂委员会办公室编. —北京：方志出版社，2019
ISBN 978-7-5144-3864-2

Ⅰ.①雨… Ⅱ.①南… Ⅲ.①区（城市）—南京—2019—年鉴 Ⅳ. ①Z525.34

中国版本图书馆CIP数据核字（2019）第273812号

雨花台年鉴（2019）

编　　者：南京市雨花台区地方志编纂委员会办公室
责任编辑：王　俊
出 版 人：冀祥德
出 版 者：方志出版社
地址　北京市朝阳区潘家园东里9号（国家方志馆4层）
邮编　100021
网址　http://www.fzph.org
发　　行：方志出版社发行中心
电话（010）67110500
经　　销：各地新华书店
印　　刷：南京顺和印刷有限责任公司
开　　本：889×1194　1/16
印　　张：23.75
字　　数：540千字
版　　次：2019年12月第1版　2019年12月第1次印刷
印　　数：001～650册
ISBN 978-7-5144-3864-2　定价：198.00元

南京市雨花台区地方志编纂委员会

主　　任：张连春

副 主 任：郜叶红

委　　员：张亚军　黄伟国　朱盘江　钱　军　翟高峰　张苏海　俞　蓉　许　慎　尹　宏
徐美如　朱天燕　刘善海　程道伟　宋海红　贾乐实　梁　汶　戴　俊　王瑞荣
魏　平　蒋朝晖　褚堂琴　李君毅　张　波　祝　怡　张　峰　姜莱斌　刘　佳
伍葵阳　赵　勇　赵　冉　刘建功　郑诗宁　陈志康　陶龙波

办公室主任：俞建宁

雨花台年鉴编辑部

主　　编：俞建宁

执行主编：李　静

编　　辑：杨静珺　张　玄　陈佳佳　王守玲　张晓华

装帧设计：张南海

主　审

戴华杰　中共南京市雨花台区委书记

张连春　南京市雨花台区人民政府区长

杨　明　南京市雨花台区人大常委会主任

黄唯佳　政协南京市雨花台区委员会主席

郜叶红　南京市雨花台区人民政府副区长

雨花台区政区图
京沪高速铁路
江北新区
长江五桥(在建)
长
建
洲
金陵凤凰台
G42
G25
绕城高速公路
浦口区
兰花立交
长江三桥
大胜关桥
双闸桥
大胜关长江大桥
三桥湿地生态园
水利公园
天后
西寇
G42
板桥河闸
国睿金陵大酒店
板桥河大桥
史村桥
天保桥
板桥汽渡
雨花汽贸园
天保
弘阳装饰城
刘村立交
江苏三鸿食品
中兴大桥
明发工业原料城
宏图高科产业制造基地
江苏洋河酒厂研发中心
雨润食品集团
城南污水处理厂
雨花经济开发区
雨花经济开发区管委会
凤集大桥
古雄
柿子树
华江船舶修造公司
三山
近华
板桥
板桥小学
板桥医院
板桥
G42
古雄站
板桥中学
三山矶路
磊博石材市场
板桥装饰城
板桥新城管委会
梅利达特种材料厂
上海梅山钢铁集团
梅山第一中学
花生唐
莲花湖公园
新林
梅山第一小学
金地自在城
上怡新村
梅清苑
大方
梅山
古雄小学
梅山宾馆
新建
绿洲
绿洲机器厂技工学校
江宁河闸
十四号路
汪海国际大酒店
殷富
中兴路
梅山医院
孟水桥
双学桥
孙家中学
孙家
老盛大桥
宁芜铁路
宁芜高速公路
G42
永安
江宁
子母洲

南京市测绘勘察研究院股份有限公司　编制　　审图号：宁S（2017）025号　2017年9月

编辑说明

一、《雨花台年鉴》是由南京市雨花台区人民政府主办、南京市雨花台区地方志编纂委员会办公室编纂的综合性年度资料文献。其前身为创刊于2004年的《雨花年鉴（2001—2004）》，2017年更名《雨花台年鉴》。本刊为第16卷。

二、《雨花台年鉴（2019）》以马克思列宁主义、毛泽东思想、邓小平理论、“三个代表”重要思想、科学发展观、习近平新时代中国特色社会主义思想为指导，坚持辩证唯物主义和历史唯物主义的立场、观点和方法，全面、系统地记述和反映2018年雨花台区自然、政治、经济、文化、社会和生态建设等方面的基本情况，以及与本行政区域密切相关的内容，为各级领导决策提供参考和依据，为社会各界人士了解和研究雨花台区提供基本资讯。

三、《雨花台年鉴（2019）》记述地域范围以现行雨花台区行政区划为界，一些发生在外地但与雨花台区关系密切的信息亦予记载。为避免与国家风景名胜区“雨花台”产生歧义，部分文献材料中采用区域名简称“雨花”。

四、《雨花台年鉴（2019）》记述起迄时间为2018年1月1日至2018年12月31日，为便于读者查阅和了解事物的完整性，对于跨年度的个别重大事项仍予简略记述。政府工作报告为跨年度记述。因行政区划未发生变动，本卷雨花台区政区图沿用2017年审图号地图。

五、《雨花台年鉴（2019）》按分类编辑法，设类目、分目、条目3个层次，部分分目下设副分目，条目为记述的基本层次。不同层次标题以不同字体字号标识。卷首设专题图片、特载、大事记，主体部分设雨花台区概览、中国（南京）软件谷、科技创新、区域经济、人居环境、文化旅游、公共服务、机关团体、法治・军事、街道・园区、人物・荣誉11个类目，卷末设附录、索引。与2018卷相比，本卷框架调整了部分类目、分目名称。根据记述需要，部分交叉内容采用参见法，延伸说明采用链接法。

六、雨花台区内园区管理体制特殊，中国（南京）软件谷整体属于雨花台区范围，为南京市委市政府的派出机构，委托雨花台区委区政府管理，雨花台高新区与中国（南京）软件谷合署办公，本刊单列设为类目。雨花经济开发区由雨花台区直接管理，板桥新城实行街道化管理，与街道并设为“街道・园区”类目。

七、本刊年鉴资料由雨花台区级机关各部门、驻区企事业单位等提供，经主管负责人审核，区四套班子领导审查。组织机构及负责人名单由区委组织部及相关单位提供并审核，大事记由区档案馆提供，统计资料由区统计局提供。由于统计口径、方法、时间不同，部分数据有差异，使用时请以权威部门数据为准。

八、为方便读者检索，《雨花台年鉴》卷首设目录和英文总目，卷末附索引。索引采用主题索引，按主题词首字汉语拼音字母顺序排列。

印象雨花

雨花魂——雨花台烈士就义群雕　（区委宣传部　供稿）

雨花祭——和平鸽飞翔在雨花台烈士纪念碑前　（区委宣传部　供稿）

雨花台——融入主城的雨花台区及雨花台风景区　　（区委宣传部　供稿）

雨花石——象征雨花英烈的红色雨花石 （区委宣传部　供稿）

雨花茶——春茶采摘季的雨花台烈士陵园雨花茶园 （区委宣传部　供稿）

雨花思——忠魂亭上眺望雨花台烈士陵园纪念馆

（区委宣传部　供稿）

雨花念——清明时节的红色雨花台　　（区委宣传部　供稿）

雨花山——将军山风景区观音台
（区委宣传部　供稿）

雨花水——铁心桥街道尖山安塘凹水库　　（区委宣传部　供稿）

雨花根——金陵南大门雨花台区　（区委宣传部　供稿）

雨花神——花之神守望花神渡桥　（区委宣传部　供稿）

雨花阁——古金陵四十八景“雨花说法”遗址 （区委宣传部 供稿）

雨花象——牛首山北坡的圣象广场 （区委宣传部 供稿）

雨花云——ZTE中兴全球云计算中心　　（区委宣传部　供稿）

雨花虹——赛虹桥立交枢纽　　（区委宣传部　供稿）

雨花桥——京沪高铁南京大胜关长江大桥和南京长江大桥　（区委宣传部　供稿）

雨花眼——宏图三胞总部　　（区委宣传部　供稿）

雨花脑——中国（南京）软件谷科创特区超级云　　（区委宣传部　供稿）

雨花人——SAP休闲时光 （区委宣传部　供稿）

雨花红——新人幸福时光 （区委宣传部　供稿）

雨花韵——板桥新城 （区委宣传部　供稿）

Five cities to build together

五城共建

●现代产业城

7月16日，2018年南京市雨花台区重大项目集中竣工现场会　（软件谷 供稿）

9月3日，第14届中国（南京）国际软件产品和信息服务交易博览会重大项目签约仪式现场　（软件谷 供稿）

华为三期 （软件谷 供稿）

中国（南京）软件谷夜景 （区委宣传部 供稿）

●科技创新城

南京证大喜马拉雅中心　　（区委宣传部　供稿）

中国（南京）软件谷创业创新城　　（软件谷　供稿）

南京大数据产业基地 （软件谷 供稿）

南京科技馆 （雨花街道 供稿）

●特色枢纽城

南京南站　　　　（区志办　供稿）

卡子门立交枢纽　　　　（区志办　供稿）

三桥交汇——南京长江三桥、京沪高铁南京大胜关长江大桥、滨江大道跨秦淮新河大桥汇合处

（区委宣传部　供稿）

●红色文化城

1月5日，雨花台烈士纪念馆重新对外开放　　（雨花台烈士陵园管理局　供稿）

4月3日，区级机关工委组织党员干部参观雨花台烈士纪念馆　　（区级机关工委 供稿）

4月25日，区委宣传部在雨花台烈士陵园举办纪念五四“追寻信仰　传承信念”红色快闪活动

（区委宣传部 供稿）

9月28日，雨花台区在雨花台烈士陵园开展纪念第五个烈士纪念日暨2018年雨花台区英雄中队授旗仪式活动

（团区委 供稿）

●幸福宜居城

莲花湖畔 （区委宣传部 供稿）

花神湖畔 （区委宣传部 供稿）

6月1日，板桥街道在生态园举办2018年南京雨花台区亲子动漫跑活动 （板桥街道 供稿）

善行雨花 （区委宣传部 供稿）

数字雨花

行政区划面积

132.39平方千米

地区生产总值

570.99亿元

财政收入

157.2亿元

户籍人口

29.79万人

常住人口

46.39万人

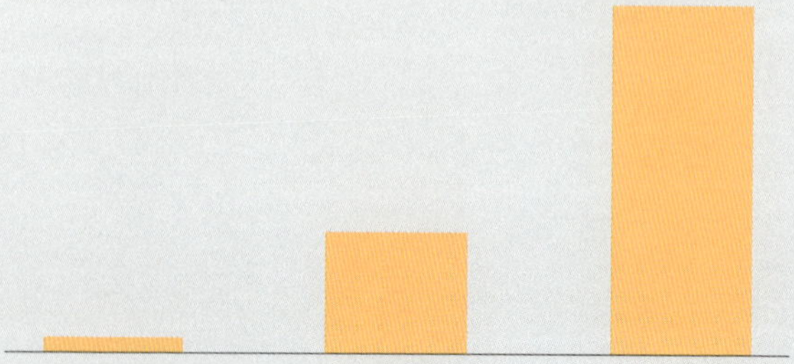

第一产业增加值

0.7亿元

第二产业增加值

85.06亿元

第三产业增加值

485.23亿元

农业总产值 1.22亿元

工业总产值 92.24亿元

外贸进出口总额 269.46亿元

城镇居民人均可支配收入

5.75万元

城镇居民人均可支配消费支出

3.33万元

社会消费品零售总额

417.3亿元

全社会固定资产投资

285.13亿元

简称、全称对照

简　　称	全　　　称
区委	中国共产党南京市雨花台区委员会
区委办	中国共产党南京市雨花台区委员会办公室
区人大常委会	南京市雨花台区人民代表大会及其常务委员会
区人大办	南京市雨花台区人大常委会办公室
区政府	南京市雨花台区人民政府
区政府办	南京市雨花台区人民政府办公室
区政协	中国人民政治协商会议南京市雨花台区委员会
区政协办	政协南京市雨花台区委员会办公室
区纪委	中共南京市雨花台区纪律检查委员会
区监委	南京市雨花台区监察委员会
区老龄委	南京市雨花台区老龄工作委员会办公室
区民宗局	南京市雨花台区民族宗教事务管理局
区关工委	南京市雨花台区关心下一代工作委员会
区文明办	南京市雨花台区精神文明建设指导委员会办公室
区委政法委	中共南京市雨花台区委员会政法委员会
区委编办	中共南京市雨花台区委机构编制委员会办公室
区级机关工委	中共南京市雨花台区委区级机关工作委员会
团区委	中国共产主义青年团南京市雨花台区委员会
区妇联	南京市雨花台区妇女联合会
区发改局	南京市雨花台区发展改革局
区住建局	南京市雨花台区住房和建设局
区科技局	南京市雨花台区科学技术局
区人社局	南京市雨花台区人力资源和社会保障局
区安监局	南京市雨花台区安全生产监督管理局
区环保局	南京市雨花台区环境保护局
区城管局	南京市雨花台区城市管理局
区交通局	南京市雨花台区交通运输局
区食药监局	南京市雨花台区食品药品监督管理局
区人口计生局	南京市雨花台区人口和计划生育局
区人防办	南京市雨花台区人民防空办公室
区爱卫办	南京市雨花台区爱国卫生运动委员会办公室
区残联	南京市雨花台区残疾人联合会

简　称	全　称
区委党史工办	中共南京市雨花台区委员会党史工作办公室
区方志办	南京市雨花台区地方志编纂委员会办公室
区文联	南京市雨花台区文学艺术界联合会
区科协	南京市雨花台区科学技术协会
区政府法制办	南京市雨花台区人民政府法制办公室
区台办	南京市雨花台区人民政府台湾事务办公室
区侨办	南京市雨花台区人民政府侨务办公室
区工商联	南京市雨花台区工商业联合会
区政务中心	南京市雨花台区暨中国（南京）软件谷政务服务中心
区征拆办	南京市雨花台区征收拆迁安置办公室
软件谷	中国（南京）软件谷
数字基地	江苏国家数字出版基地（南京园区）
国开雨花公司	南京国开雨花城市更新发展有限公司
南站综管办	南京市铁路南京南站地区市政管养与综合服务中心
区人武部	南京市雨花台区人民武装部
区国土分局	南京市国土资源局雨花台分局
区公安分局	南京市公安局雨花台分局
区税务局	南京市雨花台区税务局
区市场监管局	南京市雨花台区市场监督管理局
交警八大队	南京市公安局交通管理局第八大队
区消防大队	南京市公安消防支队雨花台区大队
烟草四分局	南京市烟草专卖局四分局（分公司）
梅山钢铁	上海梅山钢铁股份有限公司
梅山矿业	南京梅山冶金发展有限公司矿业分公司
南京华润	南京华润热电有限公司
中船绿洲	南京中船绿洲机器有限公司
徐工汽车	南京徐工汽车制造有限公司
南京高齿	南京高精传动设备制造集团有限公司
南京高船	南京高精船用设备有限公司
南京玻纤院	南京玻璃纤维研究设计院
旭建新材	南京旭建新型建材股份有限公司
乾元浩南京厂	乾元浩生物股份有限公司南京生物药厂
自来水板桥公司	南京市自来水板桥有限责任公司

总　目

Main Contents

目　录

科技创新

区域经济

机关团体

街道·园区

人物·荣誉

附　　录

特载

2019 YUHUATAI ALMANAC

Features

《雨花台区发展规划大纲（2018—2035）》编制出台

进入新时代，雨花台区不仅面临“决胜期”和“历史交汇期”，更处于加速转型期。新的历史起点、战略定位与规划布局将决定雨花台区未来踏上怎样的新征程。当前雨花台区在已有的发展成就基础上，必须着力弥补欠账、追赶先进，实现城市边缘区向主城区的转型。在开启雨花台区社会经济发展的“新征程”的背景下，应积极探索雨花台区发展的新动力、新模式、新路径。

雨花台区作为南京主城区的重要组成部分，应积极发展创新型、服务型、枢纽型、开放型、生态型的“五型”经济，加快经济升级步伐，加速生成新的增长极，引导雨花台区转型升级。依托软件谷产业基础优势积极发展 创新型经济，加速向智能制造转型；加快推动社会服务业发展，带动雨花台区社会经济服务水平大幅提升；发挥南京南站区域枢纽带动作用；调整经济结构，积极参与产业（特别是软件产业）国际分工，发挥比较优势；打造生态型经济，推进城市绿色发展。

基于此，2018年雨花台区编制并出台《雨花台区发展规划大纲（2018—2035）》。

该规划基期为2016年，近期2025年，远期2035年，远景展望2050年。规划范围为雨花台区全域，全区土地面积132.39平方千米，具体辖雨花、赛虹桥、铁心桥、板桥、西善桥、梅山6个街道，开发区、板桥新城2个管委会。

规划的雨花台区发展战略其内容主要为：

一、区域战略：实施区域统筹，推动雨花台区从边缘向核心转型

（一）跨境整合：与江宁、秦淮、建邺的区际统筹

基于现状分析，雨花台区与周边区际间存在如下问题：一是西南部梅山街道与江宁滨江开发区接壤区域存在跨境污染；二是东部“南部新城”区域雨花台区与江宁区存在地块管辖争议；三是北部雨花台区与建邺区“河西新城”存在规划功能割裂。由于体制性的地理界线分隔，以及跨区域政府之间缺乏相互交流与合作，跨区域的公共问题已对雨花台区产生较严重的负外部性效应。试图在行政区划内部以单一政府为对象对跨区域问题进行处理已经力不从心。

1.跨境环境治理

在西北部与江宁区的跨境污染协同的问题上，目前环保管理工作主要由区级环境保护局承担，由于各区之间利益冲突很难达成一致意见，且协调成本高，造成跨区域污染难以解决。为此，提出以下建议策略：

（1）整合上级管理机构与工作实施部门职能。将市环保部门和区县环保部门部分职能重组，形成跨区域环境治理机构，统筹跨境环保工作；

（2）强化环保治理制度设计。加强对固定源污染排污许可证管理制度，强制排污者对排放进行监测、记录和报告；

表 1　中关村、硅谷、新竹、东莞在全球信息产业链中的定位和任务

	角色定位	核心任务
硅谷	技术中心	以核心技术与产品、机制及市场引导其他区域
新竹	承接基地	承接硅谷技术和核心产品，形成 PC 制造能力
中关村	承接基地、市场门户	研发、设计及软件业承接硅谷，形成补充与配套
东莞	加工基地	承揽新竹、中关村外包业务，形成制造加工核心

（3）强化跨区域环境治理机构权责，构建多层级污染防治法律法规；

（4）建立管理信息平台，公开监测数据、排污许可证数据和管理信息。

2.边缘区发展协同

针对雨花台区与建邺、秦淮区在发展路径、规划等方面缺乏协商与沟通，造成区域功能上的相互孤立以及资源分配的失衡等问题，提出以下建议策略：

（1）打造区域地方政府联盟。在保持独立自主的前提下，让渡部分管理权限交由超地区行政边界的联盟体；

（2）制定区域战略合作规划，明确多区发展协同策略，促进区域融合互利共赢；

（3）建立区际信息交互机制，强调政府间信息互通，降低交易费用。

3.多层级治理

针对目前南部新城板块缺乏统一分配管理制度，区域内各自为政，利益争夺较为严重的现状，提出以下建议策略：

（1）建议在南部新城管理上建立起多层级治理机构，以促进府际合作共赢。

（2）建议该多层级治理机构由市级、区级、街道政府共同组成，在政府决策上采用分散决策权的措施，强调权力开放。其中市级政府负责仲裁各区不同立场，促使区域利益平衡，化解区际矛盾，并提供资金支持；区级政府负责政策的决策与协商；而街道政府负责具体实施工作。

（二）沿江竞合：提升沿江带、协同南京沿江带一体化发展

在新时代国家沿江发展战略的要求下，作为国家经济发展的极核，长三角地区在沿江产业布局与区域协同发展上不断强化竞争。围绕扬子江城市群与环杭州湾大湾区间的城市群、城市带规划布局是长三角地区未来发展大势所趋。而作为南京市融入沿江区域发展的重要节点，雨花台区亟待强化沿江地区的功能与产业结构，促进南京市沿江区域的一体化协同发展。

（1）建议以沿江交通“动线”及慢行绿道走廊“绿线”串联目前相对孤立的功能区块，加强沿江各功能板块间的互通互融。具体策略建议包括：

交通上，宜强化沿江西南—东北向的交通密度，疏通港口与企业在空间上的交通壁垒，避免沿江区域仅成为整体产业功能的输送“终端”；

绿道布局上，宜结合未来雨花台区西南部梅山钢铁搬迁的契机，组织沿江慢行绿道走廊，与秦淮新河沿岸绿廊进行串联。依托绿廊逐渐改善长江沿岸城市环境风貌，并进一步打造沿江生态休闲岸线，提升沿江区域整体功能结构。

（2）沿江带产业升级。建议沿江产业带向互联网服务、数字新媒体产业和服务外包产业

等新兴生产性服务业领域进行转型。在此基础上,宜重点建设高标准枢纽商务区、加强与腹地客运通道的建设,形成东南科技创新示范带。

(三)内部聚合:建设现代化空间治理体系

在雨花台区的全域一体化建设上,建议雨花台区构建以未来城市增长极核为骨架的区域核心体系,依托公共交通体系发展多中心功能结构的模式,内部聚合实现强核心驱动。具体形成以板桥新城、经济开发区、软件谷等功能的多中心板块结构,通过地铁、快速路等城市快速通道网络串联各核心,并建设副中心实现区域功能互补。

同时基于南京市空间整体框架,结合"雨花"自身空间特征建设张弛有度、职权明晰、协同高效的现代化空间治理体系。在区域城乡关系发展上,城市与乡村环境均应采用低扩张、内涵式的发展模式,保持城乡间相对稳定的空间边界,城乡沿着各自的路径分别寻求可持续发展。具体措施包括:

(1)构建合理、动态且可控的建设用地指标;

(2)划定近、中、远期空间增长边界,完善"刚性+灵活"的空间管制分区;

(3)建设全域统筹协同规划模型,包括用地协同、空间管制协同、居住体系协同、产业协同、设施协同;

(4)建设基于城乡差异的政策分区,引导城乡协调发展。

二、产业战略:培育新型产业,构建传统与现代共生共荣产业体系

(一)构建软件信息产业"全产业链"

1."全产业链"理想模式

把握新兴产业风口,以具备优势的软件信息产业为龙头,构建"全产业链"。以雨花台区信息产业为主导,改变软件研发与相关服务"一枝独秀"的现状,发挥其对外及对内的联系和带动效应,在全区构建软件产业"全产业链"。通过资源共享,降低生产性服务业成本,提高整体竞争力。

对外,从"闭门造车"向全球信息产业链靠拢。首先在小区域内积聚信息产业的核心竞争力,明确信息产业重心,同时强化对外联系,从而融入现有的"中关村-硅谷-新竹-东莞"全球软件信息产业链。在此全球产业链中,确立雨花台区的具体定位为:全球层面的承接基地,全国层面的研发中心,北京中关村的对接门户,苏南区域软件信息产业的科创中心。

对内,推动软件信息产业从单一产业向"全产业链"质变。结合雨花台区本地产业特色,构建理想产业链模式。一方面,由软件研发带动技术链完善,包括服务外包、商贸服务、应用软件、创意产业、创业孵化等,基于此结合本地资源,通过设计和实施,进一步拉动旅游产业、文化产业、新经济的发展,推动智能制造,发展电子商务等;另一方面,由软件产业提升就业机会、完善配套服务,拉动人才链,发展配套居住,带动商业地产及中介服务,同时提升生活服务业,包括休闲娱乐、教育服务、医疗服务等。

2.从单一产业到"全产业链"的发育路径

从单一产业逐步向"全产业链"发展。空间布局上,依据产业特性集群发展,完善软件谷北园,拓展南园,更新西园。其中,北园聚焦优势产业现代通信和公共服务平台,依托园区现代通信产业的优势,加紧引进和布局公共技术服务、人才服务、创新服务、交流合作、投融资等

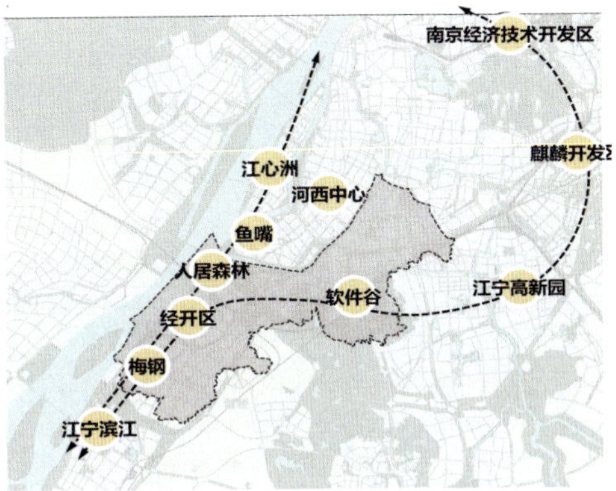

南京雨花台区沿江带分布图

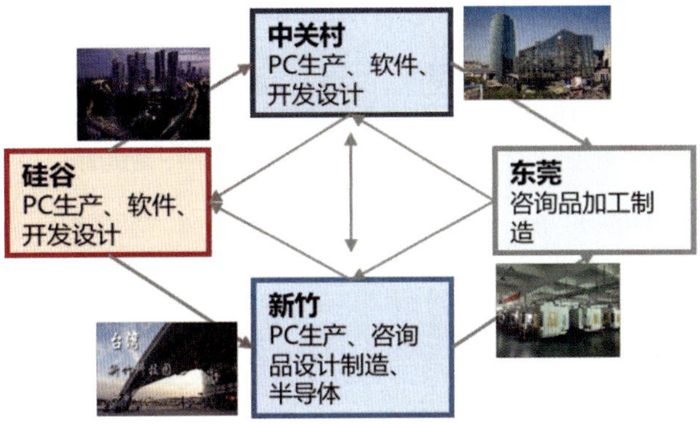

中关村、硅谷、新竹、东莞信息产业联系

服务，打造全国领先的软件产业公共服务平台，提升全球的竞争力；南园专注高端研发，引进国际软件产业研发总部，打造国内一流的云计算技术研发中心和产业拓展基地、国际软件企业研发总部集聚区，引进和研发人工智能等高端新兴产业，可利用地缘优势，与南京的高校合作共建创新平台；西园集聚初创平台，建设全国一流的数字服务产业基地和适合初创孵化的创新创意集聚区。完善产业体系，统筹整合生产网络，明确产业分工，增强产业联系，尽快实现“全产业链”空间图景。

进一步完善“全产业链”支撑条件。配套设施上，改造城中村和低效工业用地，通过推动城区空间优化，实现土地集约增长，从而在各集居区增强生产和生活配套设施，完善片区功能；交通上，完善交通路网，梳理干道道路系统，合理利用低等级分流道路，形成完善的路网级配，加强轨道交通建设，串联各区，加强各片区通达性。

在空间拓展的同时，加强政策支撑，进一步推动产业补充与整合。建议主动打造产业资源聚集平台，引导企业集聚，“为企业选址”；增强空间引导，加速上述产业集聚；积极引进人才，推出住房、租房优惠等一系列吸引人才的措施；组织专业团队，委托运营，推行市场化的运作机制。

（二）加强传统优势产业发展

1.雨花台区“工业 4.0”模式

顺应“工业 4.0”的趋势，立足“创新驱动、质量为先、绿色发展、结构优化、以人为本”的基本方针，坚持“市场主导、政府引导，立足当前、着眼长远，整体推进、重点突破，自主发展、

创新空间特征与案例

表 2

	特　征	载　体	案　例
创新空间 1.0	产业导向，产研合一	开发区、高新区（大空间）	硅谷、筑波科学城、天津滨海新区
创新空间 2.0	研究导向，产研分离	科技园、孵化园（大空间 + 专门空间）	生命科学园、中关村软件园
创新空间 3.0	以用户为中心、以社会实践为舞台，共同创新、开放创新	城市 + 互联网（大空间 + 专门空间 + 小微空间）	中关村创业大街、深圳柴火空间

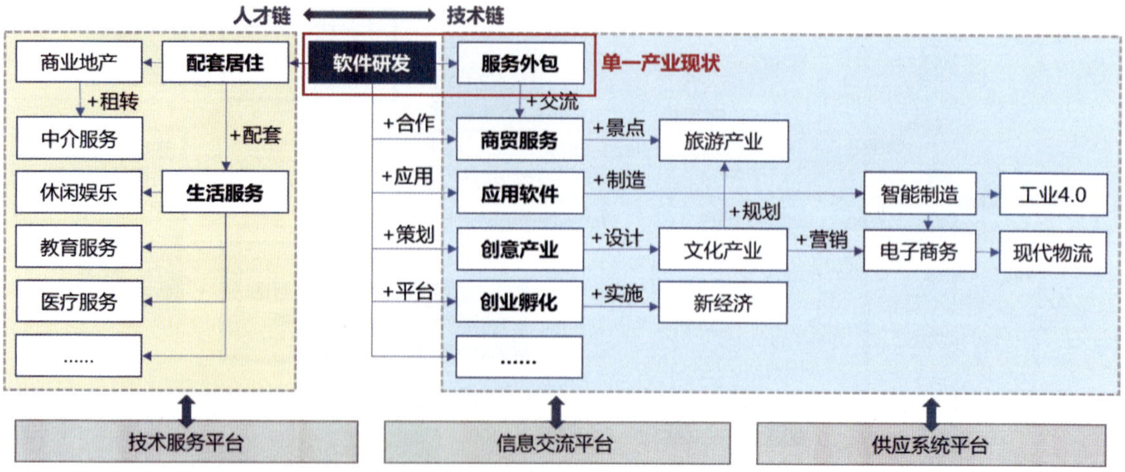

雨花台区信息产业“全产业链”理想模式

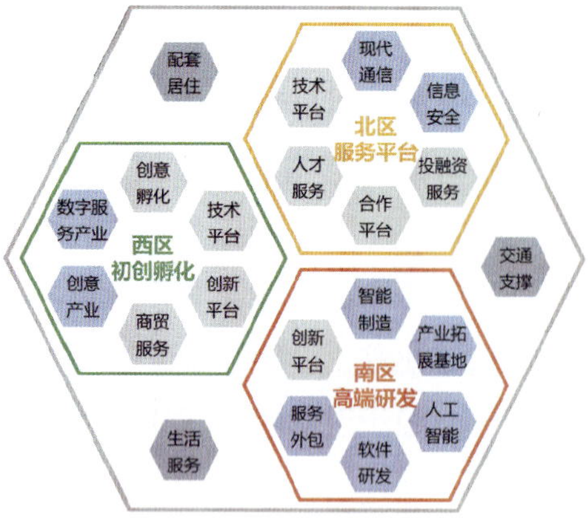

雨花台区软件谷“全产业链”
空间布局示意图

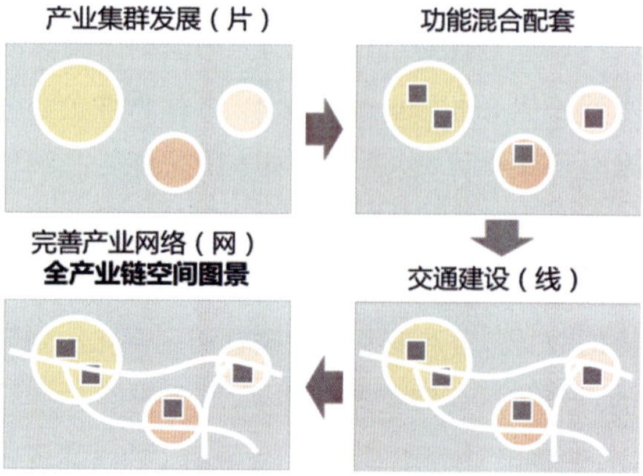

从单一产业到“全产业链”的空间拓展路径

开放合作”的基本原则，依托雨花台区现有的《中国制造2025》重点领域中的交通运输装备制造、专用设备制造、电子机械制造等领域，通过企业高端化、产品生活化两条转型路径，加快推进雨花台区传统制造业向“智造”转型。

2.雨花台区“工业4.0”实现路径

推进大型企业实现生产智能化突破，向高端化转型。优化提升先进“龙头企业”，以壮大支柱产业为重点，做强先进产业的高端环节，引导汽车制造、专用设备制造、生物医

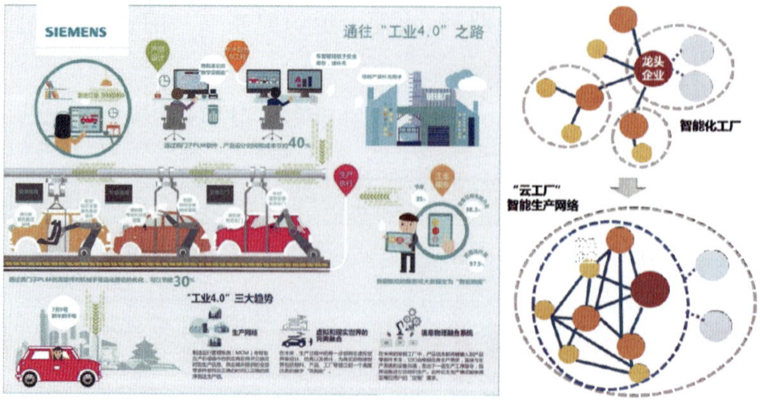

西门子展示的工业4.0模式和工业4.0路径示意图

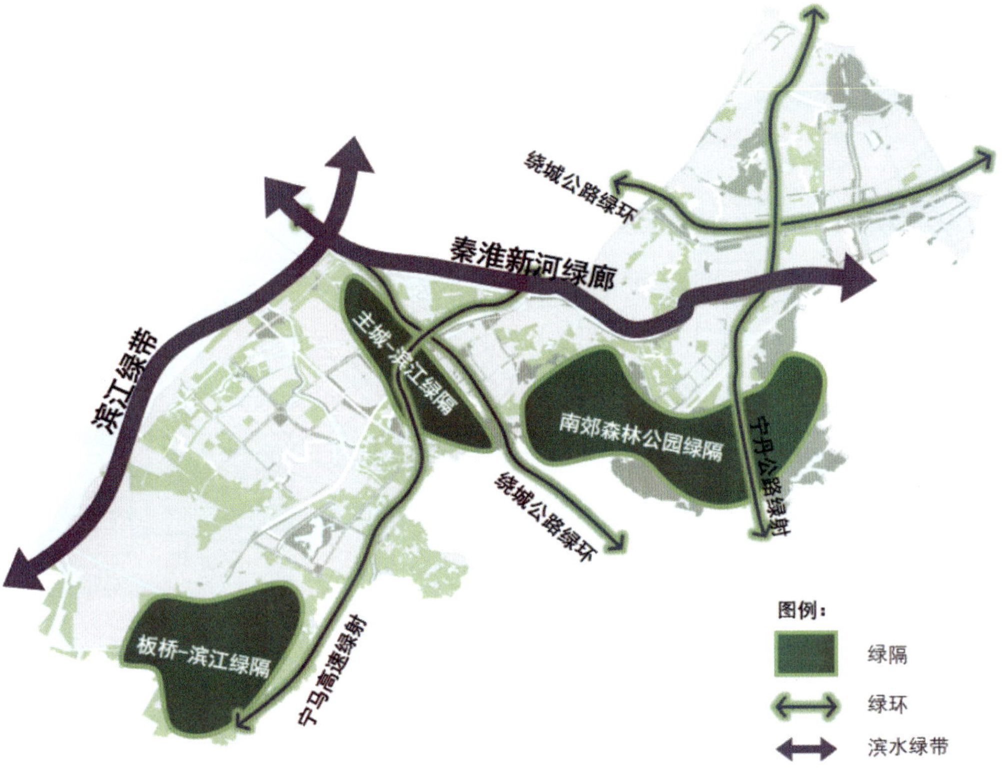

雨花台区开放空间体系示意图

药、电子机械等产业向高端化转型，实现生产智能化突破。

鼓励中小企业实现产品个性化突破，向生活化转型。利用"龙头企业"，积极引导家具制造、纺织与服装服饰等产业向生活化转型，实现产品个性化突破。

同时，提高生产工艺，建设"智能化"工厂，整合生产网络，引导各企业集成生产，实现"云工厂"，并加强运营管理的配套措施，对转型企业的产、供、销、人、财、物等各环节实行监管，并提供信息咨询和供应服务。强化综合服务体系建设，提升公共服务资源承载能力。从侧重实体建设转向提升南京超级云计算中心、SAP 中小企业服务云等建成平台的运营服务效益。在技术、流程、标准、业务发包等方面强化与园区内业务相同（近）中小企业的合作与分享，形成以大企业带动小企业的创新链和价值链，和以龙头企业带动、中小企业共同发展的良性产业文化。

（三）加强城市创造力，孵化和引导新经济发展

1.建设孵化平台，引导新经济

建设孵化平台，借鉴创新工场，提供孵化场所，打造一批有本区域产业特色、全国知名的新业态小微企业创业孵化基地，引进有影响、资源多、模式新的新型众创孵化平台，注重引进市场化的天使投资，鼓励发展"基金投资+孵化服务"的新型孵化模式。对早期创业者提供物业、技术、管理咨询、人力、市场开拓、法律、政策支持、网络连接等一系列全方位的服务和创业平台，帮助早期公司顺利启动、快速成长。推动各类创新孵化载体与

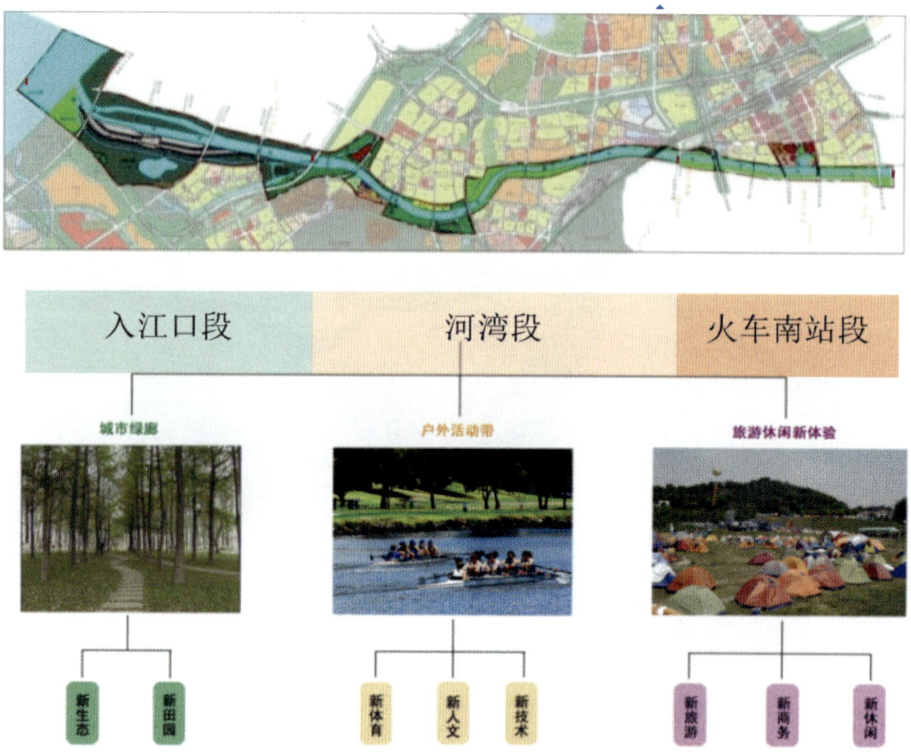

秦淮新河分段概念规划图

新型创业服务机构开展深层次合作，搭建创业者交流平台，为创业者及时提供更丰富的政策和行业讯息，帮助其积累创业经验、寻找合作伙伴。

2.加强城市创造力，助推创意产业发展

加强创意活动载体建设，在交通便利、环境优美、相关产业较发达的青年人才聚集片区的公共空间、信息产业集聚的科技园区、高校周边等区域重点建设，改造现有文化空间，推动城市创意空间形成。大力发展创新产业，如承办创意集市，举办艺术展览和艺术家工作室，开设美术工作坊、表演工作坊，举行文化艺术节活动等。

创新空间植入，公共空间取代园区成为创新最重要载体，应创建以人为本的公共化、品质化、便捷化、多元化、小微化的创新空间。

三、空间战略：优化空间布局，打造组团式生态型带状城区

（一）结构引领，形成组团式生态带状城市

1.形成组团式带状城市

雨花台区用地空间总体形态呈带状，北东–南西走向，南北端最长直线距离约22 千米，相对横向带状宽度约5 千米。规划应把握“雨花”带状城市形态特征，结构引领，兼顾综合条件和管治需要，合理划分组团，充分发挥山水生态空间资源价值与城市建设用地交互形成有机串联的组团式生态带状城市格局。

2.城市开放生态空间体系的构建

构建开放空间体系，将交通作为其骨架进行构建，与此同时在文化氛围方面引入创新理念，营造用有其合适氛围的空间，来满足空间开放体系的完整性。

依托特色绿道，以蓝绿网络和交通廊道为骨架，串联雨花台区创新空间、文化空间以及交往空间，形成组团式带状开放空间体系。改造长江岸线与秦淮新河等水绿系统、建造城区核心公共空间，提升雨花台区公共环境品质，营造兼容并蓄的城区文化氛围，打造开放共享的创新环境。

（二）强心塑核，梳理门户和中心功能

1.充分发挥南站副市级商业中心增长极功能

南京南站中心是华东地区综合性交通枢纽地区、南部新中心的重要板块之一、枢纽型商贸商务综合片区和南京城市的标志性门户。未来南站中心作为“雨花”强劲增长极应充分发挥其在商业、商务、文化等方面综合服务和经济辐射功能，强化彰显南京形象的门户之城的定位，成为在长三角乃至华东具有影响的现代服务业中心，并以自身发展动力拉动雨花台区特色产业经济全面升级。

2.强化雨花台区中心体系功能

结合雨花台区以秦淮新河和中部山体绿楔为分割的空间特征，须分别布置主城片区和大板桥片区两个地区级中心体系，强化中心体系对城市空间发展的拉动作用，基于中心体系合理布置公共服务和商业服务设施，以求助力化解“雨花”南北不均衡所带来的社会经济问题。

3.依托中心服务提升居住品质

围绕雨花台区中心服务体系的构建同时，应特别注重落实居住品质提升，提升居民实际获得感。一方面需以点带动提升社区品质，完善商业设施；另一方面以面覆盖完善居住空间，并且循序渐进进行住房改造，点面结合，依托中心服务有效提升居住空间品质，具体而言：

（1）打造设施完善的标志性居住空间：不同邻里根据空间、居民特点划分不同特色空间，对于高密度低设施的保障性住房与经济适用房，进一步完善基础设施，保证公共服务中心的覆盖范围。

（2）循序改造住房，使住房品质化：对于小产权房进行质量评估，明确产权归属，对于低质高危的房屋进行妥善拆除。对于城中村等改造项目，在保障居住安全的基础上，渐进推进。

（三）城市双修，建成环境提升和生态网络织补同步

“城市修补，生态修复”理念的提出，对于雨花台区的存量用地的更新具有很强的指导意义。在现有基础上，需要进行逐步的改善，才能实现整体的改造更新。同时要保护生态环境，保证城市的生活质量。打造山水与人文交融之城。

1.城市修补，推动渐进式更新

对于存量用地，基于其不同的历史发展和未来定位，采取不同的城市修补方式，推动赛虹桥、雨花台片区老旧社区更新，推动两桥片区城中村和小产权房改造，推动板桥新城和梅山地区的工业存量更新，结合城市修补增加公共空间，改造人居环境，保护历史文化，最终实现雨花台区的整体改造和更新。

2.生态修复，建设韧性新城区

修复利用废弃地，对矿坑、工业企业搬迁后的场地等进行生态修复；整治城市水体，构建完整连贯的水绿系统，提高存量绿地品质和功能；海绵调蓄空间布局，形成大、中、小海绵调蓄空间组成的海绵体系。

四、全系统升级，重构高效绿色共享的交通支撑体系

（一）畅达都市策略

雨花台区交通系统尚处于形成过程，要

通过完善公路、铁路、水运、航空等多种交通设施，构筑综合协调发展的一体化综合交通网络。整合各类区域城市交通枢纽，形成城市区域性综合交通枢纽地区，发挥交通设施对城市功能提升的支撑作用，将雨花台区建设成为重要交通枢纽。主要从以下三方面实现交通畅达：

1.扩宽与兴建对外联通的快速道路

由于现有跨区通道不足以负担大量的过境交通和潮汐交通，雨花台区需要在纵向和横向增加快速道路网密度、宽度。

加强对外联系，建设快速路。在南北方向上，延长滨江大道，增加南北快速路网密度，缓解绕城路高负荷运行的压力。新增机场二通道与原有快速路凤台南路相接，连接河西到禄口机场。在东西向上，延长雨花台区南部的小河北路和雨花台区北部的龙翔路，加强雨花台区东西向与浦口区、河西中心及南部中心的联系。

加强雨花台区内部联系，疏通主干路。规划将原为一级公路纵贯雨花台区、分割城市空间的宁芜公路改建成城市主干路，加强雨花台区南北联系。宁丹路-安德门大街、大周路从快速路改建成城市主干路，加强雨花台区中部与北部的联系。原有的龙藏大道与新林大道向南北延伸，凤集大道向东西延伸。扩宽部分原有次干路升级成主干路，包括：南北向龙飞路、兴梅路及岱山东路，东西向龙西路。新增八条横向的主干路以及三条纵向的主干路。

2.加密缝合毛细路断头路

雨花台区的道路特征中，路网系统缺乏微循环道路（次干道与支路），使得内部联系支撑弱，要以“街区”的路网体系进行改善，形成道路交通结构与用地功能结合的利用方式，以支撑未来更大的建设开发量。

赛虹桥—雨花台组团、板桥新城组团，增加路网密度，减少对快速路的依赖。软件谷西园组团、软件谷南部组团，延长、新增路网满足新增用地需求。两桥组团根据存量用地改造情况修补内部断头路、增加道路网密度，满足更大的土地容积率和容纳量。梅钢组团根据远期发展方向选择合适的路网结构。

3.提供更加强劲的客流走廊载体

现有的轨道交通只强调满足南京南站的集散作用，而没有关注到雨花台区与主城区联系的需要。通过将轨道经由南京主城和南京南站向雨花台区内部延伸，缓解部分道路压力，密切对外联系从而减轻边缘区位的负面效应。重点新建的轨道线及其区内站点包括：

8 号线：凤台南路—雨润路—油坊桥—西善桥—板桥北—板桥—绿洲南路—梅钢

9 号线南延：足球小镇—刘村—凤集大道—九号路—板桥—花生唐广场

16 号线：花神庙—软件大道—铁心桥—银杏山庄—大定坊—梅苑南路—梅欣路—西善花园—华新路—花生唐广场—板桥东—板桥南—梅钢

S3 号线（宁和城际）：南京南站—景明佳园—铁心桥—春江路—贾西—天保—刘村

（二）乐享街道策略

通过设计完整街道与公交出行合理规划和完善人行道、人行过街设施，加强步行、自行车交通系统与居住区、公交枢纽、重要文体和商业等公共设施的无缝衔接，完善照明、标识设施建设，重点完善绿道设施建设，融入休闲、旅游、娱乐、文化、商务等理念，构建具有地方

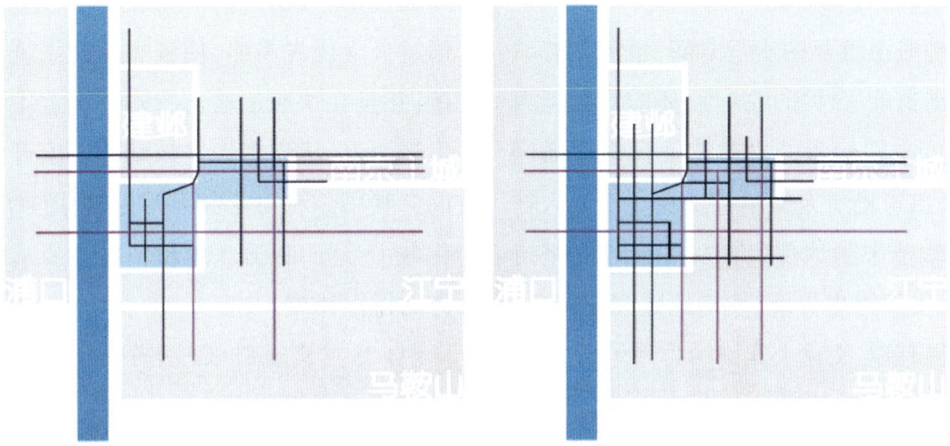

对外联通道路概念图

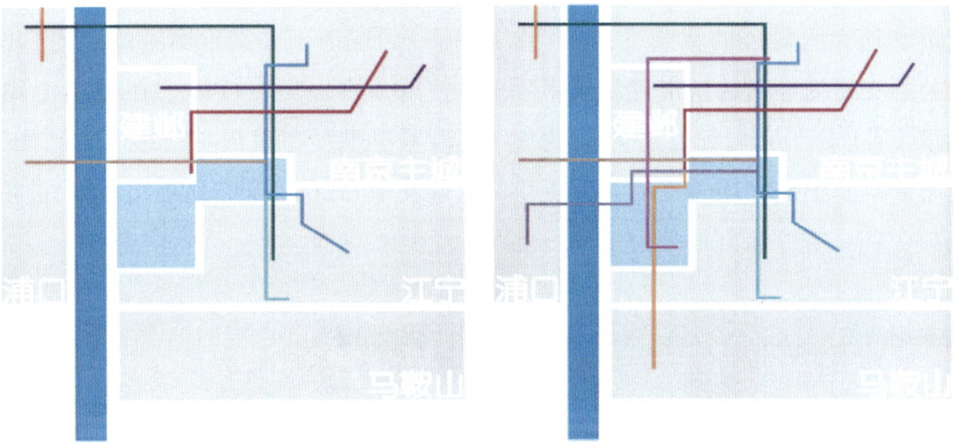

大运量交通概念图

特色、连续系统的城市步行系统。扩展城市慢行通道，结合秦淮河沿岸生态景观建设，打造绿色滨水慢行交通，加强城市、区域、社区三级绿道网络的贯通和连接。

1.打造10分钟步行圈

开发完善的步行体系，增加步行系统的可达性，提供良好的步行尺度，营造舒适、多样、安全、开放的步行系统。以宜人的步行单位设置公交站点、服务设施，提高出行便利程度。

2.实现公交设施全覆盖

公交走廊的选择要考虑以交通特征为主要依据，兼顾用地功能、发展要求、资源保护差异等要素。在大规模客流方向上增设有时间设定的公交专用道，以及增加公交专用信号灯，组织公共交通优先通过交叉口。在公交线路的中间站和首末站留有足够的站台、站场，满足停放等需求，同时方便灵活调度。

3.实现多种交通工具之间的无缝连接

各种接驳方式与车站之间无缝衔接，特别是常规公交的接驳，实现地铁与常规交通的一体化，不仅方便居民出行，也增加区域活力，促进城市发展。公共交通与机动车停车场、自行车停车场结合，形成“P+R”模式，使得出行方式更灵活。

4.打造步行友好环境

街道是城市重要的步行空间，也承载着城市文脉。街道除了注重可达性，还应对贴近人的细微尺度空间元素的推敲以及日常生活经验的关怀，追求场所人文精神所在。重视人在城市空间塑造中的地位、价值以及作用，坚持地域特色，发掘历史传统，发扬地区文化特色。让出行变得有趣，文化上充满活力和乐趣。

（三）公交都市策略

雨花台区人口密度高，小汽车主导的城市发展必然造成环境和社会发展的不可持续，而在当前轨道交通大力发展的背景下，TOD 作为一种以公共交通为导向的城市规划技术手段，提倡紧凑、混合用地布局和公共空间，为大城市结构布局以及土地利用模式的调整提供新的视角。TOD 导向下的土地交通协同，主要通过公交优先策略，使各类公交系统一体化衔接，并且在快速运输走廊附近设置主要交通发生吸引点，优先考虑并鼓励高密度开发与土地混合利用。对雨花台区而言，利用TOD 模式优化城市空间，提升土地价值将主要从以下几个方面得以体现：

1.注重交通引领，以高快速路和轨道交通引导城市发展

一是以公交走廊作为城市的发展轴，促进人口居住和就业沿公交走廊两侧集聚，构建最佳“居住地＋公交走廊＋就业地”出行组合，使70%的公交出行集中在公交走廊两侧，实现紧凑型城市发展。二是以车站作为城市的开发中心，在公交车站周边区域，进行居住、商

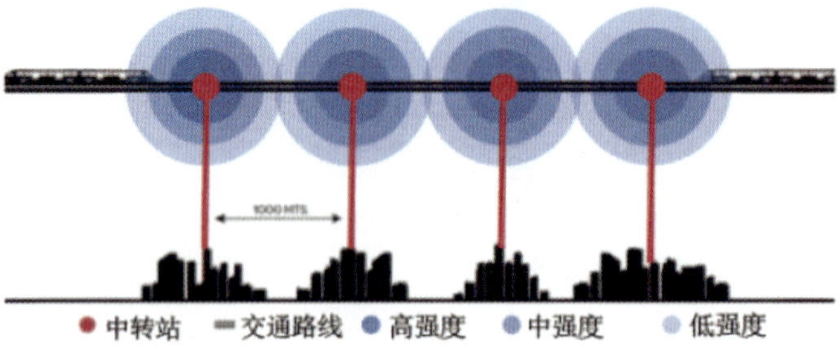

TOD 模式概念图

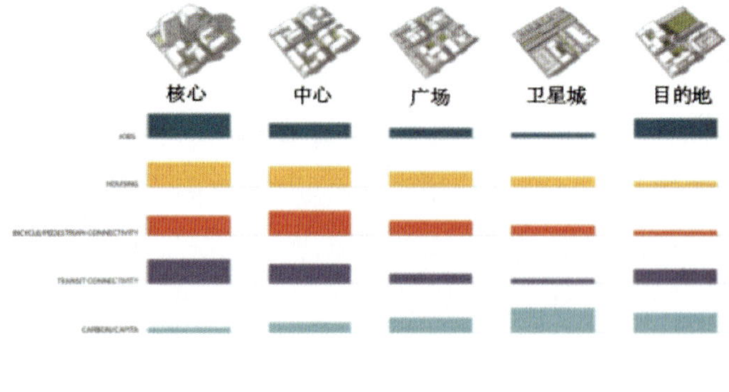

用地与交通的关系

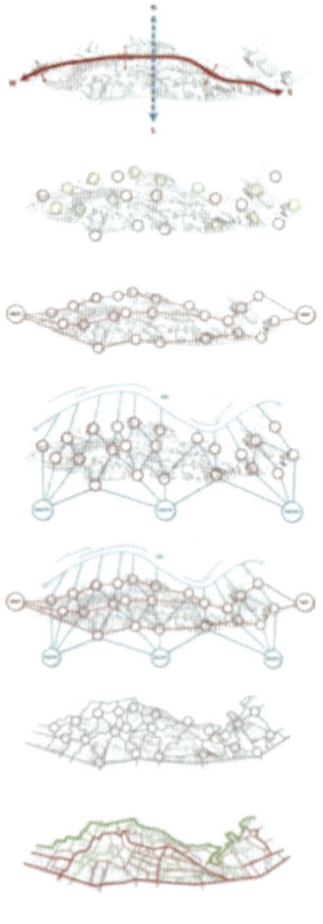

大小运量公交系统一体化图解

公交都市模式示意图

业、办公、公共设施等土地的高强度混合开发，实现城市精明增长。

2.加强交通供给

通过持续基建，建设道路交通、轨道交通和枢纽场站系统，形成发达的公交体系。

提供多样化的出行方式选择和完善的交通网络系统，便于客流的跨区流动和区内集散。

3.实行需求管理策略

通过实施“推（即对小汽车限制拥有和调节使用）、拉（即优先发展公共交通）”的策略，推动交通出行从小汽车转向公共交通。引导交通出行者绿色出行的意识和习惯，疏导道路交通压力。

五、社区策略：提升生活品质，引领全面发展的新型城镇化道路

（一）促就业增长，阶段性提升居民生活福祉

居住和就业是城市活动的两大基本功能，地方就业是城市生活的基础，反之，职住条件的提升能够更好促进地方就业发展。针对雨花台区目前存在的就业矛盾问题（尤其是在安置房片区，失业率高、灰色地带成为社会发展主要矛盾），既要深入考虑地方发展对就业的带动能力，又要通过大幅提升居住服务条件促进常住人口的集聚，进而提升城市服务吸纳就业人口的能力，阶段性提升职住水平和居民生活福祉。

1.中心带动

中心拉动就业增长，提升居民生活福祉，惠及新城发展。加大宜居环境检核，留住人才，让软及谷成为宜居宜业之城，打造南站区域商贸中心地位，吸纳全区基础服务行业人口就业，促进板桥、西善桥地区中心化就业，居民实现收入跃迁，消费能力提升，达到一定的就业增长，达到新城收入的增加。

2.职住平衡

完善生产性与生活性就业体系，实现区内职住平衡。实现区内生产，生活服务平衡，提升本地就业居住人口比重。打造小行、油坊桥，天龙寺等地区级商业、服务业项目，经济开发区产业转型升级，就业层次同步升级增加板桥、西善桥地区级商业、服务业项目建设，实质性提升新城区城市化吸引力，软件谷技术人才不断集聚，

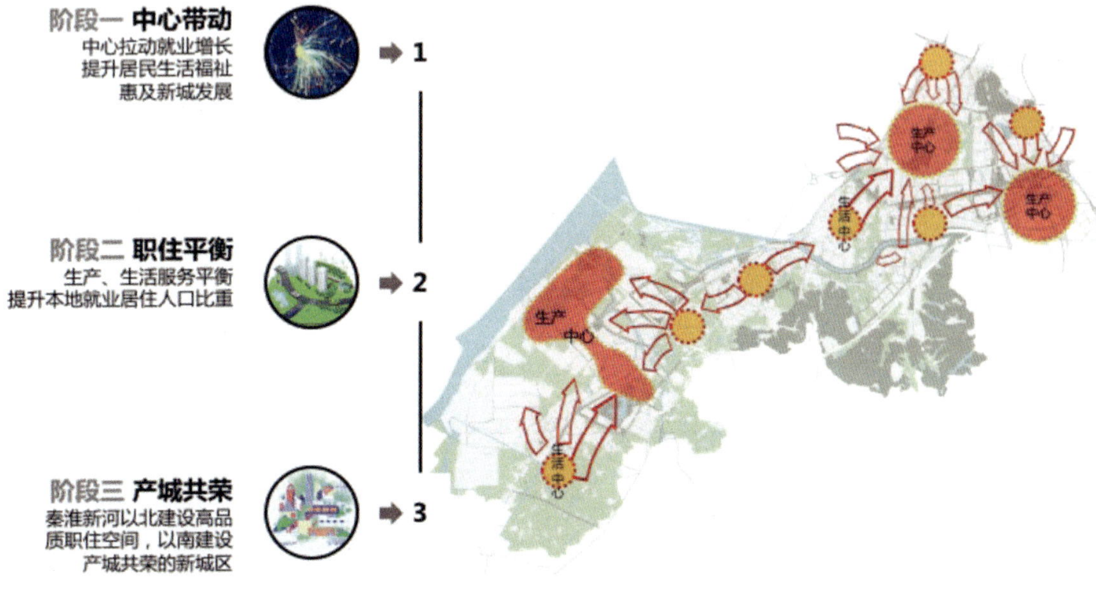

阶段性提升方案示意图

南站中心商务商贸人才就业规模不断扩大。

3.产城共荣

建成宜居宜业，魅力彰显的板桥新城。通过秦淮新河以北的高品质职住空间带动秦淮新河以南地区的产业发展和城市融合。秦淮新河以北地区由于多为软件产业结构，因而职住平衡成为发展的定位方向，重点进行高品质的职住空间打造。另一方面，由于板桥新城处于刚开发阶段，仍然是一座新城，因而应当对板桥新城进行产城共融的全新规划理念和全新手段。

（二）建设青年人才高地

1.完善建设服务，创造软件谷人才职业发展优越环境

软件谷近年来软件产业蓬勃发展，青年入驻速率不断增长。建设人才高地，满足软件谷地区青年生存发展的优越环境也成为规划关注的重点。通过政府的大力支持，开展人才培养集聚工程，实施人才倍增计划，加大引进培训力度，发挥现有人才作用；加强产业集聚工程，优化政策服务环境，提升园区国际化水平，抓好本土企业培育，完善自主创新体系，拓展平台服务内涵；创新创业工程，突出政策导向作用，大力发展众创空间，加快集聚社会资本，全力营造创新氛围；深化基础设施建设工程，健全科学规划体系，增强道路承载能力，提升园区智慧化水平，促进产城一体化。

2.有机更新营造软件谷高品质居住社区

通过对软件谷地区的深入更新，充分挖掘软件谷地区的存量用地，将低效小工业用地改成居住用地，充分利用土地价值。重新定位软件谷地区，将地区定位为高端人才居住用地，带动地方向高端化发展，从而达到软件谷居住高品质社区，塑造雨花台区高端品质住宅区的典范，塑造雨花台区新名片，激活雨花台区宜居宜业的品质提升活力。以贾西地区为例，将地区内压缩机厂、齿轮厂、马家店片区、城市森林地区作为更新用地，进行居住用地的再开发，建设高品质宜居宜业的人才家园。

（三）构建15分钟生活圈，营造老龄友好

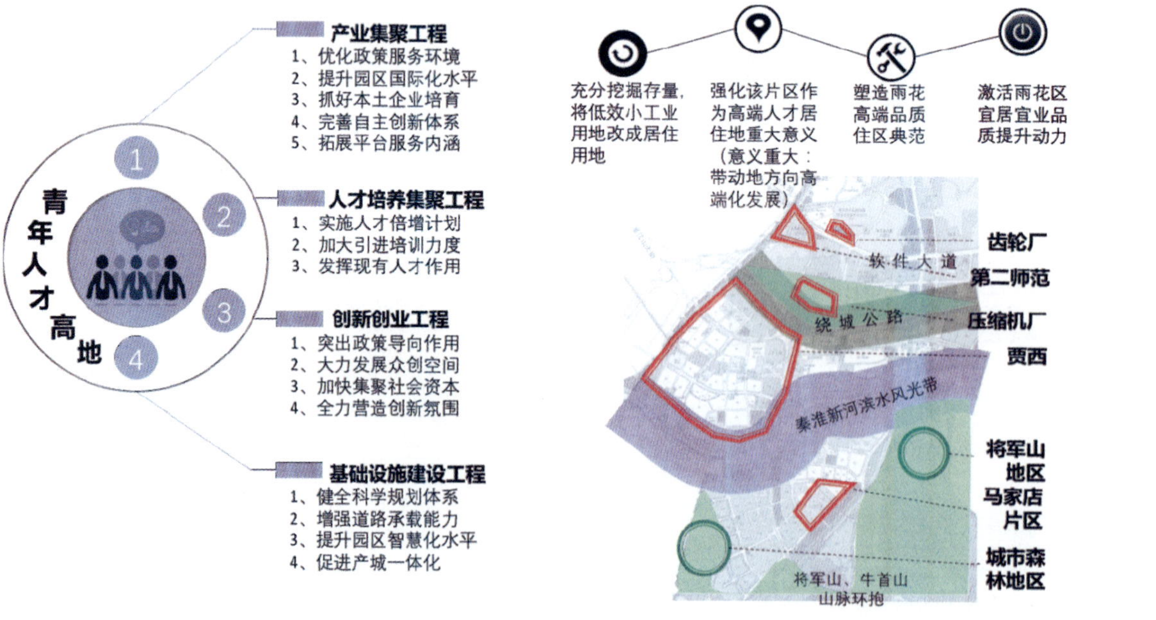

青年人才高地建设维度与雨花台区选址参考

和青年友好的高品质社区

1.结合城市更新补短板，实现公共服务均等化，打造15分钟社区生活圈

雨花台区公共服务存在分布发展不平衡的现象，主要公共服务设施分布在雨花街道等区域东北部，即秦淮新河以南地区的主城地区附近。秦淮新河以北，尤其在岱山、梅钢部分即大板桥地区，缺乏完整的公共服务设施。因此，应注重结合城市更新补足公共服务设施短板，将主城地区的高端服务的带动作用与大板桥地区的公共服务先行的推力结合，共同促进全区公共服务均等化的实现和大板桥地区的

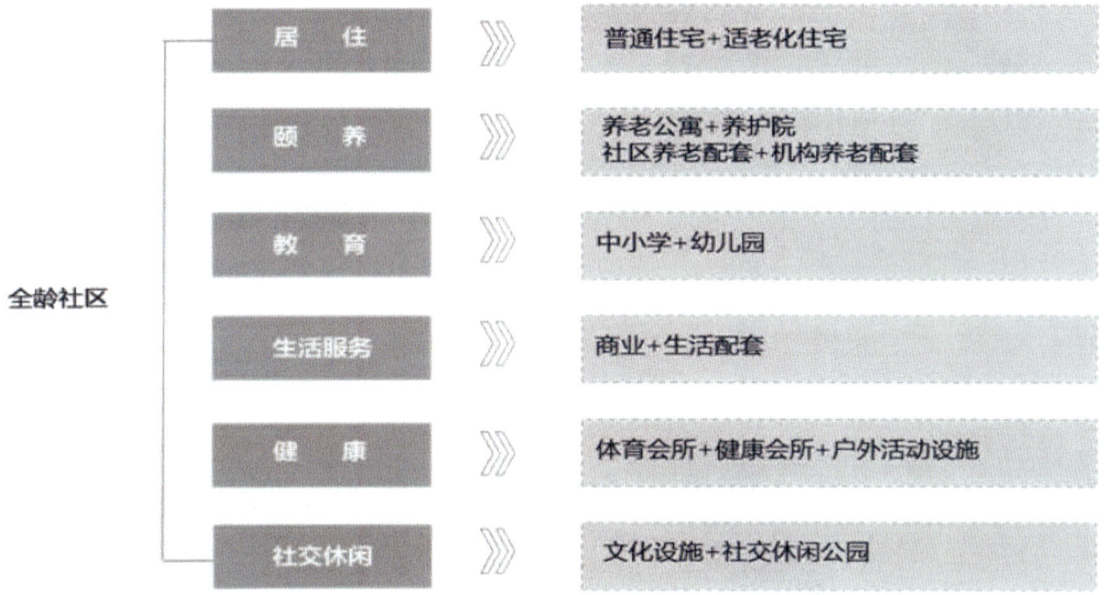

全龄社区体系示意图

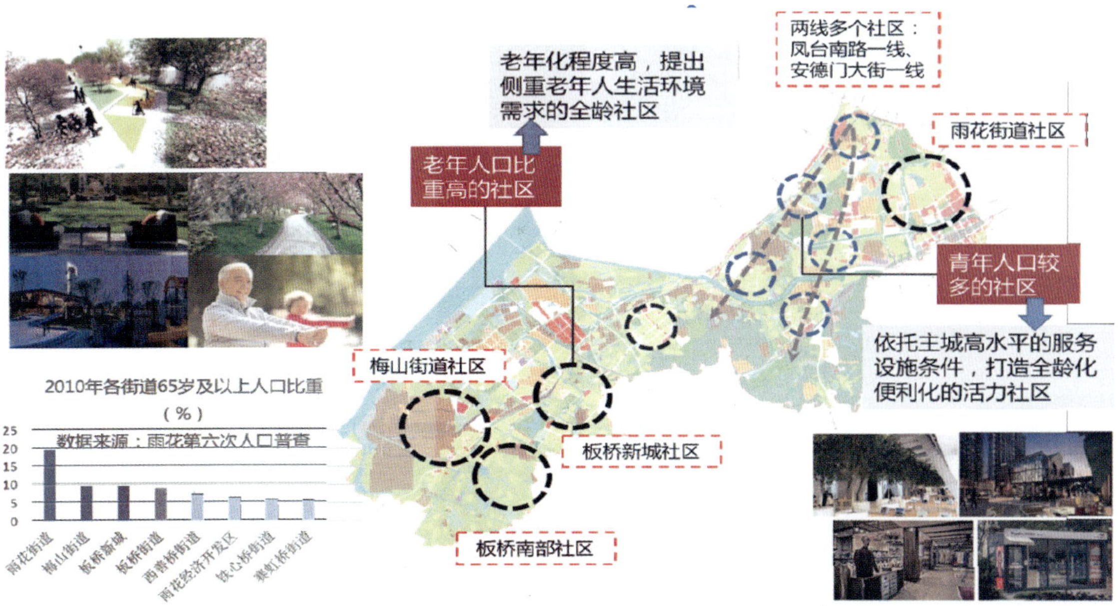

“两线多核”社区体系示意图

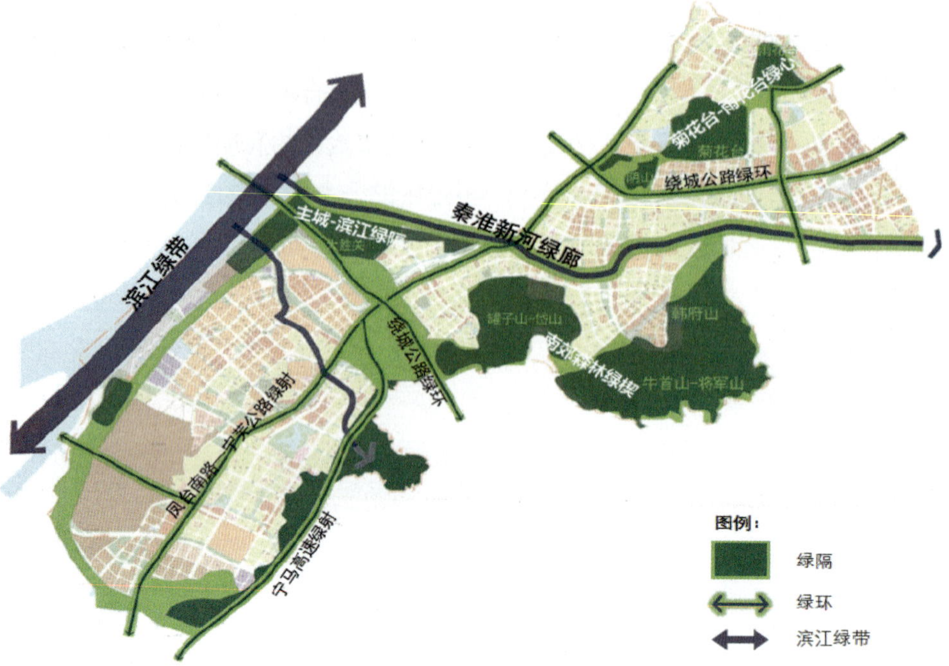

雨花台区山水格局图

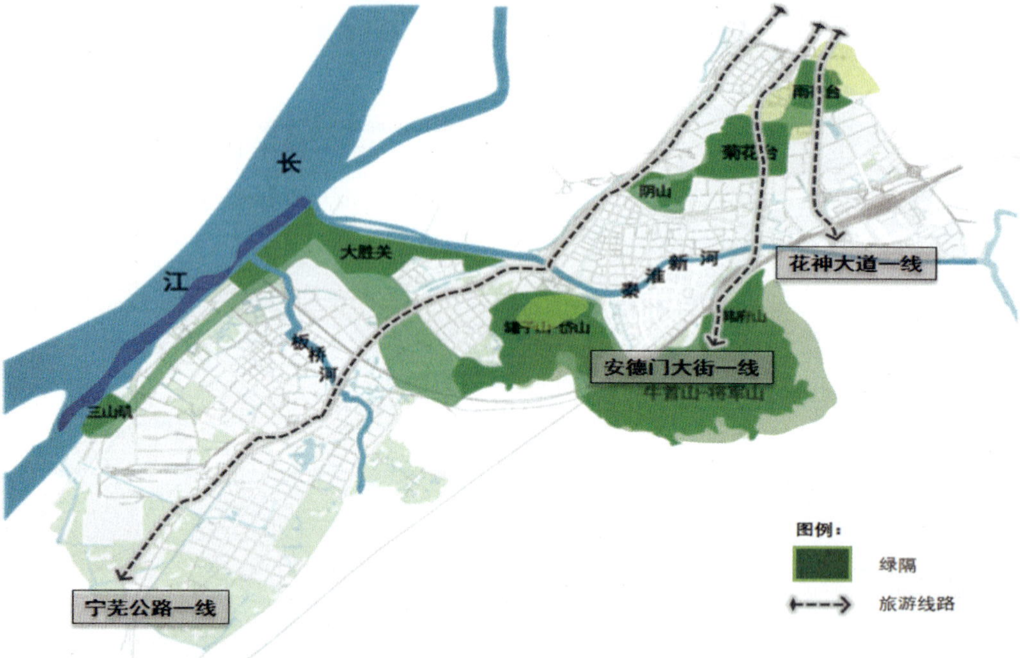

雨花台区旅游结构图

腾飞。构建“市级—地区级—社区级—基层社区级”四级公共服务体系，按照高标准、结合新趋势引导公共服务设施配置。构建基于15分钟社区生活圈的基层社区公共服务网络，为居民提供均等、普惠、全覆盖的基本福利设施。

2.因地因势利导，彰显老年、青年友好社区

服务价值

雨花台区年龄结构分布不均，存在两头重的现象。因此，针对该现象提出青年友好社区和老年友好社区。老年社区注重提升社区适宜养老程度和社会养老服务的比重，实质性的提高老年人生活质量。青年友好社区，是通过全面、便捷的社区及地方服务，满足青年生活需求，激发社区活力，提升生活品质。针对两种社区的特色，综合未来随着城市更新和产城融合的机遇提出全龄社区的概念，即通过合养老、教育、医疗等资源，提供一个解决子女教育、父辈养老、自身养老等多重需求，生产资源、发展机会、社会成果共享的宜居社区。

根据雨花台区第六次人口普查数据，雨花街道、梅山街道、板桥地区是老龄化程度高的三大地区。因此针对三大地区的老年化现象，提出侧重老年人生活环境需求的全龄社区。特别需要针对老年人特殊的生活需求，考虑到运动、休闲、医疗、购物四个方面，提出养老公共设施占比应该有所提升，应当控制在15%以上。

另一方面，由于软件谷的人才特殊性，该地区多为青年人口较多的社区，依托主城高水平的设施条件，打造侧重青年人服务需求的全龄化、便利化的活力社区。注重商业社交，建设商业轴线，布局商业中心；注重交通便利，丰富交通路网，满足居民出行；注重环境品质，完善绿化环境，改善生活质量；注重物业保障，加强物业服务，便利居民生活。

通过两种不同的社区模式，形成两线多核的社区体系，考虑以梅山街道社区、板桥南部地区、板桥新区为一核，雨花街道社区单独一核，在凤台南路一线和安德门大街一线则是建立多核心青年社区，双线协同发展。

六、生态文化策略：融合山水城林，打造生态与人文交融之城

（一）融合山水城林，勾画显山露水城市形态

雨花台区森林覆盖率26%，绿化覆盖率48.3%，人均占有公共绿地17.8平方米，远高于南京市的比例，生态基础条件优越。基于雨花台区优良的生态基底，规划重点打造秦淮新河及周边山体核心景观功能，改变两岸景观条件形成核心景观区，改变通达性，发挥将军山、牛首山对城市景观改善作用。利用雨花台区丰富的山水资源，形成“一廊一带，四轴三片”景观格局，重点提升中部、北部生活环境品质。

（二）有效开发资源，营造历史人文荟萃之城

雨花台区占有3大古墓葬重点保护区，出土文物丰富，同时也有灿烂的佛教文化、名人历史典故等，具有独树一帜的历史文化资源。规划通过用城市文脉串联都市意象，发掘历史文脉价值，塑造传统恬静的人文追求，展现雨花台区悠久历史。并通过打造软件谷“创新活力”文化品牌，为软件谷注入更多文化活力特质，彰显产业文化创新精神，体现“创新活力”城市发展内涵。突显活力的现代生活与传统文化的激烈碰撞。

（三）历史与现代对话，打造南京新兴旅游胜地

点线面结合，通过串联主要的宗教寺庙、墓葬遗址等单位，系统化完善雨花台区历史文化旅游线路，打造3条精品历史旅游线路，结合岱山公园、秦淮新河、滨江公园等节点为中心的多个新兴休闲旅游片区，形成综合的旅游景观系统。

（本章选自《雨花台区发展规划大纲》）

南京市确定雨花台区"五城共建"定位

雨花台区位于南京主城南部，经历了从城市郊区，到城郊结合部，再到主城新区的发展历程。特别是近年来，走出了一条以软件和信息服务业为主导的产业转型升级之路、新旧动能转换之路，正进入一个新技术革命背景下大变革大变局的时代，也面临着区域发展特别是区域竞争群雄并起、你追我赶的时代。如何全面落实党中央决策部署和省委省政府要求，发挥自身产业优势、区位优势和历史资源、自然禀赋，抢抓融入长三角区域一体化发展战略的历史机遇，高质量地建设"强富美高"新雨花，为提升南京省会城市功能和中心城市首位度，为建设"创新名城、美丽古都"的贡献雨花力量和雨花担当。

一、雨花台区开展"五城共建"的基本背景

党的十九大清晰描绘了未来五年乃至到本世纪中叶的宏伟目标和奋斗路径。2018年4月26日，习近平总书记主持召开深入推动长江经济带发展座谈会并发表重要讲话，对长江经济带和长三角区域一体化发展战略作了更加深刻的阐述。这些都是积极向上、有利于经济社会高质量发展的大的背景。

2017年6月，软件谷又以全省唯一软件特色园区入选第二批"国家级双创示范基地"；10月，市里专题研究"两桥"地区支持政策延长问题，明确提出结合市对区新一轮财政体制改革予以统筹考虑解决。这些国家和省、市多重战略部署叠加，都将在较长一个时期内对雨花发展产生深远影响。对标找差中，大家关注比较多的是深圳和杭州，雨花也选择了杭州的拱墅、深圳南山作为赶超区和灯塔区。客观地看，虽然软件产业是雨花的第一大支柱产业，产业规模接近全市1/2，但"独角兽""瞪羚"等高新技术企业总量不大，规模的"形"与技术的"核"还不相匹配。而且，重庆、西安等地的软件产业也呈现出新的发展态势，雨花的发展可以讲是前有标兵，后有追兵，我们要有强烈的危机感和现实的紧迫感，始终保持一股子冲劲和拼劲，向着更高目标奋发进取、不断跨越。雨花在长期发展过程中，受历史条件和传统发展模式的影响，也积累了不少深层次的结构性问题，形成了一些发展短板。比如，道路交通出行状况是制约雨花发展的重要瓶颈；优质教育资源、医疗卫生资源与群众的期盼还有一定差距。希望雨花台区进一步扬长补短，创新实干，践行新发展理念和高质量发展要求，在补短板中释放潜力。

雨花从传统郊区到城郊结合部再到主城新区，是改革开放四十年成果的缩影。进入新时代，我们推进改革的历史条件和目标任务都发生了很大变化，既要自觉向中央要求看齐，又要立足中央顶层设计下的广阔探索空间，在推动改革落地生效上发挥主观能动性，催生雨花改革新动能。加上雨花南、北区域发展不均衡，全域城市化还没有真正实现；

治水、治气、治废、治堵的任务也很繁重,尤其是梅山钢铁、华润电力去产能、降煤耗压力重重,这些问题都要靠发展去解决。但人民群众不仅对物质文化生活提出了更高要求,而且在民主、法治、公平、正义、安全、环境等方面的要求日益增长。这些新变化,要求我们牢固树立以人民为中心的发展思想,持续提高保障和改善民生水平,不断提升人民群众的获得感、幸福感和安全感。此时雨花台区的发展不能再走老路,必须忍住速度换挡和结构调整的阵痛,坚定自觉贯彻落实新发展理念,更加关注质量、效益和动力转换,向科技、人才、体制机制创新要空间。

二、雨花台区开展"五城共建"的基本优势

作为雨花台区如何对标找差,就是要把南京和全市各板块与国内先进城市、一流城市相比较,充分认识自身的优势和不足,科学把握所处阶段和发展要求,找准自己的目标和定位,不断实现全市高质量发展的突破和超越。

雨花台是身份证,南京南站是新地标,软件谷是二维码,生态走廊是肖像图,生动形象、印象深刻。这既是雨花的名片,更是雨花的优势。一是便利的区位交通。雨花作为南京的南大门,高速路网四通八达,高铁南京南站作为华东地区最大的交通枢纽,让雨花成为南京对外联系的重要平台和窗口。特别是随着宁芜铁路外绕的立项,雨花与主城割裂的局面将得到彻底扭转,人才、资金和项目也会加快向雨花汇聚。二是鲜明的主导产业。雨花是"一区一产业"最有说服力的代表,是全国最大的通讯软件产业研发基地,软件谷实力跻身国内同类软件园区前三强,成为继浦东新区之后第二个中国软件名城示范区。2017年,实现软件和信息服务业收入2210亿元,占全市比重达到40%;拥有涉软企业2040家、涉软从业人员22.2万人。三是较大的发展空间。与老城区相比,雨花拥有较大的发展空间优势。雨花秦淮新河南部地区,还有近近千公顷尚未开发利用的土地;正在加快推进的铁心桥、西善桥"两桥"改造,不仅有利于加快改善城乡面貌,也将有效推动大量低效土地"二次开发",将为承接优质产业项目腾出新的空间。四是优越的生态基底。作为南京的"绿色生态走廊",雨花山清水秀、风景优美,古金陵48景中独占10景,辖区内拥有雨花台、将军山、龙泉寺、菊花台、牛首山等各类风景名胜20多处,山水城林交相辉映,充分印证了"绿水青山就是金山银山"的重大论断。五是较强的综合实力。2017年,实现地区生产总值511.17亿元、一般公共预算收入72.6亿元,全区第三产业比重达到84.3%。我们知道,雨花历史上经历过两次区划调整,划出了一半以上的区域面积,能够做大到今天的经济总量十分不容易。软件谷已经成为全市经济发展的重要板块,软件和信息服务业收入2210亿元,分别是2012年的2.2倍、2.3倍、3.1倍,分别保持了年均16.7%、17.8%、25.4%增长速度,进入了稳步快速增长期,形成了可观的经济规模。南站高铁枢纽经济区初具规模,南站高铁枢纽经济区吸引一批总部型企业入驻,国际化的南京南部新中心初具雏形。2017年6月,雨花以全省唯一软件特色园区获批创建第二批"国家级双创示范基地";9月,软件谷继浦东新区之后获批创建第二个"中国软件名城示范区"。两项荣誉形成了雨花台区新的金字招牌。六是高效的建设管理。在全市率先完成"多规合一""一张蓝图"试点,快速启动"城市双修"工作,基本实

现规划全域覆盖。加快低效用地项目再开发，再次获评省级国土资源节约集约利用模范区。"两桥"片区积极探索政府主导、社会参与、市场运作新模式，征收拆迁、道路建设、保障房项目等重点工作有序推进，片区建设框架全面拉开，改造步入良性滚动开发阶段。中兴路北延跨秦淮新河大桥等重点工程竣工。棚户区改造推进率全市前列。环境综合整治、老旧片区整治快速推进，普德村社区首座"摩天轮"立体停车库获市领导肯定。七是优美的生态环境。大力开展"263"专项行动，持续攻坚环境薄弱环节，环境承载力进一步提升。强化扬尘污染等突出问题治理，获得省环保督察组充分肯定。重点整治成效显著，原煤消耗量控制在514万吨，当年压减74万吨，占全市近50%。强力推进梅钢片区环境综合整治，梅山9号路全线出新，建通大院整治、市土储中心地块绿化有序推进，片区整体环境明显改善。全面落实 "河长制"，高效推进雨污分流项目，高标准实施西善桥、板桥老街等防汛消险工程，实现了环境治理和生态涵养的有机统一。全区建成区绿化覆盖率49.04%，林木覆盖率30.1%。八是优化的民生福祉。大力推进民生事业改革发展提升，扎实推进为民办实事项目，民生领域投入占一般公共预算支出85%。2017年，城镇居民人均可支配收入52780元，增幅9.3%，是2012年的1.6倍，年均增长9.7%，增幅连续多年位居全市前3位。教育现代化水平不断提升，引进中华中学总部，实行一体化办学。深化"院府合作"，铁心桥社区卫生服务中心搬迁升级，获评全国卫生计生系统先进集体。家庭医生签约服务模式获得国务院督查组充分肯定。社会治理深入推进，每万人拥有社会组织数位于全市前列。深入推进平安雨花、法治雨花建设，公共安全感92%，法治满意率90%。

三、雨花台区开展"五城共建"的基本目标

第一个标志，产业标志：建成全球软件产业核心区。

软件产业是雨花的特色名片，在全市、全省甚至全国都具有较强的品牌影响力，一提到雨花台区，首先想到软件谷、软件产业，这既是多年来雨花在创新发展中积淀下来的优势，更是当前雨花推动高质量发展的机遇。未来，雨花要发挥好软件产业优势，在全球化的视野中谋划产业定位，围绕产业的"广度、深度、精度"做文章，建设全球软件产业核心区。要继续培育创新生态环境、提升创新服务水平，尤其要完善培养独角兽、瞪羚企业，做大做强规模企业，提高产业覆盖广度；要把握好对外开放的历史机遇期，主动融入"一带一路"发展战略，提高参与全球软件产业分工的深度；软件和信息服务业是全球研发投入最集中、创新最活跃、应用最广泛、辐射带动作用最大的技术创新领域，是全球技术创新的竞争高地。其中"核心技术"是研发的关键。最近中兴事件，为我们敲响了警钟。对于一个产业而言，如果不掌握核心技术，在全球产业链中将会随时遇到问题，甚至会出现技术断供的危机，如同被别人卡住了脖子，还如何谈发展？十八大以来，习近平总书记多次提到要掌握核心技术，"核心技术受制于人是最大的隐患"，"核心技术靠化缘是要不来的，只有自力更生。"现在看来，习总书记的话非常具有前瞻性。对于雨花来说，要抓住"核心技术"这个关键，加大对软件企业的扶持力度，引导企业加大对核心技术研发的投入，助力企业向产业链高端延伸，提升

产业技术的精度。

第二个标志，空间标志：建成全国城市新区样板区。

城市建设，不破不立。雨花作为城郊结合区，近年来，围绕环境综合整治、城市精细化建设管理和“两桥”地区城市更新改造等城市建设的重点，全方位落实、大力度推进，区域内城市面貌得到了进一步改善。尤其是“两桥”地区城市更新改造，为雨花的城市建设拓展了空间，也为未来的城市发展夯实了基础。下一步，雨花要充分发挥区位、生态等优势，综合考虑产业发展、城市建设管理和人居环境等诸多因素，高瞻远瞩、科学规划城市空间，建设人·产业·生态有机和谐的全国城市新区样板区。统筹各类空间资源、整合各种人文要素，重点做好道路框架、配套设施、生态环境的规划，在产城融合中提升城市功能和品质。在城市更新改造上，要提高标准、加大力度、紧盯进度，争取早日为城市建设腾挪出更多的发展空间；在空间规划上，要具有全局观念、全国视野，走出去看看，对标浙江、广东、上海等一些新区的规划建设，结合雨花自身特色、优势，树立起在全国领先的新区形象；在难点突破上，要紧盯交通薄弱环节，抓住“多规合一”“一张蓝图”试点机遇，大力推进一批道路基础设施建设。高度重视、高位协调，加快推进宁芜铁路外绕搬迁工作，改善雨花城市面貌，释放出更多的城市空间资源。

第三个标志，功能标志：建成全省服务功能核心区。

作为南京的南大门，雨花的区域位置具有得天独厚的优势，尤其是雨花地处高铁枢纽经济区，快速、便捷的高铁所带来人流、物流、信息流、资金流的高度聚集，更是为雨花发展带来了机遇。未来，雨花要充分发挥区位优势和产业优势，提高服务功能的集成度、提升服务水平的高端化、拓宽服务对象的广泛性，争取建设成为全省的服务功能核心区。重点抓好三点：进一步解放思想、深化改革。针对目前制约服务业发展的难点和热点问题，积极推进服务业供给侧结构性改革，进一步完善体制机制和政策环境，重点在产业服务、政务服务、民生服务等方面，因地制宜、探索实践，加快培育服务业的新业态、新模式，以改革促发展、添活力、增后劲；进一步发挥优势、补齐短板。雨花在软件和信息服务业方面具有得天独厚的优势，但是，在政务服务、民生服务等方面，对标浙江、上海，还有需要提升的空间；进一步先行先试、确保实效。按照国家和省市的要求和政策，全力支持试点，积极探索、先行先试，力争在全省、全国率先取得实质性突破和成功经验，发挥好示范效应。

四、确定雨花台区“五城共建”的定位

2018年5月4日，南京市委常委会集体调研雨花台区工作。省委常委、市委书记张敬华主持会议。

张敬华书记强调，会议强调，要以习近平新时代中国特色社会主义思想为指导，全面落实中共十九大精神，牢牢把握高质量发展要求，坚定不移贯彻新发展理念，传承红色基因，做强优势产业，完善枢纽功能，补齐发展短板，切实解决发展不平衡不充分问题，在高质量推动“五城共建”上迈出坚实步伐。省委常委、市委书记张敬华主持会议。

调研中，市领导和有关部门负责人先后来到华为软件南京研发基地、江苏满运软件科技有限公司、铁心桥社区卫生服务中心、亿嘉和

科技股份有限公司，实地考察雨花台区主导产业培育、核心技术研发、科技型企业发展、公共服务和民生保障等情况。随后，市委常委会听取雨花台区委区政府工作汇报。

会议指出，雨花台区是市主城的重要板块，是南京创新名城建设的主力军。近年来，雨花台区认真落实中央和省市部署要求，务实苦干、奋力拼搏，体量规模和质量效益同步提高，发展动能和特色优势同步增强，老城改造和新城建设同步展开，生态环境和人民生活同步改善，双创示范基地建设等工作得到国务院和有关方面的充分肯定。新时期谋划雨花台区高质量发展，要坚持系统思维，既准确把握独特的软件产业品牌、红色文化基因、综合枢纽优势三大特色，又清醒看到产业发展不够充分、城市建设不够均衡、公共服务不够完善三大短板，对标找差、创新实干、扬长补短，以更高站位、更大格局、更宽视野扎实推动各项工作。

会议强调，要统筹抓好“五城共建”，高质量建设“强富美高”新“雨花”。一要建设现代产业城，坚持对标最优、勇争一流，打造国际化园区，引进旗舰型项目，做好产业链文章，下决心淘汰落后产能，发展科技研发、总部经济、枢纽经济等特色产业，塑造软件产业地标，构建现代产业体系。二要建设科技创新城，落实创新名城建设部署，大力集聚创新人才，突破核心技术，培育新型研发机构和科技型企业，特别是要通过一流服务促进独角兽、瞪羚企业不断涌现和成长，努力成为创新名城建设标杆区。三要建设特色枢纽城，以高铁南站为依托完善枢纽功能、共建南部新城，优化区域交通路网，补上基础设施欠账，抓好“两桥”等重点地区城市更新改造，加快提升城市品质，着力解决“半城半郊”问题。四要建设红色文化城，认真贯彻习近平总书记关于弘扬“雨花”英烈精神的重要指示，建好理想信念教育基地，擦亮红色旅游文化品牌。五要建设幸福宜居城，坚持民生优先，聚焦突出问题，打好污染防治攻坚战，加快基本公共服务均等化，推动社会治理能力现代化，增强人民群众获得感。要全面加强党的领导和党的建设，坚定不移全面从严治党，营造风清气正的良好政治生态。市各有关部门要全力支持雨花台区发展，在规划上强化统筹，在政策上加大扶持，在服务上提高质量，共同推动雨花台区各项工作不断迈上新台阶。（俞建宁）

宝武集团宝山钢铁股份有限公司梅钢布局产业转移和转型发展

一、梅钢的基本情况及对南京的贡献

梅钢始建于1969年，位于南京市西南部，北临长江黄金水道，距离南京市中心不到30千米，占地在10平方千米左右，是在南京地域内一块上海飞地。其前身为为始建于1969年

4月24日的九四二四厂工程指挥部，当年适逢九大召开，便命名“九四二四”工程，所以老梅山人习惯称梅山为“9424”。

上海在梅山铁矿附近建设炼铁基地，作为上海钢铁厂的后方物资供应地，以解决当时上海钢厂多、但生铁供应不足的问题。计划经济时代，梅山成为上海的钢铁原料基地，解决了南京城市燃气问题，成为南京地区特别是雨花台区重要的利税大户。

1998年，梅钢成为了宝钢集团的下属企业。2001年7月12日，梅山公司正式变更登记为上海梅山钢铁股份有限公司。经过五十年建设与发展，梅钢基地从单一的炼铁企业，发展成为钢铁联合企业，粗钢产能约为700万吨，和宝山基地、青山基地、东山基地并列为宝钢股份的四大钢铁制造基地，为南京的经济发展、产业布局、城市建设都做出了重要贡献。

截止2018年，梅钢已形成总资产约336亿元，固定资产约405亿元，拥有从业人员约2.1万人，占地约10.67公顷。目前具备年产730万吨铁、760万吨钢、750万吨热轧板卷、100万吨酸洗板卷和85万吨冷轧产品的生产能力。

由于梅山钢铁成立50年来，采矿、钢铁冶炼以及诞生的如化工等非矿产业，对区域环境有着直接的影响，加上承担的大量社会管理和城市管理事务以及与南京主城整体功能布局需要梅山在新一轮城市发展中进行定位。同时江苏省作为全国仅次于河北省的第二大钢铁大省，正在施行相关方案响应国务院于2018年7月3日公开印发的《打赢蓝天保卫战三年行动计划》。2018年10月，《江苏省打赢蓝天保卫战三年行动计划实施方案》出炉，明确指出到2020年10月底前，南京、徐州、常州、淮安、镇江、宿迁等城市主城区范围内钢铁、水泥、焦化、石化、化工、有色、平板玻璃等重污染企业基本实施关停或搬迁。同时，加快构建钢铁行业协调发展新格局，所有搬迁转移、产能并购或置换等钢铁冶炼项目，原则上只允许在沿海地区规划实施。

而就中国宝武而言，如何和城市“融合”正在成为其发展过程中急需解决的一道新命题。建厂已经五十年的梅钢所处的区域已从过去的郊区成为南京主城，梅钢已经完全融入南京城市发展。2018年梅钢区域在最新版板桥新城规划中为未来高质量发展区，对2004年南京布局板桥新城工业重镇建设的规划进行全面调整。

中国宝武位于上海的核心制造基地宝山基地，仅炼铁区域自2011年以来已累计在环保改造投资超过100亿元，其目的就是解决好城市与钢厂的矛盾，解决好未来钢铁工艺技术革命之“清洁制造”问题，使城市与钢厂走向和谐共存，实现高质量发展。

2018年11月30日下午，中国宝武钢铁集团与江苏省人民政府、南京市人民政府、盐城市人民政府《战略合作协议》的签订，标志着中国宝武在梅钢区域率先开始产业转移和转型发展走出了关键一步，同时也推动了钢铁产业向江苏沿海转移，以优化产业结构和布局，促进企业转型升级，促进了长江南京段生态环境大保护，实现城市与钢厂的高质量发展，这标志着具有50年历史的梅钢将正式从南京市退出。

二、梅钢未来发展方向

2018年6月，南京市主要领导与宝武集团高层进行会谈。双方达成十年内迁出南京协议的协议。梅钢产能转移也有了具体部署，明

盐城市人民政府与中国宝武集团签订战略合作协议 （梅钢 供稿）

确了梅钢搬迁时间表。

争取用10年时间到2028年底前将梅钢的钢铁产能将转移至盐城市滨海港工业园区。其中5年内矿山关停， 10年内钢铁冶炼产能逐步迁出南京市，原有区域建产业新城。

一是梅钢片区梅钢片区将建产业创新中心。现有梅钢片区将布局新兴产业，建设产业新城，实现梅钢区域转型升级。

建设区域总部基地和产业科技创新中心，重点布局软件和信息服务业、新材料、现代贸易物流、工业服务、城市服务以及产业金融等新产业和现代服务业，实现与城市区域经济协同发展。

二是矿区矿山关停。2023年前实施梅山矿山关停，推进矿区及周边转型发展，按照矿区进行全方位、立体式、综合性的概念定位，打造“集高档生态住宅、文化、休闲、旅游、商业配套的城市综合体”。

三是根据中国宝武于2018年11月30日与江苏省人民政府、南京市人民政府、盐城市人民政府签订的《战略合作协议》，共同推进中国宝武梅钢区域（含矿区，下同）产业转移和转型发展，推动钢铁产业向江苏沿海转移。

宝武钢铁将和省市政府共同推动钢铁产业向江苏沿海转移，推动中国宝武盐城绿色精品钢基地建设，共同在盐城市滨海港工业园区布局建设精品钢项目。政企双方将争取用10年时间设2000万吨级规模的精品钢项目——“绿色、智慧、精品”钢铁生产基地。

2020年下半年，梅钢盐城滨海工业园区的新厂开建，规划建设时间为36个月。计划布局建设2000万吨级规模的精品钢项目。项目一次性规划，分阶段实施，一期产能规模800万吨-1000万吨，投资500亿元。建成后梅钢将从南京板桥逐步实现搬迁。到2028年年底前，钢铁冶炼产能逐步迁出南京市，现有梅钢区域将布局新兴产业，建设产业新城，实现梅钢区域转型升级。

四是梅钢搬迁后的规划目前已经在进行中， 预计2019年上半年完成梅钢片区搬迁后的产业规划。梅钢搬迁对南京城市发展有着深远的影响。

三、宝武集团新基地定址滨海县滨海港工业园区

按照“总体规划、分步实施、产业调整、市场主导”的原则，共同推进中国宝武梅钢区域（含矿区，下同）产业转移和转型发展，争取到2028年底前，钢铁冶炼产能逐步迁出南京市；在盐城市滨海港工业园区布局建设2000万吨级规模的精品钢项目，其中一期项目计划明年启动，产能规模800万至1000万吨，投资500亿元。

该精品钢项目一次性规划，分阶段实施。一期项目产能规模 800—1000万吨，投资 500亿元，计划 2019年启动项目建设的相关工作，在完成项目备案审批的前提下，3年左右完成项目建设，建成集码头、炼焦、煤气利用综合发电机组、烧结、炼铁、炼钢、轧钢为一体的全流程钢铁联合企业。中国宝武优先考虑由下属钢铁旗舰公司宝山钢铁股份有限公司投资建设该项目。

新项目位于滨海港镇，距离滨海县城约50千米。

四、南京市与中国宝武签署关于梅钢区域转型发展的战略合作协议

为全面贯彻落实习近平总书记关于长江经济带高质量发展的系列重要指示精神，以高度的责任感和使命感，在推进产业布局优化、推动产业转型升级、加快沿海基地建设、深化金融领域合作、加强全面融合发展等方面开展全方位务实合作。

根据江苏省钢铁行业转型升级与布局调整规划，2018年起，中国宝武梅钢区域开始进行产业转移和转型发展，计划推动钢铁产业向江苏沿海转移，以优化产业结构和布局，促进企业转型升级，实现高质量发展。

江苏省人民政府与中国宝武钢铁集团签订战略合作协议　　（梅钢　供稿）

2018年11月30日，为贯彻习近平总书记生态文明思想，践行新发展理念，推进长江经济带高质量发展，中国宝武钢铁集团有限公司与江苏省人民政府、南京市人民政府、盐城市人民政府分别签署《战略合作协议》，加快推动江苏省钢铁行业转型升级和空间布局优化，促进中国宝武以成为全球钢铁业引领者为愿景，打造“一基五元”产业协同发展新格局，实现企业与城市经济协同发展。

江苏省委书记、省人大常委会主任娄勤俭，省委副书记、省长吴政隆，省委常委、南京市委书记张敬华，副省长马秋林，盐城市委书记戴源，市委副书记、市长曹路宝，南京市副市长蒋跃建；中国宝武党委书记、董事长陈德荣，总经理、党委副书记胡望明，党委常委、宝钢股份总经理、党委副书记邹继新，副总经理张锦刚，总经理助理侯安贵，梅钢总经理、党委副书记王强民等出席签约仪式。江苏省政府秘书长陈建刚主持签约仪式。

马秋林与胡望明代表双方签署《江苏省人民政府、中国宝武钢铁集团有限公司战略合作协议》。

为全面落实《江苏省人民政府、中国宝武钢铁集团有限公司战略合作协议》明确的相关工作，蒋跃建与张锦刚分别代表双方签署《江苏省南京市人民政府、中国宝武钢铁集团有限公司关于梅钢区域转型发展战略合作协议》，曹路宝与邹继新分别代表双方签署《江苏省盐城市人民政府、中国宝武钢铁集团有限公司合作协议》。

根据江苏省及南京市沿江钢铁产业转型升级与布局调整规划，按照“总体规划、分步实施、产业调整、市场主导”的原则，共同推进中国宝武梅钢区域产业转移和转型发展，推动钢铁产业向江苏沿海转移，优化产业结构和布局，促进企业转型升级，实现高质量发展。共同推进先进制造业、战略性新兴产业、现代服务业、绿色环保、循环经济等领域的建设发展，助推江苏省产业布局优化和转型升级。大力推动中国宝武盐城绿色精品钢基地建设，共同在盐城市滨海港工业园区布局建设精品钢项目。精品钢项目一次性规划，分阶段实施，计划2019年启动一期项目建设的相关工作。

陈德荣感谢江苏一直以来对中国宝武给予的大力支持。他说，江苏是充满经济活力的地区，在长三角区域一体化发展中处于重要位置，我们非常看好江苏发展。中国宝武的发展壮大得益于长江，也理当为长江经济带高质量发展贡献应有力量。习近平总书记要求长江经济带“共抓大保护、不搞大开发”，我们应该承担这个政治责任，造福子孙后代。陈德荣表示，中国宝武是中国钢铁业龙头。作为国有资本投资公司试点企业，中国宝武将会在南京的转型过程中，找到新的产业发展机会；根据区域经济及行业发展规律，苏北未来是承接长三角核心区域先进制造业的最佳区域，布局建设全球最先进的绿色精品钢基地，有利于钢铁产业的转型升级和布局优化，促进苏北地区经济发展。我们将以此次战略合作和相关合作协议签约为契机，抓住机遇，推动产业布局的战略性调整和在苏项目转型发展，切实履行好央企社会责任，为推动江苏高质量发展作出更大贡献。

娄勤俭、吴政隆感谢中国宝武对江苏发展的大力支持特别是梅钢为江苏经济社会发展作出的积极贡献。娄勤俭说，江苏坚持以习近平新时代中国特色社会主义思想为指导，认真落实习近平总书记对江苏的系列重要指示精神，深入贯彻新发展理念，大力推动经济转型升级和产业布局调整，加大生态环境保护力度，着力推动高质量发展走在前列。加快梅钢转型发展，是贯彻落实习近平总书记关于长江经济带“共抓大保护、不搞大开发”重要指示精神的实际行动，是落实长三角区域一体化发展国家战略的重要举措，充分体现中国宝武作为央企的政治站位和战略眼光，也完全符合江苏推动高质量发展的实践要求。希望中国宝武一如既往支持江苏发展，在加大盐城项目推进力度、深化与南京市合作的同时，进一步拓展与江苏省的合作领域，不断提升合作层次和水平。我们将努力为中国宝武在苏发展创造更好环境，携手用发展来解决前进中的问题，在推动高质量发展中实现优势互补、合作共赢。　（俞建宁）

附：宝山钢铁股份有限公司关于控股股东签署战略合作协议的公告

本公司董事会及全体董事保证本公告内容不存在任何虚假记载、误导性陈述或者重大遗漏，并对其内容的真实性、准确性和完整性承担个别及连带责任。

宝山钢铁股份有限公司（以下简称“宝钢股份”或“公司”）接到控股股东中国宝武钢铁集团有限公司（以下简称“中国宝武”）的通知，中国宝武于2018年11月30日与江苏省人民政府、南京市人民政府、盐城市人民政府签订了《战略合作协议》。协议相关内容涉及宝钢股份，现将有关情况公告如下：

一、战略合作协议签署基本情况

为加快推动江苏省钢铁行业转型升级和空间布局优化，协议各方一致同意建立长期战略合作关系，达成框架协议。协议各方的合作遵循国家现行法律、法规、监管规定及产业、行业政策，涉及中国宝武下属上市公司的内容，在具体实施之前需履行上市公司审批程序，并以上市公司审批结果为准。

二、战略合作协议的主要内容

1.按照“总体规划、分步实施、产业调整、市场主导”的原则，共同推进中国宝武梅钢区域（含矿区，下同）产业转移和转型发展，推动钢铁产业向江苏沿海转移。

2. 根据江苏省及南京市沿江钢铁产业转型升级与布局调整规划，研究制订梅钢区域产业转移和新基地建设方案。争取用十年时间到2028年底前，钢铁冶炼产能逐步迁出南京市（以所涉及公司的股东履行相应审批流程为前提）；布局新兴产业，建设产业新城，实现梅钢区域转型升级。

3.大力推动宝武盐城绿色精品钢基地建设，促进双方在钢铁基地、城市建设、港口码头、物流运输、科技创新等领域全方位、多元化合作。

双方共同在盐城市滨海港工业园区布局建设2000万吨级规模的精品钢项目，加强在港产、港口、港城等领域的投资与合作，采取积极措施，落实相关事项，协同推进项目落地。

精品钢项目一次性规划，分阶段实施。一期项目产能规模800—1000万吨，投资500亿元，计划2019年启动项目建设的相关工作，在完成项目备案审批的前提下，3年左右完成项目建设，建成集码头、炼焦、煤气利用综合发电机组、烧结、炼铁、炼钢、轧钢为一体的全流程钢铁联合企业。中国宝武优先考虑由下属钢铁旗舰公司宝山钢铁股份有限公司投资建设该项目。

三、对上市公司的影响

1.战略合作协议尚处于初始阶段,预计对公司 2018 年度业绩不产生重大影响。

2. 项目建设涉及资金额度较大,公司未来将通过自有现金与融资相结合的方式解决项目建设所需资金。

四、重大风险提示

1.协议中涉及公司的相关内容,目前尚未进行详细的项目可行性论证和实际开展该投资项目。在具体实施之前需进行详细的可行性论证,并须履行上市公司审批程序,以上市公司审批结果为准。

2.相关产能指标除来源于梅钢区域约 700 万吨产能转移外,还需要中国宝武内部协同发展和结构优化带来钢铁产能转移,以及通过其他合法途径取得的钢铁产能指标。

3.项目建设需得到国家及江苏省相关部门的审批。

4.上述协议为框架性文件,具体事项和权利义务以最终签署的相关法律文件为准。

公司将密切关注协议涉及的各项后续进展事宜,严格按照有关规定履行公司决策审批程序和信息披露义务。敬请广大投资者注意投资风险。

特此公告。

宝山钢铁股份有限公司董事会

2018 年 12 月 1 日

雨花台区首创“园中园”建设运营模式 走出集约用地新路

雨花台区作为全省首个软件产业特色的国家级双创示范基地,持续深化改革,大胆创新实践,不断推动高质量发展取得新成效。2018年5月,雨花台区因推动“双创”政策落地成效显著获国务院督查激励通报表扬。该区首创的“园中园”创新建设运营模式受到国家双创示范基地评估组好评,并建议作为重要经验向全国推广。2018年9月,该模式再获《人民日报》点赞。

一、改革背景

近年来,雨花台区坚持把软件和信息服务业作为主导产业,以中国(南京)软件谷为核心载体,着力打造南京国际软件名城建设的排头兵、主阵地、核心区。通过不断优化战略定位、产业结构和功能布局,实现了区域产业集聚规模、结构层次、综合实力的多向提升。目前已集聚各类软件企业超2400家,涉软从业人员24.5万人,软件产业建筑面积总量超830万平方米。2018年实现软件业务收入1550.48亿元。

随着产业爆发式增长,企业发展也遇到了一些瓶颈问题:一方面,企业用地需求持续增加与园区产业用地趋于饱和的矛盾日益凸显,尤其是软件谷核心区域已是“一平方米难求”;另一方面,一些中小企业进入成长期,特别是有着轻资产特点的软件企业,既想拥有自己的研发中心和办公地点,又缺少建设资金

园中园——云密城　（软件谷　供稿）

地”的方式打造特色“园中园”，着力提升项目的集聚程度、运作效率。以云密城项目为例，创新做法和成效主要体现在以下几点。

（一）联合拿地、统一规划，提高项目运营效率。云密城项目所在地块面积为9.2公顷，按照传统模式仅能容下4—5家企业，而软件谷内诚迈科技、嘉环科技、中新赛克等8家高成长性软件企业均急需自建办公楼宇。土地供需压力下，该区探索中小企业联合开发方式，由软件谷发展公司牵头，与8家企业采用联合拿地、委托软件谷发展公司代建的模式，进行统一规划设计、统一工程建设管理。9家单位联合签署项目投资协议、委托代建协议、联合竞买协议等，就项目工程建设投资估算、企业用地分布、项目议事规则等作出明确约定。按照企业员工人数计算企业所需建筑面积（每人建筑面积20平方米），每个企业可预禄口机场直通车为园区企业提供便利通道。

（三）专业定位、统一招商，推动产业高度集聚。在云密城项目实施过程中，原有的诚迈科技、嘉环科技、中新赛克等8家企业的规模进一步扩大，诚迈科技和中新赛克先后成功上市。同时，雨花台区聚焦软件产业细分领域，明确了云密城项目以“信息安全”为主题，辅以科技、金融、商务、生活服务等业态，对软件谷发展公司自持的园区4幢研发楼宇进行统一招商。重点围绕产业链上下游企业，通过主题鲜明的统一招商，进一步推动信息安全产业集聚，实现全链式产业发展格局。园区入驻企业40家，吸引软件人才约6000人，园区税收超1亿元。

（四）因地制宜、复制推广，助力企业快速成长。本着“引大树”和“育小苗”相结合的原则，雨花台区将云密城开发建设经验进行复制推广，在软件谷南园片区打造22家骨干企业联合拿地共建的“南园总部经济园”。该项目占地14.33公顷，按照传统模式划块后拍卖、交付，仅可满足5—6家企业用地需求，或只能供给单个企业进行大型项目开发建设，且企业拿地耗时长、建设成本高的痛点难以解决。采用“园中园”模式开发建设，项目分为两期，一期建筑面积约33万平方米，预计2019年上半年挂牌，已与迈特望、新立讯等16家企业签署项目投资协议。该项目重点聚焦人工智能、医疗科技、互联网电商等新兴高端产业及新型互联网企业，项目建成后可集聚软件人才约2万名。

三、经验启示

“园中园”建设运营模式，不仅有利于打造专业园区，推动产业集聚、提高土地利用效益和项目建设效率，还帮助企业有效解决工程建设力量不足、自我配套服务能力不足等共性问题。国家双创示范基地评估组第三方评估意见指出，“对于产业集中度高，分工明确但用地紧张的区域示范基地，该项政策非常值得推广。”

（一）以“多样化”运作模式激发市场活力。企业的痛点，既是制约企业成长的瓶颈问题，也是抑制市场活力的关键因素。政府应发挥主导作用，注重在运作模式上探索创新，变“供血”为“造血”，切实解决企业面临的用地、资本等难题。“园中园”建设运营模式，正是雨花台区在土地集约利用方面创新探索的缩影。按照传统方式分割出让产业用地，可以快速回笼资金，但也存在对拿地企业实力要求高、土地利用效率低等诸多弊端。“联合拿地再分割出让”，政府提供服务“多跑腿”，企业共同参与“少负担”，国资平台软件谷发展公司通过自持楼宇的销售出租、园区楼宇的代建代管，引进更多上下游企业，获得稳定收益，为产业发展提供强有力的支撑。园区、企业、政府三方获益、一举多得。

（二）以“集约化”发展思路提高运营效率。根据建筑用地建设规范要求，各项目需对用地边界进行不少于5米的退让。云密城项目的土地如果按照传统模式，最多只能入驻4—5家企业。联合拿地后，各单位之间无需进行用地边界退让，仅需进行建筑之间退让。园区按照一个项目进行整体设计，统一建设相关基础设施和服务设施，实现功能共享，不仅提高了土地利用率，也大幅降低了建设、管理成本，让企业轻装上阵。

（三）以“个性化”特色园区推动产业集聚。近年来，为实现软件产业的全链式集聚发展，雨花台区聚焦软件产业细分领域，突出“一园一主题”，打造了一批特色鲜明、主业突出、优势明显的“园中园”。目前已形成以“人工智能”为主题的楚翘城，以“互联网+”为主题的科创城，以“信息安全”为主题的云密城，以“科技孵化”为主题的创业创新城，以“大数据”为主题的南京大数据产业基地“四城一基地”的特色园区发展格局。通过特色“园中园”建设，推动特色产业集聚发展，助力本土企业发展壮大，形成了高质量发展的新格局。

（陈佳佳）

雨花台区2018年对标找差创新实干推动高质量发展

自2017年开展解放思想大讨论以来，雨花台区根据全市对标找差方案要求，参考学习南京市对标城市，2018年，结合发展实际，选择了杭州市拱墅区作为追赶目标城区，深圳市南山区作为灯塔城区。

一、纵向比较省市发展目标、横向比较标杆区经验做法和主要指标

表3

标杆区主要经验做法

对标方向		拱　墅　区	南　山　区
总体目标		产城融合发展的品质区	经济、科技、文化和国际交往中心城区
创新驱动	目标	创新型活力城区	全国科技创新高地
	举措	创新型城区、社区、校区三创融合体系；创业创新及引才平台	将科技、金融、产业、管理整合，形成六大体系
产业发展	目标	运河高端商务带核心区	打造“质量南山”
	举措	特色小镇与产业园区联动发展；构建信息、金融服务、智能制造等“6+2”产业体系	打造本土优势总部企业，培育高新技术企业、战略性新兴产业和未来产业
生态环境	目标	构建沿河生态健康廊道	打造生态文明城区
	举措	平稳关停杭钢半山基地，五年关停转迁企业429家，基本建成“无燃煤区”。建设“两廊三公园”生态平台；“联网成片”治水、“五废”治理、生活垃圾“四分三化”，完成黑臭河道整治	重点保护生态绿心，切实发挥生态绿心的各项优势功能；推进慢行系统建设
对外开放	目标	全面融入杭州城市国际化战略，深化“后峰会”效应	深圳国际化城市的重要窗口
	举措	服务保障G20峰会和亚运会；打造运河旅游国际级旅游产品；建设跨境电子商务孵化基地；打造国际接轨的营商环境	自由贸易试验区深圳前海蛇口片区改革开放新引擎，建设前海蛇口自贸新城等“三城一港”
社会民生	目标	推进公共服务体系化	构建民生幸福城区
	举措	教育发展六大工程；“健康拱墅”七大工程；促进人口全面均衡发展；食品药品、特种设备安全保障重点工程	社区教育创新发展和学习型社区建设；构建城市安全科技“护城墙”

续表 3

对标方向		拱墅区	南山区
城市建设	目标	产城融合示范区	滨海特色的宜居宜业的现代化城区
	举措	全域城中村改造；地铁为重点的公共交通网；推进停车产业化；加强地下空间开发、地下互联互通；大力推进智慧城市建设	建立城市更新实施评估机制；促进优质企业参与城市更新

二、雨花台区发展中存在问题

（一）发展理念

雨花发展受郊区思维定式和传统封闭式发展模式影响，发展格局与站位不够高，对标找差意识有所缺乏，对新的发展理念认识不足，与标杆区相比，对加快发展步伐的信心和信念不足，经济和社会发展不充分、南北发展不平衡的问题比较突出。城市规划水平有待提升，区域内尚未实现规划全覆盖。对外开放路径有待拓宽。标杆区根据自身资源禀赋，分别从不同角度构建了多方位的对外开放格局，在传承和保护的基础上，积极引进国际元素、都市元素、现代元素，很多经验值得借鉴。工作机制有待进一步完善，全区统筹发展力度有待加强。

（二）发展环境

雨花台区受交通干线分割严重，整体用地零碎、空间不整、功能割裂严重，不能形成规模较大的连片产业区和居住区，一定程度上影响了产业的集聚效应。与标杆区相比，雨花台区城市功能不强，基础设施欠账较多，轨道交通发展不足的问题尤为突出，脏乱差问题仍然突出，商务活动载体不多不强，服务层次相对不高，地区吸引力较弱。标杆区在推进公共服务均等化、城市精细化管理、轨道交通发展、智慧城市建设等方面有很多经验值得雨花台区借鉴。

（三）主要指标

经济体量总体偏小，经济结构的深层次矛盾尚未得到根本缓解，制约发展的因素还比较多。从内部看，全区产业体系有待进一步完善，本土软件企业支撑作用还不明显，重大产业项目储备不足，发展后劲有待增强。与标杆区相比，雨花台区经济总量、地均和人均产值、投资和消费水平、对外贸易指标都有较大差距，全区经济效益有待进一步提升。

三、明确发展定位、思路和目标，建立核心指标体系

针对对标找差标杆区都高度重视创业创新，构建了双创人才培育、创新载体建设、校企校地对接、双创软环境建设等为一体的创新发展战略，雨花台区在体制机制、新型研发机构引进、院校合作与成果转化、创新投入方式等方面还有很大提升空间。产业体系有待完善。与雨花台区软件产业一枝独秀相比，标杆区都构建了相对完备的产业体系，更有利于做大产业规模、降低经济风险。生态保护内涵有待深化。拱墅区大力推进生态环境治理保护，将生态保护与城市文化内涵提升紧密结合，是雨花台区生态建设方面的标杆。

（一）发展定位

市层面：南京国际软件名城的排头兵、主

阵地、核心区

区层面：创新创业的现代化城市新区、枢纽型经济增长极、文化山水独具特色的生态强区、社会事业配套繁荣的宜居佳区

（二）发展思路和目标

立足中国特色社会主义进入新时代的宏观背景，深刻领会十九大的总体部署，紧扣南京市建设“两高两强”城市和“一个高水平建成、六个显著”的奋斗目标，充分考虑雨花发展阶段与特征，坚持问题导向、目标导向，全面学习深圳市南山区，加快赶超杭州市拱墅区，全力以赴攻坚“抓产业发展、促城市建设、补民生短板”三个主战场，实现更高质量、更有效率、更加公平、更可持续的发展。力争到2025年经济总量全面赶超杭州市拱墅区。

（三）指标体系

四、明确工作路径和举措

（一）工作路径

1.建成国家级双创示范基地。以南山区

表 4

雨花台区对标找差核心指标

序号	类　别	目标内容	单　位	阶段目标				责任部门
				2016 年实绩	2018 年目标	2020 年目标	2025 年目标	
1	需重点突破的指标	地区生产总值	亿元	444.69	565	686	1050	发改局
2		建设用地地均 GDP	万元 / 亩	33.26	36.55	39.78	44.6	国土分局
3		规上限上服务业企业数	家	169	250	310	460	发改局
4		高新技术企业数	家	175	300	390	600	科技局
5		新型研发机构数	家	1	6	10	20	科技局
6		国家级科技企业孵化器和众创空间数	家	5	10	12	15	科技局
7		煤炭消费总量	万吨	588.76	478	445	—	发改局
8		全体居民人均可支配收入	元	45381	53669	63180	80000	发改局
9	特色指标	软件业务收入	亿元	1180	1550	2000	3300	软件办
10		商务商贸设施面积	万平方米	648	778	878	1128	商务局
11		商务商贸业税收收入	亿元	10.39	16.4	21.6	34.8	商务局
12		人工智能核心产业产值	亿元	—	5	30	100	发改局

为标杆，进一步深化创新驱动发展战略，加快集聚创新发展要素。认真贯彻落实南京市“121”创新发展战略、“两落地一融合”部署，全面建成国家级双创示范基地。

2.构建现代产业新体系。以南山区为标杆，加快完善产业体系，提升产业发展支撑度，扩大全区经济总量。重点落实南京市“4+4+1”产业布局规划，重点推动软件和信息服务业、高端商务商贸业发展，加快培育人工智能等未来产业，将软件谷打造成为国家级高新区。

3.加大生态治理力度。以拱墅区为标杆，认真贯彻执行中央“新五化同步”发展要求，进一步保护好生态竞争优势。通过合理划定生态功能区，构建雨花生态安全保障体系，实现生态保护建设、自然资源有序开发和产业合理布局的有机统一，放大雨花生态特色。

4.拓宽合作交流渠道。以南山区为标杆，全面拓宽对外合作交流渠道，提升对外开放水平。主动对接“一带一路”和长江经济带战略，加强对外交流与合作，努力构建对内对外“双向”开放新体系。

5.推进公共服务均等化。以拱墅区为标杆，扎实推进基本公共服务均等化、品质化。建立健全居民收入持续增长机制，全面实施教育、卫生、民政、文化、体育等社会事业改革发展提升计划，加快补齐民生短板，让经济社会发展成果更好地惠及人民群众。

6.推进城市建管精细化。以拱墅区为标杆，切实提升城市建设管理水平。坚持产城融合发展理念，进一步优化空间布局，统筹考虑产业、城市、人居和生态需求，扎实推进城市规划建设、精细管理各项任务，全面提升雨花的城市形象和功能品质。

（二）2018年重点工作安排

1.主要指标安排

（1）地区生产总值增长8.5%；

（2）全社会固定资产投资280亿元；

（3）一般公共预算收入增长10%；

（4）社会消费品零售总额增长10%；

（5）外贸出口总额175亿元，实际使用外资2.2亿美元；

（6）软件业务收入1550亿元；

（7）新培育高新技术企业数100家；

（8）大气、水污染防治及主要污染物减排目标完成率100%；

（9）城镇居民人均可支配收入增长8.5%；

（10）新增城镇就业人数9000人，城镇登记失业率控制在3.5%以下。

2.重点项目安排

2018年全区计划安排110个重点项目，总投资1015.4亿元，年度计划投资240亿元，较2017年计划增加31.6亿元。其中市重大项目30个，2018年计划总投资103.6亿元。

具体项目安排为：

（1）信息软件项目。大力发展软件和信息服务业等主导产业，安排24个项目。2018年计划投资27.3亿元。

（2）商务商贸项目。加快提升高端商务商贸业发展水平，安排18个项目。2018年计划投资84.2亿元。

（3）商住项目。有序推进商住、保障房建设，安排25个项目。2018年计划投资82.3亿元。

（4）基础设施项目。不断提升城市功能品质，安排19个项目。2018年计划投资30.9亿元。

（5）生态环境项目。持续加大生态环境治理力度，安排15个项目。2018年计划投资

8.6亿元。

(6)公共服务项目。围绕补齐民生短板，安排9个项目。2018年计划投资6.5亿元。

五、建立保障措施

(一)强化组织领导。成立雨花台区对标找差工作领导小组，加强对重大问题的研究决策和组织协调，统筹推进全区对标找差工作。领导小组办公室设在区发改局。设置创新驱动、产业发展、生态环境、对外开放、社会民生、城市建设及软件谷等七个对标找差工作组，明确牵头区领导和职能部门，分别组织推进。

(二)强化监督考核。将对标找差、创新实干工作纳入各部门和各街道园区绩效考核。核心指标纳入各责任部门年度绩效考核内容，没有承担核心指标的部门也要根据上级主管部门要求落实各项工作任务。定期开展跟踪监督和考核，形成全区上下人人对标、人人赶超的责任机制。

(三)建立容错纠错机制。贯彻落实省委、市委提出的容错纠错机制，激励干部改革创新担当作为，营造敢想善为、宽容失误的干事氛围。坚持鼓励创新、勇于担当、宽容失误的原则。在工作推进中，主观上出于公心、履职尽责，客观上因不可抗力、难以预见等因素，出现工作失误但未造成重大影响或损失的部门和个人免除工作责任。

(四)营造良好舆论氛围。运用全媒体平台，结合学习贯彻十九大精神，广泛宣传持续开展对标找差、创新实干工作的重大意义和作用，把对标一流、比学赶超的旗帜在全市鲜明举起来。强化经验总结宣传，积极宣传报道先进典型做法，不断提升对标找差、创新实干工作的整体水平，抓紧形成对标赶超、奋勇争先的良好氛围。

六、2018年对标找差工作

2018年以来，雨花台区积极贯彻落实市委对标找差、创新实干、推动高质量发展工作部署，成立对标找差工作领导小组，按照条块结合、突出重点的原则，建立完善工作机制，加强对重大问题的研究决策和组织协调，充分借鉴学习对标区在创新驱动、产业发展、生态环境、对外开放、社会民生、城市建设等方面的先进经验，统筹推进全区经济社会发展工作，较好地完成了2018年各项工作任务。

(一)主要指标赶超情况

从市下达5项赶超指标的水平指数与发展指数看，雨花台区较好地完成了对标赶超任务。一是水平指数与标杆区差距明显缩小。预计实现地区生产总值570亿元，占拱墅区总量比值由97.3%提高到100%，总量差距缩小了14.2亿元。实现一般公共预算收入82.7亿元，与拱墅区总量比值由92.9%提高到98%，总量差距由5.6亿元缩小至1.7亿元。二是发展指数实现全面赶超。地区生产总值预计增长8.3%，分别超出拱墅区、南山区3.3、0.3个百分点；一般公共预算收入增长14%，分别超出拱墅区、南山区6个百分点、1.2个百分点。其余各项指标增幅也全面实现赶超。

(二)重点对标任务情况

1.打造双创示范基地。以首批双创示范基地南山区为标杆，大力推进双创示范基地建设。今年4月，双创示范基地因建设成效明显获得国务院办公厅督查激励通报表扬，先后2次获得国家评估调研组高度肯定。深入落实创新驱动发展“121”战略，设立雨花台高新区，正式签约新型研发机构12家，通过市级备案7家，新增高新技术企业168家。借鉴南山

表 5

2018 年雨花台区对标找差指标赶超情况表

指标	2017 年总量对比			2018 年赶超情况（预计数）				
	雨花台区总量	拱墅区总量	总量比值	雨花台区		拱墅区		总量比值
				总量	增幅	总量	增幅	
地区生产总值（亿元）	511.17	525.41	97.3%	570	8.3%	570	5%	100%
一般公共预算收入（亿元）	72.57	78.14	92.9%	82.7	14.0%	84.4	8%	98%
有效发明专利拥有量（件）	1645	1320	124.6%	2095	27.4%	1537	11.1%	136.3%
规上限上服务业企业数（家）	435	278	156.5%	527	21.1%	320	15%	164.7%
软件业务收入（亿元）	1370	拱墅区软件规模较小		1550	13.1%	尚未建立软件业务收入监测体系		
软件营收（可对比口径）	406	22.8	1780.7%	465	19.7	25.8	12.7	1802.3%

区优秀企业培育的经验做法，加大企业服务力度，运满满、苏宁体育等30家企业入选南京市“独角兽”“瞪羚”企业榜单，总数达全市总量的20%，位列全市第一。

2.完善现代产业新体系。以南山区为标杆，加快完善产业体系，落实南京市“4+4+1”产业布局规划，提升产业发展支撑度。重点推进软件和信息服务业，软件谷排头兵、主阵地、核心区作用更加凸显，实现软件业务收入1550亿元，首创“联合拿地、统一规划、联合建设、分割出让、统一配套、集中托管”打造特色“园中园”模式，受到《人民日报》点赞。高铁枢纽经济区南站核心区建设成效明显，累计建成高端商务商贸载体80万平方米，云帐房、中信城开等一批优质总部企业入驻。加快编制人工智能发展实施意见，积极推进亿嘉和智能巡检机器人基地等项目建设。

3.加大生态治理力度。以拱墅区为标杆，认真贯彻执行中央“新五化同步”发展要求，进一步保护好生态竞争优势。对标拱墅区杭钢搬迁工作经验，南京市与宝武集团战略合作协议正式签署，梅钢片区转型发展迎来加速期。坚决落实长江生态保护责任，整治长江、秦淮新河沿线违法乱占乱建36处，拆解“三无”船舶27条，治理黄砂码头5家，提前两年完成省河长办下达的整治任务。138个城市精细化建设管理项目有序实施，54条背街小巷整治全面完成，全区垃圾分类设施覆盖率达到46.9%。治气、治水、治土工作加快推进，煤炭消费削减41.24万吨，空气质量优于全市平均水平。

4.拓宽合作交流渠道。以南山区为标杆，主动对接“一带一路”和长江经济带战略，加强对外交流与合作。对标深圳市打造“硅谷

（深圳）创新服务园”等经验做法，设立“软件谷—硅谷高创会合作项目”“中欧创新中心项目”及“PNP中国（南京）软件谷国际创新加速平台项目”。其中硅谷合作项目已正式签署战略合作协议，成为全国第四个、江苏省首个由政府筹建的硅谷孵化平台。对标南山区深化改革、优化营商环境的经验做法，落实《南京市优化营商环境100条》，加强产业发展环境营造，增强聚才、纳才的“磁场”，入选省“双创人才”8名，集聚市科技顶尖专家3名、培育市创新型企业家9名、引进市高层次创业人才19名，浩鲸云计算、运满满等3家企业入选海外高端创新团队集聚计划，占全市入选总数的三分之一。

5.推进公共服务均等化。对标拱墅区提升群众“舒适感、富足感、幸福感、自豪感、认同感”的经验做法，坚持广纳民意、开门办民生，聘任首批24位区级民生观察员。全力保障民生投入，民生支出占一般公共预算支出比重达86.3%，全面完成73项为民办实事项目。积极探索“医院—养老院—家庭”融合的养老新模式，护理型床位数占养老机构床位数比例达66.1%。教育资源持续优化，中华中学、金陵中学分校、拉萨路小学分校签订落地办学协议，教育现代化发展水平位居全市前列。医疗卫生服务水平有效提升，铁心桥、赛虹桥社区卫生服务中心创成全省首批“社区医院”，市级基层医疗卫生机构特色科室总数位居全市前列。

6.推进城市建管精细化。对标拱墅区坚持系统化思维，强化城市建设全域统筹的经验做法，统筹推进全区城市更新改造。坚持规划引领，完成《雨花台区发展规划大纲（2018—2035）》等11项重点规划。“两桥”改造持续攻坚，成片区、大规模拆迁工作有效推进，累计完成征拆面积205.17万平方米。交通路网持续优化，地铁S3号线建成运营，宁马高速拓宽改造正式启动，绕城公路—安德门大街等交通堵点完成改造，机场二通道、龙翔大道二期等跨行政区“断头路”加快建设。精细化建管扎实推进，凤台南路整治工程成功入选南京市首批“十大精细化建设管理项目”。

（二）存在问题和差距

为深入学习标杆区工作经验，有效提升对标找差工作成效，2018年雨花台区赴拱墅区和南山区开展实地调研，形成了《产城融合“杭州样本”的发展启示——赴杭州市拱墅区对标找差学习调研报告》（《南京调研》2018年第15期）、《创业创新“中国硅谷”的发展启示——赴深圳市南山区对标找差学习调研报告》（《雨花内参》2018年第7期）。对照全市对标找差工作要求，纵向比较省市发展目标，横向比较南山区、拱墅区经验做法，雨花台区当前在发展中还存在一些工作短板和薄弱环节。主要表现在四方面：

1.经济发展质效有待提升。开展对标找差工作以来，尽管雨花台区与标杆区差距缩小，但经济结构的深层次矛盾尚未得到根本缓解，经济体量总体偏小，制约发展的因素还比较多。从内部看，全区产业体系有待进一步完善，本土软件企业支撑作用还不明显，重大产业项目储备不足，发展后劲有待增强。与标杆区相比，雨花台区经济总量、地均和人均产值、投资和消费水平、对外贸易指标都有较大差距，全区经济发展质量和效益有待进一步提升。

2.系统化思维运用不足。拱墅区打造产城融合“杭州样本”的过程中，始终坚持系统化思维，在做好顶层设计的基础上，强化全域统筹、工作统筹；强调全板块、全领域的整体推进，把各板块的产业转型升级、城市更新改造、水环境整治、传承与保护、公共服务均等化等环节有机结合；强调全机关、全部门参与，打破岗位职能界限，搭建重点工作平台，实行“虚拟机构、实体运作”。相比而言，雨花受郊区思维定式和传统封闭式发展模式影响，系统化思维的运用不足，发展格局与站位不够高，城市规划水平、建设管理标准有待提升，经济和社会发展不充分、南北发展不平衡的问题比较突出。

3.创新能力仍需增强。南山区始终坚持突出企业主体地位，打造了最适宜企业发展的创新生态，成功创建全国“互联网+政务服务”示范区。形成了一批在全球产业发展中具有话语权和影响力、引领全球行业技术发展的企业，高新技术企业数量、上市企业数分别高达3000家、145家。相比而言，雨花台区国家级双创示范基地建设才刚起步，掌握前沿核心技术的企业数量偏少，创新服务资源较为分散，还没有搭建由政府主导建设的专业化、定制化、智能化和综合化的科创服务平台，高等院校稀缺、金融服务不强，创新环境营造上还需要发力，核心技术创造上还需要突破。

4.城市品质有待提升。拱墅区坚持规划引领、科学布局，统筹推进全域改造。为了“绿水青山”的发展梦想，拱墅区于2017年全面建成

表 6

2018 年雨花台区与标杆区重点指标比较

序号	指　　标	雨花台区	拱墅区	雨花占比 /%	南山区	雨花占比 /%
1	GDP（亿元）	570	570	100	5000	11.4
2	常住人口（万人）	46.39	58	80	149.6	31
	户籍人口（万人）	29.79	37.6	79.2	98.7	30.2
3	面积（平方千米）	132.39	69.21	191.3	187.53	70.6
4	人均 GDP（元）	133649.5	99137	134.8	365000	36.6
5	地均 GDP（亿元 / 平方千米）	6.36	8.3	76.6	27.7	23
6	一般公共预算收入（亿元）	82.7	84.4	98	268.2	30.8
7	社会消费品零售总额（亿元）	417.7	569.5	73.3	797.8	52.4
8	实际利用外资（亿美元）	2.1	3.79	55.4	17.1	12.3
9	外贸进出口总额（亿元）	268	110	243.6	3324.4	8.1
10	发明专利申请量（件）	3401	692	491.5	26692	12.7

备注：人均GDP为在地口径；部分数据为预测数。

无燃煤区；以实现全域城市化现代化为导向，全面实施城中村改造、完善公共配套，实现了城市发展空间拓展和城市建设的新蓝图；以切实改善民生福祉为落脚点，以群众需求为导向，创新举措、出台标准，提升安置房建设水平。对标拱墅区的高度城市化、国际化、现代化，雨花台区在城市更新改造、基础设施建设、公共服务配置等方面差距较大。从统筹开发建设角度看，点状、片状带动较多，全域统筹力度欠缺；从城市建设品质看，基础设施和保障性住房设计标准、建设标准不高；从资源整合看，雨花历史文化底蕴深厚，但传承保护与开发不足；从服务能力看，在破解社区管理难题、引导安置房居民融入城市现代化方面，手段不够多、成效不明显。

（四）整改措施与路径

1.突出双创示范引领。以南山区为标杆，以建设科技创新城为目标，始终保持清晰战略取向、坚持前瞻布局，打造国家双创示范基地升级版。一是在制度创新上做示范。突出机制创新激发活力，紧紧围绕“需求链”积极构建“创新链”，探索创新、先行先试，积极构建多维度双创生态。二是在创新载体建设上做示范。突出创新资源的整合，积极推进“两落地、一融合”，加强校地人才合作，加快培育新型研发机构，促进科研成果转化，促进企业创新要素的乘法联动，实现“倍增效应”。三是在创新主体培育上做示范。发挥企业在科技创新中的主体地位，加快构建“苗圃—众创空间—孵化器—加速器”全链条孵化模式，大力培育高新技术企业，将雨花打造成为“独角兽”“瞪羚”企业的摇篮。

2.加快主导产业发展。以南山区为标杆，以建设现代产业城为目标，立足于争当南京国际软件名城建设的排头兵、主阵地、核心区，加快构建完善现代产业新体系。围绕市“4+4+1”主导产业优化升级意见，聚焦主导产业，引进一批人工智能、电子信息等新型产业的龙头和行业内领军型企业。突出全区产业一体化科学布局，在北部区域产业集聚发展、整合提升的基础上，加快大板桥片区开发建设，走差异化发展路径，增加雨花台区产业多样性，增强抗风险能力。统筹实施人才强区战略，增强聚才、纳才的“磁场”效应，营造良好的人才“生态环境”。进一步优化营商环境，积极为企业提供信息资讯、政策引导、金融支持、风险管理等方面专业服务，营造企业集聚、人才集聚、宜业宜居的发展环境，打造资本市场雨花版，促进实体经济、民营经济持续健康发展。

3.持续推进生态治理。以拱墅区为标杆，践行“绿水青山就是金山银山”，健全常态长效机制，全力打好污染防治攻坚战。深入推进节能减排，严格管控大气质量，提升优良天数比率。严格落实河湖长制，注重消除黑臭水体与水质稳定达标相结合，加速攻坚雨污分流及污水管网建设，基本消除劣Ⅴ类水体。狠抓入江支流断面水质提升、沿江专项执法行动、岸线清理等重点工作，推动长江雨花段生态环境持续改善。借鉴学习杭州市拱墅区“150天关停半山钢铁基地、1.2万人分流安置”大会战工作精神及举措，启动梅钢区域转型发展前期工作，加快推动片区转型。

4.深化双向合作交流。以南山区为标杆，主动对接“一带一路”和长江经济带战略，加强对内对外交流与合作。深化与硅谷高创会、中欧创新中心等国际化平台的合作，提升企业国际市场开拓能力。提升软件谷国际化水平，运用“精细化基础配套、个性化涉外服务、中式传统文化引领”，建设国际化社区带、国际化街区，塑造雨花城市国际形象。以拱墅区为标杆，以红色文化城建设为目标，坚持保护与开发并举，深挖雨花特色资源，拓展红色文化旅游项目，精雕细琢打造一批品牌项目，放大雨花红色文化资源的思想和社会价值。

5.提升幸福宜居水平。以拱墅区为标杆，以建设幸福宜居城为目标，大力推进民生幸福“三圈”建设，统筹布局完善教育、医疗、文化、体育等公建配套建设，构建安全高效便利的生活服务和市政公用设施网络体系。切实增强群众参与度，特别是在老旧小区出新、棚户区改造、公共配套设施建设等关系群众切身利益的工作上，充分调研、摸清群众需求并合理配置。研究建立服务群众长效机制，更加突出群众需求导向、精准施策，把矛盾化解在基层、纠纷调解在基层、感情融洽在基层，切实提升群众获得感和满意度。

6.统筹全域城市化建设。以拱墅区为标杆，坚持“全域统筹、一体发展”的理念，加强全域城市化的顶层设计，把局部的利益放到雨花的发展大局中统筹考虑，大力推进特色枢纽城建设。软件谷北园、南站枢纽区域要做精做优，统筹好赛虹桥、雨花新村、安德门等老旧片区开发建设。“两桥”、板桥南部区域，重点做好城市更新改造、企业转型升级以及工业遗存的传承与保护。紧盯交通薄弱环节，推进一批道路基础设施项目，加快编制轨道交通规划。借鉴标杆地区在推进产城融合、精细建管、旧城改造与新城开发并举等方面的成功经验，着力找差距、补短板、比学赶超，努力把雨花的市容环境、城市品质和人居质量提升到一个新的水平。

（张　玄）

（责任编辑：陈佳佳）

雨花高新区　（区委宣传部　供稿）

大事记

2019 YUHUATAI ALMANAC

Chronicle of Events

1 月

2—4日　雨花台区第十八届人民代表大会第二次会议举行。

△　区委副书记、区长李世峰到区数字化城市管理监督指挥中心，检查暴雪监测及全区雪情应对情况。

5日　雨花台烈士纪念馆改造后重新开放。

9日　雨花台区召开重大项目招商推进服务中心项目调度会。

12日　雨花台区召开创新名城建设工作推进会。

13日　雨花台区召开“两减六治三提升”专项行动推进会暨梅钢片区环境综合整治、长江岸线码头整治、河湖河长制落实专题会。

16日　雨花台区召开梅钢片区新年环境综合整治联合执法专项行动工作部署会。

17日　区委副书记、区长李世峰率队调研全区培育新动能工作。

18日　工信部信息化和软件服务业司副司长李冠宇率队调研软件谷，实地走访南京翼辉信息技术有限公司、江苏润和软件股份有限公司，并召开座谈会。

△　江苏省司法厅副厅长万力到区调研律师事务所建设工作。

20日　雨花台区举办海得电力项目签约仪式。

21日　区委副书记、区长李世峰走进龙虎网两会直播间，就雨花台区在精细化管理成效、持续深化“多规合一”“一张蓝图”改革工作和创新名城建设方面与网友分享交流。

29日　南京市政府与北京中软国际信息技术有限公司签署战略合作协议，中软国际“解放号”总部正式落户中国（南京）软件谷。

2 月

1—7日　雨花台区四套班子领导走访慰问辖区部分困难党员、群众和驻地企业、部队，送去新春问候和祝福。

5日　雨花台区新疆籍务工经商人员服务管理社区工作站在丁墙社区揭牌。

7日　南京市举行“两落地一融合”第二批新型研发机构签约仪式，软件谷（雨花台高新区）“南京自主实时操作系统技术研究院”“智慧基础设施（南京）技术研究院”2个项目签约落户。

△　区人大常委会与“一府两院”联席会议举行。

8日　雨花台区召开大板桥地区产业发展规划专题会议。

22日　雨花台区设立分会场，区领导集中收看全市对标找差，创新，实干，推动高质量发展动员电视电话会议。

24日　雨花台区召开2018年全区机关作风建设暨打好污染防治攻坚战动员大会。市政协副主席、区委书记黄河，区委副书记、区长李世峰分别就打好污染防治攻坚战作重要讲话。

26日　南京市佛教协会会长隆相法师到南京天隆寺建设工地调研寺庙建设进展情况。

28日　区残疾人联合会召开第六次代表大会。

△　雨花台区2018年度重点基础设施建设项目推进会在软件谷召开。

△　南京市副市长冉华到亿嘉和科技股份有限公司调研企业上市筹备情况。

3 月

2日　软件谷召开2018年度重点产业项目推进会。

3日　区政府召开全体（扩大）会议，部署2018年重点任务和当前主要工作。区委副书记、区长李世峰指出，高质量发展是新时代主旋律，是雨花发展内在需求，是区域竞争形势要求。高效推进“高质量发展”重点把握四个方面，实现六个新提升。

5日　区领导李世峰、陆一到秦淮新河西善桥段8号污水排口、秦淮新河铁心桥段四号沟污水排口等地调研秦淮新河断面水质提升工作开展情况。李世峰强调，秦淮新河铁心桥段是雨花台区黑臭河道重点整治部位，涉及区域较多，相关部门做好后期相关工作，确保水质合格达标。

7日　南通经济技术开发区党工委副书记董克新率队调研软件谷，实地走访南京天数信息科技有限公司、南京亚信软件有限公司，并在中国软件谷管委会召开座谈会。

9日　全区一季度经济分析暨重大项目推进会召开，与会人员听取全区1—2月份主要经济指标完成情况、市区两级重大项目推进情况等。

△　重庆市两江新区管委会党工委副书记、管委会常务副主任汤宗伟率队调研软件谷。

△　陕西省沣西新城管委会党委书记、管委会主任刘宇斌率队调研软件谷，并在南京黑马路演中心举办企业家交流对接会。

10日　雨花台区重大项目集中开工仪式在软件谷金融科技城举行。

12日　市政协副主席、区委书记黄河到雨花客厅和VIVO南京软件研发中心调研企业运营情况，听取企业工作意见，研究解决突出问题，为企业健康发展营造良好环境。

13日　区领导李世峰、陆一实地调研南河整治工作情况。

15日　市政府教育考评组对雨花台区政府2017年履行教育职责情况进行现场考评。

16日　区委常委、常务副区长孙中华，区委常委、组织部部长袁迅率队赴盱眙开展南北共建对接工作，实地考察宁淮产业园、盱眙经济开发区等产业园区。

17日　区委副书记、区长李世峰调研开发区城建工作、低效用地利用、土地出让计划及征地情况。

19日　国务院安全生产委员会办公室第十三督导组检查雨花台区安全生产工作。

20日　雨花台区召开公平竞争审查工作联席会议第一次全体会议。

△　中国科学院上海高等研究院服务科学研究中心主任陈晓东率队到区考察。

△　中国信息通信研究院政策研究所副所长何伟率国家发改委共享经济调研组到雨花台区调研共享经济发展情况，实地走访南京软件产业博览馆、江苏满运软件科技有限公司，并召开专题座谈会。

21日　区委副书记、区长李世峰调研华润热电大数据中心、腾讯项目拟选地块项目推进情况。

23日　科技部火炬中心等部门联合发布《2017年中国独角兽企业发展报告》，软件谷内江苏满运软件科技有限公司入选“2017年中国独角兽企业”榜单。

26日　市政协副主席、区委书记黄河到梅山街道、板桥街道，调研街道对标找差工作和难点任务推进情况。

27日　辽宁省政协副主席李晓安率考察组到雨花台区参观考察。

29日　商洛秦岭农产旗舰店丹凤馆在雨花台区铁心桥街道翠岭银河社区揭牌营业。

4　月

2日　雨花台区召开2018年度全区建议提案办理工作会议。

△　雨花台区召开消防安全隐患大排查大整治百日专项行动部署会。

4日　雨花台区召开扫黑除恶专项斗争工作会。

10日　区委副书记、区长李世峰到板桥卫生服务中心三期、板桥中学三期，调研民生工作。

10—13日　市政协副主席、区委书记黄河，软件谷管委会主任谢祖国，区委常委、常务副区长孙中华率队赴扶贫协作地区丹凤县、大通县实地对接扶贫协作和对口支援工作。

11日　雨花台区召开天隆寺建设项目现场推进会。

13日　雨花台区与陕西省丹凤县签订教育对口合作协议。

△　团中央书记处书记、全国青联副主席汪鸿雁率队到区调研，实地走访南京软件产业博览馆、江苏满运软件科技有限公司和三胞集团有限公司。

18日　区教育局与金陵中学、中华中学举办合作办学签约仪式。

19日　全国政协副主席、全国工商联主席高云龙率队到赛虹桥街道调研街道商会工作。

△　雨花台区召开生态环境保护工作专题会。

△　区委副书记、区长李世峰，软件谷管委会主任谢祖国率队赴上海参加南京市科技创新产业（上海）推介会。

△　雨花台区举办“江苏省侨务工作示范单位”授牌暨华兴村侨史陈列馆揭牌仪式。

19—20日　GIEC2018全球互联网经济大会春季峰会在软件谷楚翘城会议中心举行。同期举办“2017—2018年度互联网创新大奖”颁奖盛典。

23日　市政协副主席、区委书记黄河调研南京南站片区教育资源工作。

△　雨花台区组织党外代表人士举办“不忘合作初心，同心携手前行”主题教育培训班。

△　市政协副主席、区委书记黄河率队到雨花外国语小学花神庙分校进行专题调研。

24日　市委副书记、市长蓝绍敏率队到雨花台区调研，实地走访华为软件技术有限公司、江苏满运软件科技有限公司、两桥启动区、翠竹园社区，并召开座谈会。

26日　南京市举行第三批新型研发机构签约仪式，软件谷（雨花台高新区）“时代大数据网络安全技术与发展战略研究院”“南京智能仿真技术研究院”2个项目在会上签约落户。

△　雨花台区举行庆祝“五一”劳动节暨表彰大会。

5 月

2日 “不忘初心跟党走·上好入团第一课”——南京市暨雨花台区纪念建团96周年“入团第一课”主题团日活动在雨花台中学学术报告厅举行。

3日 雨花台区被认定为“推动双创政策落地、扶持双创支撑平台、构建双创发展生态等方面大胆探索、勇于尝试、成效明显的区域双创示范基地”。

△ 市政协副主席、区委书记黄河调研入江支流断面水质达标工作。

4日 市委常委会集体调研雨花台区工作。会议强调雨花台区要传承红色基因，做强优势产业，完善枢纽功能，补齐发展短板，切实解决发展不平衡不充分问题，在高质量推动“五城共建”上迈出坚实步伐。统筹抓好“五城共建”，高质量建设“强富美高”新雨花。

5日 “不止骑2018板桥生态园骑遍南京、走遍南京”活动在板桥生态园举行。

7日 市政协副主席、区委书记黄河到软件谷智能产业基地调研挂钩项目推进情况。

△ 澳门创业青年交流团一行到雨花台区参观。

△ “高原风·雨花情·雨花墨竹一家亲”2018多彩雨花、和谐文化社区行活动启动。西藏墨竹工卡县委常务副书记汪东明、区领导顾晓春等出席活动。

8日 雨花台区双创示范基地完成国家级评估。

9日 国家双创示范基地评估组一行分两组，与雨花台区近30家企业开展座谈交流会。

△ 青海省西宁市工商联考察团一行到区参观考察。

10日 雨花台区召开国家双创示范基地调研评估点评交流会。

△ 雨花台区举办圣戈班片区招商推介会。

11日 市政协副主席、区委书记黄河调研全区“断头路”建设工作。

14日 软件谷人工智能企业家沙龙在楚翘城黑马路演中心举行。

15日 北京市民政局局长李万钧率队调研雨花公益众创空间。

△ 西藏自治区党委组织部一行到雨花台区参观考察。

17日 区委副书记、区长李世峰调研民生领域重点项目。先后到天隆寺、南外雨花国际学校、南站片区新增教育用地地块、宁南规划小学了解项目相关情况。

18日 雨花台区召开全区土地集约节约利用专题会议。

△ 辽宁省委常委、组织部部长王正谱率队调研软件谷。

19—21日 由软件谷管委会与南京大学软件学院软件谷分院等单位共同主办的2018全球技术周暨第四届南京（全球）软件大会在南京国际博览会议中心举行。

21—22日 2018年江苏省青少年校园足球现场推进会在雨花台区召开。

22日 富士康南京研发中心签约落户中国（南京）软件谷。

22—23日 区委常委杨昌生，区委常委、组织部部长袁迅，区人大常委会副主任郭幼佩等一行10人赴陕西省商洛市丹凤县、青海省西宁市大通县调研东西部扶贫协作工作。

24日　全国政协经济委员会副主任刘利华率队调研亿嘉和科技股份有限公司、江苏满运软件科技有限公司。

△　市文广新局调研组一行调研雨花台区社区综合文化服务中心建设情况。

30日　"诚以致远"2018全国卡车司机节暨第二届运满满十大司机颁奖典礼在雨花台区举办。

6　月

1日　区委召开全面深化改革领导小组会议，审议雨花台区"全要素网格"划分工作方案、雨花台区事业单位法人绩效考核评估实施方案。

4日　区委副书记、区长李世峰检查雨花台区梅山9号路环境再提升工程推进情况。区环保局对梅山9号路企业环境污染问题整治计划细化分解，立案处罚相关工厂扬尘污染违法行为。区城管局重点对9号路周边不履行门前三包责任、占道经营、违建等问题集中整治。

5—12日　软件谷管委会主任谢祖国率队赴美、韩开展招商引资工作，参加中国·南京科技创新产业（硅谷）推介会，并与PNP、硅谷高创会及美国瞬联软件公司签署战略合作协议。

6日　区6名市人大代表和62名区人大代表到区8个街道（园区）60个社区集中开展人大代表"接待选民日"活动。

7日　雨花台区召开重点项目推进会议。

11日　亿嘉和科技股份有限公司在上海举行上市活动，区委常委、常务副区长孙中华率队参加活动。

12日　陕西省丹凤县、青海省大通县工商联一行到区参观交流。

19日　省发改委党组书记、主任李侃桢率队到区调研江苏满运软件科技有限公司。

△　省委宣传部副部长、省委网信办主任徐缨率队调研软件谷。

20日　市政府督查组一行到雨花台区督查食品安全工作。

21日　区人大常委会督办关于推进职业教育发展，加快中华中等专业学校新校区建设建议。

22日　南京科技创新产业推介会在北京举行，360企业安全南京研发中心、软件谷东南明略产业园、3D—AR视觉智能产业生态园、瞬联科技研发中心、黑马创新基地5个重点招商项目在会上签订投资协议，投资总额达15亿元。

25日　雨花台区开展"6·25"土地日宣传暨汛期地质灾害点巡查活动。

△　雨花台区举行2018年建设工程"安全生产月"启动仪式暨NO.2014G45地块项目现场观摩活动。

27日　软件谷管委会主任谢祖国率队检查夏季安全生产工作，实地查看NO.2016G45项目工地。

28日　雨花台区召开扫黑除恶、反恐、禁毒工作推进会。

29日　市政协主席刘以安率队督查雨花台区中央环保督察"回头看"信访交办件办理工作。

△　雨花台区召开板桥南区产业规划研讨会。

7 月

2日　区人大常委会主任杨明率队赴对口帮扶地区丹凤县、大通县实地对接。

△　雨花台区召开燃油助力车淘汰暨无牌无证“三类车”整治推进会。

4日　“南京软件谷—Qualcomm中国联合创新中心”揭牌并投入使用。

5日　市政协副主席、区委书记黄河率队调研雨花经济开发区污染防治工作。

△　市政协副主席、区委书记黄河到中兴桥泵站、大胜关堤坝检查雨花经济开发区防汛工作。

△　雨花台区召开“断头路”建设、交通治堵工程、社会公共停车设施建设专题会议。

△　区委副书记、区长李世峰检查全区防汛工作。

10日　雨花街道与南京华曼信息技术研究院举行签约仪式，全区第一家引进境外知名高校以及外国院士合作团队的新型研发机构落户雨花台区。

△　亿嘉和智能巡检机器人基地项目举行开工仪式。

11日　区政协主席黄唯佳率队到区政务服务中心，调研全区放管服改革工作情况。

13日　市委副书记、市长蓝绍敏调研软件谷，实地走访江苏润和软件股份有限公司、南京天数智芯科技有限公司、南京翼辉信息技术有限公司和创新服务中心，参观南京软件产业博览馆，并召开座谈会。

△　区总工会召开七届二次全委（扩大）会议。

16日　雨花台区重大项目集中竣工现场会在软件谷云密城举行。

24日　中央军民融合中期评估专家组调研雨花台区军民融合发展工作。

△　区委副书记袁传军率队赴对口帮扶地区陕西丹凤县、大通县实地对接。

25日　市扬尘办考评组一行验收雨花台区上半年“智慧工地”创建工作。

26日　国家双创调研组调研雨花台区双创示范基地工作。

△　国务院国资委综合局副局长袁雷峰率国务院创新创业第七调研小组到雨花台区调研，实地走访江苏满运软件科技有限公司、江苏创业大街等，并召开座谈交流会。

31日　雨花台区举办庆祝中国人民解放军建军91周年文艺汇演暨首批“雨花台区双拥共建示范点”授牌仪式。

△　广东省惠州市惠城区政协副主席谭洪标、胡爱华率考察团一行到雨花台区参观考察。

△　2018年“雨花杯”江苏省青少年航海模型锦标赛在板桥新城莲花湖体育公园航海模型基地开赛。

8 月

2日　区委常委、常务副区长孙中华率队赴国家发展改革委对接双创工作。

3日　雨花台区召开“两减六治三提升”专项行动推进会。

△　雨花台区通过市“七五”普法中期检查验收。

△　雨花台区与鼓楼区教育局签订合作办学协议。副区长余清出席签约仪式。

6日　中共南京市雨花台区第十一届委员

会第十一次全体（扩大）会议召开。

8日　雨花台区召开河道水环境整治提升工作推进会。

13日　雨花台区召开铁心桥街道无证黑沙场整改工作现场推进会。

14日　省委统战部、省工商联联合调研组到赛虹桥街道商会，调研雨花台区非公有制经济统战工作情况。

15日　雨花台区召开区机关作风和行业作风建设工作领导小组（扩大）会议。

16日　工信部副部长陈肇雄率队到区调研，实地走访江苏满运软件科技有限公司、中国电子科技集团公司第十四研究所。

△　中信城市开发运营有限责任公司正式签约落户雨花街道。

17日　浙江省长兴县考察团一行考察雨花台区法制办相关工作开展情况。

20日　雨花台区通过省级食品安全示范城市创建复核验收。

21日　雨花台区街道（园区）少年法学院成立大会在雨花街道举行。

22日　陕西省商洛市丹凤县委书记郑晓燕一行到区对接对口支援工作。

24日　南京未来产业大数据研究院项目签约仪式在汉府饭店举行。

△　雨花台区举办“天使爱心”项目宗教慈善奖学金发放仪式。

25日　南京独角兽、瞪羚企业俱乐部主题论坛在软件谷楚翘城会议中心举行。

27日　国务院督查组到雨花台区督查，实地调研南京软件产业博览馆、南京东大光传感通信综合网络研究院、江苏创业大街等，详细了解雨花台区双创工作开展情况。

30日　市政协副主席、区委书记黄河到区人民来访接待中心接待来访群众。

31日　2018中国核心技术创新发展峰会在金陵会议中心举行。中国工程院院士倪光南，市、区、软件谷领导黄河、谢祖国、黄敖齐出席活动。

△　南京市第15届城市治理圆桌论坛在雨花台区召开。

8月31日—9月3日　第14届中国（南京）软博会召开，软件谷成功签约13个项目，计划投资总额72.5亿元，签约项目计划投资总额位列全市第一。

9　月

9月1日　2018N+AI/AR/VR国际技术峰会在金陵会议中心举办。市政协副主席、区委书记黄河，软件谷管委会副主任黄敖齐出席活动。

7日　南京“金洽会”雨花台区专场活动在雨花台区举行。

9日　雨花台区创新产业“园中园”发展模式被《人民日报》点赞。

10日　雨花台区举办庆祝第34个教师节暨表彰大会。

11日　区委副书记、区长李世峰调研南河综合整治工程。

12日　区委副书记、区长李世峰调研城南污水处理厂外围管网建设情况。

13日　国家发展改革委副主任连维良率队调研软件谷，实地走访江苏满运软件科技有限公司、江苏斑马软件技术有限公司。

△　海门市副市长黄静率海门市校园足球考察团一行到雨花台区考察，并就推进全国校园足球试点区工作进行交流。

18日　国家发展改革委委托中国国际工程咨询公司组成专家组调研雨花台区服务业综合改革典型工作任务、重点项目，实地察看云密城项目、中国（南京）软件谷、江苏满运软件科技有限公司，并召开座谈会。

19日　市人大常委会主任龙翔率队调研雨花台区实施“263”专项行动暨打好污染防治攻坚战情况。

27日　省人大内司委副主任委员张锦道率队督查雨花台区“七五”普法中期工作实施情况暨宪法学习宣传。

29日　“新时代全民健身动起来”世界步行日健步行暨大型广场服务互动活动在雨花台区牛首山北坡举行。

9月30日—10月7日　铁路南京南站国庆期间发送旅客约122.85万人次；汽车客运南站发送旅客约25.73万人次；地铁南京南站进站约95.03万人次，出站约85.60万人次。

10　月

9日　市委常委、统战部部长华静调研雨花台区统战工作情况。

15日　伊犁州政协党组副书记、主席赛尔建・乌合拜率队调研软件谷，实地走访南京软件产业博览馆、江苏创业大街、亿嘉和机器人。

17日　宁夏回族自治区政协副主席、卫生健康委员会主任马秀珍率队考察区铁心桥社区卫生服务中心。

△　上饶市信州区政协主席程茹率队考察学习雨花台区法律援助工作。

19日　软件谷集成电路产业促进中心正式成立。

24日　区委常委、纪委书记仲兆林调研软件谷党风廉政建设工作。

25日　雨花台区举办南京网格学院雨花台区分院成立揭牌仪式暨全区创新网格化社会治理机制工作推进会。

△　区法学会环保法学研究会成立，并召开第一次会员代表大会。

26日　雨花台区举办“推动全民终身学习，服务雨花高质量发展”2018年雨花台区暨板桥街道全民终身学习活动周开幕式。

29日　省妇联权益部部长张丽娟率队到区开展江苏省“平安家庭”创建互查工作，并就雨花台区家事纠纷一体化合作工作举办研讨会。

30日　雨花台区西善桥街道永盛奥林匹克公园建成开放。

11　月

2日　区总工会召开七届三次全委（扩大）会议。

4日　雨花台区举行西善桥小学建校100周年暨出访亚洲三国汇报演出活动。

6—7日　首届中欧创新合作峰会在云密城会议中心举行。

7日　省委常委、市委书记张敬华率队调研雨花台区产业类大项目，实地走访浡泥国王墓、江苏满运软件科技有限公司、中兴通讯三区项目。

8日　亚太经合组织中小企业信息化促进中心云服务平台启动仪式暨2018年中小企业信息化云服务论坛在云密城开幕。

9日　雨花台区举办创建平安家庭“家庭

学法月”启动仪式。

12日 “两桥”地区法律服务产业园签约仪式在“两桥”地区城市更新改造指挥部举行。

14日 区委常委、常务副区长孙中华率队调研华润热电、梅钢控煤工作。

16日 《雨花忠魂》系列纪实文学丛书第三批15本首发式在雨花台烈士纪念馆举行。

20日 区委常委、常务副区长孙中华率队调研重点企业,实地走访南京南瑞微电子技术有限公司、南京凯瑞得信息科技有限公司、南京天创电子技术有限公司。

△ “幸福雨花与爱同行”2018雨花台区《海姆立克的拥抱》科普健身操大赛在雨花街道紫荆广场举行。

24日 2018年全国航空模型公开赛(南京站)暨第九届全国水上航空模型公开赛在板桥新城莲花湖体育公园举行。

△ 小行小学举行建校90周年暨新校落成纪念活动。

△ 市人大常委会副主任张一新率队调研软件谷,实地走访华为软件、江苏满运软件科技有限公司、云密城、南京软件产业博览馆。

30日 雨花台区丹凤籍务工人员维权服务站成立揭牌仪式在铁心桥秦岭农珍馆旗舰店举行。

12 月

5日 根据雨委发〔2018〕109号文件:戴华杰任雨花台区委委员、常委、书记,软件谷党工委书记;免去黄河雨花台区委书记、常委、委员,软件谷党工委书记职务。

△ 致公党雨花台区“致公之家”成立暨“致公凤巢”揭牌仪式举行。

7日 西宁市委常委、大通县委书记宋晨曦率青海省大通县党政代表团到区参观考察,实地走访中兴通讯、大数据产业基地、南京VR开放服务平台、江苏满运软件科技有限公司和亿嘉和机器人。

12日 区委书记戴华杰调研江苏创业大街、亿嘉和科技股份有限公司、江苏满运软件科技有限公司等企业,并召开座谈会专题听取软件谷工作情况汇报。

15日 区委书记戴华杰调研中兴路北延跨秦淮新河大桥和锦华新城二期等建设项目,并听取开发区有关情况汇报。

18日 “砥砺奋进40年的雨花故事”征文颁奖暨演讲比赛在中华中等专业学校举行。征文活动自4月至9月,征集文章236篇,评出一等奖3名、二等奖6名、三等奖12名。

26日 赛虹桥街道商会获全省唯一全国工商联系统先进集体称号。 (区档案馆)

(责任编辑:杨静珺)

雨花台区概览

2019 YUHUATAI ALMANAC

Overview of Yuhuatai District

基本情况

【城区定位】 雨花台区位于位于南京主城南部,雨花台畔,是主城的“南大门”,是连接华东、华中、华南、华北的重要交通枢纽,是中国软件名城的核心区,国家重要的软件产业和信息产业中心,中国第一软件产业基地,中国最大的通讯软件产业研发基地。基于其软件产业集聚、红色文化基因、综合枢纽优势,雨花台区确定“五城(现代产业城、科技创新城、特色枢纽城、红色文化城、幸福宜居城)共建”的城区定位。

现代产业城。准确把握雨花独特的软件产业品牌优势,深度优化整合各类载体资源,做实产业延伸、服务配套等工作,发挥好中国(南京)软件谷和雨花高新区的品牌优势,主要在主导产业优化升级、重点项目提质增效、专业园区做大做强上下功夫,加快软件谷北园、南园、西园组团的发展步伐,壮大楚翘城、科创城、云密城、创新创业城和南京大数据产业基地”四城一基地”形成集群效应,积极培育人工智能等未来产业,加快芯片设计、虚拟现实、信息安全等高端产业布局,联合华捷艾米、中科创达、复星集团、东南集团等龙头企业,共同打造特色产业园,带动上下游企业加速集聚,完善产业生态链。构建现代产业体系,发展科技研发、总部经济、枢纽经济等特色产业,塑造软件产业地标。发展高品质酒店、会务、金融、休闲场所,打造国际化园区,全力构建高质量发展的有效支撑和强劲动能。

科技创新城。深度融入创新名城建设,聚焦创新驱动“121”战略,找准雨花所能、企业所需的结合点,通过集聚一批名校名所创新资源,培育一批名企名家创新资源,着力打造“国际知名、国内领先”的科技产业创新中心,大力集聚创新人才,突破核心技术,大力集聚一流创新技术人才。进一步优化资源要素配置,构建更加完善的创新生态体系,深入推进“两落地一融合”工程。培育新型研发机构和科技型企业,为独角兽、瞪羚企业不断涌现和成长优化环境,争当南京创新名城建设的标杆区、示范区。

特色枢纽城。按照“美丽古都窗口、智慧城市典范、枢纽经济平台”的定位,着力解决好“半城半郊”问题。以高铁南站为依托完善枢纽功能、共建南部新城,坚持以规划为先导,以产业为牵引,以项目为支撑,以共建为抓手,因势利导,借力发展,强化科学规划全域谋划,拓展枢纽空间,强化精致建设精细管理,提升枢纽功能;强化产业支撑产业融合,发展枢纽经济。加快塑造融合、开放、多样的特色空间,优化区域交通路网,补上基础设施欠账,抓好“两桥”等重点地区城市更新改造,加快提升城市品质。把高铁南站的枢纽资源、枢纽优势转化为雨花高质量发展的产业资源、产业优势。

红色文化城。认真贯彻习近平总书记关于弘扬雨花英烈精神的重要指示,全面落实“把红色资源利用好,把红色传统发扬好,把红色基因传承好”的指示要求,坚持保护与开发并举,研究编制雨花红色文化资源的思想价值和社会价值,传承红色基因,讲好雨花故事,繁荣文化活动,扩大雨花的红色文化影响力,建好理想信念教育基地,擦亮红色旅游文化品牌,提升雨花的软实力。串联全市,辐射周边,打造具有雨花特色的红色文化研学旅游精品线路,拓展红色旅游项目,壮大“红色产业”。以增强群众文化获得感为着力点,以全域旅游为引领,围绕将军山、大石湖、牛首山北坡、大胜关湿地公园等优质文旅资源，精雕细琢打造一批品牌项目。重点打造浡泥国王墓–菊花台片区文旅融合项目，争创国家AAAA级景区，加快推进浡泥国王墓“海丝”申遗，为南京贯彻落实“一带一路”重要倡议、谱写中文交流合作新篇作出雨花贡献。

幸福宜居城。牢固树立、自觉践行“以人民为中心”的发展思想，对照省基层公共服务功能配置标准，着力在关键领域和薄弱环节加大补短板力度，切实解决好群众关心的教育、医疗、养老、住房、环境等现实问题，不断增强人民的获得感和幸福感。坚持民生优先，聚焦突出问题，一着不让保生态，打好污染防治攻坚战，践行“绿水青山就是金山银山”理念，进一步落实“共抓大保护，不搞大开发”总要求，推动雨花段生态环境持续改善。全力以赴惠民生，着力办人民满意教育，加快基本公共服务均等化，创新网格化社会治理工作，推动社会治理能力现代化。全面加强党的领导和党的建设，坚定不移全面从严治党，营造风清气正的良好政治生态。

【区位交通】 雨花台区坐落在六朝古都南京城区南部，长江之滨，东与秦淮区、江宁区接壤，南与江宁区毗邻，西隔长江与浦口区相望，北与秦淮区、建邺区相邻。雨花台系二三百万年前古长江及其支流古秦淮河的堆积物所形成，相传梁代高僧云光法师在此设坛讲经，感泣天神，落花如雨，故名雨花台。该区地理坐标为北纬31° 53′ 50″ ~32° 05′ 40″，东经118° 36′ 00″ ~118° 52′ 30″。全区面积132.39平方千米。

雨花台区是南京主城南延的重要发展区域，区内交通便捷，距离南京市中心新街口3千米，距长江新生圩港18千米，距离南京禄口国际机场20千米，是南京进出空港的必经之路。境内有长江和5条通江河道，宁合、宁芜、宁溧、宁丹、宁马、沪宁、绕城、绕越、机场高速路等20多条城市道路和公路穿区而过，京沪高速铁路、宁芜铁路贯穿全境。赛虹桥立交、长江三桥、南京地铁总站以及高铁南京南站等重要交通枢纽均位于雨花台区区域，形成快速便捷的内部路网，成为南京连接江南与江北、主城与郊区的重要交通门户，辐射皖南、皖北、苏南、苏北、浙北的重要窗口和连接华东、华中、华南、华北的重要交通枢纽。

【地质地貌】 雨花台区地处长江下游，地势东南高，西北低。属丘陵平原地区，境内有山、有水、有圩、有洲。地形可分为平原圩区、黄土高岗和低山丘陵3种地貌形态。

平原圩区。宁芜铁路以西，是广阔的平原，地面高程为5米~9米，由长江、秦淮河冲积而成，分为长江圩区和秦淮河圩区。长江圩区包括板桥、西善桥等街道部分地段，由长江泥沙冲击而成的河漫滩地逐渐发育形成平坦的冲积平原。秦淮河圩区是平原。

黄土高岗。在平原与丘陵之间是一片岗地，由长江冲积平原随着地面3次抬升而形成一级比一级高的三级阶地。由于长期受水流冲刷被切割成零星分布的垄岗高丘。最高砂砾石岗地，分布在雨花、铁心桥、西善桥、板桥等街道部分地段，分布面积占全区总面积20.9%，顶部高程50米~60米，蕴藏名闻遐迩的雨花石。

低山丘陵。主要分布在东南端铁心桥、西善桥、板桥等街道一带，高程60米~240米，以韩府山、将军山、虎头山、岱山、罐子山为主体，由于地势较陡，风化层较薄，是成片林木出产基地。

【自然资源】 雨花台区位于南京南部主要绿色

走廊之上，山清水秀，风景优美。境内牛首山、将军山、韩府山自然植被保存完好。区域西南为滨江圩田、洲地。地势东南高，西北低，西北圩田、洲地最低海拔仅有6米。境内河流、湖泊、水库交织成网，山丘植被被松、竹、茶、果、药材覆盖。全区绿化覆盖率49.36%、林木覆盖率30.15%。

土地资源。雨花台区位于地带性土壤黄棕壤分布区域内，黄棕壤受到人类生活长期影响，形成以水稻土、菜园土为主的耕作土壤。水稻土分布于板桥、西善桥、铁心桥等街道；菜园土分布于雨花、板桥、西善桥等街道。

森林资源。主要分布在铁心桥街道韩府山、将军山、牛首山为主体的省级南郊森林公园和绕城公路、205国道、宁马公路、机场路、宁芜铁路两侧。树种主要以松、杉、柏、意杨、垂柳、杂阔等为主；近年着力打造铁心桥韩府山、将军山主题山头，大量栽种栾树、马褂木、香樟、紫叶李、广玉兰、红玉兰、枫香、女贞等树种。

矿产资源。区境东南为丘陵地区，东南山丘平均海拔25米，最高山岭183米（牛首山除外）。丘陵山区产片石、卵石、砂石、陶土和雨花石；铁矿资源较为丰富，境内梅山矿业公司是国内重点黑色金属矿山企业之一，梅山铁矿具有矿体集中、储藏量大、品位较高、易于开采等优势。

水资源。雨花台区圩区池塘密布，水系畅通，交织成网。其中主要河道有8条，分别是长江、秦淮新河、板桥河、工农河、江宁河、南河、南南河和送驾河，堤防总长度63.3千米。街道级行洪河道20条，总河长48.4千米。排涝泵站40座，设计总流量每秒139.68立方米，总装机容量12184千瓦。有水闸3座，分别是板桥河闸、南河闸、工农河闸。10万立方米以上重点塘坝7座，包括大石湖、安堂凹、静明寺、莲花湖、花神湖、龙泉寺和七堂凹等。

【气　候】 雨花台区属北亚热带湿润气候，受西北风环流影响，季候风明显，四季分明，冬冷夏热，光照充足，雨量充沛。年平均气温15.7℃，最高气温43℃（1934年7月13日），最低气温-16.9℃（1955年1月6日）。最热月平均温度28.1℃，最冷月平均温度-2.1℃。年平均降雨117天，降雨量1106.5毫米，最大平均湿度81%。最大风速19.8米/秒。土壤最大冻结深度-0.09米。夏季主导风向东南、东风，冬季主导风向东北、东风。地震烈度7度。无霜期237天。每年6月下旬到7月中旬为梅雨季节。主要气象灾害有台风、寒潮、连阴雨、冰雹、炎热高温和旱涝。丘陵地干旱缺水和平原圩区的洪涝灾害时有发生。

2018年，雨花台区平均气温明显偏高，降水正常偏少，日照正常偏多，年内暴雨洪涝、连阴雨、寒潮冰冻、强对流、台风等灾害性天气发生较少，对农业、城市运行以及人民生活等无明显影响。气候年景总体评价为较好。其中，年平均气温为17.3℃，较常年偏高1.4℃；年极端最高气温为38.1℃，极端最低气温为-7.7℃。年降水量为1165毫米，年降水日数为124天。（南京市气象局）

【历史沿革】 距今5000年前，雨花台区域便有居民生息繁衍，散布着原始聚落。春秋时属吴国，周元王四年（前472），越王勾践灭吴后命范蠡在古长干里筑城堡，称越城。周显王三十六年（前333），楚战败越国，属楚国金陵邑。秦代属秣陵县。汉代属丹阳郡秣陵县。三国东吴时，属建业。东晋及南朝宋、齐、梁、陈属秣陵和江宁县。隋朝属江宁县。唐属江宁（上元）县。从五代十国时期的杨吴、南唐至民国初年属江宁县。1912年，废上元、江宁县，属南京府。

同年12月16日，复置江宁县。1916年，江宁全县改划7市、9乡，今雨花台区区境在江宁市、凤台乡、江东乡等市和乡地域。1928年，国民政府在南京建特别市后，始有区的建制。1936年，燕子矶、孝陵卫、上新河3个乡并入，南以铁心桥、西善桥、大胜关一线与江宁县为邻。1945年秋，在孝陵卫至上新河以东地区安德门一带设置南京市第十一区，上新河一带设南京市第十二区。1950年1月，将江心洲从第十二区划出，建南京市第十五区。

1949年4月23日，南京解放。以旧十一、十二区和旧十区之牌楼乡以及从江宁县划入的1镇、5乡，组成辖区基本范围，1955年8月成立雨花台区。1958年10月，撤销雨花台区，改并为南京市郊区。1963年4月分建雨花区（不久改称雨花台区）和江东区。1965年5月，江东区、雨花台区全部和中山陵园部分调整合并为雨花台区。1983年实行政社分开，重建各乡，雨花台区设5镇、9乡（雨花镇、七里镇、板桥镇、西善桥镇、上新河镇、石门坎乡、红花乡、雨花乡、江东乡、沙洲乡、西善桥乡、铁心桥乡、双闸乡、江心洲乡）。1984年2月，按《南京市城市总体规划》调整区界，区内通济门居委会、桥北生产队划归白下区，七里街、扇骨营2个居委会划归秦淮区，江东乡凤凰二队、三队、跃进生产队及上新河镇凤凰西街、茶亭2个居委会划归建邺区。1988年12月，以共青团路一至五村范围建立全区第一个街道级雨花新村办事处。1992年，撤销铁心桥乡、双闸乡，分别以原辖区域建立铁心桥镇、双闸镇，实行镇管村机制，境内原属雨花镇、上新河镇管辖的居民委员会分别划归2镇管理；撤销七里镇，将原七里镇响水桥、双桥门、红花村、双桥新村、土城头和武定一至三村8个居委会划归红花乡，海福巷一、二居委会和石门坎居委会等划归石门坎乡；撤销红花乡、石门坎乡，分别以其新辖区域建立红花镇、石门坎镇，实行镇管村机制；撤销雨花台乡，将其原辖区域并入雨花镇，镇政府驻雨花西路117号，将雨花镇管辖的牛首山、铁心桥居委会划归铁心桥镇管辖，云台山、凤凰山等居委会划归雨花新村街道办事处管辖；撤销西善桥乡，将其原辖区域并入西善桥镇，镇政府驻宁芜路芮村，原西善桥镇管辖的沙洲乡居委会划归沙洲乡管理；撤销上新河镇和江东乡，将其原辖区域合并建立江东镇，镇政府驻江东门北街27号，原管辖的双闸乡、江心洲乡居委会分别划归双闸镇和江心洲乡管理。1995年4月，南京市扩大城区范围，雨花台区划出石门坎、红花和江东等3个镇，分别将石门坎镇划归白下区、红花镇划归秦淮区、江东镇划归鼓楼区和建邺区；同时，将江宁县东山镇农花村，江宁镇永安、孙家、邵庄、新建、三山5个村和谷里乡梅村、冶金公司用地范围划入。2000年10月16日，成立工业集中区（2006年更名为南京雨花经济开发区）。2002年10月，南京市区划调整，雨花台区原江心洲镇、沙洲街道和双闸街道秦淮新河以北地区划入建邺区，全区设有宁南、板桥、铁心桥、西善桥、赛虹桥、雨花新村和梅山7个街道，下设21个村委会、39个居委会。2003年3月19日，雨花台区进行部分调整，原板桥街道落星村、近华村，原西善桥街道吴村、四圩村、西寇村、天后村等划归工业集中区管辖，工业集中区域面积26.69平方千米。2008年8月，组建成立板桥新城。2012年6月，雨花新村、宁南、赛虹桥3个街道完成整合撤并（含行政和管辖区域）：撤销雨花新村街道办事处，将雨花南路以南原雨花新村街道辖区（含邓府山居委会）和原宁南街道位于雨花南路与花神大道交会处西南侧望江矶3栋居民楼划入赛虹桥街道，将雨花南路以北原雨花新村街道辖区（含普德村、共青团路、能仁里、雨花台、凤凰山、云台山、吉山、青龙山8个居委会）划入宁南街道，调整后的宁南街道更名雨花街道。

【行政区划】 2018年，雨花台区辖雨花、赛虹桥、铁心桥、板桥、西善桥、梅山6个街道办事处和雨花经济开发区、板桥新城2个管委会；有59个社区。区政府设在雨花街道地界内，雨花台区和中国（南京）软件谷实行区谷联动、一体运作、以区为主的运作模式，中国（南京）软件谷管委会为南京市委、市政府派出机构，驻软件大道186号。

2018年雨花台区行政区划表

表7

街　道	面　积（平方千米）	户籍人口（人）	社　　区（个）
合　计	132.39	297850	59
雨花街道	12.06	75936	15个：康盛社区、翠竹园社区、翠岛花城社区、农花社区、丁墙社区、花神庙社区、雨花社区、共青团路社区、普德村社区、能仁里社区、雨花台社区、凤凰山社区、吉山社区、云台山社区、青龙山社区
赛虹桥街道	7.31	51622	8个：赛虹桥社区、长虹路社区、玻纤院社区、小行社区、菊花里社区、安德门社区、龙福社区、邓府山社区
西善桥街道	17.04	29566	7个：西善桥社区、油坊社区、古遗井社区、福润社区、西善花苑社区、齐修社区、嘉业社区
板桥街道	30.51	18487	7个：板桥社区、绿洲社区、殷富社区、孙家社区、三山社区、永安社区、新建社区
铁心桥街道	27.71	40366	9个：景明佳园社区，春江社区、铁心社区、尹西社区、定坊社区、高家库村社区、马家店社区、翠岭银河社区，新河社区
梅山街道	26.69	28949	5个：中兴路社区、上怡新村社区、梅清苑社区、梅岭社区、梅欣社区
雨花经济开发区	—	19617	4个：近华社区、天保社区、西寇社区、天后社区
板桥新城	1.07	33307	4个：柿子树社区、古雄社区、大方社区、新林社区

注：表中人口不含流动人口，面积不含河湖面积。梅山街道土地面积含在板桥街道、西善桥街道土地面积中

【人口民族】 2018年，雨花台区户籍人口29.79万人，比上年增加10780人，全区人口中，男性150545人、女性147305人，男女性别比102.2∶100。全年新生人口3786人，死亡人口1572人，自然增长人口2214人，全区常住人口46.39万人。全区有回族、满族、蒙古族等32个少数民族，人口计3718人。

2018年全区人口状况一览表

表8

	总户数（户）	总　人　口（人）		
		合　计	男	女
雨花台区	111447	297850	150545	147305
雨花街道	26311	75936	38949	36987
赛虹桥街道	19052	51622	26079	25543
西善桥街道	11695	29566	14390	15176
板桥街道	7463	18487	8690	9797
铁心桥街道	15044	40366	20512	19854
梅山街道	10958	28949	15837	13112
雨花经济开发区	7657	19617	9676	9941
板桥新城	13267	33307	16412	16895

注：此人口数据为户籍人口数据，来源于区公安分局。

【红色资源】 雨花台烈士陵园　是南京城南著名文化地标，在上下三千年历史长河中，有许多古圣先贤和仁人志士曾在此演绎壮丽的人生，留下丰富的历史文化遗产。雨花台是南京城南的一处制高点，成为历代兵家必争之地。东晋豫章太守梅颐曾在此抵抗外族入侵，南宋金兵入侵，抗金名将岳飞在此痛击金兵；此后的太平天国天京保卫战，辛亥革命讨伐清兵，抗日战争“首都保卫战”，都曾在此掀起连天烽火。1927年以后，雨花台沦为国民党统治者屠杀共产党人和革命志士的刑场，在这里遇难的共产党人和革命群众达10万人之多。新中国成立后，党和政府决定在此兴建烈士陵园。自20世纪90年代中期开始，进行大规模的景区景点建设，修复和新建了乾隆御碑、二忠祠、木末亭、木樨苑、怡苑等景点，新建雨花石博物馆和江苏省国家安全教育展览馆，陆续完成新民主主义革命烈士纪念区、名胜古迹区、雨花石文化区、雨花茶文化区和游乐活动区、生态密林区的建设。雨花台先后被确定为全国重点文物保护单位、全国爱国主义教育示范基地、国家AAAA级旅游景区、全国风景名胜区先进集体、全国保护旅游消费者权益示范单位，并通过ISO9001/14001认证，年游客量达200万人次以上。

皖南事变三烈士墓　1941年1月，国民党顽固派制造了“皖南事变”，新四军副军长项英、副参谋长周子昆被叛徒杀害，新四军政治部主任袁国平在茂林战斗中英勇牺牲。1955年6月，中国人民解放军南京军区于雨花台西南望江矶雨花镇夏家洼村修建“皖南事变三烈士墓”，以志纪念。又称将军墓，是江苏省文物保护单位。

西天寺公墓烈士墓　西天寺公墓烈士墓区内的空军烈士墓群，是2005年6月因中兴通讯二期工程建设的需要，将原散葬于雨花台区宁南街道（现雨花街道）望江矶的70位烈士迁葬于西天寺墓园中。这70位烈士是新中国第一代航空兵烈士，大多数是在解放初期军事斗争中牺牲或因公病故，目前仅有24位烈士找到生平简历，只有李熙川、周世礼、赵汉章和唐志中4位烈士找到后人亲属。在西天寺公墓烈士墓区内，还有一块2平方米见方的“无名军人烈士墓碑”，是30位无名军人的合葬墓，他们是南京解放初期在南京第二野战军某医院病故的烈士，原葬于卫岗小学东侧，1960年1月由原紫金山钟表厂迁葬至花神庙夏家洼山林内，2005年11月因南京华为软件公司建设需要，由原宁南街道办事处将其迁葬至西天寺公墓烈士墓区内。

雨花台烈士陵园正大门

【历史人文】 雨花台区三分之一面积为南京市六朝古墓葬重点保护区，自20世纪50年代至今，雨花台区出土大小古墓葬800多座，出土文物达2万余件。其中“竹林七贤”砖刻壁画是江苏唯一列入国家文物局64件禁止移动的国宝。知名的古墓葬包括：古文化遗址3处，帝陵5处，名臣名将名宦墓葬28座，公主驸马墓葬11座。雨花台区是南京乃至全国唯一拥有佛教、道教、伊斯兰教、天主教重要遗迹的建成区。该区历史上有98座佛教寺院，高座寺，新林寺，天界寺，天隆寺等。明代雨花台区佛寺有三分之一为“坟、寺、祠”合一。道教人物有梅颐，鲍靓，明初道教领袖、长春派祖师刘渊然，伊斯兰教圣贤刘智，明代天主教传教士颜尔定、邬若望、张玛诺、林玛诺，均葬于雨花台。战略要地：雨花台区自古就是南京西南方向的战略要地，新亭垒、雨花台炮台、大胜关、三山矶、牛首山、将军山均为兵家必争之地。其中的典故数不胜数，著名的有三国归晋最后一战（东吴与西晋，发生地板桥及附近江面），刘宋时期新亭战役，南宋时期牛首山岳飞抗金，明代朱元璋与陈友谅大城港战役，太平天国雨花台战役，抗日战争时期牛首山、菊花台、雨花台保卫战等。送别怀旧之地：自东吴起，新亭、劳劳亭、雨花台逐步成为金陵文化地标，其他包括阴山矶、石子岗、梅冈、新林浦、板桥浦、西浦、白鹭洲、木末亭、松坞草堂等，吸引了历代的文人墨客，包括谢朓、梁武帝、范云、沈约、李白、杜甫、王安石、白居易、李贺、曹学佺、欧阳修、汤显祖、乾隆皇帝、苏东坡、郑板桥等，都在雨花留下足迹。至2018年收集清代以前有关雨花台区诗词歌赋1500余首。充满传奇色彩之地，包括：雨花台之天花乱坠，文学意象之新亭对泣，“张硕新林浦畔遇仙女”（杜兰香），“佛佑慧和断军刀”“罗儿守孝绝豺狼”“沙弥哭母长新林”（沙弥止风），铁心桥传说，折柳送别，花神湖传说等。风水之地：南有牛首山、马家山、观子山、刘家山、马鞍山、岱山、小山、常府山、三山、落星岗，东有郭家山、韩府山、将军山，东北至西南有戚家山、土门冈、梅冈、雨花台、望江矶、邓府山、石子岗、玉环山、新亭垒（长山）、阴山矶。历史上有帝王园林4座，名人私家园林17座，知名亭阁楼台桥16处。

【文化遗存】 雨花台区辖区内雨花台、铁心桥、西善桥、板桥是南京地区历代墓葬集中地域，为全市地下文物重点保护区。全市有全国重点文物保护单位49处、景点103处。其中雨花台区有4处、6个文物资源点，浡泥国王墓列入海上丝绸之路申遗点。省级文物保护单位23处。雨花台区区级文物保护单位及不可移动文物23处，其中区级文物保护单位8处，不可移动文物15处。非物质文化遗产2项，包括传统美术类（微雕）1项和传统音乐类（西善民歌）1项。至2018年末，区有文物资源点61处，主要包括全国重点文物保护单位4处6个文物资源点、省重点文化保护单位4个文物点、市重点文化保护单位24个文物点、区重点文化保护单位10个文物点。其中：古遗址6处、古墓葬17处、古建筑13处、石窟寺及石刻8处、近代建筑17处、其他1处。非物质文化遗产16项，其中列入市级名录2项。 （俞建宁）

经济社会发展

【概　况】 2018年，雨花台区实现地区生产总值570.99亿元，一般公共预算收入82.5亿元，全社会固定资产投资285.13亿元，社会消费品零售总额417.3亿元；外贸进出口总额269.46亿元，实际使用外资及港澳台资2.1亿美元。全体居民人均可支配收入57530.4元。

【经济发展】 2018年，雨花台区引进富士康南京研发中心、中软国际“解放”号、华润大数据基地、360企业安全集团等重大项目33个，注册项目计划总投资228.6亿元。华为二期等项目建成投产，东南明略人工智能产业园、苏宁云数据中心等重大产业项目签约落地。加快梅山片区工业布局调整进度，宝武集团与省市签订《战略合作协议》。完成化工企业“四个一批”和落后产能企业专项整治。全市首个低效用地再开发项目省供销合作经济产业园主体封顶。新增商务商贸设施面积60万平方米。“双创示范基地”建设获国务院督查激励，云密城特色“园中园”模式被《人民日报》点赞。

实现软件和信息服务业收入2500亿元，其中软件业务收入1550亿元。新增涉软企业300家、涉软从业人员2万人、软件产业建筑面积80万平方米。江苏满运软件科技有限公司、江苏润和软件股份有限公司、南京睿悦信息技术有限公司等近20家企业在硅谷设立研发中心。推进“两落地一融合”工程，签约新型研发机构12家，通过市级备案7家。新增市级以上众创空间7家、孵化器4家。新增发明专利授权515件。新增高新技术企业168家。新入选科技部创新人才推进计划人才1人、省“双创人才”8人、省“双创团队”1个，新增区高层次创业人才56人。培育主板上市企业1家，集聚独角兽企业2家、独角兽培育企业16家、瞪羚企业12家。

【城市建设】 2018年，雨花台区实施征拆项目53个，完成征拆面积80万平方米。地铁S3号线建成运营，启动宁马高速拓宽改造工程，完成绕城公路—安德门大街等交通堵点改造，加快机场二通道、龙翔大道二期等跨行政区“断头路”建设。实施棚户区改造项目14个,开工建设保障性住房32.2万平方米,竣工7.3万平方米。推进软件谷基础设施建设,加快龙西路、管道路等26条内部道路建设,中兴人才公寓二期实现竣工。龙翔大道一期建成通车,开工建设梅苑南路北段等11条主干道,马家店保障房B、C地块项目主体封顶,A、D地块项目开工建设,首个商住项目洺悦华府开工建设,中央商务区招商选资展开。推进精细化建设管理项目138个,雨花东路环境综合整治工程竣工交付,完成春江新城一期、共青团路三村等9个老旧小区出新,开展203个住宅小区、358家机关企事业单位垃圾分类工作。建成梅山中心路等10个社会公共停车场,新增停车泊位1821个。落实“河长制”,推进南河等14条河道水环境提升工程,完成雨污分流项目316个,压减煤炭消耗36万吨,空气质量优良天数优于全市平均水平。整治长江、秦淮新河沿线违法乱占乱建36处,拆解“三无”船舶27条,治理黄砂码头5家。实施梅山9号路沿线环境再提升计划。实施园林绿化建设项目31个,推进花神湖、卡子门广场等景观升级工程,完成雨花大道等4条道路杨树更新改造,南京南站地区建成曲径花溪、岩石花园等立体景观。新增绿地20万平方米,新建绿道4.7千米,绿化覆盖率49.36%、林木覆盖率30.15%。

位于铁心桥街道的南京南动车运用所

【社会事业】 2018年,雨花台区完成为民办实事项目73项。新增城镇就业1.4万人、大学生就业2.4万人。累计发放各类救助金6000余万元,惠及群众8万余人次。建成养老机构20家,每千名老人拥有养老床位数38.5张。小行小学新校区、金陵华兴实验学校投入使用,南京外国语学校雨花国际学校主体封顶。与金陵中学、中华中学、拉萨路小学达成合作办学协议,雨花台中学连续9年获高中发展性评估综合奖。承办江苏省青少年校园足球现场推进会,雨花台中学足球队夺得“省长杯”初、高中组双料冠军。实施“院府合作”,新建医联体6个,累计建成基层特色科室19个,创建成江苏省基层卫生十强区。铁心桥、赛虹桥社区卫生服务中心建成全省首批社区医院。实施国家重点文物保护单位浡泥国王墓环境整治工程。新增体育健身路径28套,组织各类文体活动1300余场,举办“雨花杯”全国航空模型公开赛,金地体育公园获评全省十佳体育公园,梅山体育公园获评全省最美乡村健身公园。创建精品社区21个,翠竹园国际化试点社区通过市级验收,“四方平台”工作法入选全国100个优秀社区工作法。每万人拥有社会组织数22.2个。（陈佳佳）

（责任编辑　张　玄）

中国（南京）软件谷

2019YUHUATAIALMANAC

China（Nanjing）Software Valley

综　述

【概　况】中国（南京）软件谷位于南京主城的西南部，整体隶属于雨花台区范围，城市设计分为东、西两个片区。东片区规划范围：东至卡子门大街、绕城公路、花神大道，南至秦淮新河、雨花台区行政边界，西至凤台南路、宁芜公路，北至纬八路；西片区规划范围：西、北至长江、秦淮新河，南至三山矶路，东至板桥大道、宁芜路、管道路、梅苑南路一线。产业规划“北园（软件大道两侧区域）、南园（铁心桥地区）和西园（雨花经济开发区）”三大功能板块。规划总面积约74.5平方千米，是南京市“一谷两园”软件产业集聚区核心区。

2018年，软件谷实现软件业务收入1550亿元，同比增长13.2%。实现地区生产总值299.33亿元，同比增长12.4%（现价），占全区比重52.4%。完成一般公共预算收入27.87亿元，占全区比重43.9%。实现固定资产投资91.1亿元，占全区比重31.9%；实际利用外资1.07亿元，实现外贸进出口总额190亿元。新增软件产业建筑面积84.07万平方米，总量830.34万平方米；新增涉软企业316家，总数2402家；新增涉软从业人员2.1万人，总数24.5万人。净增国家高新技术企业127家，总数282家。

软件谷logo　（软件谷　供稿）

全年承担重点项目34个，含市重大项目14个、区人代会项目32个，全部有序推进。引进中科创达区域研发中心、东南明略公共安全人工智能产业园、360企业安全集团南京研发中心、16家企业联合拿地的南园总部经济园一期等项目300余个，楼宇租售面积27万平方米，其中引进富士康南京研发中心、中软国际“解放号”等重大项目14个。以软件谷为核心的雨花台区国家“大众创业万众创新示范基地”建设获国务院认可，其中“一张蓝图绘到底、高度聚焦软件产业发展理念，专业特色园区建设、运营和招商模式，以及以服务为核心创业创新生态系统”3条经验被国家评估组肯定，建议向全国推广。接待全国政协、国家发改委、国务院督察组等领导视察560批次、计1.4万人次。在市委、市政府发布的南京市第一批和第二批独角兽、瞪羚企业榜单中，软件谷上榜26家，占全区比重86.6%。

【软件谷创新产业集群】2018年，软件谷创新产业集群分四大类：通信软件及运维服务产业集群包括通信软件研发、运营商服务及网络优化等相关产业，属国内规模最大、集聚度最高、占据行业主导地位的通信软件产业集聚区，被科技部认定为“中国通信软件特色产业基地”。近200家企业形成集聚，产业建筑面积超130万平方米，从业人员超6万人。云计算大数据及信息安全产业集群包括云计算、大数据、信息安全等相关产业，集聚企业400余家，产业建筑面积约80万平方米，从业人员约5万人。互联网产业集群包括互联网应用、互联网服务、电子商务、物联网等相关产业，集聚相关企业100余家，产业建筑面积约30万平方米，从业人员约3万人。人工智能及智能终端产业集群包括智能IC、操作系统、智能应用、机器人、智能制造、智能终端等相关产业，集聚相关企业近100家，产业建筑面积约20万平方米，从业人员近2万人。

【软件谷企业获国家、省、市专项补助资金】2018年，软件谷企业获国家、省、市专项补助资金27802.76万元。其中，1家企业获中央财政服务外包公共平台建设专项补助资金60万元，34家企业获省级商务发展专项补助资金2691.22万元，1家企业获省级军民融合发展引导专项补助资金173万元，8家企业获省级现代服务业发展专项补助资金813万元，41家企业获省工业和信息产业转型升级专项补助资金3922.67万元。（软件谷）

基础设施

【概　况】2018年，软件谷推进东软国际西侧河道景观工程、尹家巷绿化工程、铁南污水泵站等7项基础配套建设。完成雨花台高新区控制性详细规划及城市设计整合、软件谷控制性详细规划批次修改、富士康地块规划调整、凤汇大道西侧居住地块规划调整、潘窑保障房地块规划调整等。全年开展26条道路建设，总长24.8千米，迁改高压杆线22回。办理规划行政审批项目867件次。办理政府投资基础设施项目立项23项，完成项目基础设施配套费收取10个，收取基础设施配套费9600万元。办理土地征转用项目25个，总面积88公顷，其中转用道路面积12公顷、转用学校及科研用地64.67公顷、转用经营性用地11.33公顷。牵头区属各土地运作平台完成8幅、29公顷经营性土地出让，其中软件谷出让地块2幅、11.4公顷，实现出让金返还约20亿元。委托实施拆迁项目9个，拆除房屋面积15万平方米。展开南京外国语学校雨花国际学校、软件谷附属小学和马家店规划小学等学校项目建设。

【5条支路开工建设】3月，位于软件谷南园片区的5条道路开工建设，分别为临浦路、旺谷路、瑞谷路、观山路、马家店路，属马家店研发片区支路路网，总投资2.8亿元，总长5.3千米，道路等级为城市支路，宽24米，设计时速为30千米。至年末，5条道路中，瑞谷路实现主体竣工，其他4条完成道路灰土层施工。

【阅宁路北延道路竣工】8月10日，阅宁路北延道路竣工验收，总投资约2000万元。该道路西起软件大道，东至安德门大街，长400米，宽24米，设计时速为30千米，道路等级为城市支路。

【马定路竣工】12月21日，马定路竣工验收，总投资约9700万元。该道路南起梅苑南路，北至管道路，长1.54千米，宽33米，设计时速为40千米，道路等级为城市次干道。

【圣象片区内部路网竣工】12月27日，圣象片区9条道路工程高铁东侧道路竣工验收。该道路位于大周路往东、宁丹路往西，长约3.57千米，宽12米~24米，设计时速为20千米，道路等级为城市支路，总投资约1.2亿元。

（软件谷）

招商引资

【概　况】2018年，招商引资实现重大突破。引进重大项目14个，占全年目标任务107.69%；总投资完成92.66亿元，占全年目标任务102.96%；注册外资实际到账完成1.07亿美元，完成目标序时进度102.21%；新增总部企业3家；新增涉软企业215家；引进跨国公司地区总部等功能性机构1个，富士康南京研发中心。楼宇经济招商完成面积约26.61万平方米。“四城一基地”（楚翘城、云密城、创业创新城、科创城、大数据产业基地）等众多载体招商率达90%以上。

【项目引进】2018年，软件谷引进富士康、中软国际解放号、中软国际—华为云创新中心、森根科技、瞬联科技等14个重大项目，在市级层面签约360企业安全集团、普门科技、创业黑马等一批高质量项目。其中世界500强企业富士康将设立南京研发中心，项目计划总投资45.8亿元，用地3.73公顷；全国软件百强企业第8位的中软国际解放号总部落户软件谷；人工智能全国百强第7位的中科创达，建立中科创达人工智能产业基地，计划总投资8亿元；软件谷联合东南集团、明略数据、南京公安研究院，四方共建软件谷公共安全产业园，计划总投资40亿元。规模项目引进推动软件谷电子信息产业不断向高端化、国际化迈进，持续提升软件谷品牌影响力。

【独角兽、瞪羚企业数量增加】加强独角兽、瞪羚企业培育与招商，软件谷招商及载体培育的独角兽、瞪羚企业迅速增长。2018年，雨花台区（软件谷）独角兽、培育独角兽企业18家，其中华捷艾米、天数科技等7家由招商引入；瞪羚企业9家，其中森根科技、灵动信息等4家由招商引入，增强经济活力，吸引更多资本关注。

【云密城创新集群招商】云密城是软件谷打造的首个自建载体的专业化特色园区，采用“联合拿地、统一规划、联合建设、分割出让、统一配套、集中托管”的开发建设模式，由软件谷和中新赛克、诚迈科技等8家发展较好的企业联合建设，创新发展模式提升项目集聚程度和运作效率。2018年3月竣工后，引入中软国际、东南集团、创维信息研究院、佳源科技、朗坤智慧、猎聘网、翼辉信息技术等30家知名企业入驻。南园总部经济园区是云密城项目模式的扩展应用，计划总投资30亿元，占地面积14.33公顷。项目一期建筑面积约20万平方米，建设楼宇16栋，与迈特望、新立讯、浩丰创源、大烨智能等16家企业签署项目投资协议，重点聚焦人工智能、医疗科技、信息安全、互联网电商等新兴高端产业及新型互联网企业总部，形成总部经济集群。

【国际化合作平台】与海外华人高新技术协会合作，运满满、润和、睿悦、天数等近20家企业在硅谷设立研发中心；与硅谷知名孵化加速平台PNP合作，设立PNP软件谷国际创新加速平台，向软件谷引荐2家创新型企业；设立软件谷中欧创新中心，举办国际企业对接交流会，成为企业“走出去、招进来”的桥梁；与中华两岸交流协会(中国台湾)江苏代表处达成初步合作意向，共建“两岸青年半导体创新基地”项目。

【招商推介】 2018年，软件谷组织39家谷内成长性较好的企业，参加南京市在硅谷、北京、上海、深圳、南京等地推介会，签约11个项目；招商人员分批次赴北京、上海、深圳、西安、东莞、海口等地开展招商工作。拜访北京软协、成都软协、中国中小企业协会、中软软件网等协会机构13家；组织招商人员参加中关村独角兽峰会、贵阳数博会、北京科博会、大连软交会、武汉电博会、北京软博会等会展及论坛活动10余场，现场发放招商名片约3000余张，与近300家软件及信息类企业深入交流。

【软件展会活动】 2018年，软件谷主办、承办2017年度互联网十大新锐人物与创新力产品评选颁奖典礼、2018年全球互联网大会春季峰会、解放号O2O共享沙龙、全国卡车司机节暨智慧物流创新发展论坛等一系列活动。组织企业参加影响力大的软件展会，4月牵头谷内企业组成软件谷展团赴韩国参加全州3D机器人展，6月中旬参加大连软交会，6月底组织谷内4家软件科技型企业共同亮相北京软博会，9月参展南京软博会、金洽会。借助展会，软件谷广泛宣传园区情况、接触目标客商，累计接待千余名客商。（软件谷）

项目建设

【概　况】 2018年，软件谷赴美国、韩国开展国际招商活动；赴爱尔兰、英国开展“生根出访”活动，与爱尔兰科克大学合作成立南京脑谷人工智能研究院。参加大连“第16届中国国际软件和信息服务交易会”、北京“第22届中国国际软件博览会”和南京“第14届中国（南京）国际软件产品和信息服务交易博览会”“2018中国·南京金秋经贸洽谈会”等重大招商活动，重点推介宣传软件谷产业特色；举办“2018全球互联网经济大会·春季峰会”、首届中欧创新合作峰会等重大招商活动，取得重大招商成果。围绕软博会等系列特色活动，发表系列专题报道300余篇。《人民日报》专题刊载软件谷云密城“园中园”建设运营模式。全年实现项目计划总投资92.66亿元，注册外资实际到账1.07亿美元，招商签约总面积27万平方米。引进富士康南京研发中心、中软国际“解放号”等项目300余个，集聚各类软件企业超2000家，其中世界500强及世界软件百强企业15家、中国软件百强及中国电子信息百强企业30家。在2018年南京软博会集中签约仪式上，参加市级签约项目数量及计划总投资额位列全市第一。

2018年中国（南京）软件谷重点项目建设情况一览表

表9

类　别	项目名称	总投资（万元）	建筑面积（平方米）	主　营
主体建成	圣迪奥南京总部研发基地	25000	65500	研发及总部办公
	金证南京研发中心	38000	97000	软件研发及办公
	亚信华东总部及产业互联网基地	50000	85000	互联网软件研发及办公

续表 9

类 别	项目名称	总投资（万元）	建筑面积（平方米）	主 营
主体建成	万博科技	28000	95000	软件研发及办公
	中兴通讯三区（一期）	146000	305000	软件研发及办公
	丰盛 A 地块二期	40000	65000	软件研发及商业办公
在建项目	宇龙通信华东总部	50000	94000	软件研发及总部办公

【行政审批项目办理规划】 2018年，软件谷办理规划行政审批项目867件次。其中，选址意见书31件次，选址面积88.2公顷；用地许可证30件次，用地面积144.6公顷；建设工程规划许可证41件次，许可建筑面积111.9万平方米；市政工程规划许可证136件次，许可长度130.8千米。

【360企业安全集团南京研发中心项目落户】 2018年，360企业安全集团收购软件谷内企业——南京安贤信息科技有限公司，将360企业安全南京研发中心搬迁至此，作为南京研发中心及云安全事业部，项目总投资0.5亿元，有员工近百人，地址位于软件谷VIVO大厦。360企业安全集团专注于为政府和企业提供新一代网络安全产品和服务，是第一批被科技部认定的独角兽企业。

【中软国际“解放号”总部项目落户】 1月29日，中软国际有限公司与软件谷签订中软国际“解放号”总部落户协议。该项目旨在通过建设“互联网+软件交易服务平台”，提供线上项目采购和交付管理、线下运营服务，助力南京市软件产业发展，加快互联网转型，打造协同合作生态，创新政府软件项目采购和交付过程管理模式，为“智慧南京”建设提供服务。

【富士康南京研发中心落户软件谷】 5月22日，富士康南京研发中心签约落户软件谷，计划总投资45.8亿元，用地面积3.77公顷，主要从事智慧终端和穿戴式智能产品零组件及整机研发设计。至年末，该公司有员工450人，入驻软件谷北园临时办公。

【南京软件谷—Qualcomm中国联合创新中心揭牌】 7月4日，由软件谷、高通（中国）

7月4日，软件谷管委会主任谢祖国、Qualcomm中国区董事长孟樸共同为“南京软件谷-Qualcomm中国联合创新中心”揭牌　　（软件谷　供稿）

控股有限公司（Qualcomm）、南京睿诚华智科技有限公司（Nibiru）共同成立的“南京软件谷—Qualcomm中国联合创新中心”在软件谷揭牌并投入使用，同时举办首站AR/VR应用开发者沙龙。该中心位于软件谷华博智慧园，为符合条件双创企业提供技术评估、初期研发指导等服务，为参观者展示美国高通VR/AR、物联网平台和解决方案等计算与连接技术。

【蜂云启迪ESC南京体验中心启用】 8月2日，蜂云启迪ESC（企业解决方案中心）南京体验中心在软件谷云密城开幕启用，项目由蜂云启迪科技有限公司运营，规划打造集产品零售、设备维修、解决方案于一体全新体验中心。Apple中国区教育及企业事业部与五星控股、丰盛集团等近20家企业代表出席开业活动。12家企业现场与蜂云启迪（江苏）通信科技有限公司签署年度战略合作协议。

【南京市电视工程技术研究中心设立】 8月20日，南京市电视工程技术研究中心获南京市科学技术委员会批准成立，该中心设立在云密城，由南京创维信息技术研究院有限公司投资2000万元建设，主要承担研发人工智能电视操作系统、人工智能家居控制系统、新能源汽车人工智能驾驶舱及车联网服务系统、酷开精灵语音人工智能软件、微信电视等系统和产品，研发生产AIWi-Fi（人工智能无线网络）模组、分布式阵列麦克风、Sky-Show智能音箱等硬件产品。

【南京未来产业大数据研究院项目落户】 8月24日，南京未来产业大数据研究院项目落户软件谷，计划总投资3000万元。该项目依托北京大学大数据分析与应用技术国家工程实验室和北京大数据院研发平台，在全球范围内整合大数据资源，开展自动驾驶和交通运输人工智能领域创新研究、大数据领域产业孵化等探索。

【软博会签约项目】 9月3日，软件谷在第14届中国（南京）国际软件产品和信息服务博览会集中签约仪式上，签约项目4个，计划总投资61亿元，分别是投资40亿元的东南明略公共安全人工智能产业园项目、投资5亿元的新浪互联网司法服务产业项目、投资8亿元的中科创达区域总部项目以及投资8亿元的平安科技南京研发中心项目，签约项目数量及计划总投资额位列全市第一。

9月3日，软件谷4个重大项目统一在”第14届中国（南京）国际软件产品和信息服务博览会”上集中签约 （软件谷 供稿）

【金洽会区专场签约项目】 9月7日，软件谷在“2018中国·南京金秋经贸洽谈会”区专场签约仪式上签约项目5个，计划总投资8.5

亿元，分别是投资2亿元的火星盒子南京研发总部、投资2亿元的麦澜德科技总部、投资0.5亿元的创维信息南京研发中心、投资3亿元的复星物联网产业基地以及投资1亿元的天数科技总部，软件谷在区专场签约数量位列全区第一。

【承办首届中欧科技创新合作峰会】 11月6—7日，以“科技改变世界，绿色引领未来”为主题的首届中欧创新合作峰会在南京软件谷云密城举行。峰会由软件谷管委会、雨花台高新区、全球绿色智慧投资管理（北京）有限公司主办，南京软件谷中欧创新中心承办。峰会邀请芬兰国家科学院VTT、芬兰国家技术研究中心及大学物联网应用技术联盟、FWF芬兰水务协会、德国巴登符腾堡州国际经济与科技合作协会4家平台型机构，以及芬兰、瑞典、新加坡、以色列等国12家绿色科技企业参会，展开绿色科技理念以及物联网、智能水循环解决方案交流。峰会现场，CEMIS芬兰国家技术研究中心及大学物联网应用技术联盟、FWF芬兰水务协会2家机构与软件谷达成合作意向，分别签署“协商共建中芬新型研发机构意向协议”“芬兰水务协会推动产学研国际合作意向协议”，SinordCapita公司与中欧创新中心达成合作意向并现场签约。

【参加第五届韩国国际3D打印·无人机展览会】 4月5—8日，软件谷首次组织华博蜂华智联、睿悦信息、美益添文化等6家企业赴韩国参加“第五届韩国国际3D打印·无人机展览会”，由参展企业自行研发的参展展品VR、陪伴机器人等受到业界好评，中、韩企业就进一步开展技术交流和商业合作达成初步意向。

【全球互联网经济大会·春季峰会在软件谷举行】 4月19—20日，“GIEC2018全球互联网经济大会·春季峰会”在软件谷楚翘城会议中心举行，来自腾讯、亚马逊、微软、360等企业近千名嘉宾和代表参会，共同探讨交流万物互联时代与万物智能时代在更迭递进浪潮中行业发展趋势。同期举办“2017—2018年度互联网创新大奖颁奖盛典”。 （软件谷）

载体建设

【概　况】 2018年，软件谷集聚各类众创空间28家，其中国家级备案7家、省级备案7家、市级备案14家，在孵项目200余个，孵化面积超3.8万平方米。集聚科技企业孵化器24家，其中国家级1家、省级3家、市级20家，在孵项目800个，孵化面积59.54万平方米。科创城Q1、Q2地块竣工交付，中兴人才公寓二期、人才实训园区项目具备竣工交付条件，亿嘉和机器人智能巡检基地、北辅道产业集群、金融科技产业园等重大项目开工建设。“互联网+”创星小镇通过南京市特色小镇考核小组验收，被评为合格小镇，累计争取小镇扶持资金1598万元。

【软件谷总部经济园土地挂牌】 2018年，软件谷发展有限公司牵头与南京迈特望科技股份有限公司、南京新立讯科技股份有限公司等16家本土企业联合拿地软件谷总部经济园项目一期，办理土地挂牌。该项目位于软件谷南园、大周路与机场二通道交汇处，计划总投资30亿元，占地面积14.33公顷，建筑面积72万平方米，项目分2期开发。其中，一期规划启动面积33万平方米，采用“联合竞买土地、统一开发建设、集中托管物业”模式。

【APEC中小企业信息化促进中心服务】2018年，APEC中小企业信息化促进中心服务中小微企业近2万家，其中汽配行业服务平台入驻省级经销商1000余家、市级汽车修理厂1.2万余家，成为华东地区第一大汽车后市场B2B（企业与企业之间通过互联网进行产品、服务及信息交换）交易平台。该促进中心位于软件谷云密城，办公面积1100平方米。中心建材平台从原先ERP（企业资源计划）系统+移动门店平台，发展成为集非标产品电商交易系统+ERP系统+集采系统+服务管理平台+物流系统+仓储系统+智能体验终端+阿米巴经营管理系统+终端客户服务系统，实现业务办理线上全覆盖。

【软件谷金融科技产业园开工】10月，软件谷金融科技产业园项目开工建设。该项目东至华为路，南至宁双路，西至安德门大街，北至新华路，规划新建科技研发办公楼宇及相关配套设施，项目计划总投资16亿元，占地4.6公顷，建筑面积约24万平方米，规划打造集聚江苏顶尖金融科技、金融安全、金融征信等新金融企业金融科技产业园。至年末，推进实施基坑支护施工、土方外运和总包招标等。

【自主实时操作系统公共服务平台运营】11月，自主实时操作系统公共服务平台运营，推出ROS-RT实时机器人系统、OpenRT核心网路由平台、MultiOS混合多系统平台、EmbeddedAI嵌入式人工智能四大领域解决方案。该平台位于软件谷云密城，占地面积约700平方米，是全国首家嵌入式操作系统综合性服务平台，拥有展览展示区、技术诊断中心、软硬一体原型验证中心、行业技术孵化中心和实验实训中心等功能区域。（软件谷）

特色园区

【楚翘城】楚翘城位于软件谷北园，占地面积4.67公顷，建筑面积17.6万平方米，是软件谷首个独立运作、开发建设、运营管理产业综合体。园区建有4幢高级写字楼，入驻三星、亿嘉和等高科技研发企业100余家，并配有商业、餐饮、酒店、影院、会议等多重功能业态。2018年，位于楚翘城核心区“江苏创业大街”揭牌运营，园区利用全国顶级孵化资源网络与南京创业资源有机结合，引进业内领先创业服务机构及顶级风险投资机构，设有创业项目路演中心、众创空间、创业会客厅、创业咖啡等孵化平台。至年末，入驻创业家黑马、36氪等高科技孵化器6家，形成“众创空间—加速器—产业园区”载体链条，为创业团队提供市场化、一体化孵化加速服务。园区全年新签企业19家，入驻企业总计50家，累收租金5542.72万元。

【科创城（“互联网+”创星小镇）】科创城位于软件谷南园，占地面积14.47公顷，建筑面积61万平方米，是首批市级特色小镇之一——雨花台区“互联网+”创星小镇的核心区，园区聚焦发展云计算、物联网、移动互联网、大数据等产业，规划打造“互联网+”创新产业和总部经济名企集聚区，成为集研发、办公、居住、教育、商贸、旅游多功能于一体科技产业特色小镇。其中，科创城一期（Q3、Q4地块）于2016年8月竣工交付，招商率91%；科创城二期（Q1、Q2地块）于2016年11月开工建设，2018年11月竣工交付，尚在全面招商。科创城配套设施有软件谷菁英公寓，占地6.53公顷，总投资9亿元，建筑面积17.8万平方米，于2016年9月交付，累计套型1854户，入驻华为、中兴光电子、三星、步步高、亚信等企业研发人员3500余人。2万平方米商业部分于2017年5月开业，入驻餐饮商户30余家。2018年，园区新签企业55家，入驻企业总计385家，实现税收7414.19万元，累收租金4563.24万元。

【云密城（软件谷双创服务中心）】 云密城（软件谷双创服务中心）位于软件谷北园，占地面积9.2公顷，建筑面积44万平方米，由南京软件谷信息安全科技产业发展有限公司牵头，与谷内诚迈科技、中新赛克、嘉环科技、易司拓软件、安讯科技、国瑞信安、伟思医疗、赛思腾等8家高成长性软件公司合作，采取“联合竞买土地、统一委托建设、集中托管物业、公共配套资源共享”方式打造专业化园区。园区以“信息安全、云计算”为主导产业，吸引优质互联网企业、高新技术企业、总部企业落户园区，辅以科技、金融、商务、生活服务等业态，打造高端化、国际化、品牌化、生态化产业综合体。签约入驻企业有佳源电气、中软国际、创维信息等，企业入驻率50%。2018年，园区新签企业35家，企业总计121家，累收租金988.73万元。

【创业创新城】 创业创新城位于软件谷西园，占地面积35.13公顷，建筑面积46.7万平方米，原址为明发工业原料城，随着软件谷西园产业提档升级，软件谷在工业原料城原有建筑基础上对项目整体改造建设，以企业孵化加速平台为主体，旨在打造集电子信息、物联网、智能制造为主导产业，结合软件类人才培训等多功能板块的全新产业“新城”。至2018年末，项目A、B、C三区入驻企业455家，招商率98%，配套人才公寓、南大软件学院软件谷分院及班车、食堂等；D区推进低效用地改造，实施土地评估及方案招标。园区全年实现税收3010万元，累收租金3858万元。

软件谷以云密城为中心的高新产业集群　　（软件谷　供稿）

【南京大数据产业基地】 南京大数据产业基地位于软件谷北园，占地面积6公顷，建筑面积8万平方米，是南京首个以大数据发展与应用为主题产业园区，由南京软件谷发展有限公司与南京垠坤通产资产经营管理有限公司共同出资组建合资公司展开运作。基地以大数据应用和服务为突破口，重点引进大数据采集与处理、大数据分析与应用、大数据关键技术研发、大数据领域深度关联型企业。2018年，园区新签企业62家，入驻大数据类企业140家，吸引包括瑞中数据、亚信科技、银石支付、平安科技等一大批大数据产业链关键企业入驻，实现税收300万元，累收租金7300万元。（软件谷）

雨花台高新区

【概　况】 雨花台高新区于2017年12月成立，规划面积12平方千米，位于软件谷北园和南园，与软件谷合署办公，实行“一套班子两块牌子”管理模式。2018年，依据《南京市科技园区整合设立工作方案》，软件谷在原组织机构设置基础上，增设高新产业协调服务局，牵头负责具体雨花台高新区推进工作。雨花台高新区制定出台《雨花台高新区对标找差重点任务及发展目标分解工作方案》，明确太仓省级高新区是标杆区、常州国家高新区是灯塔区，组团赴两地考察学习。年内，雨花台高新区签约落地新型研发机构11家，通过市级备案7家，落地机构累计孵化、引进企业（项目）71个。在年度全市15个高新区（园）综合评价中获二等奖，获奖励资助800万元。

【高新技术企业培育】 2018年，雨花台高新区利用园区众创空间、孵化器等抓手，摸排梳理企业成长性、研发能力、知识产权等情况。设立联动奖励，摸排园区各类载体，备案并辅导企业完成高新技术企业申报。加大对企业知识产权、研究开发、知识成果转化等高新技术企业申报要素投入奖励，调动企业申报积极性。指导企业从知识产权、科技成果转化、研究开发组织管理水平、财务增长等方面完善高新技术企业申报材料。建立高新技术企业评审专家资源库，举办专家预审会10场次，邀请专家线上（线下）辅导152家企业申报，保障高新技术企业入库培育通过率。全年高新技术企业省培育入库90家，位列全市第二，完成国家高新技术企业申报153家，净增国家高新技术企业67家，总数达155家。

【完成雨花台区高新区控制性详细规划和城市设计整合】 5—12月，软件谷规划局完成雨花台高新区控制性详细规划和城市设计整合规划编制，成果通过市政府审查。雨花台高新区分南、北2个片区，总规划面积12平方千米。其中，北片区北至安德门，东至玉兰路，南至秦淮新河，西至205国道，面积9.3平方千米；南片区北至秦淮新河，东至机场二通道、杨家坟，南至马家店、杨家坟，西至岱山，面积2.7平方千米。该规划结合雨花台高新区定位和要求，从发展需求、产业特色、建设现状等方面，对现有控制性详细规划进行整合，明确功能定位和产业发展方向，加强城市设计引导，提升空间品质。结合雨花台高新区范围项目和配套需要，对15个规划管理图则开展规划调整，落实富士康、中通服、中华中学等重大项目需求，对二师范南压高齿片区、“铁心桥—西善桥”中心区开展片区调整专项论证及工业遗产保护规划图则调整论证。

【信息技术融合发展推介会】 6月26日，在南京市首届新型研发机构峰会期间，由软件谷承办的“新一代信息技术融合发展推介会”在南京市国际博览中心召开。会议通过专家学者主题演讲、新型研发机构成果路演推介、天使投资高端对话等方式，推动新型研发机构分享经验、共享资源、展示成果交流，吸引全市25家新型研发机构、10家创投机构代表以及265家龙头企业、校友企业参加。

【新型研发机构签约落地】 9月，软件谷出台《中国（南京）软件谷关于推动新型研发机构建设发展的实施意见》，加大对新型研发机构发展管理与引导。全年引进落地新型研发机构11家，其中9家新型研发机构参加市集中签约，7家新型研发机构通过市级新型研发机构备案认定，落地机构孵化引进项目71家。

9家参加市集中签约的新型研发机构分别为：“南京自主实时操作系统技术研究院”“智慧基础设施（南京）技术研究院”2个项目在南京市举行的“两落地一融合”第二批新型研发机构签约仪式会上签约落户，“时代大数据网络安全技术与发展战略研究院”“南京智能仿真技术研究院”2个项目在南京市举行的第三批新型研发机构签约仪式会上签约落户，“丝路卫星通信江苏研究院”项目在南京市举行的首届新型研发机构峰会签约落地，“慧谷人工智能研究院”“南京河海智慧水利研究院”2个项目在南京市举办的新型研发机构建设推进会上签约落户，“南京华曼吉特信息技术研究院”项目在南京市召开的新型研发机构国际合作大会上签约落地。“南京东奇智能制造研究院”项目在南京市召开的新型研发机构东南大学专场集中签约仪式上签约落地。（软件谷）

2018年软件谷签约落地新型研发机构一览表

表10

序号	新型研发机构名称
1	南京软件谷移动互联网研究院
2	江苏三维智能制造研究院
3	南京智慧基础设施技术研究院
4	南京时代大数据网络安全技术与发展战略研究院
5	南京智能仿真技术研究院
6	丝路卫星通信江苏研究院
7	南京未来产业大数据研究院
8	南京慧谷人工智能研究院
9	南京河海智慧水利研究院
10	南京东奇智能制造研究院
11	南京脑谷人工智能研究院

（软件谷）

江苏国家数字出版基地（南京园区）

【概　况】 2018年，数字出版发展投资有限公司按照“自主拿地、自主建设、自主招商，自主运营，自筹资金”的“五位一体”公司化运作模式开展公司市场化运作，收回宝庆二期剩余闲置地块，与雨花经济开发区管委会签订拿地协议，启动土地招拍挂前期各项手续。引进第三方运营团队，对数字基地一期开展企业化招商，数字大厦出租率由32%上升至84%，新增出租面积8000余平方米。在数字大厦8楼建设众创空间，吸引中小型企业落户。全年数字基地新落户企业11家。对数字大厦9000平方米裙楼进行商业改造，1楼1800平方米面积招商入驻餐饮业8家、超市3家，实现运营。至年末，江苏国家数字出版基地（南京园区）累计完成文化产业产值48.17亿元，文化产业增加值8.07亿元。

【收购破产企业金世邦】 2018年，数字出版发展投资有限公司通过司法拍卖途径，收购园区破产企业金世邦，规划利用金世邦既有厂房和办公楼作为数字基地拓展区域，扩大文化创意类产业承载规模。

【中国（南京）文化科技融合成果交易会】 11月2—4日，数字出版基地携南京迅云网络科技有限公司、南京铂睿美视光电科技有限公司、江苏智盾防伪科技有限公司3家园区企业参展2018中国（南京）文化科技融合成果交易会。该交易会在南京国际博览中心举行。《南京日报》专刊刊载数字基地发展情况，并对3家参展企业给予报道。 （邹　玥）

入驻企业简介

【亿嘉和科技股份有限公司】 亿嘉和科技股份有限公司2015年10月搬迁至软件谷以后，作为软件谷的机器人产业发展起步到龙头和领军作用，加快科技投入与创新，企业发展迅速，2018年6月12日，亿嘉和科技股份有限公司（股票简称：亿嘉和，股票代码603666）正式挂牌上海证券交易所A股主板。2018年实现销售收入6.2亿元，税收4553万元，累计净入库税收2亿元。

【南京新立讯科技股份有限公司】 南京新立讯科技股份有限公司于2007年成立，注册资本6720万元，项目总投资3亿元，总部位于软件谷。主营ICT（信息系统集成）与IDC（数据运营业务），是一家将大数据云平台技术，广泛应用于真实交互场景，并匹配专业算法模型，延伸应用各行业的科技公司。公司于2015年承租楚翘城7幢8楼2118.23平方米，计划逐步扩租7幢6楼2114.16平方米、11楼2021.15平方米。用于设立大数据溯源实验室：以新一代信息技术为手段，以图形处理技术、大数据、AI技术、传感技术为基础，打造农产品的标准化种植、分拣、加工、销售、分析等为一体化的溯源大数据平台，塑造安全、绿色、公开的食品全生命周期的标准化体系。2018年，公司实现营业收入3亿元，净入库税收1580万元。

【南京华捷艾米软件科技有限公司】 南京华捷艾米软件科技有限公司创立于2015年，注册资本增资到1亿元，未来5年总投资不低于3亿元，是专注于3D视觉、智能交互及3D MR领域的人工智能公司，其自主研发的IMI系列智能感知芯片与产品，成功打破微软、苹果和英特尔的技术垄断，是国内第一家可以提供全套芯片级3D软硬件解决方案的高新技术企业。公司于2015年1月完成4千万元天使轮融资，2016年6月完成2亿元A轮融资，2018年3月完成近5亿元B轮融资，光大控股、君度投资、汉富资本等多家投资方参与此轮投资，2018年入选第一批南京市培育独角兽企业。

【江苏满运软件科技有限公司】 江苏满运软件科技有限公司成立于2016年，位于软件谷天溯创新中心。经营范围包括计算机软硬件研发与销售，互联网信息技术服务，网络工程、弱电工程设计服务，道路货物运输等。运满满创立于2013年，隶属于江苏满运软件科技有限公司，是国内首家基于云计算、大数据、移动互联网和人工智能技术开发的货运调度平台。2018年4月18日，运满满入选2018年南京市第一批独角兽企业。4月24日，运满满所属满帮集团宣布完成新一轮融资，融资金额19亿美元，估值达65亿美元。新一轮融资为运满满注入强劲发展动力，有助平台提升用户体验和拓展新市场。未来规划探索新能源、无人驾驶、国际化等领域，持续展开物流基础设施建设。2018年，江苏满运软件科技有限公司员工有400余人。

【南京嘉环科技有限公司】 南京嘉环科技有限公司成立于1998年，位于软件谷云密城，公司致力于成为信息通信技术综合服务提供商，是国家级高新技术企业、江苏省规划布局内重点软件企业，提供信息通信网络规划设计、工程施工、设备调试、基础网络优化、综合代维、无线网规网优、ICT培训教育等一体化综合服务，以及系统集成、软件开发及行业应用等业务。业务遍布国内20多个省份，是华为等主流设备商核心合作伙伴。2018年，南京嘉环科技有限公司入选2018年南京市第一批瞪羚企业。公司员工有1260人。

【南京中科创达软件科技有限公司】 中科创达软件股份有限公司成立于2008年，是全球领先的智能终端操作系统及平台技术提供商，上市公司，总部位于北京，分公司、子公司以及研发中心分布于全球18个地区。南京中科创达软件科技有限公司成立于2012年，位于软件大道109号，主营计算机技术开发、转让、咨询、服务及计算机软硬件研发、销售等，后期规划在软件谷拿地建设区域总部，设立人工智能与物联网研发中心、智能汽车交付中心总部等。2018年，公司销售额1.6亿元，实现纳税650万元，有员工400余人。 （软件谷）

【南京国豪装饰安装工程有限公司】 南京国豪装饰安装工程股份有限公司（以下简称国豪股份）成立于2000年，注册资本1.1亿元，是一家以室内装饰为主体，融幕墙、家具、景观、艺术品、机电设备安装等为一体的专业化装饰公司，位于雨花经济开发区，基本建成集办公、设计研发、后场加工为一体的多功能综合性企业。自2010年起，企业连续8年名列中国建筑装饰行业百强企业（2017年跻身前39强）。2015年7月，在新三板成功挂牌，成为南京同行业中第一个在新三板挂牌公司，2016年成为江苏省装饰行业唯一进入创新层企业。2018年，公司年产值15亿元，营业收入额20亿元。

【南京瑞安电气股份有限公司】 南京瑞安电气股份有限公司是瑞安超声电器有限公司在南京扩大再投入的新公司，总投资5000万元。公司位于雨花经济开发区龙腾南路28号，占地面积1.43公顷，建筑面积8000平方米，主要生产各种规格车用燃油泵初滤器、电磁阀、塑料等汽车零部件。公司是德尔福、博世、大陆电子、伟世通、IMI集团、一汽大众、上海大众等国内外企业正式全球供应商。2018年公司资产总额1.1亿元，年营业收入1亿元，员工100余人。 （邹 玥）

（责任编辑：杨静珺）

科技创新

雨花台年鉴

2019 YUHUATAI ALMANAC

2019 YUHUATAI ALMANAC

Technology Lnnovation

综　述

【概　况】 2018年，雨花台区大力推进科技创新提质增效各项工作，全区实现高新技术产值1520亿元，达年计划101.3%；完成独立研究与开发机构研发经费支出4.2亿元，达年计划100%；新认定国家高新技术企业32家，达年计划213%；培育市创新型企业5家，达年计划166%；认定科技顶尖专家1人。新增科技创业孵化面积6万平方米，完成年计划150%；新增在孵企业211家，达年计划117.2%；建设众创空间29家，其中市级众创空间13家、省级备案9家、国家级备案7家；全区完成专利申请量5616件，授权量1424件，其中发明专利申请量2915件，授权量452件。获省重大创新载体建设项目1项、市级科技成果转化专项资金项目3项；获得江苏省科技进步奖3项、市科技进步奖11项。区科技局被评为2018年度全省科技管理工作先进集体、知识产权执法工作先进集体、防震减灾工作目标管理先进集体。

【国家级孵化器考评优秀（A类）】 2018年，区科技局推进区内科技企业孵化器提档升级，获孵化器升级奖励3家，其中国家级1家、省级2家。提升孵化器和众创空间建设水平，全区孵化器绩效评价优秀2家、良好3家、合格11家；众创空间绩效评价优秀4家，良好10家，合格2家，获双创载体各类奖励奖金485万元。区科技成果转化服务中心全年完成全口径税收收入0.96亿元，同比增长0.23亿元，增幅31.3%。在2018年全国国家级科技企业孵化器考核评价中获A类优秀，并进入全国百强孵化器序列。

【国际科技交流与合作】 2018年，区科技局搭建国际科技交流合作平台，组织法国—江苏空气质量研讨会、法国电力集团和俄罗斯软件信息通信代表团参观考察、第六届全球（南京）研发峰会、举办紫金知识产权国际峰会雨花分会场活动等；组织企业参加香港国际博览会、女性企业家创业者培训、中德青年创新创业合作交流会和南京科技创新创业大赛等活动。

【产学研协同创新】 2018年，区科技局针对科技成果转化率低、新型研发载体数量少问题，全面调研52家与国内外高校、科研院所合作企业，梳理合作项目77个，征集江苏创新发展建言10份。落实大院大所对接会任务要求，组织中国电子科技集团公司第十四研究所（简称十四所）、三星电子等5家企业参展，联合软件谷举办软件及信息技术专场推介会，邀请丘成桐、倪光南等30位国内外知名院士和专家出席会议并做主题报告，50余所知名院所机构代表和300余家软件与信息技术企业代表参会，成功签约项目14项，金额5000万元。其中，中兴通讯、亿嘉和等7家企业合作项目落地推进；组织北大创新研究院完成并获南京市新型研发机构奖补40万元，东大光传感中心完成南京市新型研发机构建设项目申报并获立项100万元。北京大学南京创新研究院通过省重大创新载体建设中期检查，获专项资金补助250万元。新增江苏三维智能制造研究院和西安电子科技大学南京网络安全研究院2家新型研发机构注册落户。

2018 年雨花台区科技企业获得省、市、区经费项目汇总表

表 11

序号	项目名称	项目数
1	2017 年度江苏省高新技术企业入库培育资金	38
2	2017 年度江苏省研发经费补助资金	149
3	2017 年度高新技术企业补助	63
4	第一批南京市高企入库奖励资金	158
5	2018 年江苏省科技厅重点研发计划	1
6	南京市第三批新型研发机构补助经费	—
7	南京市重点研发计划项目经费	2
8	2018 年认定市级工程技术中心补助	—
9	2018 年南京市成果转化资金项目补助	3
10	江苏省科技成果转化项目	1
11	2018 年高企认定公示兑现奖励拨款表	212
12	2018 年度省高企培育入库企业奖励资金拨款表	148
13	2018 年度第二批市高企培育库奖励拨款表	70
14	2018 年度新型研发机构（第四批）认定补助资金拨款表	2
15	2018 年度备案新型研发机构绩效奖励	2
16	2018 年度企业研发费用补助资金拨款表	80

【创新人才和团队资源】 2018年，区科技局依托各街道、园区、部门，对区内企业进行摸底、调研和走访，收集掌握全区创新人才和创新团队资源情况，建立完善创新型企业家培育库和国家万人计划培育库，入库企业70余家。2018年，组织指导全市创新型企业30家，入选5家；南京互联网研究院院士张钹入选科技顶尖专家；组织申报省双创计划—双创博士14人，其中7人获批入选科研院所世界名校类双创博士。

【科技经费使用】 2018年，区科技局投入659万元，对高新技术、知识产权、孵化器等3大类、12小类、3039个项目给予经费支持；协同区财政局，组织20个2015年度区级科技创新实施类项目开展绩效考核评价，确保资金划拨到位、企业使用到位、项目成效到位。 （黄　桢）

“两地一融合”工程

【概　况】 “两落地一融合”工程推进签约新型研发机构12 家，通过市级备案7 家。新增高新技术企业168 家。新入选科技部创新人才推进计划人才1 人、省“双创人才”8 人、省“双创团队”1 个，新增区高层次创业人才56人。培育主板上市企业1 家；集聚独角兽企业2 家、独角兽培育企业16 家、瞪羚企业12 家，总数占全市总量的20%，位列全市第一。

【构建一流创新生态】 深度融入南京创新名城建设，进一步优化资源要素配置，构建更加完善的创新生态体系。深入推进“两落地一融

合”工程，更高效率地引进培育新型研发机构、转移转化科技成果，推动产学研联合创新，新增新型研发机构6家，市级以上工程技术研究中心总数达到82家。发挥好政府和市场“两只手”作用，强化企业创新主体地位，牵头搭建企业与资本、市场对接平台，鼓励支持大中小企业融通创新，推动新技术、新业态、新模式、新产业快速发展，累计有效发明专利拥有量2000件、发明专利申请量2000件、PCT专利申请量8件。深化科技体制改革，创新知识产权集群管理模式，更大力度保护知识产权，营造良好创新生态。

【培育高新技术企业】 针对不同类型创新型企业和创新型企业初创、成长、壮大的不同阶段，系统研究、全面落实激励创新的各项措施，培育一批独角兽企业、瞪羚企业和科技上市公司，打造创新型企业集群。统筹做好“移栽大树”“育苗造林”“老树新芽”“三棵树”文章，特别是优选一批成长性好、技术领先的优质企业，有针对性地给予政策、资金、人才等方面的支持，加快推动面广量大的科技型小微企业实现“小升高”，确保新增高新技术企业120家、总数达到470家。认真落实南京支持民营经济健康发展30条政策举措，构建亲清新型政商关系，优化“全周期”“全方位”“一站式”服务，全力以赴为民营企业排忧解难、引路指向，增创民营经济发展新优势。

（黄　桢）

创新创业人才

【概　况】 2018年，软件谷组织24家企业与全国28所大学开展产学研合作项目，合作交易额近2000万元。协同创新基地申报省科技服务骨干机构能力提升计划，获省级立项补助450万元，132家企业获省级各类科技创新经费补助3100万元。组织企业完成发明专利申请约1200件，PCT国际专利申请7件，有效发明专利拥有量1300件。完成独立研究与开发机构研发经费支出3.9亿元。组织237家企业申报知识产权奖励，兑现奖励241万元。至年末，软件谷有国家高新技术企业157家、国家级重点实验室1家、国家工程技术研究中心1家、国家级博士后科研工作站3家、省级工程技术研究中心13家、市级工程技术研究中心29家，累计实现专利申请10785件、专利授权3615件。

2018年，软件谷入选科技部创新人才推进计划1人，入选省双创计划8人，数量位居全市第二，入选“创业南京”高层次人才29人，入选创新型企业家8人。培养入选省“333工程”人才7人、省科技企业家7人、市中青年拔尖人才6人。入选国家级博士后工作站1家、市级博士后工作实践基地6家。入选南京市“345”海外高端创新团队3个、海外专家工作室柔性引才计划1个。亿嘉和科技股份有限公司许春山团队入选省“双创团队”，全市入选企业类团队仅3个。

【集聚一流创新人才】 充分发挥人才在创新驱动中的核心作用，更大力度引进具有国际视野、占据产业制高点的领军人才，不断扩大规模、优化结构、提升效益。落实“创业南京”英才计划，完善市场化人才评价机制，加强与高校院所、专业领域人才精准对接，新增博士后工作站2家，集聚科技顶尖专家2人，培育创新型企业家2人，引进区高层次创业人才56人。进一步创新完善支持企业引才用才的政策机制，加大人才安居力度，优化人才发展环境，确保人才引得进、留得住、用得好。提升高校毕业生招引培育效果，更高质量吸引大学生集聚雨花就业创业。

【科技创新系列活动】 2018年，软件谷优化TIC科技创新公开课，推出瞪羚创新课堂，邀请专家团队进园区开展各类辅导、培训等科技服务活动20场，举办知识产权成果创新大赛，培训企业400余家、科技人员800余人次，激励企业提交发明专利申请近300件。

【创业UP系列活动】 2018年，软件谷针对创业企业对资源要素需求，成立软件谷UP创投会，聚集投资人180人，通过开展UP系列线上、线下创业活动，帮助谷内企业对接资本。全年线上推送项目100余个，开展UP微路演6场。举办UP创业学院课程4期，发布UP创业故事汇杂志4期、创业故事39篇。开展线下一对一投融资活动，发布融资报告展示融资成效，吸引全国资本市场关注。全年新获投融资项目34个，新增融资额138.44亿元。

【南京市电视工程技术研究中心设立】 8月20日，南京市电视工程技术研究中心获南京市科学技术委员会批准成立，该中心设立在云密城，由南京创维信息技术研究院有限公司投资2000万元建设，主要承担研发人工智能电视操作系统、人工智能家居控制系统、新能源汽车人工智能驾驶舱及车联网服务系统、酷开精灵语音人工智能软件、微信电视等系统和产品，研发生产AI Wi-Fi（人工智能无线网络）模组、分布式阵列麦克风、Sky-Show智能音箱等硬件产品。（软件谷）

高新技术产业

【概　况】 2018年，全区遴选40家企业纳入2018年高企培育库进行重点培育；组织申报对象参加高企政策培训会，邀请多名专家面对面辅导企业申报工作；组织27家企业参加复审，推荐56家企业参加申报，新认定高企数量32家；支持科技创新创业，新认定民营科技企业56家。

【科技金融服务】 2018年，区科技局审核通过科技型企业申报科技贷款277项，获批贷款额度14.29亿余元、已放款6.91亿余元，其中“苏科贷”35项、审批和放款额度1.09亿元，“宁科贷”242项、贷款额度13.2亿余元、已放款5.82亿余元；20余家企业获天使投资和风险机构投资，新增投资额超2.5亿元。推进知识产权质押和担保增信方式融资，促进企业利用自身核心技术获得资本注入，开通“麦金一号”知识产权贷绿色审批通道，5家企业通过审核，审批贷款1000万元；创建“江苏省科技企业融资路演服务南京分中心”，引导金融机构创新科技金融产品，拓宽科技企业融资路径，组织路演活动11场，服务科技企业200余家，达成融资意向1.5亿元。构建完善“信息收集—融资路演—现场对接—追踪服务”全链条式服务，组织“江苏省最具成长性高技术百强企业”评选活动，力促银企深入对接；起草雨花台区《科技贷款工作操作细则》和《科技成果转化风险补偿专项资金不良贷款风险补偿操作规程》等系列文件，进一步规范科技贷款申报程序，提升不良贷款风险把控能力，雨花台区连续3年被评为“苏科贷”A类地区。

【科技项目培育管理】 2018年,区科技局推荐申报省、市科技成果转化专项资金项目重点企业20余家,其中3家企业获批2018年南京市科技成果转化专项资金项目,落实项目资金300万元;推荐入围2018年市级科技成果转化项目最终评审企业3家;为103家企业兑现南京市科委创新券奖励资金523万元;及时兑现2016年度3项省科学技术进步奖和10项南京科学技术进步奖奖金35万元。申报省、市科技进步奖20项,其中获省级三等奖3项,市级一等奖2项、二等奖2项、三等奖7项。推进40余个项目申报省级重点研发计划、科技服务骨干机构能力提升计划、国际合作、创新能力建设和南京社会发展科技储备等项目,亿嘉和、安迅科技等5家企业获批立项;组织60家企业申报93项高新技术产品,80项获批;先后引建60余家科技服务中介平台,推进南京华捷艾米、南京泽众等一批销售过亿、估值数十亿元企业快速发展。2018年,完成2014年和2016年2个省科技成果转化项目中期检查工作,各划拨剩余资金100万元。 (黄 桢)

知识产权

【概 况】 2018年,区科技局举办国家安全与知识产权保护研讨会、商业技术保密培训会,知识产权讲座10余场、企业贯标培训2场,组织100余人参加知识产权工程师培训、总监班、研修班等,联合区教育局举办“院士报告进校园”活动,邀请中国工程院士院士贲德作《我的科技人生》主题报告。创建区知识产权管理标准化企业10家,通过国家中知机构认证企业13家,统筹调配349万元,支持3039个知识产权申报、维护、保护和产业化项。

【知识产权示范奖励】 2018年,区科技局推荐申报南京市知识产权示范企业11家,获批重大专利二次开发计划项目企业2家,获南京市电子商务平台知识产权工作推进奖励企业1家,获南京专利大户奖励企业35家,获南京市优秀专利奖专利3件,获南京市奖励授权专利30件、获省级奖励授权专利104件。

【知识产权执法】 2018年,区科技局对板桥新城、楚翘城、紫荆广场等商户进行专利执法检查活动,对50件涉嫌假冒专利商品进行立案核查。新增2家示范企业,组织指导南京虹悦城顺利通过省级“正版正货”示范街区验收。

(黄 桢)

科技普及

【概 况】 2018年,区科技局开展防震减灾科普宣传活动,组织“5·12防灾减灾日”“7·28唐山大地震”等大型主题宣传和大金山地震应急实战训练等活动;研究制定雨花台区《全民科学素质行动计划纲要实施方案(2016—2020年)》和《科协系统深化改革实施方案》。

【科普推广】 2018年,区科技局开播《每日科普》电视栏目,开辟科普传播新途径;加大财政补助力度,推进科普大学建设,按每场补足4000元标准,累计资助5.7万元,支持科普大学举办“科协大讲堂”等15场活动。

【夯实防震减灾社会基础】2018年，全区开展板桥生态园地震宏观观测常态化检查工作，组织推荐1人参加市级社区地震科普宣传员演讲比赛，获市三等奖；联合区教育局开展小学生防震减灾手抄报创作比赛，获市二等奖2项、三等奖3项；报送市地震局网站信息35篇，获市防震减灾特色宣传活动评比第一名；创建国家级地震安全示范社区2家，省级地震安全示范社区1家，推荐梅山二小申报省级科普示范学校。年内，区科技局被市科技局评为防震减灾工作目标先进单位。（黄　帧）

南京科技馆

【概　况】2018年，南京科技馆免费开放263天，接待游客69.4万人次，年末从业人数105人。引进“我们生活在南京”野生动物摄影科普展、“走进蔚蓝探索深海”海洋科普知识展、“我们的40年图片展”3场公益性科普临展。举办“超级蓝月亮”大型天文观月活动、2018南京首届儿童STEM萌创科学素养大赛、“东方鹰客杯”少儿科学素养大赛、江苏省金钥匙科技竞赛等大型公益科普活动12场次。经典活动“大篷车科普行”推陈出新；教育活动“口袋里的科学”登台亮相，并向社会公开选拔51名“南京科普传播小使者”开展志愿活动。年内，南京科技馆获“江苏省科技服务业百强机构”“江苏省优秀科普教育基地”称号。

【少儿科普体验区改造启动】2018年，南京科技馆启动1600平方米少儿科普体验区改造项目。该展区创新性结合义务教育小学科学课程标准，为3~12岁儿童打造学习探索乐园，规划展品72件。至年末，该展区完成项目招标，进入施工阶段。

【展品展项推陈出新】2018年，南京科技馆集中开展展品展项修复。通过拆除报废展品、维修损坏展品、出新陈旧展品等方式，制定整改清单对照实施。其间，完成展品展项维护4200余次，并通过国家科技支撑计划项目引进新展品3件。馆内实有展品231件（套），展品完好率91%。

【基础科学展区全新“亮相”】9月2日，基础科学展区试运行。年内，南京科技馆完成约800平方米基础科学展区改造，新展区亮相展品57件，涉及数、理、化、生等基础科学领域知识，吸引近10万名观众参观体验，成为馆内明星展区。

【“走进蔚蓝，探索深海”海洋知识科普展】南京科技馆位于雨花台区紫荆花路9号。9—11月，“走进蔚蓝，探索深海”海洋知识科普展在南京科技馆序厅举办。展览围绕海洋主题，分“蓝色星球”“探索深海”“海洋强国”3个主题。南京科技馆在中国航海博物馆策展基础上，结合馆特点和南京本土资源进行再次创作创新，展出生物标本150件，并增设郑和宝船模型，举办“海鲜里的海洋生物学”科普讲座。招募河海大学志愿者到馆开展海洋科普实验、船模制作、科普彩绘等系列科普活动。其间吸引观展游客超10万人次。

【江苏省首届科普讲解大赛】9月19日，由江苏省首次举办的“2018年江苏省首届科普讲

9月2日，南京科技馆基础科学展区亮相　　（南京科技馆　供稿）

解大赛”在南京科技馆报告厅开赛，来自全省各地科普场馆46名选手参赛。大赛以“科技惠民、创新圆梦”为主题，设有自命题讲解、随机命题讲解和科技知识问答3项环节，经过预赛和决赛角逐，产生一等奖3名，二等奖7名，三等奖10名。

【江苏省RobotPk国际机器人竞技公开赛】 11月25日，2018江苏省RobotPk国际机器人竞技公开赛在南京科技馆报告厅举行，来自中国、韩国近500名青少年儿童参赛。竞赛分幼儿组和少儿组，包括积木集装箱、你来描述我来搭、海底世界、四足机器人竞速、机器人保龄球赛、“重走改革路”机器人轨迹赛等赛事项目，是一项集动手动脑、技能培养、探究性学习为一体的科普活动。比赛通过计算机编程、工程设计、机械组装等操控方式展示选手竞技水平。

【“我们的40年图片展”举办】 12月，由南京科技馆首次独立原创策划的“我们的40年图片展”在南京科技馆报告厅举办。为庆祝改革开放40周年，南京科技馆携手江苏省电视台、江苏省中华文化促进会面向江苏各地群众，以“科技伴我同成长，共绘美好新生活”为主题，从科教、民生、文化、公益事业等方面策划此次临展。展览分“科技改变生活”“童心绘新时代”“四十年的见证”“以书换画·征书圆梦”4部分，展出展板100余块。其间吸引参观群众近3万人次。

（瞿君亚）

（责任编辑　杨静珺）

区域经济

2019 YUHUATAI ALMANAC

Regional Economic

工　业

·概　述·

【概　况】 2018年，雨花台区有规模以上工业企业53家，完成工业总产值92.24亿元，同比增长8.8%；主营业务收入94.06亿元，同比增长9.4%；利润总额3.65亿元，同比下降5.8%。全区列统工业行业大类20个，其中14个增长、6个下降。增长的行业主要有非金属矿物制品业、通用设备制造业和医药制造业，分别完成工业总产值14.76亿元、13.19亿元和6.58亿元，同比增长46%、19.5%和9.9%。下降的行业主要有专用设备制造业、电力、热力生产和供应业、橡胶和塑料制品业，分别完成总产值12.76亿元、8.9亿元和2.92亿元，同比下降2.7%、14.4%和4.2%。

2018年，受宏观形势影响，全区工业产值、利润、利税等指标大幅下降。梅山片区工业布局加快调整进度，宝武集团与江苏省人民政府、南京市人民政府、盐城市人民政府签订《战略合作协议》，共同推进梅钢区域（含矿区）产业转移和转型发展。全区开展化工企业“四个一批”（关停、转移、升级和重组）和落后产能企业专项整治，提前完成化工和铸造企业治理年度目标，提升全区工业化产值。

2018年全区规模以上工业企业主要产品产量一览表

表12

产品名称	单　位	2018年累计	增长（%）
服装	万件	290.5	−4.4
人造板表面装饰板	平方米	1133373	6.7
家具	件	168368	−1.4
硫酸（折100%）	吨	59976.51	−4.5
中成药	吨	3038.23	−3.8
塑料制品	吨	23724	−10.9
商品混凝土	立方米	1546300.63	−13.1
滚动轴承	万套	220	−6.8
齿轮	吨	32936	28.2
灯具及照明装置	套（台、个）	409900	−73.2
程控交换机	线	2450	−63.7
工业自动调节仪表与控制系统	台（套）	33000	10.0
电工仪器仪表	台	91481	30.4

【减煤减铸减化】 2018年，雨花台区原煤消耗量控制目标478万吨、减煤目标36万吨。至年末，全区实际耗煤总量472.9万吨、减煤总量41.3万吨。完成减铸企业2家，即南京雨花热处

2018年全区规模以上工业企业能源加工转换与回收利用一览表

表13

能源名称	计量单位	加工转换投入合计	能源加工转换产出	回收利用
能源合计	吨标准煤	834850.4	362015.55	0
原煤	吨	1188230	0	0
无烟煤	吨	0	0	0
炼焦烟煤	吨	0	0	0
一般烟煤	吨	1188230	0	0
褐煤	吨	0	0	0
热力	百万千焦	0	1060619.38	0
电力	万千瓦时	0	265132.98	0

理总厂、南京市雨花台区源盛食品厂，均通过市级验收。完成“减化升级”（减少化工企业、升级安全生产与二级标准化）企业2家，即南京天云龙涂料有限公司和液化空气（南京）高新气体有限公司，均通过区级清洁生产审核和安全生产二级标准化申报，待市级部门统一验收。

【企业融资】 2018年，雨花台区新增主板上市企业1家，区域性股权市场挂牌企业20家，审核区内软件产业专项资金申请（软件企业上市、挂牌补贴）企业15家，审核金额2280万元。依据科创板企业上市先期调研情况，向市金融办推荐浩鲸、科技、新立讯、泰治自动化、泰通科技4家企业作为雨花台区拟在科创板上市入库企业。全区基金规模达14.6亿元，较上年增长2.6亿元。与市金融办联合主办“创在金陵、成在融资”暨科技创新企业金融机构对接会，举办雨花台区科技金融专场路演活动，全区13家企业参加遴选，华捷艾米、银企通、斑马云等参演企业获得融资。全年全区未发生非法集资及网贷平台重大案件隐患。

（杜忠林）

·冶金工业·

【上海梅山钢铁股份有限公司】 2018年，梅山钢铁公司钢铁生产稳中提升。以高炉稳定顺行为中心，摸索高外购焦比例下原燃料保供策略和高炉操作制度，通过稳定配矿结构、加强筛分管理，保障高炉生产稳产高产。全年烧结矿品位、自产焦入炉率、高炉利用系数等指标提升。推进1小时以上故障现场闭环验证，提前策划异常天气、2B焦炉停炉、环保管控等各类生产预案，主作业线非计划停机时间较上年下降12.7%。聚焦“提废增钢”，从优化铁钢运工序衔接和开展转炉高废钢比攻关入手，提升鱼雷罐废钢装入量、转炉废钢装入量。推进产线资源优化配置，坚持“降低二炼钢冶炼周期、优化二热轧轧制节奏、提升酸洗产能”多管齐下，二热轧全自动轧钢模型投用率和轧制间隔时间、酸洗机组产能释放效率提升，实现规模效益和资源配置效率双突破。推进污染物提标排放，完成烧结脱硝、焦炉脱硫脱硝、柴油叉车尾气治理等项目。全球首套烧结机脱硫脱硝协同处置装置正式投运，梅钢公司污染物综合排放率较上年下降20.93%。公司全年生产生铁703.4万吨、连铸坯748.2万吨、热轧板卷728.5万吨、酸轧产品84.18万吨、酸洗产品111.2万吨、热镀锌20.51万吨、热镀铝锌27.14万吨、普冷15.25万吨、电镀锡产品19.92万吨、连退卷35.79万吨，烧结矿1025.9万吨，焦炭193.64万吨，铁精矿229.26万吨，铁钢比0.939，新热力、余热、干熄焦、TRT（高炉煤气余压透平发电装置）累计发电13.98亿千瓦时。实现营业总收入345.77亿元，利润29.04亿元，其中钢铁主业实现利润29.13亿元。策划实施技术移植项目19个，完成新产品开发22个，成功开发独家供应海尔品牌酸洗罐搪瓷钢2片，完成高铝锌铝镁工业化试制，首次开发酸洗硅镇静钢，实现梅钢最高碳精冲钢稳定生产。公司成本削减3年规划收官，完成成本削减32.74亿元。全年接受中央环保督察2次、省环保督察1次、长江沿线8市交叉互查1次、生态环境部专项督察1次，接待市、区两级日常监察、飞行监察116次，落实交办整改项目20余项，重点推进3号烧结机尾扬尘改造、转炉渣区域道路硬化及场地水收集、炉料加工区域打灰进仓、西明渠废水直接进入回用水厂、石灰窑上料系统封闭等项目。在岗员工9536人。中国宝武钢铁集团有限公司与江苏省及南京市、盐城市签订“1+2”战略合作协议，标志梅钢公司迈入转型发展新征程。（全　利）

【南京梅山冶金发展有限公司矿业分公司】

2018年，梅山矿业克服低品位矿市场销售困难、原矿地质赋存条件劣化等不利影响，完成全年目标。坚持以月度生产计划会推进计划执行，做好过程跟踪和严格考核，提高重点工序计划执行率；提升分厂全局意识，强化工序间协同，增强工序衔接协调性；加强生产故障管理，建立落实故障分级分析机制，生产故障显著降低。适应外部市场需求，实施产品结构调整，有计划完成高低品位矿生产。针对低品位矿市场弱势，改善用户结构，释放销售风险，成功开发大冶特钢厂、重庆钢厂、日照钢厂新客户，在萍乡、湘潭、长江等钢厂打开63%以上高品位矿销路，实现产销平衡与效益最大化。加强尾矿综合利用，拓展矿山生存空间，首次采用尾矿砂代替废石筑坝，显著降低尾矿库筑坝成本。梅山矿业全年生产原矿518万吨，同比增长2.1%；生产铁精矿230.41万吨，其中63%以上品位矿26.73万吨；生产硫酸6.23万吨。销售铁精矿230.51万吨，其中外销147万吨。围绕精矿成本改善7.70元/吨目标，开展三级成本改善活动，实施“改善选别指标”“降低维修费用”“提升劳动效率”三大项21个子项目成本改善。全年精矿成本改善15.93元/吨，超目标改善8.23元/吨。在国内同行中原矿成本保持第一。全年销售收入9.97亿元，利润总额16708.40万元，比年度指标增加4896万元。在岗职工2484人，其中操作维护岗位2099人、技术业务岗位278人、管理岗位107人。2018年，梅山矿业委托南京大学城市规划设计院、南华设计院，对矿区转型做出总体规划和定位，为下一步完善转型规划奠定基础。（郭建国）

·电力工业·

【南京华润热电有限公司】2018年，南京华润通过NOSA（诺诚）管理系统四星评定和标准化良好行为AAA企业认证；取得国内水路运输经营许可证，标志该公司3艘自备船正式对外开展水路运输经营活动。化验班组获2018年度电力行业标杆化验室称号。公司全年完成发电量29.63亿千瓦时、供热量87.22万吉焦、供电煤耗313.61克/千瓦时、综合厂用电率5.56%；厂内管理煤耗-1.28克/千瓦时，同比下降0.14克/千瓦时；设备年度等效可用系数99.97%。厂区一期1号机组、2号机组部分资产成功处置并开工进入拆除阶段，为公司转型发展做铺垫。（朱楚君）

·装备制造业·

【南京中船绿洲机器有限公司】2018年，中船绿洲成功研制国内首台智能化全密闭防爆三相分离机。与麦基嘉集团合资成立中船绿洲麦基嘉（南京）机电设备有限公司，主营船用空压机生产。举办中船海洋装备机电产业园二期竣工投产暨建厂60周年庆典。至年末，公司完成工业总产值8.3亿元；完成利润总额5.2亿元，同比上升197%；实现环保产业销售收入1.8亿元。员工逾1700人，其中工程技术人员逾300人。（范志毅）

·新材料产业·

【南京玻璃纤维研究设计院】2018年，南京玻纤院设计的年产量5.5万吨无碱玻璃纤维池窑拉丝生产线创新投产。制定的国际标准ISO20310：2018《建筑装置及工业设备用绝热材料“硅酸铝棉制品”规范》由国际标准化组织正式发布。受国家人力资源和社会保障部职业技能鉴定中心委托，组织编写的《玻璃纤维及制品工》国家职业技能标准通过国家人社部终审。“转制科研院所创新平台建立及其创新机制探索”成果获全国建材行业企业管理现代化创新成果一等奖，“高强玻璃纤维高效制造与应用开发成果”获国防科技进步一等奖，相关专利获中国专利奖银奖。全国碳纤维标准化技术委员会落户南京玻纤院。至年末，南京玻纤院承担各类科研项目46项，其中国家重点研发计划4项、省部级科研项目9项。获批国家、地方各级科研纵向项目9项。申请专利55项，其中发明专利占70%，授权专利26项。获各级科技奖励12项，其中省部级以上科技奖励3项、建材行业优秀工程设计奖5项。主持制修订国际标准3项、国家标准8项、行业标准1项；颁布国际标准2项、国家标准9项。全年实现营业收入14.8亿元、利润总额1.02亿元。（俞　晓）

【南京旭建新型建材股份有限公司】2018年，南京旭建5项实用新型专利授权，主编的“DGJ32/TJ06-2017蒸压轻质加气混凝土板应用技术规程”颁布实施，承担的“绿色生态园区技术集成应用研究与示范”项目获建设部华夏建设科学技术进步二等奖。公司通过江苏省质量信用AA级企业认证，入选江苏省建筑产业现代化创新联盟会员单位，被江苏省建筑产业现代化创新联盟评选为江苏省建筑产业现代化突出贡献单位。（崇　睿）

·生物医药产业·

【乾元浩生物股份有限公司南京生物药厂】 2018年,乾元浩南京厂三车间细菌灭活疫苗生产线通过GMP(药品生产质量管理规范)动态验收,工厂在原有符合GMP规定的10条生产线基础上新增1条其他类别疫苗生产线,弥补企业在细菌疫苗类别产品上生产短板,为拓宽企业产品布局,引进和开发更多新产品提供重要硬件支撑。全年工厂产品销售总量61.24亿羽份/亿毫升,实现营业收入12860万元,同比增长24%。工厂被江苏省总工会评为"模范职工之家"。 (陈金鑫)

【南京同仁堂药业有限责任公司】 2018年,同仁堂药业完成产值5.52亿元,较上年同期增长14.3%;实现含税主营业务收入78349.53万元,较上年同期增长19.86%。公司通过江苏省科技厅高新技术企业认证。年内,公司根据国家中医药管理局公布的《古代经典名方目录(第一批)》,经反复筛选论证,确定黄芪桂枝五物汤、桃红四物汤、半夏厚朴汤、易黄汤4个品种作为古代经典名方立项开发,并完成古文献考证、药材及产地信息收集、原药材检验、饮片炮制、工艺参数等研究。确定羚羊感冒口服液儿童剂量生产工艺路线,完成药效学试验用药生产。完成与中国中医科学院合作的舒冠颗粒整合药理学研究。申报MVR(机械式蒸汽再压缩技术)生产线改造项目,参加南京市老字号扶持资金项目。成立同仁堂药业妇联,召开首次妇女代表大会,成为街道妇联工作示范单位。通过江苏省科技厅高新技术企业认证,被国家统计局南京调查队评为先进集体,被江苏省住房和城乡建设厅评为江苏省节水型企业。乐家老铺牌"安宫牛黄丸""排石颗粒""牛黄清心丸""止嗽化痰颗粒""六味地黄丸"获江苏省医药行业优秀产品品牌。 (李 月)

商贸服务

·概 述·

【概 况】 2018年,雨花台区实施精准招商,推进外经贸发展,推动内贸流通转型升级,全区服务贸易、招商引资等呈现良好发展态势。受制于国际低迷经济形势影响,货物贸易、利用外资在经历低潮后超额完成全年目标,社会消费品零售总额增幅达标。全年全区签约项目投资总额409.9亿元,完成年度计划117.1%;实际使用内资额42.81亿元,完成年度计划142.7%;合同利用外资额4.15亿美元,完成年度计划129.7%。亿元以上签约项目29个,新备案千万美元以上项目9个。社会消费品零售总额增幅9.1%。新增商务商贸项目16个,新增商务商贸设施面积61.69万平方米。实现外贸进出口总额269.46亿元,同比增幅0.02%。注册外资实际到账21亿美元。

【列入市重大项目32个】 2018年,雨花台区列入市重大项目计划32个,计划总投资731.3亿元。其中,前期类项目5个;实施类项目27个,含新开工13个、续建14个,完成投资172.96亿元。君融通信科技研发中心等13个新项目开工建设,开工率100%。雨花软件谷科创城三、四期项目竣工,特盛软件研发中心、中兴通讯三区（一期）等7个项目封顶。

【社会消费品零售总额增幅】 2018年，雨花台区社会消费品零售总额417.3亿元，同比增幅9.1%，高于全市增幅0.7个百分点。从行业类型分，在限额以上企业中，全年汽车销售额101.42亿元，占全区限上比重33.16%，同比增长5.63%；建筑装潢销售额24.31亿元，占全区限额以上比重7.95%，同比增长8.49%；通讯器材销售额18.31亿元，占全区限额以上比重5.99%，同比增长73.9%；珠宝销售额7.93亿元，占全区限额以上比重2.59%，同比下降59.25%；住宿餐饮销售额2.68亿元，占全区限额以上比重0.88%，同比增长4.98%。 （刘小楚）

雨花台区2018年商务指标完成情况一览表

表14

序号	指标内容	全年完成情况	完成率(%)
1	社会消费品零售总额增幅9%	9.1%	101
2	注册实际利用外资2.1亿美元	2.1093亿美元	100.4
3	外贸进出口总额268亿元	269.46亿元	100.5
4	服务贸易进出口总额2.675亿美元	3.107亿美元	116.2
5	服务业实际利用外资占实际利用外资总额比重30%	83.36%	278
6	标准化菜市场（农贸市场）达标率80%	82.8%	103.5
7	引进跨国公司地区总部等功能性机构1个	1个	100
8	签约项目投资总额350亿元	409.9亿元	117
9	实际使用内资额30亿元	42.81亿元	143
10	合同利用外资额3.2亿美元	4.146亿美元	129.6
11	亿元以上签约项目数5个	29个	580
12	全区新增商务商贸设施面积60万平方米	61.69万平方米	103

2018年雨花台区限额以上批发和零售业商品分类销售额一览表

表15 **单位：万元**

指标名称	累计销售总额			累计零售额		
	2018年	2017年	增长(±%)	2018年	2017年	增长(±%)
总计	8291154.3	7596278.3	9.1	2355674.9	2243675.7	5.0
粮油、食品类	122078.4	108298.3	12.7	57389.8	52067.0	10.2
饮料类	1980.0	2381.6	−16.9	1975.0	2433.0	−18.8
烟酒类	69827.4	60641.2	15.1	49034.0	43337.3	13.1
服装、鞋帽、针纺织品类	947875.7	877592.1	8.0	137219.6	123163.4	11.4
化妆品类	3966.3	3505.1	13.2	3644.1	3369.7	8.1

续表 15

指标名称	累计销售总额			累计零售额		
	2018 年	2017 年	增长（±%）	2018 年	2017 年	增长（±%）
金银珠宝类	206191.4	409080.2	−49.6	78542.6	284141.9	−72.4
日用品类	104028.3	88872.4	17.1	12484.6	11290.3	10.6
五金、电料类	151849.5	123090.8	23.4	30088.0	19957.4	50.8
体育、娱乐用品类	92992.3	74046.7	25.6	63073.6	57903.7	8.9
书报杂志类	330.9	6109.2	−94.6	27.9	52.7	−47.0
电子出版物及音像制品类	27026.6	26093.5	3.6	—	—	−100.0
家用电器和音像器材类	285003.5	281888.5	1.1	104060.7	104693.1	−0.6
中西药品类	1065914.2	995537.9	7.1	19520.0	17565.8	11.1
文化办公用品类	1137315.6	1047136.3	8.6	175403.7	147044.8	19.3
家具类	9190.2	5997.2	53.2	5251.8	5820.0	−9.8
通讯器材类	684825.0	467828.8	46.4	220414.7	141743.1	55.5
煤炭及制品类	255610.2	202294.1	26.4	—	—	−100.0
木材及制品类	—	—	−100.0	—	—	−100.0
石油及制品类	210694.6	117701.1	79.0	70628.2	69799.6	1.2
化工材料及制品类	63492.3	170772.6	−62.8	—	—	−100.0
金属材料类	520257.9	495217.9	5.1	—	—	−100.0
建筑及装潢材料类	357098.6	273434.4	30.6	256449.9	241675.1	6.1
机电产品及设备类	768899.8	718577.0	7.0	9200.3	16486.0	−44.2
汽车类	1029116.9	978753.9	5.1	1014673.6	965516.8	5.1
种子饲料类	—	—	−100.0	—	—	−100.0
棉麻类	58055.6	41008.1	41.6	12935.1	9576.5	35.1
其他类	117533.1	65043.1	80.7	33657.7	25833.1	30.3

· 商贸流通 ·

【概　况】 2018年，雨花台区新增商务商贸项目16个，新增商务商贸设施面积61.69万平方米。其中，10万平方米以上商务商贸项目9个，分别是总面积21万平方米的软件谷天隆寺地铁站上盖物业项目推进主体建设，新增面积8.7万平方米；总面积44万平方米的软件谷信息安全产业园项目推进主体建设，新增面积8.6万平方米；总面积10万平方米的软件谷怡华华东研发运营中心项目主体建成，新增面积7.7万平方米；总面积60万平方米的雨花经济开发区明发浦泰住宅项目，新增面积3万平方米；总面积20万平方米的雨花经济开发区文化广场商业配套项目推进主体建设，新增面积2.1万平方米；总面积31万平方米的雨花台区万科九都荟项目推进主体建设，新增面积9.5万平方米；总面积20万平方米的雨花台区证大喜玛拉雅中心推进主体建设，新增面积6.5万平方米；总面积34万平方米的绿地玉晖项目A地块推进主体建设，新增面积6万平方米；总面积11.3万平方米的赛虹桥街道省供销社项目推进主体建设，新增面积3万平方米。

2018年，雨花台区成立区招商引资推进办公室，探索区、软件谷联动，区、街道联动机制，利用各种资源、载体推进招商引资工作取得成效，健全项目招商和推进建设保障服务体系。全年全区签约亿元以上项目29个，新备案千万美元以上项目9个。接待来访重点客商85批次，包括正威集团、诺基亚通讯公司、亚马逊公司、亚信集团等相关产业。组织60个批次小分队赴北京、深圳、广州、青岛、西安、上海、杭州、武汉等地，拜访中国葛洲坝集团、林安集团、云知声信息科技、京东集团等企业，推进在谈项目。成立城市国际化推进办公室，重点围绕创新、产业、城市形象和城市功能国际化方面建设，推进辖区人才、产业、城市形象国际化建设。

【重要活动参会】 2018年，雨花台区参加南京市科技创新产业（上海）推介会，邀请复星集团、东方财富、小I机器人、中城智慧等企业客商20人参会。参加市政府“2018全市重点招商项目签约及注册项目颁照仪式”，参加签约项目2个，分别为总投资26亿元的华润大数据中心项目与总投资2亿元的普门科技医疗项目。参加南京市科技创新产业（北京）推介会，参会客商20人，签约项目5个，总投资15亿元，包括总投资5.5亿元的东南明略公共安全人工智能产业园项目、总投资5亿元的3D—AR视觉智能产业生态园项目、总投资3亿元的北京瞬联软件项目、总投资1亿元的黑马创新基地项目和总投资5000万元的360企业安全南京研发中心项目。参加南京市科技创新产业（深圳）推介会，参会客商企业25家。参加2018世界智能制造大会，与华为技术、中国信通院、中兴通讯股份、歌尔股份、鼎捷软件5家企业交流合作。

【全区签约亿元以上项目29个】 2018年，雨花台区签约亿元以上项目29个。其中，主要软件研发项目包含计划总投资45.8亿元的富士康科技集团南京研发中心项目、计划总投资40亿元的南京东南智盾公共安全人工智能产业园项目、计划总投资26亿元的华润大数据基地项目与计划总投资10亿元的江苏省通信服务智慧产业研发基地项目，主要地产项目包含计划总投资61亿元的中海地产海润G43地块项目、计划总投资36.9亿元的中铁房地产集团华东公司南西营村地块项目、计划总投资32亿元的悦颐房地产项目、计划总投资22.3亿元的明发集团南京房地产开发有限公司G44地块项目与计划总投资45亿元的金羚地产G18地块项目，主要商业地产项目含计划总投资24亿元的上海新城控股商业综合体项目。

【金洽会签约项目39个】 9月6—9日，在“2018中国南京金秋经贸洽谈会金洽会”期间，雨花台区签约项目39个，含软件类项目27个，计划总投资252亿元。其中，参加市软博

9月7日，2018年南京金秋经贸洽谈会雨花台区专场活动在南京明发大酒店举行　（区商务局　供稿）

会签约项目4个，计划总投资55亿元，分别为计划投资40亿元的东南智盾安全人工智能产业园项目、计划投资8亿元的中科创达区域总部项目、计划投资5亿元的新浪互联网司法服务产业园项目与计划投资2亿元的平安科技南京研发中心项目；参加市金洽会签约项目1个，即计划投资10亿元的中国通信服务智慧产业研发基地项目；参加金洽会区专场集中签约项目20个，计划总投资178亿元。

【南京南站核心区商务商贸设施建设】 至年末，南京高铁枢纽经济区南站核心区建成商务商贸设施用地面积85万平方米，其中万科集团南站项目建成面积15.24万平方米、上海证大集团南站项目建成面积31.9万平方米、上海绿地集团南站项目建成面积34.1万平方米、金轮国际南站项目建成面积4万平方米。五大项目规划总建筑面积200万平方米。南京高铁枢纽经济区南站核心区重点发展商务商贸、软件和信息服务、文化创意等产业，规划入驻项目以高端商务办公用地为主，发展枢纽型商务和区域总部经济。

【中国通信服务智慧产业研发基地落户】 9月6日，中国通信服务智慧产业研发基地项目代表雨花台区参加市金洽会重大项目签约仪式。该项目位于小行尤家凹8号，计划总投资10亿元，建筑面积15万平方米，建设周期为2019—2021年，通过创建国内一流智慧产业研发基地，培育通信产业集群，发展高端软件、大数据、物联网、云服务等新兴产业。

【区招商引资推进办公室成立】 3月26日，雨花台区成立区招商引资推进办公室，并组织召开第一次专题会议。区招商引资推进办公室内设综合组和项目组。综合组负责对接市招商引资推进办公室3个工作组。项目组按照软件信息及高端智能制造、高端商务商贸、生物医药及文化创意分设3个小组，负责组织全区招商人员开展一线招商活动；跟踪、推进、协调重点招商项目，组织相关部门协调服务重大项目洽谈问题，为各街道（园区）招商引资指导服务。

【区城市国际化推进办公室成立】 4月11日，雨花台区城市国际化推进办公室在区商务局挂牌成立，并组织召开第一次专题会议，通过《雨花台区城市国际化推进办公室机构设置和工作制度》《2018年雨花台区城市国际化推进重点工作方案》。全年累计上报市级动态信息19篇，被“市城市国际化工作简报”刊用信息10篇，重点推进软件谷国际合作项目与雨花街道翠竹园国际社区项目建设。　（刘小楚）

·雨花国际汽车商贸区·

【概　况】 2018年，雨花国际汽车商贸区新开业汽车4S店2家，园区营业汽车4S店达11家，分别为：江苏中驰汽车销售服务有限公司奔驰品牌汽车4S店、南京保福利投资管理有限公司保时捷品牌汽车4S店、南京世贸泰信汽车销售服务有限公司沃尔沃品牌汽车4S店、江苏世贸泰信捷路汽车销售服务有限公司捷豹路虎品牌汽车4S店、南京万德友汽车销售服务有限公司奥迪品牌汽车4S店、福联（中国）汽车有限公司福特品牌汽车4S店、南京金福联汽车销售服务有限公司林肯品牌汽车4S店、南京万宝行汽车销售服务有限公司宝马品牌汽车4S店、江苏东源汽车销售服务有限公司吉利品牌汽车4S店、南京国威汽车销售服务有限公司红旗品牌汽车4S店、南京汉虹汽车贸易有限公司东风日产品牌汽车4S店。11个品牌汽车4S店全年销售汽车6362台，完成社会消费品零售总额23.18亿元。

6月23日，雨花国际汽车商贸区在雨花客厅举办第二届车展

（雨花经济开发区　供稿）

【项目建设】 2018年，雨花国际汽车商贸区有建设项目7个，其中在建项目3个、待建项目4个。3个在建项目完成全社会固定资产投入共1.13亿元，分别为：江苏天泓汽车集团有限公司凯迪拉克品牌汽车4S店，主体施工，全年完成投资额2800万元；江苏文华投资有限公司英菲尼迪品牌汽车4S店，主体施工，全年完成投资额3500万元；南京金飞龙汽车贸易广场开发有限公司金厦广场综合体，主体竣工，全年完成投资额5000万元。待建项目4个，分别为：南京朗驰集团有限公司一汽丰田品牌4S店、南京朗驰集团有限公司广汽三菱品牌汽车4S店、南京和意汽车销售服务有限公司玛莎拉蒂与阿尔法·罗密欧品牌汽车4S店。

【地块出让】 2018年，南京和意汽车销售服务有限公司通过土地招拍挂取得NO.2018G24地块土地使用权，土地出让面积5484.92平方米，出让金3505万元，规划建设玛莎拉蒂、阿尔法·罗密欧品牌汽车4S店。南京浦泰房地产开发有限公司和南京文华广场商业有限公司，通过土地招拍挂分别取得NO.2018G28、NO.2018G29地块土地使用权，土地出让面积24919.19平方米，出让金2.99亿元。

【锦都软件项目竣工】 9月30日，锦都软件项目竣工。锦都软件科技有限公司项目为开发区软件信息业主导产业项目，占地0.27公顷，总建筑面积近9000平方米，项目总投资5000万元。该公司为江苏明豪投资控股集团全资子公司,从事煤炭、钢贸总部经济贸易及相关软件集成类项目研发设计。

【广汽丰田品牌汽车4S店签约建设】 10月23日,陕西新丰泰汽车技术开发有限责任公司与雨花经济开发区管委会签订项目投资建设协议书,建设广汽丰田品牌汽车4S店。该项目用地位于汽贸区Soa010-01-07-11地块,规划面积0.598公顷,容积率2.0,总投资0.7亿元。12月24日市土地储备中心对该地块实地勘察,筹备召开土地移交会,由市土地局办理挂拍前期手续。

【君融通信一期项目封顶】 11月18日,君融通信一期项目封顶。该项目为南京市重大项目及雨花台区重点人代会项目,由江苏君融通信科技有限公司投资兴建,项目总占地面积1公顷,总投资额2亿元,总规划建筑面积约4万平方米,其中一期为1栋12层研发综合楼及2层地下室配套设施,建筑面积1.3万平方米。主要从事第三方投资和经营基站的共建共享业务、基于物联网发展方向的"三网合一"业务中无线覆盖系统业务。

【特盛投资大厦项目封顶】 11月23日,特盛投资大厦项目封顶。该项目被列入2018年南京市重大开工项目、雨花台区人代会重点考核项目。项目总占地面积1.2公顷,总规划建筑面积4万平方米,计划总投资2亿元,规划建设特盛投资大厦,作为总部基地为主、关联产业公司为辅的总部经济园。2018年,开工建设一期1栋研发楼,建筑面积1.2万平方米,实现投资1亿元,建成后主要作为特盛集团公司总部,从事银行内部系统类专用软件研发生产。

(邹　玥)

·板桥市场群商贸·

【概　况】 2018年,板桥市场群77.67公顷土地征转用工作全部办结。市场群"九路一桥"(中兴路南延、三山矶路及跨线桥、龙腾南路、三号街、南环路、北环路、龙飞南路、振兴西路、东环路)全面建成完工,水、电、气、通信、路灯、交管信号灯等各类综合同步到位。市场群新建绿化项目2000平方米。市场群内乔灌木、草坪、绿篱实施绿化一级养护,成活率95%以上。6.8公顷商办(商业和办公)A地块正在推进地块托底招商;5.93公顷G2地块用地性质调整取得突破进展,正在办理出让前期手续。

【润泰市场管理服务】 2018年,润泰市场1722间商铺开门率75%。开展大走访活动期间,板桥街道走访市场经营户90家,收集涉及市场群建设和管理方面共性意见建议9条,有效提升市场管理服务。

【新普迪五金机电市场一期项目封顶】 12月,新普迪五金机电市场一期项目主体封顶。该项目占地面积7公顷,总投资8亿元,总建筑面积18万平方米,于2016年12月6日开工建设。

【G1地块栖霞建设商住项目】 12月,G1地块栖霞建设商住项目完成可研、环评、立项、规划、招投标、质监与安监等前期手续,推进1~7号楼主体建设。该项目占地面积7.6公顷,计划总投资40亿元,建筑面积约30万平方米。

(王　健)

·农贸市场·

【概　况】2018年，雨花台区新开2家农贸市场，至此辖区有注册农贸市场31家，总面积6.7万平方米，含集体产权市场20家、私有产权11家，集体产权市场占比率64%。其中，雨花街道有农贸市场4家、赛虹桥街道4家、铁心桥街道7家、西善桥街道8家、板桥街道2家、板桥新城2家、梅山街道2家以及雨花经济开发区2家。区商务局根据国家商务部及市商务局有关肉类蔬菜追溯考核要求，梳理全区农贸市场追溯节点情况，组织、开展全区各肉类蔬菜追溯节点巡查，发现问题督促厂家及市场管理方落实整改，提升全区肉类蔬菜追溯节点达标率。辖区新增肉类蔬菜追溯节点3家，即岱山新城中心农贸市场、古雄新居农贸市场和吉庆里农贸市场，均正常上报。根据部分农贸市场追溯秤因配件更换难、故障率高等问题，向区级申请补贴资金，为5家农贸市场置换追溯秤及增补追溯秤累计77台，保障肉类蔬菜数据上报达到商务部考核标准。推进2所学校、2家医院、2家餐饮企业安装追溯系统。

2018年雨花台区农贸市场一览表

表16

序号	市场名称	地　点	营业面积（平方米）	开业时间（年）	摊位数（个）		
					总摊位数	猪肉摊位数	蔬菜摊位数
1	能仁里农副产品综合市场	雨花街道能仁里二村	3850	1994	160	16	58
2	宁南农贸市场	雨花街道郁金香路4号	2000	2006	45	9	25
3	阅城菜场	雨花街道阅城国际花园悠然园10幢101室	300	2009	28	2	26
4	雨花农贸市场	雨花街道花神大道11号	120	2017	15	1	14
5	金菊花农贸市场	赛虹桥街道菊花二村16栋南	600	1998	12	2	3
6	大东农贸市场	赛虹桥街道雨花西路128号	2500	2011	3	1	2
7	名城世家菜场	赛虹桥街道小行路58号	2500	2013	90	6	12
8	吉庆里农贸市场	赛虹桥街道雨花台区凤台南路40号	1837	2018	68	11	15
9	板桥雄风农贸市场	板桥街道振兴路59号	3000	2007	42	10	25
10	古雄新居农贸市场	板桥新城古雄新居	1296	2011	15	4	6
11	金土地农贸市场	板桥新城新湖大道8号金地自在城第四街区10幢	2500	2014	84	4	24
12	绿洲农贸市场	板桥街道辅机路182号绿洲南路综合楼	2800	2017	120	8	20
13	锦华新城农贸市场	雨花经济开发区凤汇大道19号锦华新城小区1栋一层	850	2005	22	3	6
14	杰晟农贸市场	雨花经济开发区板桥龙藏大道路2-3号	1200	2018	32	3	13

续表 16

序号	市场名称	地　点	营业面积（平方米）	开业时间（年）	摊位数（个）		
					总摊位数	猪肉摊位数	蔬菜摊位数
15	梅欣集贸市场	梅山街道梅山矿业公司内兴梅中路	7362	2004	35	2	20
16	梅山集贸市场	梅山街道新建社区	7527	2006	290	26	144
17	南京景明佳园农贸市场	铁心桥街道景明佳园社区	1100	2003	30	6	24
18	铁心桥农贸市场	铁心桥街道江淮路 1 号	3000	2005	235	11	126
19	南京阳城农贸市场管理服务中心	铁心桥街道春江新城秦河坊 D02-1 号	2600	2009	95	6	15
20	春园路农贸市场	铁心桥街道铁心桥春园路 30 号新河苑二期	1191	2012	26	3	2
21	凤翔新城农贸市场	铁心桥街道宁双路 7 号	1500	2012	41	5	12
22	春晓农贸市场	铁心桥街道管道路	1500	2012	120	10	110
23	蔬鲜源农贸市场	铁心桥街道宁丹路 18 号	1113	2018	28	2	6
24	明尚农贸市场	西善桥街道盛家岗街 9 号	2100	1992	84	13	26
25	善水湾农贸市场	西善桥街道龙淮路 88 号	2000	1995	105	9	40
26	岱善农贸市场	西善桥街道邱村街 70 号	3000	2008	80	10	27
27	油坊桥农贸市场	西善桥街道贾东村 98 号	1280	2015	125	2	6
28	岱山新城农贸市场	西善桥街道岱山 4 号地块负一楼号	2670	2016	140	8	20
29	福润农贸市场	西善桥街道龙西路 197 号	2100	2018	120	11	30
30	矿部农贸市场	西善桥街道刘家村 1 号	6500	2018	318	29	75
31	西善桥农贸市场	西善桥街道西善桥街 176 号	1500	2018	150	9	130

【农贸市场升级改造】 2018年，雨花台区按照雨花台区农贸市场3年升级改造计划方案，改造完成农贸市场10家。其中，整体改造类8家，即铁心桥农贸市场、凤翔新城农贸市场、春园路农贸市场、岱善农贸市场、景明佳园农贸市场、吉庆里农贸市场、油坊桥农贸市场和阳城农贸市场；局部改造类1家，即古雄新居农贸市场；新建类1家，即岱山新城中心农贸市场。原列入2019年改造计划的吉庆里农贸市场、油坊桥农贸市场和阳城农贸市场，2018年提前改造完工。

【岱山中心新城农贸市场开业】 1月16日，岱山中心新城农贸市场开业。该农贸市场位于西善桥街道岱山北路社区中心（明尚西苑西），总投资448万元，营业面积2670平方米，总摊位140个，含猪肉摊位8个、蔬菜摊位20个，属南京德鹏副食品有限公司管理。

【吉庆里农贸市场开业】 10月8日，吉庆里农贸市场开业。该农贸市场位于赛虹桥街道凤台南路40号，投资348万元，营业面积1837平方米，总摊位68个，含猪肉摊位11个、蔬菜摊

10月8日，吉庆里市场正式开业　（赛虹桥街道　供稿）

位15个，属南京富莱尔市场管理服务有限公司管理。（封　锋）

·烟草专营·

【概　况】 2018年，烟草四分局销售卷烟29169箱，同比增长3.73%；实现卷烟销售额12.40亿元，同比增长7.99%；卷烟平均单价169.94元/条，同比增长4.13%。全年查获各类涉烟违法案件249起，查获各类涉案卷烟169.1万支。在辖区卷烟零售户店开展法律巡讲活动10余次，宣传烟草法律法规、解答各类咨询137起。是年，烟草四分局被南京市烟草专卖局（公司）评为全市卷烟打假工作先进集体，获江苏省烟草专卖局嘉奖。

【卷烟零售客户自律互助小组建设】 4月，烟草四分局根据市烟草局统一部署，在雨花台区宁南街道成立雨花台片区卷烟零售客户自律互助小组示范点。小组成员由辖区内经营信誉佳、经营状况良好的优质卷烟零售客户组成，通过定期集中开展行业政策学习、卷烟经营座谈和实地现场指导等线上（线下）交流活动，发挥该小组在辖区内稳定卷烟价格、带动周边客户提升盈利、规范卷烟经营秩序等功能，实现零售客户共生共赢。至年末，烟草四分局成立自律互助小组31个。

【加热不燃烧卷烟非法经营案件】 5月，烟草四分局与公安部门密切配合，成功破获“5·15”加热不燃烧新型烟草制品非法经营案件。烟草四分局根据举报线索，在市烟草局专卖处协调指挥下，与市公安局、区公安分局相关部门精干成立联合专案组，迅速开展侦办。经办案人员3个多月侦查，在市公安局食品药品环境侦查支队统一指挥下，多地办案力量同时出击收网，现场查获加热不燃烧新型烟草制品近1700条，捣毁窝点5个，刑拘10人，批捕4人，现货案值60余万元，涉案金额超千万元。

【清理违法卷烟广告】 6月，烟草四分局根据省、市烟草局《关于开展违法烟草广告再清理工作通知》要求，开展为期1个月违规广告清理专项活动。烟草四分局召开专题动员会，解读违法广告定义，了解法律风险，明确清理整治范围；建立专卖管理和卷烟销售联动机制，全面排查辖区内卷烟零售客户，上门开展宣传教育引导工作，提出风险告知。全面排查零售客户卷烟经营微信公众号、微信服务群和QQ群等网络媒介，巩固线上（线下）清理整改效果。其间，清除零售客户店堂内违法违规广告和删除网上违法广告信息201户次。

【邮政物流寄递涉烟监管】 6月，按照市烟草局《关于建立物流寄递环节打击涉烟违法行为协作机制的意见》要求，烟草四分局联合辖区邮政管理部门，集中约谈顺丰快递、菜鸟联盟等快递寄递企业，宣讲解读烟草专卖法律法规和烟草邮政协作机制，督促寄递企业遵守有关规定，主动配合日常检查和卷烟案件查办。同时，烟草、邮政两部门执行信息共享、举报受理、现场检查、案件查处等6项制度，整治物流寄递渠道涉烟违法活动。至年末，烟草四分局查获寄递环节涉烟案件11起，涉案卷烟3.22万支。 （仇 斌）

对外经贸

【概 况】 2018年，雨花台区实现外贸进出口总额269.46亿元，同比增幅0.02%。其中，出口额182.28亿元，同比增幅2.29%；进口额85.18亿元，同比下降4.31%。全年全区新备案项目37个（含增资项目6个，减资、并购项目各1个），协议利用外资41460万美元，其中千万美元以上项目9个。注册外资实际到账2.1亿美元，在主城区总量中排名第五，进度排名并列第三。实现服务贸易进出口额3.11亿美元，同比增长30.1%。全区有服务贸易企业232家，其中有实绩企业156家。千万美元以上企业8家，实现服务贸易进出口额22085.7万美元，同比增长38.3%，全区占比71.1%。

【区服务外包基地综合评价位列全省第三】 2018年，雨花台区服务外包基地在省级服务外包示范区综合得分中排名第三，位列全市之首。全年实现服务外包执行额32.16亿美元，其中离岸服务外包执行额5.83亿美元。雨花台区自2006年被商务部认定为中国服务外包基地城市示范区后，主要产业定位和特色是通信软件外包和信息技术外包，辖区有华为软件、中兴软件、江苏诚迈等从事软件及系统研发各类服务外包企业145家，软件服务外包园区总建筑面积70万平方米，包括雨花软件园、麦瑞克软件外包园、润和外包园等，从业人员3.8万人。

【民营外贸企业政策宣讲】 12月18日，区商务局召开支持雨花台区民营外贸企业发展政策宣讲会，南京圣迪奥时装公司、江苏伊斯特威尔供应链管理公司等20余家企业参加。会上，区商务局分别邀请江苏中信保南京分公司宣讲出口信用保险政策、中国银行南京城南支行宣讲融资政策、市商务局宣讲《政策汇编——南京市商务局印制》等，发放宣传材料，为企业解读国家、省、市各类扶持政策，助力民营外贸企业发展。 （刘小楚）

经济管理与监督

·财 政·

【概 况】 2018年，全区一般公共预算收入完成82.5亿元，增长13.7%，完成调整预算100%。其中，税收收入完成75.6亿元，非税收入完成6.9亿元。按现行市区财政体制，全区一般公共预算财力预计为98.3亿元。其中，区留成财力57.6亿元、市专项转移支付补助

14.7亿元、新增一般债券2.1亿元、体制结算约4.8亿元、调入预算稳定调节基金11.7亿元、上年结转7.4亿元。2018年，全区一般公共预算支出为86.9亿元，剔除债券还本支出因素，同比增长28.8%。其中，区本级支出42.6亿元，增长31.9%；街道（园区）支出24亿元，增长9.1%；上级转移支付支出11.3亿元；新增债券支出2.1亿元；上年结转1.5亿元；一般债券还本支出1.6亿元；调出资金3.8亿元。

2018年全区一般公共预算收入完成情况一览表

表17 **单位：万元**

一般公共预算收入	2018年
一、税收收入	756212
增值税	371011
企业所得税	111275
个人所得税	136239
房产税	39327
印花税	14060
车船税	2811
耕地占用税	39
城市维护建设税	62322
环境保护税	8177
城镇土地使用税	10951
二、非税收入	68798
教育费附加收入	26554
地方教育费附加收入	17701
行政事业性收费收入	10029
罚没收入	744
国有资源（资产）有偿使用收入等	11817
地方文化事业建设费收入	1953
合计	825010

2018年全区财政支出一览表

表18 **单位：万元**

指　标　名　称	2018年
1. 一般公共服务	61335
2. 国防支出	193
3. 公共安全支出	22732

续表 18

指标名称	2018 年
4. 教育支出	131720
5. 科学技术支出	49210
6. 文化体育与传媒支出出	13920
7. 社会保障和就业支出	53729
8. 医疗卫生支出	24695
9. 节能环保支出	15718
10. 城乡社区支出	301380
11. 农林水支出	16801
12. 交通运输支出	6603
13. 资源勘探信息等支出务	37948
14. 商业服务业等支出	7718
15. 金融支出	70
16. 国土海洋气象等支出	1222
17. 住房保障支出	58508
18. 其他支出	7361
19. 债务付息费用支出	3929
一、公共预算支出	814792
二、基金预算支出	697123
三、支出合计	1511915

【财政支持社会事业发展】 2018 年，区财政部门科学统筹民生保障资金，扎实推进民生实事，支持社会事业发展。安排0.7 亿元，发放最底生活保障、大病救助、临时救助、被征地老年人员生活补贴、失地人员社保等；安排0.4 亿元，用于职业技能培训、就业扶持、补贴高校毕业生面试等；安排0.3 亿元，用于购买居家康复服务、居家养老服务中心建设、困难儿童基本生活保障、残疾人生活补助等；安排0.4 亿元，资助困难学生、外来务工子女入学、免除职业教育学费、幼儿学前一年免费教育等；安排1.8 亿元，推进小行小学、岱山高中、板桥中学、新林规划小学、琅琊路小学石林分校等学校建设；安排0.9 亿元，提高在职教师绩效、聘用教师薪资等；安排0.9 亿元，落实基层医疗卫生机构综合改革、提高基本公共卫生服务政府补助、提高新农合参保和补偿水平、补贴基本药物零差价等；安排0.1 亿元，推进医联体、特色科室、中医药专科、基层特设科室省级孵化点建设等；安排1.1 亿元，用于大案要案、社会治安综合治理、化解社会矛盾纠纷等；安排0.6 亿元，强化食品药品监管、特种设备安全、专项整治安全生产、综合治理危险化学品等；安排0.2 亿元，支持推进监察体

制改革、推动巡察向社区延伸、打造特色廉政文化等。

【财政推进城乡统筹发展】 2018 年,区财政部门优化财政支出结构,深入提升社会治理能力,着力改善区域环境面貌,统筹推进城乡发展。安排14.5 亿元,有序实施城建项目、稳步推进保障房建设、推动棚户区改造、大力实施小区出新等;安排5.5 亿元,用于水环境提升、黑臭河治理、雨污分流等;安排0.7 亿元,治理门前三包、整治广告亮化、管控渣土、治理违建等;安排0.3 亿元,重点用于市政道路绿化管养、环境综合整治等;安排0.5 亿元,推广新能源汽车和建设公共自行车站点等;安排0.2 亿元,用于垃圾分类处理、背街小巷改造等。

【预算绩效管理】 2018 年,区财政部门依据《雨花台区2018 年预算绩效监督工作要点》,对208 个项目实行绩效目标管理,涉及资金12.2 亿元;对191 个项目预算绩效目标执行情况进行期中跟踪,预算单位提交项目绩效目标执行情况报告163 个,项目预算绩效期中报告率85.3%;对4 个财政投入超500 万元的项目开展重点绩效评价,涉及资金5600 万元,其中对"浡泥国王墓环境整治工程"实施绩效前评价,核减预算金额235.3 万元。

【政府采购管理】 2018 年,区财政部门认真贯彻执行政府采购政策,规范政府采购预算,全区政府采购计划金额5.8 亿元,实际采购金额5.2 亿元,节约资金0.6 亿元,资金节约率10.3%。根据政府职能转变和财政管理要求,厘清政府购买服务边界,推进政府购买公共服务工作,是年,全区政府购买服务金额2.5 亿元,实现网上商城总金额704.3 万元。

【财政综合改革】 2018 年,区财政部门扩大国库集中支付范围,区本级批复下达国库集中支付用款计划38 亿元,实现集中支付35.3 亿元;完成国库集中支付电子化系统上线测试工作,完善预算执行动态监控机制,有效防范和控制资金支付风险;加强对街道(园区)国库集中支付改革指导,帮助梅山街道、板桥新城、软件谷实施国库集中支付改革,做到街道(园区)集中支付全覆盖。全面统筹财政资金,统筹南西营村地块土地出让收益13 亿元,重点保障潘窑项目推进;统筹吴尚一组A地块土地出让收益6 亿元,安排4.9 亿元用于收购国开金融在国开雨花公司股权;1 月份统筹各预算单位往年结余结转资金8514 万元;11 月份统筹各预算单位结转两年以上未使用完国库集中支付用款计划额度3856 万元。

(闫　平)

·税　务·

【概　况】 2018年,原南京市雨花台区国家税务局、南京市雨花台地方税务局合并,国家税务总局南京市雨花台区税务局挂牌成立。10 月25 日,区税务局宣布"三定"方案,共设21 个科所,其中15 个内设机构,1 个派出机构,2 个事业单位,3 个另设机构。区税务局正式干部172 人,干部平均年龄45 岁,录入员45 人。区税务局负责雨花台区范围内6 个街道、3 个管委会的税收、社保费及其他非税的征管,管辖注册纳税户5.1 万户,其中企业2.4 万户、个体2.7 万户。

7月20日,国家税务总局南京市雨花台区税务局挂牌成立
（区税务局　供稿）

【入库社保费及非税收入】 2018年,区税务局组织社保及非税收入48.54亿元,同比增长117.42%。其中社保费收入48.17亿元,同比增长17.34%,征缴面99.91%;工会经费入库1460.44万元,同比增长11.19%,超任务指标54万元;残保金入库2247.78万元,同比增长38.95%,征缴面超82%。

【税收收入】 2018年,区税务局累计税收总收入156.88亿元,同比增收15.59亿元,增幅11.03%;累计完成区级公共财政预算收入80.33亿元,完成区政府计划77.80亿元的103.25%,同比增收9.98亿元,增幅14.18%。

【中国（南京）软件谷税收总量60.44亿元】 2018年,软件谷全年入库一般公共预算收入27.87亿元,同比增长1.92亿元,增幅7.4%。完成全口径税收60.44亿元,同比增长4.23亿元,增幅7.53%。其中,中兴软件受中美贸易战影响,1—12月份累计入库一般公共预算收入5.78亿元,同比下降0.37亿元,降幅6%。完成全口径税收12.16亿元,同比下降0.67亿元,降幅5.22%。华为由于云新项目大量采购设备,进项税金抵扣持续增长,导致华为2018年增值税同比减收4.42亿元,同比减幅56.67%,全年累计入库一般公共预算收入7.2亿元,同比下降1.47亿元,降幅17%。完成全口径税收17.08亿元,同比下降2.67亿元,降幅13.52%。华为、中兴的税收贡献度均为首次出现下降。

【税收征管】 2018年,国税地税征管体制改革渐次落地,区税务局按照服务融合、流程整合、信息聚合原则,持续提升征管质效。机构合并后,经6批次6000余户跨区经营户实际经营地点核实,明确区税务局管辖注册纳税户。开展两次统一平台上线的测试评估,确保统一平台如期运行。整合国地税工作流程,明确规范注销、迁移、申报等17个工作事项和工作流程,确保日常征管工作正常开展。加强征管质效。强化两头管理和欠税追征工作,在税户进口环节上落实五证合一,个体工商业户两证整合,加强与区工商部门合作。推广应用欠税追征应对模板和法律指引,启动欠税追征任务49户,应对总成效近4580万元。分类办理企业注销事项,全年办理注销700余户,办理时限缩短到20个工作日。强化风评管理。全面落实省局风险管理规范化建设20个到位新标准,加强日常风险应对技能的培训和辅导,对重点案件和典型风险开展讲评讲解,对前期应对质量不高案件认真开展跟踪质疑工作。

【税收政策落实】 2018年，区税务局强化税收政策落实，快速精准释放税收红利，助推企业发展升级。累计办理增值税各类退税1639户次、10.48亿元，残疾人、随军家属、失业人员等重点群体就业享受增值税减免526万元。3086户次小微企业减免企业所得税0.24亿元，71户软件企业减免企业所得税税额4.66亿元，367户企业享受研发费用加计扣除优惠政策，加计扣除金额26.46亿元。房产税减免备案5户，土地使用税减免备案13户，土地使用税困难性减免1户，减免金额65万元。

【个人所得税新政落实】 2018年，区税务局企业QQ群、微信群通过线上渠道无死角宣传、集中开展10场次个税培训与宣讲会议、主动走进华为、中兴等重点企业，按照新旧政策扣除标准测算，用听得懂、听得进的语言进行讲解，让员工更为直观地感受到改革带给他们的减税红利，全面及时释放个税改革红利，将大礼包精准送达到每位纳税人手中。全年缴纳工资薪金个税1.23亿元，同比下跌0.28亿元，降幅18%；工资薪金纳税7593户，同比减少1593户，降幅17%。

【纳税服务】 2018年，区税务局聚焦“放管服”，持续优化营商环境，增强广大纳税人和缴费人的改革获得感。优化办税服务厅。为全面实现国税地税业务“一厅通办”和“一键咨询”，区税务局将原国税、地税办税服务厅分别打造成服务企业纳税人为主和服务个体纳税人为主的办税服务厅，提升业务办理针对性，缩短办税时间，提升办税体验。主动作为，为纳税人“保驾护航”。区税务局邀请市交警八大队进行实地勘查，落实重新印刷斑马线和安装雨花台区第一个“不礼让行人”抓拍摄像头解决方案。推进网上办税事项。提高线上“不见面”服务和网上办税覆盖面，全面实现新办企业线上综合申请套餐0.5个工作日办结，特服号20秒以内接通率保持在90%以上。落实民营企业大调研大走访，落实总局关于开展大调研大走访活动支持民营经济发展的要求，走访20家民营企业，举行两场民企座谈会，向企业“问需求、查短板、帮发展”，受到企业好评。

（张淑卿）

·市场监督与管理·

【概　况】 2018年，区市场监管局按照“服务优质、管理精细、执法严格、队伍过硬”的工作思路，抓大事、推改革、优环境、强基础。深入推进商事制度改革，全区市场主体数达8.2万户，办结效率居全市前列，市场活力得到充分激发。大力开展质量强区工作，指导中国电子科技集团公司第十四研究所（简称十四所）成功申报江苏省政府质量奖，全年指导制定11个国家标准，申报集体商标1件，普通商标4850件；成功申报软件谷为省级广告业创新创业示范基地。大力探索智慧监管系统，围绕食品、药品、特设安全监管等关键领域，在全市率先上线监管系统。严格落实食品安全党政同责，完成17家农贸市场快检室建设，全区高分通过省级食品安全示范区创建。年度企业年报率88.7%，位居全市各区第一名。全年召开22次案审会，研讨285件（次）处罚案件，办结一般程序案件222起，罚没任务同比增加一倍，为历年之最。加大消费维权力度，完善投诉举报受理规定，全年共受理各类工单10955件，挽回经济损失2151.16万元。

【商事制度改革】 2018年,区市场监管局全面推开“不见面审批”改革,推广企业登记全程电子化和电子营业执照应用,按照“3550”改革要求,实现新办企业执照0.5个工作日办结,企业变更类执照3个工作日办结,办结效率在全市处于领先水平。探索证照联办试点,率先发放全市第一张企业和个体户证照联办的证照,全年办理41户。推行商事登记政银直通车服务,推广免费代办服务,新拓展政银合作网点24个,全程电子化登记新设公司62户;指导分局手机APP登记办理个体户开业163户。通过告知承诺制办理企业登记814户,证照免费快递1817件。强化审慎审查工作,逐一核实涉嫌虚假注册案件,强化窗口材料审查,防范登记风险,有效减少皮包公司注册,对发现的5起提供虚假房产证明登记申请进行报警处理;配合金融办,严把投资类企业市场准入关,规范70家存量投资类企业经营范围。

【质量强区和商标品牌工程】 2018年,区市场监管局指导十四所成功申报全市唯一江苏省质量奖。推动全区软件产业、电子信息、汽车及零部件、食品轻工等产业品牌发展,指导中国(南京)软件谷成功申报全省首批、全市唯一广告业创新创业示范基地。推进标准化战略,指导制定11个国家标准,南京玻纤院被选为全国碳纤维标准化技术委员会秘书处承担单位。开展守信用重合同企业推荐工作,全区共有国家级守重企业6家、省级守重企业16家、市级守重企业38家。

【食品、药品、特种设备安全民生工程】 2018年,区市场监管局牵头起草《雨花台区食品安全党政同责实施办法》,将食品安全工作纳入全区经济社会发展考核目标。健全食品安全检测体系,完成17家农贸市场快检室的为民办实事,实施安德门食品快速检测中心提档升级工程。实施食品安全分级分类风险监测,将市考核标准4份/千人提高为6份/千人,全年完成1660批次法检任务。大力推广食品安全责任保险,共有参保单位120家,共计保额3.6亿元,为全市首位。探索餐饮服务行业自律管理,新建雨花客厅等4家食品安全工作站,探索餐饮服务食品安全行业协会自治模式。落实药械保化日常监管,完成药品抽样416批次,检查各类药械保化单位848家次,上报药品不良反应241例、医疗器械不良事件180例。开展疫苗质量专项检查,未发现涉事疫苗流入区内。开展药品突发事件应急演练,增强公众安全用药意识,提高区市场局药品安全应急响应和处置能力。开展安全大排查大整治大执法行动和夏季安全生产百日攻坚战行动,检查企业279家,出动监察人员657人次,排查隐患120处,下达指令书50份。加大特种设备安全监察员B证培训取证力度,全区公共场所电梯安全责任险百分之百投保。全区公共场所全年未发生一起食品、药品、特种设备相关安全事故。

【事中事后监管】 2018年,区市场监管局充分发挥网格化及社区信息员作用,加大企业年报宣传力度,全区年报率达88.7%,位居全市各区第一名。认真落实“双随机、一公开”监管,全年共抽查企业963家,抽调执法人员51名。强化企业经营异常名录管理工作,共对14130家市场主体办理列入、移出经营异常名录手续,为20家拟上市公司的子公司或关联公司出具企业信用证明,协助核查25名企业人大代表、政协委员和创业人才信用信息。对全区621家企业开展实地核查,唤醒和规范64家企业,对长期停业未经营的557家"僵尸"企业立案吊销。加强网络监管,利用省局"一中心、一平台"组织分局网上检查2546个网站网店,实地检查237家网站网店、删除违法商品信息16条,查处网络交易违法案件总数11例,罚没款15.32万元。推进农贸市场精细化管理,推进平安市场、文明诚信市场,农贸市场精细化管理在全市考核中居第二名。

【消费维权与执法】 2018年,区市场监管局加强企业消费维权网络建设,建设105家维权服务站。全年受理各类工单10955件,其中12345平台工单3678件,工单量在全区职能部门排名第一;12315平台工单4372件、12331平台工单495件、12365工单95件,各类信件来访约481件,争议金额2588.81万元,挽回经济损失2151.16万元。规范案件执法,加大案件核审力度,研究制定虚假注册的处理规定及工作流程。先后组织各条线执法培训30余次,开展执法知识竞赛2场,围绕电缆建材、违法广告、食品药品、特种设备、产品质量等重点领域,加强执法。加大传销打击力度。调整全区打击传销工作领导小组名单,接收涉传举报信息43起,接待群众来访30余人次,核查地点87处,向公安机关通报情况32起,联合公安分局开展打击传销集中行动,捣毁传销窝点,处理131人次。

【探索智慧监管新模式】 2018年,区市场监管局依托软件谷资源优势,围绕食品、药品、特种设备等日常监管工作量大、隐患排查频繁的领域,探索智慧监管系统。在全市首家开发农贸市场商户信息扫码追溯系统,建设食品安全远程智慧监管平台,通过扫描小票上的二维码,即时获取农产品相关追溯信息。在全市首家上线协管员监管系统,并进行量化绩效考核。率先在市建立电梯安全动态监管系统,将全区的电梯使用单位、维保单位、检验机构等纳入系统,上线试点2000台电梯运营调试。在全市率先探索药品智慧监管工作,首家试点药品温湿度远程监管,有效规范企业经营行为。

【餐饮协会社会共治获评国家优秀案例】
2018年,区市场监管局在发挥监督网络优势的基础上,整合全区3000多家餐饮单位,成立餐饮行业协会,在8个街道分别成立分会,积极探索专业管理和行业自律相结合的监管模式。餐饮协会对辖区内的餐饮单位进行对口互查,量化打分评比,并向社会公示结果。各餐饮协会分会积极开展活动,打造"一会一品"的特色。通过餐饮协会模式,有效强化行业自律,延伸基层监管触角,实现社会广泛参与。该创新模式被《中国食品安全报》《新华日报》等予以专题报道,获得市食药监局优秀项目,并被评为国家市场监管社会共治(政府类)优秀案例。

【特种设备安全隐患大排查】 2018年,区市场监管局开展医疗机构电梯安全整治,启动医疗机构(社区医院、卫生院等单位)电梯专项整治计划,邀请市特检院专家,对于医疗机构老旧电梯正常使用和存在安全隐患的电梯开展安全评估工作,推动医疗机构通过维修、改造、更新等方式,提高电梯运行的可靠性,共完成全区12家医疗机构电梯专项治理工作。加强消防电梯等设施安全检查,国庆节前,对虹悦城、南京南站、汪海大厦和紫荆广场等人员密集场所的消防电梯及相关消防安全管理情况开展全面检查，督促提醒人员密集公众场所相关消防安全管理单位加强管理，保证国庆节期间的消防安全。强化电站锅炉专家组专项检查。联合市锅检院、华能电厂组成电站锅炉专家组，对梅钢集团6台电站锅炉和华润热电厂2台电站锅炉开展专项检查，检查范围包括锅炉设备本体和相联压力管道，这是一次全面专业的电站锅炉安全隐患排查。（黄长青）

·价格管理·

【概　况】 2018年，区物价局把物价工作融入雨花台区发展大局，全力服务攻坚“抓产业发展、促城市建设、补民生短板”三个主战场，开创价格工作新局面。

【价格调控管理】 2018年，区物价局推进重点领域价格改革。落实重点领域价格市场化改革，推进一级（含未定级）公立医院医药价格综合改革，改革率100%，完成市下达95%考核目标。召开全区价格工作会议，区政府与各街道（园区）和相关部门22家责任单位签订稳定价格和治乱减负目标责任状，区政府出台《2018年全区稳定价格和治乱减负目标责任分解落实意见的通知》。推进供给侧结构性改革。严格落实国家和省市对行政事业性及经营服务性收费管理政策，严格执行国家和省市取消、取缔的收费项目、降低收费标准及收费减免优惠政策。完成5家房地产企业5批次近7万平方米普通商品住房明码标价备案和6家房地产企业3017个车位、311间储藏室明码标价备案，落实房地产调控政策，全区房地产价格平稳。完成基层公立医疗机构医疗收费调查、雨花医院病房床位费的核定、中小学校外培训机构收费调查工作，同时，完成6家民办惠民幼儿园收费标准认定、5家民办幼儿园收费标准备案，完成10家公办幼儿园成本调查审核，完成14家公共停车场、8条道路泊位等级申报备案，完成6家物业服务合同备案等工作。

【价格监测】 2018年，区物价局向国家发改委价格监测中心、省市物价局上报“36个大中城市主副食品价格监测表”49个品种15744组数据；“南京市主副食品价格对比表”33个品种3168组数据；“南京市主副食品价格测报表”35个品种6720组数据；“超市价格监测表”16个品种3072组数据；微博比价48期1460组数据。

【价格监督检查】 2018年，区物价局建立公平竞争审查工作联席会议制度，建立健全公平竞争审查工作机制；召开公平竞争审查工作联席会议第一次全体（扩大）会议，全面部署公平竞争审查工作；组织公平竞争审查业务培训，提高全区各部门对公平竞争审查制度的认识，明确工作目标和业务要求；出台《2018年雨花台区推进公平竞争审查工作要点》《雨花台区公平竞争审查工作联席会议工作规则》，明确各时间节点和需要把握的原则，以公平竞争审查工作为抓手，规范区内市场环境。全区对26份涉及市场主体的规范性文件进行公平竞争审查，清理有违公平竞争的规定和做法，确保政府相关行为符合公平竞争要求和相关法律法规。完成132家转供电主体收费政策的宣传，根据转供电环节收费的特点，重点加强对产业园区、大型商业综合体、商务写字楼等领域的价格检查。开展电信、广电领域收费专项检查。组织开展区域范围内的中国电信、中国移动、江苏广电等5家单位专项检查，被查单位收费标准相关证照和友情提示均做到收费规范。开展校外培训机构收费专项检查。组织对4家培训机构进行检查，规范培训机构的收费行为。开展医疗收费专项检查。对岱山社区卫生服务中心进行检查，该中心在收费项目公示、医疗项目开展、药品价格等方面没有违法、违规行为。开展日常检查。组织开展元旦、春节、清明、劳动、端午、中秋、国庆等节日和日常市场价格检查与监管，通过政策提醒和分组包干、重点检查等方式，倡导经营者价格自律，重点打击各种违反政府明码标价规定、涉嫌价格欺诈等行为，出动380多人次，对各类集贸市场、苏果超市、平价店、大型商场、旅游景点及宾馆饭店等场所进行检查400余家次，对5家单位下达整改通知。规范教育收费行为，对全区65家中小学校、幼儿园开展教育收费督查，未发现乱收费行为。推进价格诚信建设，组织开展"价格诚信单位"创建活动，对创建活动进行广泛宣传，对积极参加"诚信单位"评选的企业进行具体指导，完成"诚信单位"创建工作。

【价格服务】 2018年，物价局按照"缺一补一"原则，新增1家平价商店，及时补充因经营不善关闭的1家平价商店。对15家平价店进行日常管理考评，每月定期2次考评打分，不定期进行现场考察；每月对平价店日常管理考核情况进行通报，每季度进行一次考核评比。2018年，销售平价蔬菜139万千克，销售额803万元，惠民140万元，平均让利幅达17.6%。参加国家发改委价格认证中心在线测试，参与测试率、合格率、满分率均100%；对国家机关委托刑事案件价格鉴证工作，严格办案程序，完成刑事案件涉案财产价格认定97件，涉及标的品种46种，标的数量191个，认定案值28.69万元，未发生申请复议或复核裁定事件。按照法定程序办理价格举报案件，做到认真受理，耐心解释，严肃查处，及时反馈，主动化解矛盾，维护群众利益。受理社会各类价格举报投诉573件，其中12345举报投诉491件，12358举报投诉80件，其他投诉2件，接待各类收费和价格法律、法规、政策咨询300多人次，涉及交通运输、物业管理、商品零售、旅游、停车场、出租车、医药、教育等部门和行业，办结率100%。加强与区司法局联系和沟通，深入基层调解点指导、帮助做好价格纠纷调解工作，组织调解人员业务培训，指导、帮助基层价格纠纷调解站（点）对27件价格争议进行调解，可统计争议金额3.1万元。深入景明家园社区、小行社区等11个社区开展"价格服务进社区"宣传活动，宣传价格法律法规知识，现场解答和办理群众诉求，向群众发放价格政策法规资料2000余份；印发《雨花台区公平竞争审查工作简报》5期；发布价格信息80余篇，《雨花农副产品平价店实现在线监控》在《南京日报》刊登，省物价局网站采用19篇、市物价局网站采用37篇、区政府网站采用53篇，区电视台播出价格新闻15次，"雨花价格监测"微博发布价格信息1万余条。 （叶桂松）

·审　　计·

【概　况】 2018年，雨花台区审计局完成审计和审计调查项目74个，其中经济责任审计项目8个，预算执行审计项目1个，政府投资审计项目61个，其他审计调查项目4个。政府投资预结算审计核减金额1.44亿元。审计发现问题88个，提出审计意见和建议34条，查出管理不规范资金3.28亿元。区审计局被区委、区政府表彰为2018年度高质量发展先进集体；《2017年度雨花台区预算执行和其他财政收支情况审计》项目被市审计局评为优秀计算机审计项目二等奖。

【预算执行审计】 2018年，区审计局对全区2017年度预算执行和其他财政收支情况进行审计，以推进政策措施落实、深化财税体制改革、推进审计监督全覆盖、提高资金使用绩效为目标，突出预算编制、一般公共预算执行、政府性基金预算执行、资金统筹整合、资金及账户管理、国有资产管理、部门收入、部门支出、重点专项资金管理及使用绩效、部门结余结转、预决算公开情况等方面的审计，延伸审计10家单位（部门），查出管理不规范资金2.48亿元，指出问题23条，提出审计建议3条。

【领导干部经济责任审计】 2018年，区审计局对区水务局原局长、区征拆办原主任、区住建局原局长、西善桥街道原书记实施离任经济责任审计，对西善桥街道书记、主任实施任中经济责任审计；受市审计局委托，对溧水区法院原院长、检察院原检察长进行离任经济责任审计；与区委组织部及有关部门共同开展16个领导干部离任交接事宜；完成并提交《2017年雨花台区经济责任审计综合报告》。

【政府投资审计】 2018年，区审计局对工程审计采取三个批量方式进行，少量重特大项目由审计部门自审，适量备案项目审计采取抽查监督，绝大量项目建设单位到审计局备案，在市交易中心摇号，实现自我管理。全年各街道（部门）到市交易中心摇号项目41个批次754个，共105.09亿元，全年完成其中608个项目备案，并对电子资料进行集中归集；通过公开随机摇号方式，对2018年备案项目抽取30个拟进行抽查复核；完成往年结转的工程结算审计项目61个、送审金额13.12亿元，核减1.44亿元。

【商务发展专项资金情况审计】 4月，区审计局对全区商务发展专项资金总体安排情况、分配及拨付情况、监督检查及绩效管理情况、资金使用及实施效益情况等进行审计，实地查看三星电子（中国）研发中心、南京富士通南大软件技术有限公司、凯易迅网络技术开发（南京）有限公司3家企业，涉及资金1438.87万元。审计调查显示，专项资金分配及时、管理规范、使用合规。

【涉农社区“三资”管理情况专项审计调查】

6月和9—10月，区审计局与区委巡察办、农工委协作，对板桥街道、西善桥街道和板桥新城管委会、开发区管委会的14个涉农社区开展“三资”管理情况专项审计调查，重点审查社区2015年度至2017年度集体资源和人员结构、资产管理和运营、集体收入支出和节余集体债权债务管理、工程项目建设、专项资金管理、内部控制、财务公开及民主管理等方面的情况和问题。通过审计调查发现社区（村）存在经营性收益呈逐年下降趋势；合同签不规范、账物不符合；基层“三资”管理机构不健全、履职不到位、制度落实不到位等问题，并针对上述问题提出了相应建议。

【黑臭河道整治专项审计调查】 4—5月，区审计局对全区2016、2017年度黑臭河道整治工作实施情况进行专项审计调查。抽查整治项目25 个,工程建设资料抽查率100%,现场勘查占比56%。调查发现个别河道黑臭未消除、部分河道存在污水下河、蓝线退让不充分、部分招投标程序不严格、未及时办理竣工验收备案、竣工价款结算和竣工决算上报以及河道养护管理与排水许可管理不到位等方面的问题。

【全区“四好农村路”建设情况专项审计调查】 4—5月,区审计局对全区2016、2017年度“四好农村路”建设情况进行专项审计调查,调查区公路管理站、区财政局和相关的6个街道(园区),现场踏查29 条农村公路,占比25%。发现部分“四好公路”建设存在计划制定不完整、路政管理不到位、养护管理不到位、专项资金管理不到位、监督管理不到位等问题。

【减税降费政策措施落实情况审计调查】 11月8—30日,区审计局对全区2017年1月1日至2018 年6月30日期间国家和省减税降费政策措施落实情况进行跟踪审计调查。主要审计调查区财政局、区物价局,延伸审计调查区人社局、区发改局、区住建局、区安监局、区民政局、区市场监督管理局以及区卫生局下属单位区疾控中心和区司法局下属单位公证处等10 家部门和单位,审计主要通过问卷调查、实地走访以及召开企业座谈会等形式对减税降费政策的实际落实情况进行了解。审计调查显示,全区未发现有政策未落实和乱收费情况。 (程娟娟)

·安全生产与监督管理·

【概　况】 2018 年,雨花台区排查生产经营单位9771 家次,查出隐患4219 项,全部整改到位。查处80 多平方米危险化学品(简称危化品)非法储存仓库,9 吨危化品移往安全仓库。整改9 处占压燃气管道安全隐患,取缔“黑气点”2 处。投入隐患整改资金3000 多万元,完成2 个市级挂牌的毛公渡桥安全隐患、翠岛花城消防隐患和3 个区级挂牌的三鸿食品公司液氨储罐、小河北路桥等重大隐患整治任务。区企业安全标准化指标完成率100%,安全街镇达标率100%,隐患自查自报系统覆盖率100%,重大隐患整改完成率100%,“三类岗位人员”安全培训率100%。

【三级安全生产培训】 4 月11 日,区委组织部、区安监局联合举办领导干部安全生产知识培训班,全区8 个街道(园区)、19 个安委会成员单位的分管领导,各单位安监办主任和安全员,安监局全体人员,共70 余人参加培训。6月21 日,在雨花街道举办街道安监人员培训班,各街道(园区)安监人员、部分社区安全员和安监局全体街道安监人员80 余人参加业务知识培训,并当场进行业务知识水平测试。组织区内125 家企业的主要负责人、安委会22家成员单位参加企业负责人学习新《中华人民共和国安全生产法》专题培训班。以危险化学品、冶金等高危行业为重点,全年举办企业负责人、安全管理人员、特种作业人员培训班11 期,培训1126 人。通过培训强化企业安全生产意识,明确生产经营活动中的法定权利和义务,对企业法人强化安全生产主体责任,深入强化当地政府、安委会各成员单位、安监办等各自的主要职责。

【检查执法】 6 月24 日,区政府印发《关于在全区集中开展安全生产检查整改专项行动的通知》。区安监局根据文件精神，于6月中旬至9月中旬，分“自查自纠、检查督查、严防严控、总结提升”4阶段开展安全生产检查整改专项行动。对道路交通、建筑施工、消防、民爆、特种设备、旅游、城市燃气、农业机械、水利、危险化学品、冶金有色和油气输送管线等12个重点领域、重点部位实行24小时巡查，落实各项防范措施；对烟花爆竹、涉氨企业、大跨度厂房、“厂中厂”企业进行专项联合检查，及时发现、消除各类事故隐患；严格遵守非药品类易制毒化学品报表报送、经营许可、销售流向登记等制度，做到销售流向清晰、档案记录完整。全年检查危化品企业、加油（加气）站、烟花爆竹经营户等重点单位334家次，发现隐患85处，下发责令限期整改指令书31份，取缔无证经营烟花爆竹6家、非法加油站1家、危化品无证经营6家，收缴假冒伪劣烟花爆竹200多箱。立案调查1起违法储存危化品行为；受理危化品经营许可40件，三类易制毒经营备案1件。检查废旧加工作坊、小微企业103家次，下发责令整改指令书21份，约谈企业负责人1次。检查粉尘防爆企业26家，下发责令限期改正指令书15份，约谈企业法人5人。查处粉尘防爆企业职业卫生违法案件1起，取缔油漆违法无证经营6家，查处异地经营1家，下发责令限期改正指令书3份。查处危化品、粉尘防爆领域安全生产违法案件3起，查处超限超载车辆73辆、非法改装11起、“三合一”“多合一”场所6处、无照经营56家，规范办证52户，罚款及没收违法所得46万元。对辖区6家涉氨制冷企业的重点部位和薄弱环节开展联合执法检查5次，下发责令限期整改指令书7份，对1起无证作业违法行为进行立案调查。对人员密集场所开展系列检查，检查单位175家，发现火灾隐患或违法行为99处，下发责令改正通知书78份。

【烟花爆竹专项整治】 2018年，雨花台区实施烟花爆竹每日动态巡查，调配执法车辆、执法人员，配备执法记录仪，构建全地域的执法检查网络。对全区烟花爆竹经营户实施全程监管，联合公安、工商等部门联合执法，重点查处假冒伪劣产品、超范围经营、无证销售、超量储存等行为，打击和取缔非法流动销售摊点。深入走访烟花爆竹经营户，广泛听取意见，摸清库存、销售等情况，做好善后工作。12月，区政府办转发区公安分局《雨花台区关于禁止燃放烟花爆竹工作的实施意见》，全年禁止任何单位和个人销售、燃放烟花爆竹。全区注销烟花爆竹批发经营户1家；零售户99家，库存烟花爆竹全部回收处理。

雨花台区组织夏季安全生产大检查 （区安监局 供稿）

【“安全生产月”活动】 5月6日，区安委会印发《关于开展2018年“安全生产月”活动的通知》，“安全生产月”活动组委会办公室设在区安监局，负责指导各街道（园区）、各有关部门单位及企业开展“安全生产月”活动。充分利用电视、网络、宣传栏等多种宣传工具，深入学习贯彻习近平总书记安全生产重要讲话精神。5月31日—6月30日安全生产月期间，宣传《南京市安全生产条例》，在板桥街道市民广场举办以“强化红线意识、促进安全发展”为主题的“安全生产月”咨询日活动，市安监局、区政府领导到现场宣传安全知识，区住建、质监、交通、食品药品、工商、司法、消防、交警等9个部门设置咨询台，面对面宣传安全知识，解答群众问题，1000余人参加“关注安全，关爱生命”现场签名活动。展出安全知识宣传展板70块，发放安全宣传挂图、手册等各类安全宣传资料3000多份。各街道园区、部门也通过悬挂宣传条幅、安全知识竞赛、讲座、播放宣传片等形式，传播安全文化，营造安全氛围。

【安全标准化达标创建】 2018年，区安监局按照市政府下达的58家小微企业安全标准化建设任务，通过组织“百家”企业标准化建设培训，采取领导挂钩、跟进指导、示范引领等措施，围绕重点行业，树立样板，培育示范企业，带动其他行业相互学习，取长补短，在全区进行推广。年内完成安全标准化达标企业72家，其中规模以上企业4家、规模以下企业15家、小微企业53家，超额完成任务12%。

【应急能力建设】 2018年，举办安全生产应急管理工作培训班5期，帮助25家企业编制应急救援预案并指导开展应急演练。4月，在弘阳装饰城举办全区治安消防综合演练，检验预案，锻炼队伍，提高区政府、开发区、社区和企业四级联动的快速反应能力。5月，质监分局在地铁南京南站开展自动扶梯事故应急演练活动。6月，区安委会在艾德克斯电子有限公司举办“安康杯”灭火疏散应急演练，并组织15支代表队进行灭火竞赛。7月3日，宝化南京分公司开展储罐泄漏应急救援演练。

【职业危害专项监管】 2018年，区安监局开展职业病危害现状普查、职业病危害项目申报、职业危害“三同时”，通过隐患自查自报系统，完成职业危害企业信息录入，收集整理违法线索明查暗访职业危害企业36家，申报职业病危害防治项目企业497家，开展职业病防治评估试点企业20家，开展职业卫生基础建设活动企业自查41家，达标26家；积极宣传《中华人民共和国职业病防治法》，对职业病危害因素严重的企业开展执法检查，落实停产整顿、关闭取缔、上限处罚和严厉追责的“四个一律”要求。举办培训班2期，制定执法检查方案，联合质监、消防、工商等部门以及街道（园区），对职业危害企业进行执法检查，共检查企业26家，下发责令限期改正指令书13份，约谈企业负责人5人，行政处罚违法行为1起。

（赵　文）

·统　计·

【概　况】 2018年，区统计局编发《雨花台区2017年国民经济和社会发展统计公报》，编印《南京市雨花台区基本统计资料（2017年）》，全年统计系统被采用信息406篇（次），其中，区委办、区政府办采用11篇（次），南京市统计局网站采用397篇次（次）。完成并被采用分析、调研39篇（次）。

【基本单位名录库建设】 2018年,区统计局开展区税库与企业名录库和“四上”企业库的比对工作,并组织对名录库辅助人员进行名录库工作的培训。按照市局要求对月度下发的税务库和工商库企业名单,进行梳理核实,并且及时新增,对未能纳入名录库新增的企业做好上报说明。结合全国第四次经济普查清查工作,在区发改局、财政局、税务局、软件谷战略发展局的支持配合下,启动2018年度“四上”单位新增工作,全年新增“四上”单位147家。

【第四次全国经济普查】 2018年,第四次全国经济普查（简称“四经普”）启动,为期三年。6月4日,区政府印发普查工作通知,成立以区委常委、常务副区长孙中华为组长,共28个部门为成员单位的全区“四经普”工作领导小组。7、8月份,完成普查区划分和电子地图绘制（全区共划分73个普查区、304个普查小区）、普查员选聘和培训（共选聘普查员514人）、清查底册编制、以及宣传发动和物资发放等工作。针对经济普查数据清查阶段“时间紧、任务重”的特点,细化分工、责任到人,对辖区普查对象变动情况及时摸排更新,清查整理底册,做好数据收集和分析。12月底,全区法人和产业活动单位核查数为27828家,核查率为100%,其中正常填表单位9777家,底册查找率35.1%。全区个体户清查数为14258户。开展形式多样的宣传活动,有效引导普查对象依法积极配合调查,为顺利开展普查工作打好舆论基础。依法依规做好普查工作,组织召开第四次全国经济普查工作业务培训会,对有关普查要求、普查法规政策等逐字逐句讲解。

【统计基层基础】 2018年,雨花台区统计基础工作纳入《雨花台区2018年国民经济和社会发展目标一级分解方案》对街道（园区）考核,占5分分值。区统计局印发《年度统计各专业工作考核办法》,季度通报考核情况,年底评定优良等次。印发《年度优秀统计调查对象及优秀基层调查员评选办法》,把工作标准和激励机制覆盖到全部一线的统计工作对象,把统计管理延伸到全区统计系统的最末梢。

【统计督查与监审】 2018年,区统计局根据省市统计局的安排部署,印发《关于转发南京市统计局〈关于建立统计调查对象统计数据质量自查与承诺制度的通知〉的通知》,深入开展统计数据质量自查与承诺制度工作。成立“代填代报、违规入库、违规文件”专项整治工作领导小组,完成专项治理工作。及时制订《开展“以数谋私、数字腐败”全面排查和专项整治工作方案》,布置工作要求,明确牵头科室,进行专业指导,形成区街联动机制,发动全区统计力量,进行全面排查和整治。在全区范围内按照一定比例“双随机”抽取2个街道（园区）（雨花街道和雨花经济开发区）为2018年的统计执法监督检查对象,在这两个街道（园区）中又各随机抽取10家企业进行实地检查。 （侯欣怡）

·农村经济管理·

【概　况】 2018年,雨花台区完成农林牧渔及农林牧渔服务业总产值1.22亿元,同比下降

4.8%。其中，农业产值完成2135万元，同比下降5.2%；林业产值完成9157万元，同比下降5.0%；渔业产值完成887万元，同比下降0.9%。全区建立健全农产品质量安全工作责任人网络，辖区与5个涉农街道（园区）签订农产品质量安全责任书，与16个村级农技员签订目标考核任务书，与6家农产品加工企业签订农产品质量安全承诺书，与7家农资经营户签订诚信守法经营责任书。全年开展各类送科技下乡及业务培训活动11次，发布病虫防治信息9期，完成3个土壤监测点土壤、农产品采样，采集检测地膜土样30个，质量抽检市农产品样品60个并全部合格。

【农村集体资产管理】 2018年，雨花台区完成17个社区农村集体产权制度改革，总体完成率89%。完成4个街道19个社区农村集体资产清产核资，并录入市清产核资系统。全区涉农社区农村财务管理实现"一村一账户"管理，"村务卡"结算制度在全区涉农社区运行，"三资"（农村集体资金、农村集体资产和农村集体资源）管理系统"E阳光"APP信息公开平台入户推广率85%。

【农产品质量安全监管】 2018年，雨花台区推行农产品质量安全监管网格化管理，建立区、街道、村三级农产品质量安全网格化责任监管网络，农产品质量安全移动监管平台投入到日常工作监管中。建立不使用禁用药物承诺制度和农产品质量安全承诺制度，责任告知率、主体承诺率、培训率均100%，落实生产记录档案制度，建立农产品产地准出制度。开展蔬菜水果茶叶禁限用农药、"瘦肉精"、兽用抗菌药经营、水产违禁药物、农资打假5个专项整治。健全农资销售点监管，查堵剧毒农药、兽药源头。在全区范围内禁止在种植业上经营和使用高毒、高残农药，完善农药经营使用管理生产记录台账制度。依法查处销售违禁农药违法行为，组织开展高毒农药市场检查和农药质量监督抽查，严厉查处非法添加禁用高毒、高残农药成分行为，保障全区农产品质量安全。全年出动执法车辆22次、执法人员69人次，送检蔬菜样品61个。

【农药经营许可申报审查】 2018年，根据《农药管理条例》新规定，农药经营需进行许可，区农业局对全区农药经营户开展宣传培训及许可申报材料审查。举办街道负责人员、社区监管人员、农资经营户参观、交流培训3期，组织农药经营户参加全市农药经营许可专业资格培训班2期。对辖区内农资经营户不定期检查，发现问题及时整改。至年末，省级部门向3家农药经营户发放限制性农药经营许可证，雨花台区向11家农药经营户发放农药经营许可证。区农业局出动执法人员220人次检查农药经营户55店次，农资标签合格率100%。

【"大棚房"问题清理整治】 2018年，区农业局编制完成全区"大棚房"问题★专项清理整治实施方案。每周发布一期"大棚房"工作简报，对全区范围内大棚开展调查，实地勘察农业用地、永久农用地面积，摸底调查是否存在违法违规占用耕地建设非农设施、在大棚内违法建设商品住宅、大棚看护房超标等问题。至年末，累计检查大棚415个，设施农业占地面积23.69公顷，无违法违规"大棚房"建设。

★链接 “大棚房”问题指一些工商企业、个人及组织借建农业设施或农业园区之名，违法违规占用耕地甚至永久基本农田，用于非农业建设行为，其本质是改变土地性质和用途、改变农业生产功能，触碰耕地保护红线、农地非农化。

【动物疫病防治】 2018年，雨花台区制定印发《2018年雨花台区春季防疫工作方案》《夏季高温季节补防和消毒灭源工作方案》《2018年雨花台区秋季防疫工作方案》等防疫工作文件。全年全区监测检测样品207份，包含家畜30份、家禽30份、禽类双棉拭子30份样、羊布鲁氏菌病血样117份，检测结果均呈阴性或达标，养殖户出栏生猪瘦肉精尿样检测50份，合格率100%，注射狂犬病疫苗等犬、猫动物4093头。向辖区24家兽药饲料生产经营户发放生产经营安全告知书，并签订责任承诺书。监督检查企业养殖环节兽药、饲料使用，提升兽药及饲料生产、经营、使用等监管能力。全年全区检疫换证37870张，换证率100%，未发生非洲猪瘟疫情。

【畜禽污染防治】 2018年，雨花台区落实畜禽养殖污染长效管理。建立“禁养区”巡查制度，对“禁养区”开展每月巡查1次、区动物卫生监督所每月巡查2次、各街道（园区）每周巡查1次行动。全年未出现“禁养区”反弹现象。把生猪存栏50头以上、家禽存栏500羽以上养殖户列为重点整治对象，执行改造排放达标继续饲养，排放不达标关停政策。清查“限养区”养殖户，关停不符合条件养殖户3户，整理出雨花台区畜禽养殖综合治理清单。

【农机安全监管】 2018年，雨花台区把农机安全生产责任全部落实到基层，分别与街道和机手签订安全责任书39份，签订率100%。检验合格拖拉机33台（其中变型拖拉机1台）、收割机1台。开展农机专项整治执法检查12次，出动检查车辆70余辆、检查人员60人次。组织开展农机安全生产隐患排查2次，排查各类农业机械101台，发现一般隐患2台，完成整改。全区全年未发生农机伤亡事故。

（赵　冰）

（责任编辑　张　玄）

人居环境

2019 YUHUATAI ALMANAC

Human Settlement Environment

城市规划

【概　况】 2018年,雨花台区完成《雨花南路以北地区控制性详细规划》《板桥新城控制性详细规划Soa041—13规划管理单元图则》等23项规划编制及报审报批,服务重大项目落地。区规划分局会同区教育局开展《雨花台区教育设施用地布局专项规划》,梳理雨花台区教育设施现状情况及存在问题,优化雨花台区各类型教育设施布局及指标控制。启动编制《铁路南京南站片区交通系统规划实施后评价》《雨花台区道路节点方案研究》等交通市政专项规划,以断头路、节点拥堵、静态停车以及南京南站交通组织等重点问题为抓手,开展规划编制,规划构建高效、便捷综合交通系统,为城市可持续发展创造条件。根据《南京市城市总体规划修编工作方案》编制完成《雨花台区2035发展规划大纲》,厘清雨花台区未来目标定位、制定全区未来发展战略、提出全区未来空间结构方案、明确重点地区和重大项目用地需求,并融入新一版南京城市总体规划修编中。

【建设审批】 2018年,区规划分局办理“一书两证”146件次。其中,“建设项目选址意见书”9件次,总用地面积44.30万平方米;“建设用地规划许可证”14件(次),总用地面积50.86万平方米;建筑类“建设工程规划许可证”21件(次),总建筑面积109.76万平方米;市政类“建设工程规划许可证”102件(次),管线总长度80.74千米。办理规划核实34件(次),总建筑面积83.13万平方米,管线总长度55.45千米。

【地下管线管理】 2018年,雨花台区管线中心开展全区公共区域地下管线动态维护管理,为市、区公共区域建设项目免费供图317件、计4300千米。配合市管线中心完成跨区供图22件。全年完成管线竣工汇交118件、计576千米,为加快全区重点建设项目提供地下管线数据保障。

（徐　智）

城市建设

·概　述·

【概　况】 2018年,雨花台区确定四大类206个城市建设项目,总计划投资296亿元,年内实际完成投资128亿元,51个被列入市级项目,年度投资39.26亿元。四大类项目中,交通基础设施建设项目101个,涵盖公路建设项目5个、城市道路建设项目25个、桥隧建设项目3个、主次干道整治项目4个、支路巷街及片区环境整治项目4个、供电管线下地项目10个、街巷市容市貌整治项目50个;生态环境建设项目66个,涵盖河道水环境提升项目14个、雨污分流项目16个、游园绿地项目11个、广场改造提升项目6个、绿道建设项目5个、干道绿化提升项目3个、林业绿化项目6个、垂直绿化项目4个、垃圾中转站项目1个;安居保障建设项目33个,涵盖保障房建设项目9个、棚户区改造项目15个、老旧小区整治出新项目9个;公用基础设施建设项目6个,涵盖公共停车场建设项目4个、公共自行车综合服务中心建设项目1个、应急避难场所建设项目1个。

【推进政府投资代建项目6个】 2018年，6个政府投资代建项目有序推进。其中，小行里51号危旧房改造项目完工，此项目施工工地被江苏省住房和城乡建设厅评为省级建筑工地标准化三星级工地；潘窑保障房前期手续办理完成，推进“三通一平”（通水、通电、通气与道路平整）施工；928项目一期、二期与新建项目全部完工；区看守所（柿子树）迁建项目一期工程竣工，办理竣工备案手续；四监区项目主体工程封顶；1501项目竣工，完成审计。

【工程项目行政审批】 2018年，雨花台区受理工程项目立项申请5件、建设工程初步设计审查申请2项、概算审核4件，完成60件施工项目许可受理、审批和发放。落实南京市建设项目审批制度改革衔接，通过新施工许可审批系统完成新项目审批，缩短资料申报时间，审批时间控制在1小时内。

【工程招投标监管】 2018年，区住建局完成招投标标段数431个，中标价60.20亿元。其中，区限额以下明标明投标段数106个，中标价5864.30万元；公开招标标段数272个，中标价29.30亿元；直接发包标段数47个，中标价19.33万元；邀请招标标段数6个，中标价10.99亿元。

（杨　娟）

·“两桥”地区改造·

【概　况】 2018年，“铁心桥——西善桥”地区（简称“两桥”地区）完成开发策略、产业规划、城市设计、绿色智慧、交通系统、综合景观六大专项规划。全年完成征拆建筑面积208.39万平方米，包含环境大院、东恒公司、小轧钢厂、雨南市场及铁心桥粮库等拆迁让地项目，拆出土地面积301.53公顷。启动征地面积235.2公顷，完成面积130.73公顷。办理完成管道路、兴梅路沿线企业和居民征收手续。开工建设竹苑路、中央商务区规划四号路、梅苑南路北段、龙翔西立交、吴山路、梅欣路6条道路，有序推进马家店保障房、龙翔大道二期、机场二通道及跨秦淮新河桥等重点项目建设。围绕2018年土地上市计划和“两桥”中央商务区开发建设目标，同步开展土地推介和招商，上市首幅二类居住用地圣戈班C1地块。圣戈班C2、C3地块完成交地。推进龙翔路——华新路D2—D9、D13地块，龙翔启动区A8、A10地块，徐工D地块各项前期手续办理。

【“两桥”地区拆迁安置】 2018年，“两桥”地区拆迁落实岱善润福城、贾西新苑安置房4747套，累计安置居民1584户，交付安置房2787套。实施完成西善桥片区“三集中”房屋收（退）回第二批“双清”（清理违法用地、违反建设）行动，涉及住宅303户、商业44户、车库与储藏室86间，“双清”面积3.4万平方米。

【土地推介和招商】 2018年，“两桥”地区在金峰汇大酒店举办土地招商推介会，邀请万科、保利、碧桂园、中海等32家城市开发运营商参加，提升“两桥”地区影响力。赴上海参加全国城市土地展，重点推介圣戈班片区和“两桥”中央商务区。与国浩律师（南京）事务所、江苏高的律师事务所签署“两桥”地区法律服务产业园《投资合作意向书》，加快推进与深业集团中央商务区城市综合体、马家店保障房综合体等项目洽谈。

【首幅二类居住用地上市】 5月30日，“两桥”地区上市首幅二类居住用地圣戈班C1地块。经过86轮竞价，该地块被电建集团以28.2亿元摘牌，溢价43%。至年末，该项目完成场地平整。

龙翔西立交工程规划效果图　　（区三桥指挥部　供稿）

【龙翔西立交开工】5月，龙翔西立交开工建设。该立交东起龙翔路一期设计终点，西至江山大街与黄山路交叉口，计划总投资5.88亿元，规划双向六车道，时速60千米。至年末，涉宁芜铁路段完成40根桩基施工，推进5、6号墩承台施工；非涉及铁路段完成17根人行梯道桥桩基与匝道预留桩基、23根主线桩基施工；莲花广场苗木迁移完工。

【吴山路与梅欣路开工】6月，吴山路、梅欣路开工建设。吴山路西起岱山东路，东至梅欣路，长约1.12千米，规划设计双向四车道，规划道路等级为城市次干路，红线宽35米。梅欣路南起管道路，北至宁芜公路，长约0.78千米，规划设计双向四车道，规划道路等级为城市次干路，红线宽33米。至年末，2条道路推进道路路基、雨污水管道、路基填筑施工。

【梅苑南路北段开工】7月，梅苑南路北段开工建设。该项目南起横八路，北至纬一路，长约2.14千米，规划设计双向四车道，规划道路等级为城市次干路，红线宽25米。至年末，该项目推进路基、雨污水管道、箱涵东半幅施工。

【竹苑路与中央商务区规划四号路开工】8月，竹苑路、中央商务区规划四号路工程开工建设。竹苑路西起宁芜公路，东至机场二通道，长约1.3千米，双向四车道，规划道路等级为城市次干路，红线宽35米。中央商务区规划四号路南起龙翔路，北至竹苑路，长约0.45千米，双向四车道，规划等级为城市次干路，红线宽24米。至年末，2条道路推进灰土填筑、污水管网开挖、排水工程施工。（谢梦苑）

·征收与拆迁·

【概　况】2018年，区征拆部门完成征收拆迁项目17个，征拆房屋面积81.14万平方米。在“环境大院地块棚户区改造”项目上成立重点征收项目特别攻坚党小组。全年巡查全区范围拆除工地93次，下发整改通知单54张，现场拍照保留影像600余张。办理“12345”工单120件，办结率100%；办理和谐信访件9件（含2件不予受理件）、普通信访件5件、省市区信访督办件10件，接待群众来电来访420人次。办理人大政协提案3件，协助法院办理债务执行案件4件。组织全区征拆从业人员参加市征收政策业务培训2次、市征收集体土地涉及房屋信访维稳和拆除工地安全生产业务培训1次，举办南京市E路房改保障信息系统培训1次，开展各项目进场前政策业务培训12次。整理归档征收拆迁项目相关档案资料。

2018年雨花台区实施征收拆迁项目一览表

表19

序号	所属街道	项目名称	土地性质	项目完成情况					2018年完成情况
				企业/商铺		居民/农户		累计拆除房屋面积（万平方米）	
				企业数（家）	面积（万平方米）	户数（户）	面积（万平方米）		
合计				131	54.92	1064	26.23	81.14	
1	雨花街道	功德园东侧地块	国有	—	—	3	0.5	0.5	完成
2	赛虹桥街道	南河地区南部改造地块建设项目（大桥汽修）	国有	1	0.61	—	—	0.61	结转
3	铁心桥街道	荷塘村地块城中村改造建设项目（碧峰印务、嘉吉饲料、南粮集团）	国有、集体	2	2.40	—	—	2.40	结转
4		定坊水科路旁沿线企业（艾华仓储、华洋石材）	集体	1	2.33	—	—	2.33	结转
5		顶瑞机电	集体	1	1.67	—	—	1.67	完成
6		北大科技园（力霸科技）	集体	1	3.70	—	—	3.70	完成
7		机场二通道（钟山驾校）	集体	1	2.19	—	—	2.19	完成
8		徐工片区（铁心桥片区）	集体	1	10.27	—	—	10.27	完成
9		铁心桥综合社区服务中心	集体	1	0.16	—	—	0.16	完成
10		雨南市场	国有	—	0.62	—	—	0.62	结转
11		机场二通道（铁心服务区）	集体	1	0.58	—	—	0.58	完成
12	西善桥街道	梅苑南路地块（福润雅居3幢楼、二钢小轧、秦淮新河南岸小别墅）	集体	2	0.65	37	0.55	1.20	结转
13		兴梅路地块	集体	36	0.64	120	1.71	2.34	完成
14		龙西路拓宽	集体	—	—	75	0.75	0.75	完成
15		二钢片区（油坊新村、物业楼）	集体	10	0.23	72	0.67	0.90	完成
16		地铁七号线（含迪卡侬）	集体	15	6.4	10	0.63	7.03	完成
17		环境大院	国有	—	—	133	0.66	0.66	完成
18		南河整治（西善桥段）	国有、集体	14	0.92	—	—	0.92	完成
19	板桥街道	陶家、联合淹水地块搬迁	集体	—	—	104	3.9	3.9	完成
20		9号路周边环境整治搬迁	国有、集体	15	1.8	18	0.2	2	完成

续表 19

序号	所属街道	项目名称	土地性质	项目完成情况					2018年完成情况
				企业 / 商铺		居民 / 农户		累计拆除房屋面积（万平方米）	
				企业数（家）	面积（万平方米）	户数（户）	面积（万平方米）		
21	板桥街道	潘窑征收安置房（经济适用房）	国有、集体	8	4.46	—	—	4.46	结转
22		绿洲机械厂东侧保障房	国有	3	3.3	—	—	3.3	完成
23		长江沿线环境整治	集体	9	3.43	—	—	3.43	完成
24	板桥新城	板桥新城老街积淹水片区改造项目（二期）	集体	—	—	215	5.38	5.38	结转
25		前董、王家山地块	集体	—	—	73	2.74	2.74	完成
26		宁马高速拓宽（板桥新城段大方社区柿子树社区）	集体	5	3.5	204	8.54	12.04	结转
27	开发区	人居森林（天后企业）	集体	4	5.06	—	—	5.06	结转

【地铁七号线项目征拆】 6—12月，地铁七号线项目征拆完成。该项目位于西善桥街道，东至亚锐电子（南京）有限公司，南至205国道，西至古遗井社区，北至绕城高速公路，属集体土地搬迁，涉及企业15户、建筑面积6.4万平方米，涉及住户10户、建筑面积6300平方米。

地铁7号线征拆项目现场　（区征拆办　供稿）

【环境大院地块棚户区改造项目征拆】 9月，环境大院地块棚户区改造项目征拆工程启动并完工。该项目位于西善桥街道，东至矿业公司危险品仓库，南至矿业公司塌陷区，西至部队总后勤部用地，北至吴家山口，属国有土地征收，涉及征拆住户133户，总建筑面积6600平方米。

【绿洲机械厂东侧市级保障房项目征拆】 9—12月，绿洲机械厂东侧市级保障房项目用地征拆完成。该项目位于板桥街道，东至绿洲机械厂，西至宁马高速，北至新亭大街，属国有土地搬迁，涉及搬迁企业3户、建筑面积3万平方米。（尹如玥）

·市政建设·

【小区整治出新】 2018年，雨花台区实施老旧小区整治项目9个，其中列入市级考核项目8个、区级考核项目1个，总计整治楼宇160幢，出新建筑面积54.2万平方米，立项投资2.3亿元，惠及住户6989户。至年末，9个项目全部竣工。

【既有住宅增设电梯20部】 2018年，雨花台区前期办理既有住宅增设电梯手续时，签订增梯项目书面协议46个，通过规划初审项目41个，通过规划许可核发项目32个，获建设施工许可项目25个。至年末，2个施工项目竣工并投入使用，增设电梯20部。 （杨 娟）

·房产建设与管理·

【概 况】 2018年，雨花台区保障性住房项目9个，总建筑面积213.11万平方米。棚户区改造项目14个，总占地面积127.5万平方米。房屋完成安全排查8124幢、建筑面积450万平方米。其中，需治理消险房屋24幢，建筑面积1.36万平方米；疑似危房4幢，建筑面积4880平方米。完成能仁里16号6幢、金家庄14号等6处危房消险排查。处理房屋违法拆改案件220件，受理房屋结构变动备案4件，房屋安全处理结案率90%以上。审批物业维修资金使用申请671件，总计拨付维修资金1954.7万元，其中应急审批400件，拨款1217.4万元。全年商品房销售面积72.68万平方米，同比增长24.4%；商品房销售额168.31亿元，同比增长14.9%。

【保障性住房建设】 2018年，雨花台区保障性住房项目9个，总建筑面积213.11万平方米，计划总投资107.06亿元，年度计划投资17.2亿元。至年末，开工面积56.34万平方米、竣工面积7.33万平方米，年度实际投资8.25亿元。其中，梅山老生活区（集资建房一期）改造项目竣工；马家店保障房项目B、C地块推进外墙粉刷施工，A地块基础施工；古雄（新林芳庭5期）经济适用房剩余项目主体封顶，推进外墙粉刷施工。

【棚户区（危旧房）改造】 2018年，雨花台区棚户区改造项目14个，其中结转项目3个、新开工项目11个，总占地面积127.5万平方米，房屋总建筑面积48.4万平方米（含住宅建筑面积28.9万平方米、非住宅建筑面积19.49万平方米），涉及居民2220户，工企单位38家。至年末，累计完成拆迁面积34.4万平方米，搬迁居民户数1603户、工企单位37家。

【住房保障审核】 2018年，雨花台区发放城市中低收入困难家庭住房租赁补贴98户、132.24万元。完成385户公租房在保家庭年审，以及滨江大道南延、安德门城中村改造、铁心桥与西善桥地区棚户区改造、潘窑二组拆迁等项目1312户、2544套征收安置房安置审核。

梅山老生活区危旧房改造后面貌 （区住建局 供稿）

【房产物业管理】 2018年,雨花台区住建局联合属地街道对87个小区开展区级物业专项检查,下发整改通知单5份。指导物业管理优秀项目申报创优,南京新华汇物业管理有限公司管理的新华汇科技园、江苏万园物业有限公司管理的定坊兴苑等5个项目获市级优秀物管项目。

【建筑工地管理】 2018年,雨花台区受理建筑工程质量监督备案工程333个、建筑面积381万平方米。巡查建设工地473家次,开展工地各类专项整治3次,签发安全隐患整改通知单198份、局部停工整改通知单25份,抽检工程质量监督抽查记录单186份,约谈建设工程参建方主要负责人18次,实施红黄牌警示4起,惩戒单位5家、个人5名,实施行政处罚单位6家。处理举报、投诉建筑工地事件11起,投诉处理率100%。申报市优质结构工程31个。NO.2014G45地块工程和天隆寺地铁上盖物业工程等11家工地通过市扬尘办智慧工地建设验收。 (杨 娟)

交通建设

【概 况】 2018年,雨花台区境内公路总里程212.44千米,公路密度157.36千米/百平方千米,其中高速公路8.5千米、一级公路102.55千米、二级公路38.04千米、三级公路23.24千米、四级公路40.06千米。

城市道路养护。全区有快速路1条、主路45条(含街道、园区自管34条)、次路73条(含街道、园区自管63条)、支路139条(含街道、园区自管115条)、街道347条(含街道、园区自管306条)、桥梁77座(含街道、园区自管69座)。全年投入养护经费971万元,养护车行道2万平方米、人行道6500平方米;投入671万元对共青团路、花神大道、菊花南路、拖板桥(南、北向)实施环境综合整治工程。

公路养护。县道养护维修投入1304万元,总养护里程31千米。小修保养投资207万元,县道维修面积6490平方米。全区干线公路优良路率保持100%,县道优良中等路率100%。

运输管理。全区有道路运输业户4829户,有营运车辆9320辆、计吨位52315吨,持有从业资格证1948本(人)。全年辖区办理行政许可新增业户1310户,办理新增车辆2652辆,年审业户4346户,道路运输年审车辆9164辆。雨花台区公路运输管理所发放南京市首张无车承运人经营许可证。物流全年入库税收4500万元,物流总数1.9万户。

汽修、驾培业管理。全区有机动车维修企业287家,其中一类企业27家、二类企业52家、三类专项维修及汽车快修业户208家。

航运管理。辖区内水路普通货物航运企业有3家,营运船舶8艘、总吨位6.12万吨、总载重吨11.09万吨。水运辅助业9家,船舶代理量141艘次,货物代理量37.18万吨。3家港口码头内河吞吐总量7万吨。

危险品运输安全监管。区交通局全年对危险品运输企业实行安全检查32家次,其中联合安监、交管部门开展动态监控"一车三方"检查★4家次,未发生生产安全事故和安全责任事故。

交通法制建设。区交通局全年办理行政许可案件1334件、行政处罚386件,无行政复议和行政诉讼败诉案件。办理“12345”工单和“96196”工单2510件，办结率100%。19项行政许可、行政审批事项全部进驻区政务中心。

★**链接** “一车三方”检查指联合安监、公安、运管部门三方对从事旅游包车、三类以上班线客车和运输危险化学品、烟花爆竹、民用爆炸物品的道路专用车辆实现“无论何时何地”卫星定位终端监管，随时发现并查处各类违法违规行为。

【列入区人代会重点项目110个】 2018年，雨花台区列入区人代会重点项目110个，年度计划总投资239.85亿元，实际完成投资251亿元，其中新开工项目55个、结转项目55个。龙翔西立交工程、西善花苑一期小区出新等54个计划新开工项目实现开工建设，开工率98%。板桥河右岸大方工业园堤防除险加固工程、中兴路北延跨秦淮新河大桥工程附属设施配套工程、春上西江、板桥三山矶绿地建设工程、板桥市场群内部道路建设工程等21个项目竣工。雨花社区服务中心、软件谷人才实训园区、板桥中学三期、文华汽车4S店等23个项目实现主体封顶。

【公共基础设施建设】 2018年，雨花台区新增加密公共自行车站点16个，自行车桩789个。至年末，全区共建公共自行车站点254处、车桩数10030个，覆盖区域各街道；安装新能源充电桩231个，购买新能源车辆1802辆，安装充电桩371根。

【“三无”船舶整治】 2018年，区交通局联合南京海事局、长江航运公安局、南京市水上公安分局等部门，完成14艘“三无”船舶拆解，并通过审计部门验收。驱离新停靠船舶6艘。

【“公路治超”整治】 2018年，区交通局结合“263”专项行动和梅钢地区环境再提升工程，以S001汽渡线——梅山9号路为重点，组织开展“公路治超”整治联合执法，重点治理货车非法改装、超限超载、抛洒滴漏、道路扬尘等环境突出问题，检查车辆380辆，查处违法违规车辆290起，纠正非法改装车辆102辆，卸驳载2840.65吨。

【港口水污染防治】 2018年，区交通局协调相关街道（园区）开展港口码头污染情况摸底调查，编制《港口防污改造实施计划》。至年末，凤翔码头、古雄码头、弘阳码头、华润电厂码头完成防污改造。 （费　琦）

【南京市板桥汽渡管理处“三全”隐患排查】 2018年，南京市板桥汽渡管理处开展全员额、全岗位、全流程隐患排查整改，查处问题76项，全部整改到位。践行安全生产主体责任，抓住“事前预防”“事中控制”“事后总结”3个关键环节，强化安全责任管理，落实安全防范措施，实现板桥汽渡渡运形势安全平稳。全年安全渡运各种车辆82万辆（日均2246辆），渡运散客55790人次，完成渡运79013航次，渡运总吨数2060万吨。与上年同期相比，渡运车辆数下降7.8%，渡运散客数下降29.5%，渡运航次数增加1.3%、总吨数上升8.5%。全年实现年渡运收入5548万元，比上年同期增长11.1%。 （陈天夫）

【宁芜铁路晓庄道口通车】 1月15日，宁芜铁路晓庄道口“平改立”工程（引道接线部分）完工通车。该工程是将原宁芜铁路晓庄平交道口改造为下穿宁芜铁路立交道口，实施箱涵两侧260米引道、倒虹吸、排水泵站以及排水等附属设施改造。道路红线宽7米，面层自下而上采用20厘米厚12%灰土+20厘米水泥稳定碎石+22厘米C35混凝土路面铺设。工程自2017年8月28日开工建设。

【梅山9号路环境综合整治工程完工】 3月，梅山9号路环境综合整治工程完工。该项目自2017年11月开工，总投资1353万元。整治范围自板桥渡口至9号路与25号路交叉口，总长4.2千米，整治内容包含违法建筑及废弃设施拆除、建筑物外立面出新、绿化种（补）植、围墙整治、沥青道路铺设等。整治后，梅山9号路沿线环境面貌提升。

【岱山路雨花段扩建工程完工】 3—5月，岱山路扩建工程建设完工。该路段北起雨花台区环山西路、环山南路平交，与岱山、罐子山之间向南进入江宁区，下穿京沪高铁、宁合铁路后，止于大周路，全长2.9千米，其中雨花台区段路长1.05千米，总投资907.66万元，扩建道路284米、挡墙80米、盖板涵29米，新建人行道1772.5平方米，栽种乔木49株、灌木1000平方米，种植草皮266平方米，新建标识标牌15套、波形护栏140米，有效改善市民扫墓交通状况。

【南院路与党校路改造工程完工】 3—5月，南院路、党校路改造工程建设完工，总投资400万元。南院路东起共青团路、西至能仁里菜场，全长281米，改造后路宽7.5米~14米；党校路北起南院路，南至雨花北路，全长228米，改造后路宽4.5米~7米。2条道路设计标准为城市支路，设计时速20千米，采用沥青混凝土面层铺设。

【雨花东路环境综合整治工程完工】 3月5日—10月5日，雨花东路环境综合整治工程建设完工。该路段东起机场连接线、西止雨花台风景区北大门，总长1730米，改造设计标准宽35米，道路设计时速40千米，路面采用沥青混合料铺设。工程整治内容涵盖强弱电杆线下地、市政工程出新（含机动车道、非机动车道及人行道、公交站台、雨污水改造等）、景观出新（含道路两侧绿化提升、部分行道树高杆女贞树更换，信号灯、路灯并杆等）。工程总投资7630.93万元。

岱山路雨花段扩建后新貌 （区交通局 供稿）

【孙西线改造工程完工】 10—12月，X106孙西线改造工程建设完工。该项目南起宁桥北路（南京金邦冷弯型钢实业有限公司处），北至宁芜公路，道路红线宽21米，规划设计三级公路标准（参照城市次干道标准），设计时速40千米。改造内容涵盖现状车行道病害处理、人行道透水混凝土路面新建、现状管线清淤维护、现状绿化带整理出新等。工程总投资799.72万元。

【梁三线大桥工程完工】 11—12月，梁三线大桥改造工程建设完工。梁三线大桥属简支空心板梁桥，桥台为轻型桥台，桥墩为桩柱式墩。因建成年代久远，针对桥上大部分支座损坏，桥墩多处出现桥面横向裂缝，桥台下火损部位等进行维修加固改造。改造后，梁三线大桥面宽15米，规划设计为0.5米防撞栏+14米机动车道+0.5米防撞栏，桥面铺设沥青黑色路面。工程总投资289万元。 （费　琦）

城市管理

【概　况】 2018年，区城管局完成整治全区背街小巷54条，新改建公厕5座投入使用；参与全市“2018靓城行动”垃圾分类专项执法，高标准推进垃圾分类工作。组织开展城市治理志愿服务活动43次。联合各街道（园区）、软件谷、南站综管办、区级机关各相关部门等43家单位开展省级优秀管理城市创建活动。环卫保洁机械化作业率在全市率先达到95%，责任区市场化作业率100%。至年末，辖区办结各类工单4457件，综合办结率99.9%，综合满意率95.3%。区城管政务微博解决网友投诉举报59件。年内，区城管局被市城管局评为年度环卫管理先进单位，南京润雨清洁服务有限公司被市城管局评为年度环卫重大保障有功单位，区城管执法大队微电影“越了解越理解——一张工单”获2018年南京市社会主义核心价值观主题微电影征集活动三等奖。

【强化城市治理】 2018年，区城管局制订《雨花台区城市管理对标找差工作方案》，推动城市管理工作提档升级。考核重点由“案件超时”转向“案件多次派遣”，定期发布《雨花台区城市治理数字考核数据分析报告》，为城市管理工作决策提供依据。全年处置数字城管案卷147921件，同比增长53.15%。其中，市查案卷40175件，同比增长40.30%；区查案卷32239件，同比增长455.94%；街级自查案卷75507件，同比增长21.49%；公众举报案卷188件，同比增长69.37%，总处置率99.97%，总按时处置率99.72%。一次性验收通过市级城市治理标准化示范单元23个、示范片区1个。运用环卫管理中心第三方队伍，结合数字城管平台抽查历年市级示范（达标）单元（片区）480个，下发问题菜单1440个，整改率98%，落实长效管理。区城市治理委员会办公室全年组织协调开展城市治理志愿服务活动43次，承办完成以“精细环卫生态雨花”为主题的南京市第15期城市治理圆桌论坛，完成区、街道两级城市治理公众委员换届选举。雨花台区在全市城市治理考核中位列主城区第四。 （张　潇）

【城市精细化建设管理】 2018年，雨花台区实施城市精细化建设管理工程类项目130个。其中，道路新建工程7个、雨污分流及新建污水管网工程16个、干道整治1个、关联支路街巷整治2个、背街小巷整治54条、管线下地专项整治1个、建筑立面整治1个、绿化景观提升项目15个、老旧小区整治项目9个、公厕改造提升项目5个，棚户区改造15个、保障房及人才安居房建设4个。完成雨花东路干道、振兴路与南院路2条支路街巷整治。开工新建梅苑南路、大定坊路等7条城市道路；实施完成雨花大道杆线下地改造；提档升级花神湖广场、卡子门广场、菊花台公园等14个绿化设施，改造绿地面积9万平方米，栽植灌木约5万株，新建绿道7.6千米。统一规划提升南京南站周边8条道路绿化设施，改造总长度约5500米。整治出新老旧小区9个，出新住宅138幢、建筑面积55万平方米。启动棚户区改造项目15个，改造总面积34.37万平方米，超额完成计划11.37万平方米。完成316个小区和企事业单位雨污分流建设，新建污水管网25.37千米。拆除区域违建279处、36.90万平方米。重点打造雨花东路、春江新城一期老旧小区、南京南站等地环境亮点工程。 （卞新凤）

【城市化管理创优】 2018年，雨花台区成立江苏省优秀管理城市工作指挥部，由区长李世峰任总指挥，副区长蒋冰任常务副总指挥，各街道办事处（园区管委会）、软件谷、南站综管办、区级机关各相关部门等43家单位组成成员单位，指挥部办公室设立在区城管局。制定下发《2018年雨花台区城管局创建省优秀管理城市实施方案》，各职能科室和直属单位制订9个专项整治方案。区城管局与紫金山新闻网、龙虎网等网络媒体对接，结合“金陵微雨花”“雨花智慧城管”微信公众号与“雨花城管”微博，发布《货运车辆“抛洒滴漏”被城管部门查处”》《雨花台城管启用无人机，“天眼”航拍违建无死角》等城市治理新闻100余篇。与《南京零距离》《南京晨报》《现代快报》《扬子网报》等媒体合作，召开雨花台区创优工作新闻发布会，发布《雨花台区探索城市管理“双微”快速处置机制》等新闻快讯48篇。利用辖区15处20块LED高清电子大屏、15处点位公共阅报栏、42块自行车灯箱广告牌宣传创优标语，向沿街店家、市民百姓、驻地单位发放“当文明市民从‘八个不’开始——写给市民的一封信”7000余封。区创优工作指挥部办公室发挥全区43个成员单位力量完成雨花台区创优各项工作。其间，区城管局排查道路户外广告350余条，梳理各类问题广告128处，拆除违规设置户外广告25处780平方米；整改店招标牌69处；清理围挡6处240平方米，处理乱悬挂横幅46条；清理卫生死角546处，清理地面油污335处，整改垃圾收运车辆标志15处；查处、拆除南河周边、秦淮新河周边违建11处。建立“双微”工作机制（城市基础设施微小破损、缺失问题快速处置机制和城市管理微小违法行为快速查处机制），全区累计修补市政设施微小破损200余处、环卫设施1000余个，绿化补种2.4万平方米，更换窨井水篦45个，修补店招340处面积3650平方米，组织关爱环卫工人拒绝车窗抛物宣传活动14次。

【行政执法】 2018年，区城管局行政执法重点围绕市容环境整治、垃圾分类、渣土管控、违建治理、城管保障等方面展开实施。规范城管执法案件办理全过程，试行使用“综合行政执法案件管理系统”实行网上办案，实现“一平台、一标准、一程序”网上办案流程，网上完结办案310起，促进执法办案效率和质量双提升。稳步提升市容环境秩序，全年开展占道经营、校园周边环境、机动车违停、门前三包等各类市容执法整治、保障120余次，拆除各类违法建设739处面积53.22万平方米。检查渣土运输车辆8000余台次，巡查工地4300余次，查处违规车辆500余辆，扣证210余本，处理案件620余起。审查辖区所属渣土运输企业新型环保车辆覆盖情况，检查新车164辆，其中45辆车整改完毕。推进垃圾分类执法，结合城管“进校园”“进社区”“进医院”，开展宣传推广活动100余场，按照垃圾分类执法“八步走”，检查跟进全区机关事业单位、社团组织、公共场所管理单位、公共服务企业四类单位生活垃圾强制分类落实情况，督促落实整改800余次，开具责令改正通知书80余份。

【背街小巷重点整治】 2018年，区城管局以精细化、市场化管理为导向，出资1800余万元，开展54条背街小巷精细化整治，出新整治道路总长度28781米，拆除违规户外广告485处1352平方米，整治店招店牌1347处9497平方米，清理乱贴乱画8215平方米，修复、新增亮化设施32处，新增果皮箱257个、垃圾桶107个，补植绿化10861平方米，提升辖区居民宜居品质。

【市容管理】 2018年，雨花台区完成8个“门前三包”管理工作示范点创建。区城管局对全区462个门前三包自治联盟加强指导，新签、换发“门前三包责任书”1054份，规范、劝导沿街商户3012户，处罚违反“门前三包”管理规定商户302户。有序推进户外广告市场化运作，完成6例户外广告市场化交易、面积2931.96平方米，拆除违规户外广告624处1780.5平方米，整治店招标牌（含工地围挡广告）1406处12360平方米。创建完成无物管除癣达标示范小区17个。针对春节、“五一”“两会”“名城会”等重大节假日，提前维修重点亮化设施，定期检查，保障夜景灯光亮化设施运转正常，实现亮化工作制度化、常态化运转。

【环卫保洁】 2018年，区城管局完成南京市第十六届人大一次会议、市政协第十四届一次会议、第十一届中国留学生人员南京国际交流与合作大会、第八届南京历史文化名城博览会、2018南京马拉松暨全国马拉松锦标赛（南京站）等各类重大活动环卫保障。全年清运垃圾19万吨，机械化作业率在全市率先达到95%，责任区市场化作业率100%。新改建公厕5座，

8月21日，区城管局对玉兰路违规店招标牌进行拆除（区城管局　供稿）

雨花台区开展环卫机械化作业 （区城管局 供稿）

并投入使用。建设数字环卫平台，推行环卫智慧管理，安装智能监控设备环卫车148台，一线保洁员、公厕管理员配置智能手机375台，手机智慧系统实现对道路保洁人员、机械化清扫作业、环卫基础设施等环卫信息动态传递和交互共享，形成“一感知二监管三规范”环卫流程全覆盖局面。针对主次干道、慢车道、人行道保洁难问题，通过机扫车、洒水车“地毯式全覆盖”组合作业模式，建立“海陆空”全方位保洁系统，腾空泊位错时作业，提高背街小巷保洁水平。在保洁员队伍开展争先创优和“星级服务”活动。对各公厕实行跟踪式保洁法，做到随脏随洗，提升环卫公厕保洁质量，提高环卫公厕管理水平。

【推行垃圾分类】 2018年，区城管局结合“爱国卫生月”“城管开放日”“垃圾分类和厕所革命主题宣传月”契机，开展垃圾分类主题宣传，参与全市“2018靓城行动”垃圾分类专项执法。全年组织召开垃圾分类工作会议10场次，对单位垃圾分类负责人、社区居民、学校学生组织开展垃圾分类培训服务100余次，举办宣传推广活动29场，完成58个达标小区、2条示范路（商业街）垃圾分类。在单位设置食堂餐厨垃圾处理机3个，在农贸市场设置安装易腐垃圾处理机1个，辖区党政机关、企事业单位实施垃圾分类处理347家。示范小区、示范单位、示范路开展垃圾换物活动3140场，垃圾分类积分智慧卡办理5769张。辖区居民垃圾分类活动参与率39.36%，生活垃圾回收利用率22.89%，垃圾分类设施覆盖率50.2%。

【扫雪防冻】 2018年，两轮暴雪袭城，区城管局发动全区机关干部、党员志愿者、驻区企业、

1月，两轮暴雪袭城，区城管局组织开展扫雪防冻工作 （区城管局 供稿）

社区服务队计8.3万人参与扫雪，出动融雪剂撒布机、铲雪车、扫雪辊、装载机等机械装备2400台，全力铲雪，辖区软件大道、安德门大街、凤台南路等14条辖区重点道路和34个重点路口全程保持畅通。中央电视台“抗击雨雪冰冻天气”栏目专题报道雨花台区抗雪除冰工作，新华社、人民日报社和紫金山新闻客户端等主流媒体相继给予报道，信息浏览转发量100余万次。

【停车管理】 2018年，全区支路街巷有效贴单违停数14.8万张，完成施划（含维护2017年施划的）非机动车停放区域1.6万平方米，撤除16条道路、535个机动车临时停车泊位。全区各街道城管部门整治乱停放共享单车3.5万余辆。 （张　潇）

南京南站地区管理

【概　况】 2018年，南站综管办以城市精细化建设管理为重点，完成西地下出租车场站改造升级、进出南京南站8条主要道路景观提升等重大工程，提升站区绿化养护品质。常态化联合执法24小时不间断，保障南京南站地区管理无死角。开展“飓风行动”等专项整治，对网约车违规带客、长途客车违规上下客等违法违规行为实行靶向打击。全年站区管控严密，秩序稳定。

年内，南站综管办获江苏省青年志愿者服务春运“暖冬行动”优秀项目、南京市春运工作先进集体称号。在全市城市治理工作考核中实现城市治理窗口组“五连冠”，在全市园林绿化管理考评中实现园林绿化管理窗口组“三连冠”。

【两级督察与双考核制度落实】 2018年，南站综管办实行职能部门与督察部门两级督察制。职能部门一日两巡查，通过实地巡查与数字城管平台结合等方式，发现问题及时联系站区成员单位落实整改，全年发现整改问题隐患30余次，发放整改通知书5份、整改函2份，办结市级数字城管菜单830余条。督察部门通过每日实地巡查、市“12345”平台、“南京网络问政”论坛、政协委员提案和人大代表建议等方式，发现问题落实整改，全年办理市“12345”平台转办投诉工单598件，及时联系率和按时办结率均为100%，受理市政协提案1件、市人大代表建议1件、区政协提案2件，解决乘客关心热点难点问题。

【“爱心小屋”正式运行】 1月31日，由南站综管办成立的南京南站“爱心小屋”正式运行，位于南京南站北广场，占地面积12平方米，

1月31日，南京南站“爱心小屋”在北广场正式运行（南站综管办　供稿）

屋内配备饮水机、急救箱、应急充电、自助照片打印机等服务设备，为旅客提供进站引导、站内设施咨询、公共交通引导、简单急救、英语翻译等十余项志愿服务，服务时间每天9时至17时，全年无休。每天分早晚2班，日常每班配备在岗志愿者2名，重点时段每班增加志愿者1名。至年末，“爱心小屋”服务站区旅客近12万人次，被团省委评选为“2018年江苏青年志愿者服务春运‘暖冬行动’优秀项目”。

【微型消防站成立】 2月1日，南京南站微型消防站成立。该微型消防站集防火、灭火和处置突发事件为一体，以救早、灭小和“3分钟到场”扑救初起火灾为目标，实行24小时全天候执勤。站内满员配备8人，含站长1人、消防战斗员6人、消防车驾驶员1人；车辆3辆，含巡逻车1辆、电动消防车2辆；消防战斗成套装备5套，灭火器50只，水枪水带10组。至年末，该消防站参加领导视察安全保障工作8次、节假日保障10次，组织并参加站区消防演练2次，组织站区安全防火专项检查6次。其间，发现并处置着火隐患5起，查处电焊工无证动火施工或不规范登高作业8起，电瓶车不规范充电3起，违章用电2起。在参加南京市商业消防运动会中获着装操个人单项成绩第一名。

【联合执法“飓风行动”】 5月28日，南站综管办联合高铁南站派出所、南京南站站前派出所、交警八大队以及市客管处、市运管处等部门开展为期1个月联合执法“飓风行动”。每日19时至24时，集中整治站区各类违法违规行为，总计处置非法接拉客人员82人次、“摩的”11辆、非法营运车辆5辆，处罚出租车站外带客47起、违停50起，有效规范站区营运秩序。

【开展“安全生产月”活动】 6月，南站综管办围绕“生命至上，安全发展”主题开展“安全生产月”活动。其间，在站区南北广场、南北落客平台、东西出租车场站等客流密集场所悬挂大型宣传标语15幅，普及安全应急知识。组织召开消防、电力、电梯、监控等管养单位安全生产动员会，落实安全生产主体责任。对消防泵房、电力配电间、机房、监控室、垃圾中转站宿舍重点场所开展安全大检查，消除用电不规范、消防栓压力不足等安全隐患19处。举办安全培训5场，组织消防应急、电力预防性试验及供电事故应急处置、电梯困人救援等专项消防演练3场。

【网约车带客规范管理】 7月，南站综管办与城市交通运输管理处联手划定南站地区网约出租车指定带客区域，在六朝路8号出租车上下客点等客5分钟，其他巡游出租车在南站东、西出租车场站带客，区域外带客受相应处罚。与城市交通运输管理处、交警八大队、南京南站站前派出所、高铁南站派出所等部门联合开展网约车整治专项执法，全天候对站区所有道路进行巡查，在站区12个重要交通节点安排专人值守，“堵疏结合”规范站区交通运营秩序，查处站区违停等客行为2000余起、路口缓行70余起，查处证照不全等违法网约车110辆。

【禄口机场南站城市候机楼启用】 12月11日，南京禄口国际机场南京南站城市候机楼试运行。该候机楼位于南京南站一楼长途汽车客运南站旁，提供航班查询、值机订座、机场巴士、行李托运等一站式服务。当天国内航班（除九元、春秋等廉价航空）旅客，可最迟在航班起飞前2小时，在候机楼办理托运行李，轻

12月11日，市长蓝绍敏出席南站机场换乘服务体系试运行活动
（南站综管办 供稿）

装乘坐机场大巴或地铁前往机场。禄口机场在南京南站设置候机楼，将中转服务前置，是交通运输体系一体化重要变革，机场、高铁两大枢纽实现无缝衔接。（任姝婕）

【南京南站地区交通管理】2018年，交警八大队为确保南京南站地区春运、劳动、端午、中秋、国庆等节假日交通平安祥和、超大流量平稳有序，加厚警力部署，落实安保措施，在“守点、巡线”的基础上，对重点时段、重点路段增加周边道路执勤警力和车辆，在人车流量相对集中和易产生交通拥堵的点、段，部署重兵，严查严处机动车违停、逆向行驶等交通违法行为。优化调整南京南站及周边道路流向，通过对标志、标线、路口渠化的调整，使南京南站道路通行率最大化。会同南京南站地区治安、客管、运管和城管等部门定期开展联勤整治，严格取缔黑车、不规范车辆、出租车、网约车违法停放、滞留带客、非法营运等违法行为，对出租车排队路段进行优化，减少路面影响，净化客运秩序。（杨　仲）

生态文明建设

·土地资源管理·

【概　况】2018年，区国土分局为市重大项目提供用地保障32个。办理区级用地预审26件、面积71.4公顷。组卷报批完成3个批次2个单选12个项目，报批面积42.9公顷，其中11个项目获批文，获批面积39.6公顷。完成存量土地清理57.4公顷，完成闲置土地清理3宗。开展低效用地再开发项目31个、面积235.8公顷。完成全区测绘和权籍调查，总计2606户，发放不动产权登记证137本。办理市（区）“12345”工单144件、其他各类信访8件、协助调查1件。年内，雨花台区被省国土资源厅授予土地执法模范区称号，区国土分局被省国土资源厅评为国土资源信访工作成绩突出单位。

【耕地和基本农田保护】2018年，区国土分局落实耕地和基本农田保护责任，建立区、街道、村三级耕地保护网格，实行“网格化”管理，建立永久基本农田监测系统。

【土地执法监察】2018年，区国土分局加大土地执法动态巡查频率和力度，维护土地管理秩序，开展土地执法巡查110余次，对7宗新增违法用地下达停工通知书。

【土地规划预审】 2018年，区国土分局落实4个批次13个项目农用地计划，总面积14.45公顷。受理用地预审申请26件，总面积71.4公顷。编制完成全区土地整治规划，通过省土地勘测规划院成果检查。

【土地利用】 2018年，区国土分局完成存量土地清理57.4公顷，完成闲置土地清理3宗。开展低效用地再开发项目31个，总面积235.8公顷。完成产业用地和划拨供地8宗，总面积21.38公顷。受理临时用地13件。

（朱　佳）

·环境综合治理·

【概　况】 2018年，雨花台区空气优良天数255天，优良率71.6%，同比上升1.7%，PM2.5均值41.6微克/立方米。优良率、PM2.5值均优于全市平均水平。国考断面、入江支流断面秦淮新河节制闸水质达标II类，省考断面秦淮新河铁心桥水质达标III类，省考城市内河秦淮新河宁芜公路桥水质达标II类，市考断面、入江支流断面江宁河闸水质达标III类。市考断面、入江支流断面板桥河雨花水务总站水质超标，均值为劣V类；市考断面南河拖板桥河水质超标，均值为劣V类；市考断面、入江支流断面工农河二十五路桥水质超标，均值为劣V类。超标项目主要由氨氮与总磷引起，主要原因是生活污水直排入河。辖区环境噪声达标率100%。年内，雨花台区成立生态环保法学会，提升环境执法监管法律支撑基础。区环保局被生态环境部宣教司授予“2018年全国环境宣教品质之星”称号。

【环境污染防治监管】 2018年，区污染防治攻坚办公室发挥牵头抓总、组织协调、督查考核指导作用，对辖区10件突出环境问题实施挂牌督办。制定下发《雨花台区2018年污染防治攻坚目标任务考核办法》，针对曝光件、交办件实行督查督办，加大环境问题曝光整改力度。利用明察暗访和通报约谈等方式，促进各部门、街道（园区）建立完善长效环境监管机制，保障环境问题整改到位不反弹。依据省、市突出环境问题清单，结合区情从影响环境质量、存在环境风险、损害人民群众环境权益等方面，对突出环境问题调研、梳理，编制完成《雨花台区2018—2020年突出环境问题清单》。至年末，“263”环境专项整治★行动计划11个方面、68项具体任务全部完成。

★链接 “263”环境专项整治是指江苏省“两减六治三提升”生态保护和环境治理专项行动。“两减”，是以减少煤炭消费总量、减少落后化工产能为重点，从源头上为生态环境减负的治本之策。“六治”，是治太湖、治垃圾、治黑臭、治畜禽、治挥发性有机物、治隐患，是针对影响环境质量最直接、群众反映最强烈突出问题，实施“升级版”治污行动。“三提升”，是在制度创新层面对“加强自然生态保护、创新环境经济政策、加强环境执法监管”作出安排，是在“两减”和“六治”基础上提升。

【中央环保督察“回头看”】 至2018年末，在中央环保督察“回头看”交办件48件主办件中，区环保局牵头完成38件整改，剩余10件涉及交通噪声和工程类事项推进整改中。区中央环保督察协调联络组完成其中24件主办件销号，其余24件主办件做销号申请。

【危险废物整治】 2018年，区环保局配合省、市部门完成农用地22个点位土壤详查、农产品4个点位协同调查，完成45家重点企业土壤污染状况详查基础资料收集和风险筛查。开展长江经济带固体废物大排查和全区危险废物专项整治行动，排查整治56家码头堆场、225家危险废物产废企业，清理一般固体废物堆存场所2处、2万余吨，建筑垃圾堆存场所3处、7吨。处理中央督察“回头看”固废环境隐患问题线索6个，移交公安涉危案件2起，处罚涉危企业7家。

【长江大保护及生态红线管理】 2018年，雨花台区制定《雨花台区长江岸线环境安全专项检查方案》，组织开展长江、秦淮新河岸线环境安全专项执法行动，解决突出环境问题和环境安全隐患2处。对雨花台砂砾石层保护区等5个国家级、省级生态保护红线区域实行校核，推进南京南郊省级森林公园规划编制，完成“绿盾2018”国家对雨花台砂砾石层保护区检查。

【环境信访件办结率100%】 2018年，雨花台区接诉并办理各类环境信访件4168件（含南京市城市环境问题巡查督查工作通报240件），比同期上升19.3%，办结率100%，回复率100%，满意率95%，处罚案件（决定）161件，查封扣押件11件，移送公安件3件，处罚决定额684.32万元，处罚执行额444.4万元。 （程沁宇）

·水环境治理·

【概　况】 2018年，雨花台区开展重点水务工程（包含水环境提升工程）14条、雨污分流工程316个、小微黑臭水体整治工程6个、防汛消险4项以及低压片区改造工程2个。推进“互联网+政务服务”工作实施，规范受理各项涉水行政审批。围绕第26届“世界水日”和第31届“中国水周”活动，举办“河长制”主题宣传活动，提升群众水资源保护意识和水法制观念。落实闸站维修养护、防汛检查以及防汛责任制，辖区安全度汛。年内，区水务局被南京市水务局评为2018年度全市水务工作先进单位。

【水资源管理】 2018年，雨花台区加强水资源节约保护和优化配置，结合河长制管理，强化区域内江河岸线监管，提升水功能区水质，重要水功能区主要污染物入河总量同比下降，5条水功能区水质达标率60%，同比提升40%。落实水资源管理“三条红线”管控要求，建立水资源管理运行机制。对照市级考核评分标准，水资源管理四项指标★自评总分98分，创新奖励情况自查得分4分。投资20万元完成长江、南南河水功能达标整治方案，分析计算全区水资源供给、河道水环境等现状，针对水资源、水安全、水生态等方面存在问题，制定利用与保护水生态与水景观等措施。制定完成《南京市雨花台区“十三五”水资源消耗总量和强度双控行动实施方案》，构建市、区重点取用水户用水总量控制体系，年初下达取用水计划3.3亿立方米，实际使用1.72亿立方米。至年末，雨花台区创建节水型学校3所、节水型企业3家、节水型单位20家、节水教育基地1个。对取用水户审批采取事中事后监管。对地下水资源管理实行“四个一”管理制度，即一证（取水许可证）、一表（计量设施）、一牌（自备水源井牌号）、一卡（档案管理卡）管理，全年地下水位未超地下水控制红线。

★**链接**　水资源管理四项指标是指用

水总量指标、万元国内生产总值用水量降幅指标、万元工业增加值用水量降幅指标和农田灌溉水有效利用系数指标、水功能区水质达标率指标和重要水功能区污染物总量减排量指标。

【水务行政管理】 2018年，区水务局准予许可审批件44件，含中水土保持方案行政审批11件、涉水工程审批3件；依法办理排水许可30件，全区排水许可办证率72%。所有许可审批件均在“市区两级统一公共信用信息归集和服务平台”上公示，进厅与平台入库率100%。区水政监察大队全年出动执法督察82次、239人次，现场制止违法行为9次。定期巡查每段堤防及河道，发现违章立即查处，保障江河堤防安全。全年清除行洪障碍8处，清理违章搭建9630平方米，清理违章种植7600平方米、垃圾杂物74.3吨，水事秩序平稳。

【水环境整治提升】 年内，雨花台区制订出台《雨花台区河道养护考核办法（初稿）》，明确管养经费和管护范围，巩固河道水体整治成效。围绕“全市域消除黑臭，启动消除劣V类水体，保障重点断面及整治河道水质稳定达标目标”，开展河道水环境提升工程14条，累计整治河道总长36.9千米，清淤36万立方米，总投资5.88亿元。至年末，完成河道水环境提升工程13条、雨污分流新建工程316个、雨污分流“回头看”工程90个、小微黑臭水体整治工程6个。

【防汛防旱】 2018年，雨花台区开展汛前检查，排查出险工隐患段14处、易积淹水地段56处、城市地下空间99处，明确防汛责任。落实以行政首长负责制为核心责任制，将责任落实到工程建设、汛前准备、阶段组织、物资储备、抢险救灾等各个环节。组织召开全区防汛工作会议，与各街道（园区）签订防汛工作责任状。汛前储备草包14.53万条、编织袋41.35万条、木材345立方米、土工布2.2万平方米。落实各单位防汛抢险队伍82支3770人，依托施工力量组建抢险队伍6支255人。组织开展全区防汛知识培训和实战演练，增强防汛理论水平和实战能力。作为全市第一批农村基层防汛预报预警体系建设单位，投入461.89万元开展防汛信息化建设，完善防汛决策信息系统平台。在河道、堤防、易积淹点、雨污排口等地新布设视频监控点53处，提升防汛应急处置能力。区防汛防旱指挥部发布《关于做好当前防汛工作紧急通知》6次、《关于做好防御台风的通知》4次，辖区主要遭受6轮强降雨影响，较大次受台风“温比亚”影响，全

工农河水环境整治后新貌 （区水务局 供稿）

7月汛期期间，区水务总站工作人员在赛虹桥街道小行路清除路面积水
（区水务局　供稿）

148.49千米以及近2年黑臭河整治项目内水环境提升设施等。根据《雨花台区河道和水利工程管理范围划定实施方案》，推进水利工程划界，对3条骨干河道及沿线闸站实行管理范围划界及数据录入。至年末，界桩埋设和数据入库全部完成，总计埋设界桩（牌）539个。（朱天瑶）

区24小时最大降雨量赛虹桥片区144毫米。强降雨期间，全区出动人员5248人次、各种车辆533车次，布置应急水泵84台次、应急泵车34车次，临时积水点均及时排除，交通秩序正常，全区安全度汛。

【全面推行“河长制”】 2018年，雨花台区、街道、社区124名河长均安装巡河APP，提升巡河效率。全年区级河长巡河186次，街级河长巡河995次，线上线下协调解决各类涉河问题300余件。区水务局整治完成长江、秦淮新河违法行为23处，实现三年任务一年完成目标。根据《关于进一步完善河长制湖长制管理工作的意见》，在河长制基础上，按照河道、湖库塘、小微水体分类核实河长设立情况，推进河长制管理小微水体全覆盖，并建立初步名录。

【水利工程改革管理】 2018年，雨花台区在小型水利工程管理体制改革基础上，明确水利工程养护范围，将重点水务工程设施列入长效管养计划，范围包括：区级河道4条、街道级河道54条、重点闸站5座、泵站48座、重点塘坝3处、涵闸36座、防汛仓库8座、市政雨水管网

【南京市自来水板桥有限责任公司】 2018年，自来水板桥公司供水总量2681.89万立方米，售水总量2384.74万立方米，产销差11.08%。新增供水小区5个，新增自来水用户4034户。在册用户总数10.08万户，其中贸易结算大户表712户。全年用户及自建竣工工程8项，敷设管道长度11.5千米，总计总管网357.09千米。

板桥公司城南污水厂处理污水1046.33万吨，日均2.87万吨；产生污泥10419.6吨，日均28.55吨。COD（化学需氧量）全年削减1544吨、氨氮全年削减453.7吨。COD、氨氮等主要水质指标接受环保监督性检测12次，合格率100%。

（万贵明）

·生态资源保护与建设·

【概　况】 2018年，雨花台区以“放大生态雨花效应，建设美丽雨花”为目标，以环境综合整治行动和精细化建设管理为抓手，突出打造雨花亮点绿化项目，提升全区绿化管养水平。全年全区完成园林绿化整治项目31个，重点打造卡子门广场、菊花台公园、花神湖广场绿化改造工程，新增绿地20万平方米，建成绿

道6.59千米,建成区绿化覆盖率49.36%,公园绿地服务半径覆盖率55%,绿化造林13.33公顷,在路旁、沟旁、渠旁和住宅旁植树2.6万株,林木覆盖率30.15%。补植乔木2680株、灌木16.8万株、草坪和地被2.7万平方米,清除绿化带垃圾1.55万吨、小广告1872处、枯枝8142处,修剪乔木、抹芽5.1万株,修剪灌木280.6万平方米,修剪草坪、地被475.8万平方米,大树腐株修补1796株,使用病虫害防治药水2533千克,乔灌木刷白3.4万株。

【绿化区域安全隐患修剪】 2018年,雨花台区组织各片区绿化管养单位,对管养范围内影响交通安全绿化树木开展集中排查,掌握隐患具体位置。投资26万元,对管养范围内15条主次干道171个路口绿岛岛头,开展修剪及更换苗木品种,保证道路沿线绿岛岛头10米距离内植物顶部至地面高度低于0.9米,消除视线遮挡隐患。投资36.09万元,对小行路、普德村路、雨花南路、雨花东路1035株梧桐统一大修剪,保证交通信号灯清晰可见,清除全部枯死枝,降低通行安全隐患。

【森林防火】 2018年,雨花台区完善森林防火预案,实行防火承诺制,将森林防火工作列入区委区政府年度考核目标,与林区街道、管委会签订护林防火承诺书,严防森林火灾发生。在铁心桥街道、西善桥街道等重点林区开展防火安全教育宣传,在雨花有线电视台播放森林防火知识宣传片3期,在进山主要路口和关键路段悬挂宣传横幅130条,树立和修复森林防火警示牌200个,发放森林防火联系卡8000张。全区配备154名护林员,开展森林防火实战演练。全年辖区未发生森林火灾事故。

【雨花大道杨树更新改造工程完工】 7月,雨花大道杨树更新改造重点工程完工,项目总投资1200万元,改造面积4.78万平方米。工程施工在雨花大道、花神大道、雨花南路、软件大道等主城区4条主干道绿化带上层,栽植栾树、无患子、水杉等大型色叶树种4300余株,下层铺设草坪、麦冬等地被植物,形成阔叶混交林或针阔混交林,榉树、乌桕、无患子等彩色化树种成为扮靓城市新主力军,雨花大道景观效果提升。 (赵 冰)

【8条主要道路绿化景观提升】 10月29日,南京南站8条主要道路绿化景观集体亮相。该绿化景观改造工程自5月3日动工,改造总面积9万平方米,涉及南京南站地区玉兰路、环北广场路、江南路、六朝路、金阳西街、金阳东街、绿都大道与明城大道8条主要道路,通过地形改造、石景布置等方式设置节点景观,安装自动喷灌系统。其中,玉兰路上10万余盆草花构成近千米长“曲径花溪”景观,花溪两岸草坡上依据地形选取月季、鸡爪槭、毛鹃、细叶芒、天鹅绒紫薇等花种构建10余处观赏景观,形成春有繁花、夏有浓荫、秋有色叶、冬有绿意特色道路;六朝路上选取毛鹃、西洋鹃、夏鹃等各种杜鹃搭配成“杜鹃园”景观,由秦岭石构成“岩石花园”景观;江南路、六朝路和环北广场路利用立体花盆、造型护栏为桥墩和匝道桥垂直立面建设立体花墙;绿都大道和明城大道所有行道树更换为色叶乔木,形成“色叶树阵”;环北广场路三角岛头、锦绣街岛头、金阳西街岛头打造“旱溪枯水”景观。南京南站地区城市园林景观形象进一步提升。 (任姝婕)

(责任编辑:杨静珺)

文化旅游

2019 YUHUATAI ALMANAC

Cultural Tourism

综　述

【概　况】2018年，雨花台区有雨花台风景区、南京科技馆2家AAAA级旅游景区和浡泥国王墓以及板桥生态园、莲花湖体育公园、三桥湿地公园等生态旅游景区。全区全年接待国内外旅游者494万人次，旅游营业总收入16.6亿元。新增旅行社（含服务网点、分社）37家，全区累计有旅行社28家、旅行社分社10家、旅行社服务网点56家，三星级宾馆1家。全年新增各类餐饮经营主体380家，总数3400家；新增各类住宿经营主体120家，总数500家。（祁　栋）

浡泥国王墓

【概　况】浡泥国王墓位于雨花台区安德门外石子岗乌龟山南麓，为15世纪初浡泥（今文莱）国王（苏丹）麻那惹加那之墓，是中国现存仅有2处国外国王墓之一，属全国重点文物保护单位。雨花台区对浡泥国王墓先后实施7次修缮。2016年4月18日，浡泥国王墓被国家文物局确定为“海上丝绸之路·中国史迹”首批申遗点。雨花台区按照国家、省、市文物局统一部署和要求，根据《市政府办公厅关于印发海上丝绸之路南京史迹点保护和申遗工作实施方案的通知》，对南京市海上丝绸之路申遗工作统一布置。

【浡泥国王墓环境整治工程】3月20日，雨花台区投资2028万元，封闭开展浡泥国王墓第八次环境整治工程。工程由石刻与碑刻抢救性保护工程、环境整治工程和展陈出新3个部分组成。《环境整治方案》和《石刻碑刻抢救性保护方案》通过国家、省、市部门审核。浡泥国王墓石刻与碑刻抢救性保护工程涵盖神道石刻文物本体防风化、防病虫害处理和裂隙修复等，实行抢救性保护。环境整治工程涵盖出新南入口、管理用房，修建南入口至东入口处林间步道、排水设置，“中国—文莱友谊馆”外立面出新，停车场、水电管网建设，修建绿篱。展陈出新工程以介绍浡泥国王墓历史价值、阐述中文悠久友谊为重点，兴建“浡泥国王墓陈列馆”；同时，以介绍中国、文莱建交后，两国在政治互信、经济合作、文化交流为重点，改造提升“中国—文莱友谊馆”。至年末，工程处于施工中。（郤健胜）

雨花台风景区

【概　况】2018年，雨花台风景区聚焦红色主业，致力打造红色文化传承新高地。全年景区接待游客412.66万人次，接待党政机关、企事业单位、社会团体参观161家。清明节期间，接待北京、福建、安徽等地烈士亲属200余人次；配合举办江苏省暨南京市青少年凭吊革命先烈活动、江苏省公安厅暨南京市公安局祭奠公安英烈仪式以及越剧《丁香》演出等。9·30烈士纪念日期间，配合举办江苏省暨南京市各界向雨花台烈士敬献花篮活动、江苏省暨南京市新婚夫妇向革命烈士献花活动。策划举办“信仰的力量——2018”展示月系列活动，开展学术座谈会、诵读会、主题展览和红色文艺创作展示等14项活动。赴中共中央党校举办“信仰的力量—雨花英烈生平事迹展”，赴山东沂蒙革命纪念馆举办“革命战士别样风采——雨花英烈文学艺术作品展”，展出“水乳交融、生死与共—沂蒙精神图片展”“英雄壮歌—上海英烈纪念展”“信仰的光芒—雨花英烈主题美术、剪纸展”等。举办“雨花英烈精神与中国共产党人初心”暨全国文艺工作者“雨花台红色文艺创作基地规划”研讨会、“雨花英烈纪念地联席会议”第一次会议、纪念陈原道烈士牺牲85周年学术座谈会、“雨花英烈精神与新时代新征程”学术研讨会暨雨花英烈研究会2018年学术年会。开展烈士史料研究，成立南京市首批重点新型智库雨花台红色文化研究院，编辑出版《雨花英烈狱中斗争》《初心永恒——雨花英烈话语解读》书籍，完成恽代英、徐全直等20位烈士亲属口述史料采集与研究。推出“智慧纪念馆”微信应用，搭建“V雨融媒体工作室”，推出H5产品《请你弹奏，祭悼这位叫丁香的女子》以及讲述新婚夫妇向革命先烈献花背后感人故事的“最镜头”系列报道4期。联合新华社推出“永远的丰碑”专题报道，介绍邓中夏等3位雨花英烈事迹；联合新华网、凤凰网江苏频道等，推出人物专访10期，采访中共中央党史研究室原副主任章百家、中国科学院院士齐康等专家学者。举办“2018共读南京”《雨花英烈诗词》领读系列活动，组织开展线上导读、线下寻访和专家讲座。南京市知识分子爱国奋斗教育基地、中华女子学院和全国妇联人才开发培训中心教学实践基地在景区揭牌。

【“信仰的种子”系列社教活动】 2018年，“信仰的种子”系列社教活动入选南京市第二批社会主义核心价值观教育实践创新案例并获提名奖。该活动是雨花台烈士纪念馆面向青少年开发的社教课程，包含“心花献英烈”“母亲节特别亲子社教活动”“石上红梅花”“品味英雄茶”“雨花英烈语录诵读会”和“自古英雄出少年——恽代英烈士主题学习”六大主题。全年活动开展80余场，受众7000余人。

【雨花石主题展】 2018年，雨花石博物馆举办2场雨花石主题展。“玉石同源”赏石艺术展展出扬州著名雨花石收藏家李小军雨花石藏品166件。“日月同辉”2018庆国庆迎盛会雨花石展展出70位收藏家景观类雨花石藏品150枚，分“峥嵘岁月”“日月同辉”“梅香雪海”“江山多娇”4个篇章展示。

【雨花台烈士纪念馆重新开放】 1月5日，雨花台烈士纪念馆改造后重新开放。展馆以“信仰的力量——雨花英烈生平事迹展”为主题，以中国共产党领导新民主主义革命历史进程为主线，展陈雨花英烈生平事迹179位，展览面积4550平方米，展陈文字9万余字、图片522张、文字版92块、吊挂字13块、文物435套879件、油画5幅、铜像5座、场景6个以及视频5个，设立游客驻足点15个。新馆全年接待中共中央宣传部宣教局、中共中央组织部、文化和旅游部资源开发司等团体及游客参观86.5万余人次。

【“信仰的光芒”雨花英烈主题作品展】 4月1日，由省委宣传部、省文联、省作协主办的“信仰的光芒”雨花英烈主题书法、美术、摄影作品展在雨花台烈士陵园举办。红色家书书法展邀请32位中青年书法家书写展示32位英烈家书；美术作品展面向南京市12所高校征集409件主题参赛作品，经专家评审，入围优秀作品70件，获奖展示作品30件；摄影作品展面向社会征集红色文化图片600余幅，50余幅作品获选参展，反映出不同时期缅怀先烈、传承雨花台红色文化活动特色主题。

【雨花英烈纪念地联席会议】 4月2日，“雨花英烈纪念地联席会议”第一次会议在雨花台烈士纪念馆举行，来自上海、浙江、广东、湖南、安徽、江苏等10余家雨花英烈纪念地代表出席活动。围绕“共建史料数据中心、合力弘扬英烈精神、促进红色文化发展”主题，与会专家就如何推进雨花英烈史料发掘、精神研究和文化宣传等工作展开探讨和交流。至年末，雨花英烈纪念地联席会议成员单位发展至23家，包括上海龙华烈士陵园、常州恽代英纪念馆、邓中夏故居等场馆，探访完成上海、常州、广州、苏州、北京、湖南6地14个场馆，史料数据中心上线运行。

【《初心永恒——雨花英烈话语解读》出版】 8月，由雨花台烈士陵园管理局编纂的《初心永恒——雨花英烈话语解读》在南京出版社出版，并获评“南京出版社2018年度十大好书”。该书收录的雨花英烈遗言、遗书、遗物和历史文献资料中，大量反映英烈为中国人民谋幸福、为中华民族谋复兴经典话语，全书22.7万字，分“救国救民立初心”“奋斗奉献为初心”“流血牺牲殉初心”“殷殷嘱托留初心”4个部分，展现革命烈士英勇事迹和伟大精神。

【纪念陈原道烈士牺牲85周年学术座谈会】 9月20日，“纪念陈原道烈士牺牲85周年学术座谈会”在雨花台烈士纪念馆举行。陈原道烈士之子刘纪原、中国人民解放军军事科学院原研究员胡长水、淮阴工学院马克思主义学院副教授程单剑，以及北京、河南、河北、安徽、江苏省委党史部门等全国十余位专家代表参与座谈交流。与会代表围绕陈原道早期思想等主题，展开诠释解读及专题发言。

【雨花台红色文艺创作基地】 9月27日，雨花台红色文艺创作基地“烈士纪念日”展示周启动仪式暨南京市红色文艺促进会成立大会在雨花台烈士纪念馆举行。大会选举陈炜担任会长。南京市红色文艺促进会是在市委宣传部指导下，由雨花台烈士陵园管理局、南京广播电视集团、南京美术馆3家单位发起成立，旨在开展“雨花英烈”相关主题活动。年内，雨花台红色文艺创作基地获南京市第二批社会主义核心价值观教育实践创新十佳案例、2018年度全市宣传思想文化工作创新奖。

【“革命战士别样风采——雨花英烈文学艺术作品展”专题展】 9月27日，由雨花台烈士陵园管理局主办的“革命战士别样风采——雨花英烈文学艺术作品展”专题展览在雨花台烈士陵园举办。该展览分两大部分，“文以载道，诗以言志”部分选取邓中夏、恽代英、洪灵菲、谭寿林、叶刚等17位雨花英烈有关文学作品，表达英烈诗作时代内涵和革命精神；“艺苑独帜，风骨为魂”部分选取吕惠生、郭凤韶、师集贤等26位雨花英烈书法、绘画、刺绣和歌曲作品，展示雨花英烈革命初心和使命。在80余件手稿、史料、图片资料展中，邓中夏《孤鸾曲》、恽代英日记《挽弟诗》、袁国平《和毛泽东〈七律·长征〉》《别了，三年的皖南》和两首革命爱情诗属首次公开亮相。

【《雨花忠魂》系列纪实文学丛书第三批首发】 11月16日，《雨花忠魂》系列纪实文学丛书第三批15本首发式在雨花台烈士纪念馆举行，撰写雨花英烈有邓演达、孙津川、朱务平、许包野、杨峻德、张应春、邓振询、罗登贤、吴振鹏、陈理真、赵连轩、贺瑞麟、刘亚生、石璞、成贻宾。该文学工程自2015年启动，由江苏省委宣传部、省作家协会共同组织，计划到2020年完成100位雨花台殉难英烈长篇纪实文学创作，由江苏凤凰文艺出版社出版。

（徐　惠）

4月5日，雨花台风景区举办"热血初心'雨花魂'"清明主题活动

（雨花台烈士陵园管理局　供稿）

生态旅游

【概　况】 2018年，雨花台区利用现有生态旅游资源——板桥生态园、莲花湖体育公园、三桥湿地公园，在设施改造环境优化氛围营造上下功夫，抓住节日旅游旺季，为南京市区提供旅游服务，推介宣传雨花台区生态文明建设成果，扩大雨花台区生态资源的影响力。

【板桥生态园】 自2010年5月开始建设，按照"乡村重造、土地重整、要素重组"的总体要求，结合板桥实际因地制宜开工建设1.96万平方千米的生态园区。园区总体布局，东片是生态景观林区，突出都市休闲旅游；西片是现代设施农业示范区。经过多年开发，至2018年为止逐步建成"一园六区"的基本空间布局——国际标准垂钓区、无公害蔬菜种植示范区、亲子活动区、水产养殖区、餐饮服务区。2018年，举办了不止骑·2018板桥生态园骑遍南京、走遍南京等活动，参赛人数1000人以上。

【莲花湖体育公园】 莲花湖体育公园位于板桥新城中央区域，是镶嵌在板桥新城中心的一颗明珠。占地面积0.85平方千米，是城南罕有的大面积水域资源，项目总投资约3.4亿元，由香港泛亚公司担纲设计，是一座融休闲游憩、公共服务、体育健身为一体的城市综合性公园。环境优美、设施齐备、空气清新、草木繁盛，是居民室外休闲、观赏、游戏、运动、娱乐的好去处。

【三桥湿地公园】 2018年承办了中国南京"雨花杯"国际无人机竞速冠军赛。这是全国航模公开赛（南京站）第九次在莲花湖举办。

三桥湿地公园座落于长江之滨、三桥之边，东起长江三桥南连接线（内二环），西临板桥河，南起滨江大道，北至长江三桥江堤，公园是利用江滩湿地综合治理的景观，在长江沿岸纵深200米范围内的湿地及水塘中进行高低错落的地形改造，种上各种生态植物，营造野生物种栖息、衍生的自然环境，打造湿地生态特色景观，重新恢复大自然的亲和力，将生态湿地回归自然。园区规划分为四大区：疏林草地区、密林过度区、特色植被区、湿地观赏区。三桥湿地公园遵循生态性、艺术性、多样性、社会性等可持续发展的设计理念，将江滩坡地与水体有机融合，充分体现自然特征，创造充满生态情趣的江滩湿地环境。是一个集植物观赏、生态科普、候鸟栖息、步道游览湿地景观为主的休闲区。经过多年开发，三桥湿地公园已形成为南京城市东南门户的一块“绿肺”，同时为入园企业员工及游人营造了放松心境，漫步游憩的休闲好去处。

【旅游市场整治】 年内，雨花台区开展旅游市场“利剑行动”“鹰眼行动”“旅游市场综合秩序春季行动”“暑期整顿”“猎网行动”等专项整治，检查旅行社、服务网点及分社156次，出动检查人员315人次。召开全区旅游质监工作会议和旅游安全工作会议，组织旅游从业人员参加市级旅游培训15次。发放文明旅游、抵制不合理低价游宣传单和宣传手册2000份。全年受理旅游投诉110件，其中南京市旅游行政执法支队转交件16件、“12345市民服务热线”57件、12301投诉平台34件，召开调解会3次。江苏舜天海外旅游有限公司通过旅行社五星级复评。

【第19届“春牛首”踏青节】 4月14日，雨花台区文化（旅游）局在牛首山北坡景区内圣象广场举办第19届“春牛首”踏青节活动，700名区级机关干部、软件谷企业员工、网络报名的市民，以及150组亲子家庭参加欢乐跑活动。跑友们脚踩环山木栈道，在一路风景中跑完从北坡山下到山顶的3000米跑道。跑道踏青节现场增设旅游条例有奖问答、文艺表演与抽奖环节，打造雨花台区文化旅游品牌。

（俞建宁）

4月14日，第19届“春牛首”踏青节在牛首山北坡风景区举办

（区方志办　供稿）

（责任编辑：杨静珺）

公共服务

2019 YUHUATAI ALMANAC

Public Service

劳动服务管理

·概 述·

【概 况】 2018年，雨花台区全年新增城镇就业14689人，实现再就业7087人，援助困难人员就业424人，分别完成目标任务136.0%、186.5%、141.3%；培育自主创业3043人，其中青年大学生创业550人，实现创业带动就业14945人，完成目标任务132.3%、107.8%、122.0%。开展享受政府补贴培训8689人次，完成率147.2%。"创业南京高层次人才引进计划"区级引进56人，组织52人申报市级计划，入选率连续三年全市领先。全年审查集体合同数658份，完成年度目标的104.4%。劳动保障书面审查用人单位4506家，完成年度目标的180.2%。劳动仲裁立案处理案件630件，与去年同期相比案件数量增长11.7%。12333专家调解平台办结案件265起，占全年劳动争议案件立案的42%，调解成功率60%。

【"宁聚计划"落地】 2018年，在创新名城的要求下市人社局出台"宁聚计划"的配套细则。全年，雨花台区走企业、进高校、到社区，专题宣讲12余场，吸引青年大学生和高技能人才留在南京、集聚雨花；打造"贤集金陵、梦汇雨花"就业服务品牌，组织专题招聘会3场，吸引应届毕业生2600人次；创建2个省级创业型街道、11个创业型社区、1个市级创业园，逐步构建雨花"双创"生态圈；推荐49个大学生优秀项目，培育3043个自主创业者（其中大学生自主创业550人），实现创业带动就业14945人。 （高千雅）

·劳动就业·

【概 况】 2018年，区人社局全年共发放灵活就业人员社会保险补贴1786万元，发放单位岗位补贴51.12万元、社保补贴139万元，小微企业社保补贴115万元。1791家企业稳岗享受补贴5428万元，21362人次大学生享受住房补贴3583万元。

2018年，区人社局开展再就业培训1660人次，完成年度目标的83.0%；就业前培训793人次，完成年度目标的132.2%；农村劳动力培训3192人次，完成市年度目标的84.0%；在职职工培训13394人次，完成年度目标的89.3%；创业培训4821人次，完成年度目标的741.6%。职业技能鉴定取证659人，完成年度目标的94.1%。高技能人才培养467人，完成年度目标的103.8%。享受政府补贴培训人数6788人，完成年度目标的115.1%。

【春风行动】 1—3月中旬，区人社局在全区范围内开展以"促进转移就业，助力脱贫攻坚"为主题的"春风行动"。各街道依托基层公共就业服务平台，深入各类企业，全面掌握农村劳动力资源基本情况。对辖区内的用人单位工资支付情况进行集中检查，组织开展以清理拖欠农民工工资为重点的人力资源市场清理整顿专项行动。各级服务平台均设立农民工服务窗口，开展免费就业服务和政策宣传，提供包括零工在内的就业岗位，做好职业介绍、政策咨询和劳动保障维权服务。春风行动期间，区人力资源市场及各街道人社所举办各类招聘会29场，其中包含女性专场5场，提供就业岗位2000余个，现场达成就业意向300余人。联合劳动关系科、监察等相关部门开展“春风行动”专题政策宣讲5场，发放宣传册600余份，后续跟踪服务企业420家。

【就业援助月】 2018年，区人社局调查认定符合条件的每一位就业困难人员，以电话询问、上门走访等多种形式摸清他们的技能水平、生活状况和就业愿望。一对一建立台账，一对一进行援助，建立长效机制，实行动态管理，活动期间共走访就业困难人员和零就业家庭户数177户，援助就业困难对象95人，发放政策手册200多份，开发就业岗位数50个，动态消除零就业家庭。全年累计办理就业困难人员认定1250人，全年累计就业援助408人。

【对口丹凤、大通扶贫】 2018年，雨花台区建立到雨花台区就业贫困劳动力档案，开展就业跟踪服务，健全就业与社保、就医、子女就读等政策衔接机制。与丹凤县、大通县共建扶贫劳务协作对接基地，在区内设立丹凤县、大通县劳动服务站，为两地提供劳动力转移就业服务平台。开展创业、技能和劳动法律法规等专项培训4场，助力当地困难群众开拓思路、创业脱贫，提升外出务工人员的就业能力和维权意识。推动雨花职业学校、技工学校与丹凤、大通等地职业学校采取结对帮扶、联合招生办学、“定单式”办学等模式，开展相关专业技能培训，实行定向委培。全面搜集企业岗位需求和用工信息，每周发布对口招聘信息20家，赴对方实地开展招聘会3场，累计提供岗位7700余个。全年实际到宁工作378人，其中贫困劳动力建档立卡赴宁工作指标实际完成177人，完成目标任务的160.9%，切实提高贫困劳动力转移规模，增强就业稳定性。 （高千雅）

2018年雨花台区就业再就业目标完成情况一览表

表20

序号	年度目标任务	完成数（人）	完成进度（%）
1	新增城镇就业 10800 人	14689	136.00
2	实现再就业 3800 人	7087	186.50
3	援助困难人员就业 300 人	424	141.33
4	农村劳动力转移就业 160 人	338	211.25
5	培育自主创业 2300 人	3043	132.30
6	大学生创业 510 人	550	107.84
7	创业带动就业 12250 人	14945	122.00

2018年雨花台区职业培训目标完成情况一览表

表21

序号	年度目标任务	完成数（人次）	完成进度（%）
1	政府补贴性职业培训 5900 人次	8689	147.27
2	创业培训 650 人次	10234	1574.46

续表 21

序号	年度目标任务	完成数（人次）	完成进度（%）
3	城镇失业人员职业培训 2000 人次	2022	101.10
4	城乡新成长劳动力培训 600 人次	2012	335.33
5	农村劳动力职业培训 3800 人次	3801	100.03
6	在职职工培训 15000 人次	15907	106.05
7	新增高技能人才 450 人	475	105.56
8	职业技能鉴定取证 700 人	815	116.43

·劳动权益保护·

【概　况】 2018年，区人社局全年审查集体合同658家，仲裁委立案处理案件结案率100%，完成年度目标任务。全年劳动保障书面审查单位4506户，完成年度目标任务的180.2%。联动平台举报投诉案件按期运行率100%。全年办结“12345”工单1123件，同类别组排名全区第一。

【劳动监察执法】 2018年，区劳动保障监察大队接待咨询2430余人次，书面审查4399户。调处简易案件85件，立案530件，结案423件，因无法调查取证中止调查的51件。案件同比上升57.73%。处理群体性维权案件29起，涉及劳动者775人，涉及欠薪金额907.74万元。其中17家单位的群体性欠薪、欠保案件得到妥善处理，9家单位的群体性欠薪案件拟按照行政处理程序申请人民法院强制执行，2家单位涉及劳动关系争议通过司法途径主张相关权益，1家单位逐步清欠职工工资。对4家企业处以行政处罚（南京安中仪表厂、南京瀚强建设有限公司、江苏元童教育科技有限公司、南京玛丽妇产医院），罚款金额5.3万元。

【治欠保支专项行动】 2018年，区政府办公室印发《雨花台区保障农民工工资支付工作考核办法》《雨花台区2018年全面治理拖欠农民工工资问题重点举措责任分工》《雨花台区建设领域加大检查力度提升服务水平活动工作方案》等文件，全面部署全年治欠保支工作。区联席会于3月、4月、9月3次召开联席会议，动员部署并推动全区治欠保支工作开展。

年初，区联席会议成立3个联合检查组，分别由区人社局、区住建局、区水务局分管领导担任组长，联席会议相关成员单位抽调科室负责人和业务骨干担任组员。检查组对全区7个街道（园区）建立治欠保支工作组织领导机制、部门联合工作机制、日常推进工作情况及工作台账进行检查，并抽取部分工地进行实地核查。根据考核情况，经联席会议综合评议，并报经区政府同意，确定雨花街道、铁心桥街道、西善桥街道为全区A级等次，区联席会议印发考核结果通报。7月，市人社局、区人社局、住建局联合对建筑工程项目夏季高温期间劳动者权益保障及治欠保支工作开展专项执法检查。7—10月，按照市联席办《关于在全市建设领域开展加大检查力度提升服务水平活动的通知》要求，对全区56个在建工程项目进

2018年雨花台区劳动维权工作完成情况一览表

表22

序号	年度目标任务	完成数	完成进度（%）
1	集体合同审查630份	658份	104.44%
2	仲裁委立案处理案件结案率94%	100%	94%
3	劳动保障书面审查单位2500户	4506户	180.24%
4	联动平台举报投诉案件按期运行率95%	100%	95%

行“一工地一表格”“每月不少于一次”主动检查，并按时上报市局相关检查资料。

【劳动仲裁】 2018年，区人社局共立案受理劳动争议案件630起，与去年同期相比案件数量增长11.7%，结案451件，涉及标的额900余万元，其中调解结案174件，申请人撤诉188件，调撤率达80.3%（目标为70%以上），一裁终局率29.2%（目标25%以上），立案、结案率均达100%。12333专家调解平台办结案件265起，占全年劳动争议案件立案的42%，其中成功案件226件，调解成功率60%（目标50%以上），依法公正维护双方合法权益，共接受劳动者和用人单位赠送锦旗5面。

【和谐劳动关系创建】 2018年，区人社局“雨花劳动关系online”微信公众号信息发布更新300条，每月发布一期劳动关系月报，为企业预警劳资风险点，提供掌上服务。组建区协调劳动关系三方委员会，发布雨花台区《和谐劳动关系实施意见》；完成500份和谐劳动关系企业宣传手册印刷工作，申报全国模范和谐劳动关系企业1家。江苏润和软件股份有限公司和中国（南京）软件谷获评省级优秀劳动关系和谐企业和园区，成功创建9家市级示范劳动关系和谐企业和32家区级劳动关系和谐企业。（高千雅）

【行政审批】 2018年，区人社局全年办理职业培训学校新审批3家，注销1家；人力资源服务机构新审批4家，许可延续6件；特殊工伤新审批2家，许可延续7件；劳务派遣新审批22家。全年共完成包括许可延续变更等各项行政许可60余件，并对各许可机构分别进行年度审验和公示。

工伤案件全年共受理854件，其中个人案件52件，工亡案件12件；完成2起行政复议，行政复议均得到维持；完成5件行政诉讼，除1件仍在审理，其他均得到法院支持。（高千雅）

教　育

·概　述·

【概　况】 2018年，雨花台区有学校34所，其中公办学校32所（含高级中学1所，完全中学2所，独立初中6所，九年一贯制学校2所，小学17所，中等职业学校1所，区教师发展中心1所，青少年活动中心1所，开放大学1所）；民办学校2所（含一中实验学校和力行小学）。全区在校学生39111人，其中中小学生37254人（公办中小学生32904人，民办学校4350

人),中等职业学校1857人。各级各类幼儿园63所(公办园27所,惠民园19所,民办17所),在园幼儿18488人。

学校新建扩建。小行小学新校区、金陵华兴实验学校建成并投入使用,新林规划小学、南外雨花国际学校、板桥中学三期、软件谷小学、琅琊路小学石林分校建设主体封顶。

集团化办学。雨花台区教育局与金陵中学、中华中学和鼓楼区教育局签订合作办学协议,分别就金陵中学托管雨花一所初中办学、中华中学落户雨花台区及拉萨路小学在宁南片区开办分校等达成协议。集团化办学规模不断扩大,新成立力学小学金地教育集团,景明佳园小学纳入雨花外国语小学教育集团、西善桥小学纳入雨花台区实验小学教育集团,孙家中学纳入梅山教育集团。全区义务教育优质资源覆盖率95%;新增省、市优质园13所,新开办幼儿园5所。

教育教学质量。中、高考成绩持续提升。雨花台中学、板桥中学参加高考人数总计691人,第一阶段本科总达线614人(含体艺),达线率88.9%,超过南京市达线率的82.3%。雨花台中学本科达线率98%,其中本一达线263人,达线率55.4%,高分推进率和本一推进率位居全市前列。板桥中学本科达线人数147人,美术双达线率88.5%。梅山高中本科达线192人,达线率85.3%。在南京市2018年普通高中发展性评估中,雨花台区教育局获"区级教学管理奖",雨花台中学获"综合奖""质量优秀奖""质量突出奖""特色建设奖""学校教学管理奖"五项荣誉称号。板桥中学获"教学质量优秀奖""教学管理奖""教育发展性评估综合奖"。全区中考实现新提升,总均分超市均分率稳中有升。小学教育质量总体趋向优质均衡。雨花台中学被评为南京市"教育现代化初中"学校。

学前教育。落实《雨花台区第二期学前教育"三项工程"实施办法》,新开办幼儿园5所,其中公办幼儿园3所;创建省、市优质幼儿园9所,其中省优质幼儿园3所。全面实现标准班额办园,在公办幼儿园和民办惠民园就读比例为80.1%,在省、市优质幼儿园就读比例为90.5%。全区学前教育资源配置率每万人1.36个。

职业教育和社会教育。职业教育实现平稳发展,落实校企合作、产教融合,中华中等专业学校和韩国明知大学合作,实施"优选生"赴韩国留学项目;学校和常州纺织服装职业技术学院、江苏兰诗服饰有限公司等分别以服装设计专业、形象设计专业"3+3"分段签订培养协议。在江苏省职业学校技能大赛中,中华中专获5金4银3铜,在全国技能大赛中获团体金奖1项,学校获南京市职业学校质量管理评估一等奖、教学绩效考核一等奖。推进社区教育网络建设,雨花老年开放大学挂牌。举办2018年区全民终身教育活动周启动仪式,各类社区培训活动丰富多彩。

教育民生服务。严格落实义务教育阶段学校免试招生和就近入学政策,有效落实各项资助政策,全力保障外来务工人员子女入学权力,做到不让每一位学生因贫困而失学。对享受城乡居民最低生活保障家庭及低收入纯农户家庭等困难类型的义务教育阶段学校学生,免除社会实践活动费、补助生活费153.69万元;为普通高中家庭经济困难学生减免学费、补助生活费等35.96万元。对符合政策的幼儿实施“助学券”制度，全年补助3294.59万元。对家庭经济困难幼儿免保育费、补助生活费114.4万元；对中等职业学校一、二年级、高职一至三年级学生提供生活费补助16.8万元。

【第34个教师节表彰大会】 9月10日，雨花台区庆祝第34个教师节暨表彰大会在雨花台中学和谐厅举行。副区长余清出席会议，区教育局局长刘善海、工委书记盛云生、副局长盛红霞、周福卫、周文林，全区受表彰教师代表、各学校校长、幼儿园园长，教育局机关科级以上干部等450人参加庆祝表彰活动。

【江苏省青少年校园足球推进会】 5月21—22日，2018年江苏省青少年校园足球现场推进会在雨花台区召开。活动由江苏省教育

2018年全区基础教育基本情况一览表

表23

指　　标	学校数（所）	在校学生数（人）	教职工数（人）
普通中学	13	13827	1248
职业中学	1	1857	108
技工学校	—	—	—
小　学	21	23427	1398
特殊教育	—	—	—
幼儿园	63	18532	2698
小学毕业生升学率（%）	100		
初中阶段毛入学率（%）	100		

2018年第34个教师节市级表彰名单

表24

奖项名称	姓　名	所在单位
南京市斯霞奖	王　波	南京市雨花台中学高中部
	梅　岚	南京市雨花台中学高中部
	王传云	南京市共青团路小学
	吴礼兵	南京市梅山高级中学
南京市优秀教育工作者	张　睿	南京市雨花台中学
	杨玉翠	南京市岱山实验小学
	相平平	南京市雨花台区实验小学善水湾分校
	佴海兵	南京市金陵中学西善分校
	谢　娟	南京市共青团路小学
	高善传	南京民办实验学校
	丁希萍	南京市板桥中学
	邱　菊	南京市雨花外国语小学
	潘娟娟	南京市普德村幼儿园

续表 24

奖项名称	姓　名	所在单位
南京市优秀教育工作者	蔡有进	南京市梅山第二小学
	赵映红	南京市金陵中学岱山分校
	罗有斌	南京市西善花苑小学
	张　睿	南京市雨花台中学
南京市优秀班主任	孙　苹	南京市雨花台中学
	杨晓侠	南京市板桥中学
	史培露	南京市共青团路小学
	虞红梅	南京市西善桥小学
	朱　玲	南京市岱山实验小学
南京市德育带头人	唐红艳	南京市孙家初级中学
	勾俊华	南京市雨花台中学
	方　云	南京市雨花台中学
	虞红梅	南京市西善桥中心小学
	毕言琳	南京市雨花外国语小学
	朱　玲	南京市岱山实验小学
	张　璐	南京市雨花台区实验小学
	伏蓉蓉	南京市雨花台区实验小学
南京市师德标兵	瞿庆亚	南京市雨花外国语小学
南京市师德先进工作者	陈　怡	南京市雨花台区实验小学
南京市师德先进个人	范剑南	南京市景明佳园小学
	徐光金	力行小学
	秦　扬	花神美境幼儿园
南京市优秀社区教育工作者	徐志明	雨花街道

厅、江苏省体育局主办，雨花台区人民政府承办。全省各市教育局、体育局领导和各设县教育局、体育局有关领导及足球特色学校领导约400人参加活动。省教育厅副厅长朱卫国、省体育局副局长刘彤、市教育局副局长周鹏、副区长余清等出席活动。活动期间，现场观摩雨花台区实验小学、雨花外国语小学西善花苑分校、梅山第一小学和岱山实验幼儿园分别展示足球特色活动。在岱山实验小学举行2018年南京市幼儿足球嘉年华活动，全市各区28所幼儿园近2000名师生与家长参加活动。5月22日上午，与会领导和代表首先观摩雨花台中学高水平足球运动员训练、足球微课和雨花台区7所中学足球啦啦操表演、《雨花校园足球之歌MV》以及雨花校园足球微视频展示。会上，雨花台区教育局与南京体育学院足球学院签署校园足球深度合作协议；省教育厅、省体育局、省足协、苏宁体育共同签署合作备忘录；

5月21日，江苏省青少年校园足球现场推进会在雨花台区召开（区教育局供稿）

南京市教育局、雨花台区教育局、雨花台中学、梅山第一小学等分别作交流发言。

【校外培训机构专项治理】 2018年，雨花台区有校外培训机构1100家。其中，以咨询、文化、教育、培训为内容在工商部门登记注册的有1038家，由教育部门审批51家，人社部门审批30家，民政部门注册登记的社会组织25家。从事中小学学科类培训的机构有201家，证照齐全30家，整改后继续办学8家，关停取缔163家。

【教育技术装备加大投入】 2018年，雨花台区教育技术装备投入7566万元，比上年度增加332.7万元，其中信息化系统建设2041万元，LED显示屏273万元，录播教室装备179万元；监控数字化改造315万元，电子围栏改造271万元，创客联盟48万元，智慧校园装备327万元，信息中心改造121万元，中央空调改造142万元，电脑、笔记本、空调设备734万元，实验室和专用教室设备1748万元，木器桌椅157万元，教学仪器260万元；幼儿园玩具527万元，厨具303万元，图书120万元。

【创建数字教育（新闻）资源区级研发基地】 5月24日，雨花台区创建南京市数字教育（新闻）资源区级研发基地通过考核验收，雨花台区成为首批南京市数字教育（新闻）资源区级研发基地。雨花台区依照南京市智慧数字教育（新闻）资源建设标准，以需求为目标、应用为导向，配备专业制作设备，研发资源平台，建成教育资源研发与服务中心，组建15人的区级资源研发中心组、117人的校级资源研发团队，形成“一主两分”直录播体系，为推进市、区两级教育资源共建共享及学校数字教育（新闻）资源研发提供支撑与保障。（钟家燮）

·学前教育·

【概　况】 2018年，雨花台区学前教育坚持政府主导，大力发展公办幼儿园，扶持民办惠民幼儿园，推进《雨花台区学前教育第二期“三项工程”实施办法》的实施，出台《关于印发〈雨花台区关于进一步推进学前教育普惠优质发展的实施意见〉的通知》文件，坚持依法办园、规范办园、优质办园，不断深化课程改革，全面提升队伍素质，加快名园建设步伐，加大区财政对公办幼儿园的奖补力度，促进学前教育优质普惠发展，全区学前教育资源配置率每万人1.36个。

全区有幼儿园63所，其中公办幼儿园27

所、民办惠民幼儿园19所，纯民办园17所，幼儿入公办园和惠民园比例80.1%；省优质园41所，市优质园16所，省市优质园比例90.5%。在园教职工总数2719人，其中专任教师1455人，专任教师大专及以上学历96.7%，专任教师持幼儿教师资格证比例94.4%。在园幼儿总数18488人，学前三年入园率100%。创建省市优质幼儿园9所，其中，岱山第一幼儿园、曙嘉幼儿园、永安花苑幼儿园创建成为省优质园。区实验幼儿园善水湾分园等5所幼儿园被认定为市依法治园达标园。8所幼儿园成功申报南京市课程游戏化项目园。

新开办幼儿园5所，其中公办园3所（南京市莱蒙阳光幼儿园、南京市晓村和苑幼儿园、南京市雨花外国语小学附属幼儿园）、民办惠民园1所（南京市爱博尔幼儿园）、纯民办园1所（南京南外仙林分校长发诸公幼儿园），增加45个班级，新增学位1575个。

落实学前一年基本免费教育政策和特困生资助制度，建立和完善生均公用经费拨付制度和学前教育三项工程经费奖补制度。2018年区财政拨付“学前一年基本免费教育”政策经费3294.6万元，补助困难家庭幼儿359人次，减免保育费92.81万元，经费约79.2万元，按每生每年1200元，发放幼儿生活补助25.86万元。

【学前教育教师研习会】 3月23日，雨花台区教育局与江苏第二师范学院学前教育学院签订《关于共建雨花台区“学前教育教师研习会”的合作协议书》。江苏第二师范学院选派12名博士、教授与雨花台区8所幼儿园对接，成立8个“导师工作坊”，定期深入幼儿园开展课题研究，帮助幼儿园凝炼园所文化，进一步提升幼儿园办园品质。11月6日，在南京市上怡幼儿园召开“导师工作坊”推进会，江苏第二师范学院学前教育学院院长尹坚勤、副院长田燕及各位导师，雨花台区教育局副局长盛红霞参加研讨。上怡幼儿园建立“开放式儿童美术博物馆”。

【五所幼儿园通过省优质幼儿园验收】 2018年，雨花台区朗诗绿街幼儿园、贝街自在城幼儿园、凤翔幼儿园、软件谷第二幼儿园、金地幼儿园5所民办幼儿园接受江苏省优质幼儿园评估。专家组依据《江苏省优质幼儿园评估标准》，通过随机访谈、听取汇报、现场考察幼儿园一日活动、查阅台账资料等形式，对各所幼儿园保教队伍、办园条件、保教水平、安全卫生、管理绩效等工作进行全面考察与评估。5所民办幼儿园获得通过。 （钟家燮）

2018年全区幼儿园基本情况一览表

表25

园名		班级数（个）	幼儿数（人）	教师数（人）		
				计	全民	其他
教育部门办学	合计	169	5107	765	70	695
	小行附属幼儿园	12	389	52	6	46
	西善花苑附属幼儿园	12	373	61	5	56

续表 25

类别	园名	班级数（个）	幼儿数（人）	教师数（人）计	全民	其他
教育部门办学	板桥新城附属幼儿园	12	403	55	4	51
	金叶花园幼儿园	9	280	40	2	38
	板桥小学附属灵动之星幼儿园	15	493	61	5	56
	岱山实验幼儿园	14	452	60	2	58
	板桥小学附属岱山第一幼儿园	12	355	51	—	51
	区实验幼儿园	12	377	56	18	38
	善水湾幼儿园	12	346	53	2	51
	长虹路幼儿园	12	348	49	6	43
	花神美境幼儿园	8	230	38	4	34
	永安花苑幼儿园	6	166	30	3	27
	岱山实验小学附属幼儿园	6	166	28	1	27
	金陵华兴实验幼儿园	8	227	32	1	31
	琥珀森林幼儿园	4	98	21	1	20
	康盛幼儿园	6	191	28	3	25
	雨花外国语小学附属幼儿园	3	62	17	2	15
	莱蒙阳光幼儿园	4	101	21	4	17
	晓村和苑幼儿园	2	50	12	1	11
集体办学	合计	56	1684	252	19	233
	普德村幼儿园	8	266	38	7	31
	春江第一幼儿园	10	290	40	1	39
	春江第二幼儿园	10	282	43	1	42
	铁心桥中心幼儿园	10	315	48	2	46
	龙福幼儿园	9	266	40	1	39
	春蕾幼儿园	9	265	43	7	36

·初等教育·

【概　况】 2018年，雨花台区小学阶段入学率、巩固率100%，残疾儿童入学率100%。至年末，全区有小学21所（含九年一贯制雨花台中学春江分校小学部、九年一贯制金陵华兴实验学校小学部），在校学生23427人；教育部门办小学19所，在校学生21040人；教职工1231人；民办小学2所（含力行小学、南京民办实验学校小学部），在校学生2387人，教职工167人。

【小行小学新校区建成投入使用】 新校区位于小行路54号，占地面积27000平方米，建筑面积29348平方米，办学规模7轨42班，8月建成并投入使用。11月24日上午，小行小学建校90周年暨新校落成纪念活动在新校园举行。校庆活动期间，举办小行小学师生书画展、学生社团风采展示等，与会代表参观校史馆，观看学校发展宣传片，观赏文艺演出，演出以"行"为中心，通过"忆""砺""铸"三个篇章展示小行小学砥砺前行90年的奋斗历程。

【西善桥小学举行建校100周年校庆活动】 11月4日，"不忘初心百年追梦——建校100周年暨出访亚洲三国汇报演出活动"在小学操场举行。南京市教育局、南京市文广新局、雨花台区委区政府、雨花台区教育局及西善桥街道有关领导，以及全区各中小学校长，学校校友代表、家长代表，全校师生1000多人出席校庆活动。活动中，学校"梦想娃武术团"学生表演出访尼泊尔、马来西亚和新加坡时演出节目。该团于7月先后到尼泊尔、马来西亚和新加坡3个"一带一路"沿线国家进行为期12天交流访问，主要节目有器械表演《英雄少年》、功夫扇表演《中国功夫》、舞蹈《古韵墨舞》等。学校举行与陕西丹凤县第一小学结对签约仪式。西善桥小学创建于1918年。至年底，校园占地面积15970平方米，校舍面积6996平方米；办学规模4轨23个班级，

2018年全区各类小学概况一览表

表26

学校数（所）		班级数（个）	学生数（人）	教职工数（人）		
				计	全 民	民 办
总 计	21	572	23427	1378	1231	147
教育部门办	19	511	21040	1231	1231	—
民 办	2	61	2387	147	—	147

11月4日，西善桥小学举行建校100周年校庆活动 （区教育局 供稿）

学生895人，教职工64人。学校先后被评为中国当代特色学校、江苏省体育传统项目学校、江苏省小学语文教材实验先进集体、江苏省平安校园、南京市阳光体育学校和南京市首届金陵书香校园。

【教育实践基地挂牌】 12月21日，雨花台区中小学"爱国主义教育基地""志愿者社会实践基地"挂牌仪式在雨花外国语小学举行。雨花台烈士纪念馆、孙中山纪念馆、南京民间抗日战争博物馆为雨花台区中小学"爱国主义教育基地"，孙中山纪念馆、南京市秦淮河河道管理处、南京科技馆、南京民间抗日战争博物馆、板桥街道阳光家园、南京梅山医院、雨花台区图书馆为雨花台区中小学"志愿者社会实践基地"。其中，7个志愿者社会实践基地分别对接一所学校。 （钟家燮）

·中等教育·

【概　况】 2018年，全区有普通中学13所，在校生13827人。其中教育部门办中学12所，在校生11864人，包括：初级中学9所（含雨花台区青少年活动中心、雨花台中学春江分校初中部、九年一贯制金陵华兴实验学校初中部），在校学生8053人；完全中学2所，高级中学1所，普通高中在校生3811人，普通中学在编教职工1065人。民办中学（南京民办实验学校）1所，在校学生1963人，其中，初中1421人，高中542人，教职工183人。雨花台中学被评为南京市"教育现代化初中"学校，梅山第二中学被评为南京市"推进素质教育示范初中"。

【市"新优质初中"创建项目评估】 2018年，市教育局对"新优质初中"年度考评，考评内容包括改革举措、队伍建设、课程建设、教学改革、学生发展、质量推进等9方面。经综合评定，雨花台中学春江分校获一等奖，板桥中学、孙家中学获二等奖。雨花台中学春江分校和板桥中学获南京市"新优质初中"称号。

【首届中学班主任基本功大赛】 3月14日，雨花台区2018年中学班主任基本功大赛在雨花台区教师发展中心举行，经教师自我申报和学校推荐，38名教师参赛。比赛分笔试和面试两个环节，笔试要求参赛选手现场完成一份主题班会设计并完成知识问答，面试包括现场情景模拟和答辩。经笔试、面试等环节综合评定，方云等8名教师获雨花台区首届中学班主任大赛特等奖；贾娟等13名教师获大赛一等奖；朱冬梅等16名教师获大赛二等奖。

7月9日，美国中学生"探索中国"夏令营在雨花台中学开营
（区教育局 供稿）

2018 年全区各类中学概况一览表（一）

表 27

学校		单位数（所）			班级数（个）		
		合计	初中	高中	合计	初中	高中
总计		13	9	4	341	231	110
教育部门办	普通中学（不含铁心桥中学）	11	8	3	288	195	93
民办	实验学校	2	1	1	56	36	17

2018 年全区各类中学概况一览表（二）

表 28

学校		学生数（人）			教职工数（人）		
		合计	初中	高中	合计	全民	民办
总计		13827	9474	4353	1248	1065	183
教育部门办	普通中学	11864	8053	3811	1065	1065	—
民办	实验学校	1963	1421	542	183	—	183

2018 年全区教育部门办中学基本情况一览表

表 29

学校	班级（个）	在校学生数（人）			教职工数（人）
		合计	初中	高中	
合计	288	11864	8053	3811	1065
雨花台中学	103	4423	2231	2192	335
板桥中学	36	1468	763	705	137
共青团路中学	24	950	950	—	78
金陵中学西善分校	13	464	464	—	52
雨花台中学春江分校	12	533	533	—	45
孙家中学	15	579	579	—	58
铁心桥中学	—	—	—	—	30
梅山第一中学	22	825	825	—	86
梅山第一中学	15	512	512	—	65
梅山高级中学	20	914	—	914	98
金陵中学岱山分校	20	846	846	—	67
金陵华兴实验学校	8	350	350		14

表 30

2018 年全区民办中学基本情况一览表

校　　名		单位数（所）	班级数（个）	学生数（人）
民办中学	小　计	2	53	1963
	初　中	1	36	1421
	高　中	1	17	542

【2018美国中学生“探索中国”夏令营活动】 7月8—13日，美国中学生“探索中国”夏令营活动在雨花台中学举办。7月9日上午，举行欢迎仪式，江苏省教育国际交流协会处长严正广、美国亚利桑那州Creighton学校初中生大使项目负责老师Ruth Allen、Lanier、中学8年级英语老师Raine Bradley，美国来访9名学生、雨花台中学校级领导、初中部接待家庭家长和学生、部分教师参加欢迎仪式。活动期间，组织开展中国汉服文化、茶艺、水袖舞、舞龙欣赏与体验及京剧脸谱绘制等中国文化课程，游览中山陵、中华门城堡、夫子庙、秦淮河等名胜古迹，参观南京博物院、中国科举博物馆、云锦博物馆等。7月12日下午，中美师生参观南京大屠杀遇难同胞纪念馆，向南京大屠杀遇难者表达哀悼之情。7月13日上午，举行2018美国中学生“探索中国”夏令营汇报联谊会，雨花台中学校长穆耕森、江苏省教育国际交流协会代表王璟以及美国来访11名师生等参加活动。（钟家燮）

·职业教育与社会教育·

【概　况】 2018年，雨花台区职业教育坚持走校企合作办学之路，加强专业建设，推进校企合作，深入推进“文化创意、软件技术和服饰形象”三大现代化专业群建设和现代化实训基地建设，推进职教国际交流合作，拓宽升学渠道，办学水平不断提高。南京中华中等专业学校新校区建设工程有序推进。

雨花台区职业学校1所：南京中华中等专业学校，在校学生1857人，其中中职1044人，高职813人，教职工108人。学校申报五年制高职“计算机网络技术”专业、三年制中专“通信技术”“物业管理”专业获批准开办。学校服装设计专业和形象设计专业分别与常州纺织服装职业技术学院、江苏王春美容实业有限公司、江苏兰诗服饰有限公司，签订“3+3”分段培养协议。学校团委被评为“省五四红旗团委”，南京市十佳中学中职共青团组织；学校语文、服装教研组被评为南京市职业学校先进教研组。学生参加2018年省级技能大赛，获5金4银3铜，2名学生获省职业院校技能标兵。2名学生参加全国职业院校技能大赛，获团体金奖1枚，2名教师获评国家级优秀指导教师。毕业生当年就业率达99.55%，升入高等教育继续深造的毕业生380人，升学率68.22%。

社会教育广泛开展，形成“开放大学（社区学院）——街道（园区）社区教育中心——社区居民学校”三级社区教育网络体系。广泛开展各类教育培训活动，全区居民年社区教育活动参与率50.3%；全区居民“南京学习在线”注册人数48185人，占全区常住人口11.62%。社区居民对数字化学习环境的满意率达80%以上。雨花台区开放大学被市教育

2018年全区职业教育基本情况一览表

表31

校名		班级数(个)						学生数(人)						教职工数(人)
		三年制				高职		三年制				高职		
		计	一	二	三	四	五	计	一	二	三	四	五	
合计		59	12	14	21	6	6	1857	318	558	639	172	170	142
中华中等专业学校	合计	59	12	14	21	6	6	1857	318	558	639	172	170	108
	职专	31	8	10	13	—	—	1044	183	400	461	—	—	108
	高职	28	4	4	8	6	6	813	135	158	178	172	170	

局评为“2017年度社区教育先进单位”。雨花台区社区培训学院创建为南京市规范化社区学院。

【深化校企合作】 2018年，中华中等专业学校拓宽校企合作渠道，与企业共建产教融合校内外实训基地。新增7家校企合作单位，包括与米兰尊荣婚纱摄影有限公司、经典雪中彩影婚纱摄影有限公司、南京艺德源动漫制作有限公司签订合作协议，共建校外实训基地；与江苏满运软件科技有限公司、江苏原力动画制作有限公司签订校企合作框架协议，与江苏兰诗服饰有限公司、江苏王春美容实业有限公司签订江苏省现代职业教育体系建设项目对口学校及企业项目合作协议书。至年末，与博西华、屈臣氏、圣迪奥等36家企业建立校外实习基地，建立校内实训基地29个，涵盖软件与电子商务系、服饰与形象设计系、文创与艺术设计系各专业。

【职业学校国际合作】 2018年，中华中等专业学校与韩国明知大学、江苏卓越日语专修学院签订国际合作办学协议并开班，合作项目涉及电子商务、美术设计与制作、通信技术专业。其中，电子商务和美术设计与制作两个专业中韩国际班学生在国内完成三年或五年专业课程学业后，赴韩国明知大学继续对口同专业本科段学习。中日国际班学生在国内完成三年学业后，统一组织参加日本留学考试，继续本科段学习。

【雨花老年开放大学正式挂牌】 10月，雨花老年开放大学通过市级专家组现场评估宣布成立。10月26日，雨花台区全民终身学习活动周开幕式在板桥街道市民广场举行，开幕式上举行雨花老年开放大学揭牌仪式，南京开放大学校长陈社育向雨花开放大学校长王春林授牌。学校开设柔力球、健身舞蹈、手机摄影、声乐等培训项目，全年培训1691人次。 （钟家燮）

·特殊教育·

【概　况】 2018年，雨花台区特殊教育持续推进，区政府建立特殊教育工作联席会议制度，出台《关于建立雨花台区特殊教育工作联席会议制度的通知》《关于印发〈雨花台区第二期特殊教育提升计划〉的通知》，明确联席会议的职能、成员单位、工作规则、工作要求等；

对进一步推进特殊教育发展进行整体规划和部署,区政府批准成立雨花台区特殊教育学校。是年,全区招聘特教专业教师2名,安排在区特殊教育资源中心工作(板桥小学)。全区有标准特殊教育资源教室7间。9月,在南京市教育局特殊教育视导暨市级融合教育示范校评估中,雨花台区特殊教育工作举措获得视导组肯定。板桥小学获南京市融合教育有功单位称号,共青团路小学被评为"南京市第二批融合教育示范学校"。

【雨花台区第二期特殊教育提升计划】 11月,区政府出台《雨花台区第二期特殊教育提升计划》,该计划包括总体目标、基本原则、重点任务、主要措施和组织实施五个部分。总体目标为提高特殊教育发展水平,全面推进随班就读工作,使每一个残疾孩子都能接受合适的教育。逐步形成以随班就读为主体、以特殊教育资源中心(教室)为支撑、以送教上门和社区教育为补充的特殊教育格局,进一步扩大特殊教育规模,不断提升特殊教育质量。建立财政为主、社会支持、全面覆盖、通畅便利特殊教育服务保障机制。以残疾儿童少年的全面发展为根本,以满足各类残疾儿童少年的教育需求为导向,坚持改革创新,优化管理方式,加强内涵建设。

【融合教育推进会】 5月10日,雨花台区随班就读工作深度推进会在春江第二幼儿园召开。会上,区随班就读资源中心主任潘来强传达市级会议精神,布置融合教育推进工作。现场参观春江第二幼儿园资源教室,听取资源教室老师对资源教室区域划分及功能讲解;春江第二幼儿园园长卢艳、共青团路小学副校长陈锦秀分别以"特别的爱给特别的你"和"差异共融·生命共长"为题作融合教育实践经验分享。周文林对学校幼儿园改变观念,重视特殊儿童教育,推进融合教育实施提出要求。2018年,共青团路小学、春江第二幼儿园被评为南京市融合教育实验学校。 (钟家燮)

·教师管理·

【概　况】 2018年,雨花台区在职公办教师2531人。其中,中学教师1065人、小学教师1231人、职业学校108人、区教师发展中心34人、幼儿园89人、招考办4人;幼儿园教职工2698人;离退休人员917人。全年招聘录用教师163人,调入5人。35名教师被评为高级教师职称,81名教师被评为中级教师职称,165名教师被初定为初级或中级教师职称。至年末,全区有省特级教师12人,市级学科带头人40人,市优青84人(其中幼儿园3人)。

10月,制定《雨花台区中小学教师资格证定期注册试点工作实施方案》,全区设31个注册点,160名注册内教师注册报名,申请注册130人,确认注册121人。

全年64名教师参与区内交流,占应交流教师数的15.4%,其中校级领导13人,骨干教师51人;9名教师赴新疆伊犁市和青海大通县对口进行为期一学期支教活动。有45名教师分别获得市斯霞奖、市优秀教育工作者、市优秀班主任等称号。

举办全区教育系统负责干部暑期研修班、校长发展研修日活动、后备干部培训班等,促进干部队伍整体素质的提升。全系统提拔任用校级干部12人,调整25人。在区教育局科室、区教师发展中心挂职锻炼7人。

【负责干部暑期研修班】 8月2日，2018年雨花台区教育系统负责干部暑期研修班在雨花台中学国际部举行开班动员会，副区长余清出席并作专题报告，区教育局领导班子成员、全区各学校校长、书记，公办幼儿园园长，局机关各科室负责人参加会议。8月4日—7日，研修班赴浙江大学进行专题培训学习。培训期间，邀请浙江大学教育学院教授、杭州市的名校长、教育专家作专题讲座，内容包括学校如何从“管理”到“治理”、新课改背景下的教与学、如何办一流的学校、校长的人文魅力、以及人工智能等，并实地考察杭州市江干区的中小学。

【参加省师德师风法律知识竞赛】 3月26日—4月24日，区教育局组织全区教师参加江苏省中小学教师师德师风法律知识竞赛活动。全区中小学教师3093人参赛，其中合格2472人，优秀544人，总成绩位居全市第三。

【教育工会表彰】 2018年，江苏省总工会授予雨花外国语小学美术教研组“江苏省五一巾帼标兵岗”称号，授予铁心桥中心小学工会委员会“江苏省模范职工之家”称号，授予雨花台区教育工会主席徐承健“江苏省优秀工会工作者”称号。雨花台区总工会授予雨花台区教育工会女职工委员会2018年雨花台区女职工“一份家书”征集活动“优秀组织奖”。南京市总工会认定雨花台中学春江分校校长赵光辉工作室为第三批南京市劳模创新工作室，雨花台区教师发展中心校长张红获南京市劳动模范称号。 （钟家燮）

·三江学院·

【概　况】 2018年，三江学院设有13个二级学院、3个教学部，另设有创新创业学院、历史与文化地图研究院。开设经济学、法学、文学、理学、工学、农学、管理学、艺术学8个学科48个本科专业。有全日制本科在校生21586人。本年度招收本科生5873人，本科毕业生5588人，就业率96.56%。学校被省教育厅评为“2018年高校毕业生就业创业工作考核优秀单位”；学校教工之家被省教育科技工会评为三星级职工之家；学校被中国教育后勤协会评为“2018年度教育后勤系统信息宣传工作先进单位”。

学校有教职工1300余人，其中专任教师1000余人。引进专业教师38人，其中高级职称17人，博士11人。晋升高级职称35人，其中正高2人，副高33人，晋升中级职称22人。2人入选江苏高校“青蓝工程”优秀青年骨干教师培养对象，1人入选江苏高校“青蓝工程”中青年学术带头人；三江学院教授王芳所带领的“旅游管理专业组织学习型实践教学团队”入选江苏高校“青蓝工程”优秀教学团队，实现申报优秀教学团队零的突破；1人入选江苏省第五期“333”工程第三层次培养对象；4人入选江苏省教育厅中青年骨干教师出国研修项目。

2018年，学校教职工共发表论文260余篇，其中SCIE、EI论文8篇，CSSCI论文6篇，CSCD论文4篇，北大核心收录论文45篇，获得知识产权17项，其中发明专利3项、实用新型11项、软件著作权3项。获批国家社科基金1项，国家自然科学基金青年项目1项，国家自然科学基金面上项目第二承担单位1项；获

2017年度"省社科应用研究精品工程"优秀成果奖3项，其中一等奖1项，二等奖2项；获2017年度高等教育科学研究优秀成果三等奖1项。获纵向科研项目立项37项，横向科研项目立项48项，共获资助经费450余万元。

【2018应用型本科院校机器人工程专业人才培养与专业建设研讨会】 5月19日，由江苏省机械工程学会与三江学院共同组织召开。国内13个省市自治区的35所高校、10个高新技术企业、5个出版社的120余人参会。三江学院机械与电气工程学院院长汤文成主持会议。教育部自动化专业教指委专家、东南大学教授戴先中作题为《机器人工程专业人才培养再思考》报告，介绍近年来人工智能、新工科建设、机器人教育的形势变化，分析新工科产生的背景、新工科的成长模式以及新工科对机器人工程专业的影响；南京埃斯顿自动化股份有限公司销售部副总经理赵彦斌作题为《机器人技术发展与人才需求》的报告，报告从"中国制造2025"、工业4.0与机器人技术发展出发，分析应用型本科毕业生在工业机器人研发制造企业的岗位分布、技术规格所对应的知识、能力、素质等方面特征；埃夫特智能装备股份有限公司副总工程师博士肖永强作题为《机器人开发应用与专业教育》的报告，介绍该公司基本情况和未来发展策略，机器人行业技术发展趋势以及人工智能技术发展对机器人行业的影响。三江学院机械与电气工程学院副院长刘远伟，主持学术与技术交流活动。学术与技术交流活动分别对"人才培养方案""建材建设""实践教学体系与方案"进行交流。随后，企业代表就机器人工程专业校企合作项目、实验室建设、校企协同共建等方面进行交流发言。

【各类学科竞赛获佳绩】 2018年，三江学院学生参加各类学科竞赛共获奖278项，其中全国一等奖16项，全国二等奖40项，全国三等奖47项，省级特等奖1项，省级一等奖24项。学生在全国高校商业精英挑战赛酒店管理实践竞赛全国总决赛中获策划组一等奖、二等奖各1项。三江学院学生康樾在2018年江苏高校学生境外学习政府奖学金项目论文评选活动中获一等奖。在文莱国际龙舟大赛中，三江学院龙舟队获亚军1项、季军2项。在2018中国机器人大赛中获全国一等奖。在第12届"三菱电机杯"全国大学生电气与自动化大赛中获全国一等奖。在"首届全国大学生创新体验竞赛"总决赛中获全国一等奖3项、二等奖1项。在首届"优路杯"全国BIM技术大赛中获银奖。在2018"骇极杯"全国大学生网络安全邀请赛中获一等奖。在全国高校商业精英挑战赛商务会奖旅游策划竞赛全国总决赛中获策划方案一等奖1项、二等奖2项，展洽会环节一等奖3项。在2018年江苏省网络空间安全保密知识技能大赛（本科组）中获一等奖和三等奖。在长三角地区应用型本科高校联盟"互联网+"大学生创新创业大赛中获初创成长组一等奖、二等奖各1项。在第六届"卡西欧·新世界杯"江苏省高校日语配音大赛中获一等奖1项。 （周勤瑾）

·江苏省新闻出版学校·

【概　况】 2018年，全校教职工总数100人，五年制高职开设4个专业，分别是数字图文信息技术、广告设计与制作、出版商务和视觉传播设计与制作；三年制中专开设4个专业，分别是平面媒体印制技术、计算机平面设计、美术设计与制作和动漫游戏；三年制技工开设印刷（图文信息处理）1个专业。年末在校生1533人，其中，高职435人，中专440人、技工658人；当年实际招收新生513人，毕业学生291人。分别有7人和63人升入本科和专科院校深造。

【德育工作】2018年，学校组织开展“学习雷锋日行一善”教育实践活动、凭吊雨花英烈暨成人宣誓仪式、参加社区清明节祭扫活动、寝室文化节的卫生评比、叠被子比赛、宿舍美化比赛、观看校园法制情景剧《如果没有》、“五四”演讲比赛、省级机关“青年成长论坛”、南师大高雅艺术进校园、美育新书《大师导悟》首发式，组织学生参加暑期社会实践并开展先进个人评比，新生军训暨入学教育，为新生开设《弟子规》讲座，举办教师节感恩献花、第23届学校田径运动会、庆祝改革开放40周年歌咏会，社会主义核心价值观展览，观看爱国影片《南京！南京！》、举行国家公祭日纪念仪式、全年举办“国旗下讲话”32次、全年开展主题黑板报评比8次。在原有8个学生社团的基础上，新成立青年志愿者协会和心理协会，10个社团开展面向18级新生招新，青年志愿者协会在校园内外开展志愿服务，玩味书社申报第四届南京市职校优秀学生社团，通过材料评审并接受专家组现场考察评审。学校获第九届江苏省职业学校“文明风采”竞赛一等奖2个、二等奖3个、三等奖8个、鼓励奖3个、优秀教师指导奖2个，共取得18个奖项。组织全校五年制高职学生，参加联合学院安全知识竞赛，获团体三等奖和个人二等奖14个、三等奖17个。1篇优秀毕业生事迹材料先后入选江苏联合职业技术学院的《激扬青春——学生创新创业典型事例》和教育部的《中国学生资助典型案例汇编（二）》两本图书。

【师资队伍建设】2018年，学校制定《“师德建设年”实施方案》，启动“师德师风”建设工程，修订《教师职业道德规范》。开展“一训三风”用语征集修订活动，确定“原道崇德，内美修能”校训。组织全体教职工参加江苏省师德师风知识网络竞赛。积极实施“双师型”教师培养工作，组织老师参与企业实践，暑期安排近20位老师到生产一线工作和学习。1人获“江苏联合职业技术学院优秀学生工作者”称号，1人被共青团江苏省委、江苏省志愿者协会授予“江苏省优秀青年志愿者”称号。

【专业建设】2018年，学校以“跨界、融合、转型、特色”为理念，以“整合、调整、改造、新建”为路径，加快专业结构优化和调整。制订《专业群建设实施方案》，组织建设“出版印刷、新闻传播、媒体艺术、文化影视”4个专业群。成功申报美术设计与制作（室内设计）、动漫游戏、数字影像技术、商品画经营与制作4个中职专业。向江苏省联合职业技术学院申报数字出版、视觉传播设计与制作（文博数字展示方向）两个高职专业。

【校企合作】2018年，学校与江苏凤凰出版集团、新华报业集团和南京出版集团等知名企业开展校企合作，落实8个班253名学生的顶岗实习工作。学校与省印刷协会合作开展第六届江苏省印刷行业职业技能大赛各工种的赛前培训、省赛决赛工作。承办青海省印刷机机长培训班、江苏省出版物发行员培训班。学校与镇江睿泰数字产业园合作共建睿泰数字出版学院、与南京艺德源动漫游戏公司合作共建艺德源数字艺术学院、与十四所国睿科技集团合作共建国睿信息网络学院。与南京爱德印刷公司开展订单式人才培养。

【重大活动】 5月17日，学校举行2018年毕业生供需见面洽谈会，全省有60余家新闻出版企业到校参加。9月7日，江苏省新闻出版广电局党组书记、局长缪志红到校调研。10月31日，学校召开第一届教职工暨第七届工会会员代表大会，选举产生第一届教代会执行委员会和第八届工会委员会领导人。学校组织9名选手参加第六届全国印刷行业职业技能大赛平版制版员全国总决赛。组织承办第四届全国大学生网络编辑创新大赛。 （毕大良）

医疗卫生

·概　述·

【概　况】 2018年，雨花台区有各级各类医疗卫生机构155家，二级以上综合医院3家，分别是雨花医院、市第一医院南院、梅山医院，其中雨花医院为政府办的二级综合医院。全区共有社区卫生服务中心7家（政府办5家），下属23个社区卫生服务站。有公共卫生单位3家，即区疾病预防控制中心、区妇幼保健所、区卫生监督所。全区9家政府办医疗卫生机构共有职工904人，其中卫技人员798人。卫技人员中副高职称124人、正高职称6人。每万人常住人口全科医生数6.1人，每千人拥有医生数2.35人。创成“江苏省基层卫生十强区”“江苏省妇幼健康优质服务示范区”“第二批省级流动人口基本公共卫生计生服务均等化示范区”，入选“江苏省儿童青少年近视综合防控试点区”，被市医改办评为“家庭医生签约服务先进区”“智慧医疗建设先进区”。区卫计局被国家卫健委评为“全国流动人口动态监测调查优秀单位”，被区委区政府评为“2017年度雨花台区先进集体”。铁心桥、赛虹桥社区卫生服务中心建成江苏省首批社区医院。铁心桥社区卫生服务中心党支部被市委授予“新时代先锋”先进基层党组织称号、“三色行”*书记工作室被市委组织部评为“党支部书记工作室示范点”。接待省市级领导，以及国内外、省内外专家和同行参观考察50余次，《健康报》《南京日报》《新华日报》以及《江苏医改动态》等报纸专刊报道雨花台区卫生计生工作。

★链接　铁心桥社区卫生服务中心党支部“三色行”工作室铁心桥社区卫生服务中心党支部以“党建强则服务强”为指引，摸索出一套“党建工作与业务工作有效融合”的有效经验。结合医疗专业优势，推行“一个党支部核心、一支党员志愿者服务队、‘红色行—党员微课堂、蓝色行—党员微比武、绿色行—党员微服务’三色行活动”为主要内容的“1+1+3”工作模式。以“红色行”教育突出政治引领，凝聚共识；以“蓝色行”立足业务，发挥骨干引领作用；以“绿色行”密切党群联系，充分发挥基层党员医务工作者先锋模范作用，形成党员教育管理长效机制。

【综合改革】 2018年，雨花台区推进省级七项改革试点工作：铁心桥、赛虹桥社区卫生服务中心试点创建江苏省首批社区医院；完成省级卫生监督在线监测和信用评价试点任务；入选"江苏省儿童青少年近视综合防控试点区"；板桥、岱山社区卫生服务中心建成糖尿病并发症筛查工作站，通过省级基本公共卫生服务创新试点项目验收；西善桥中心被确定为省级家庭医生服务模式创新建设单位；完成江苏省基层卫生医疗机构中医馆健康信息平台建设试点工作。"智慧医疗"项目建设深入实施。推行居民电子健康档案务实应用，开放档案52781份。完成分级诊疗、慢病二期、妇幼二期等区域性业务系统，做到全覆盖和务实应用。落实药品购销"两票制"。推进网上行政审批，实施"不见面审批"办件种类4项31件。（姚欣雅）

·医疗机构与管理·

【概　况】 2018年，南京市第一医院肾内科（血液净化）雨花分中心（雨花医院血液净化中心）试运行开诊。新建成南京市急救中心岱善润福城急救分站。深入实施"府院合作"，新建6个医联体，累计与11所省、市"三甲"医院建成医联体23个。铁心桥社区卫生服务中心疼痛科建成省级特色科室。板桥社区卫生服务中心针灸推拿科、岱山社区卫生服务中心康复医学科、西善桥社区卫生服务中心糖尿病专科、雨花社区卫生服务中心口腔科和赛虹桥社区卫生服务中心儿科等5个科室创成市级特色科室，累计创成19个特色科室。推进心血管科、口腔科、眼科、针灸康复科、全科医学、慢阻肺综合防治等5个领域7个省级基层特色科室孵化点项目建设。

【人才队伍建设】 2018年，雨花台区卫计局组织开展"红五月""冬季大练兵"等技能竞赛活动。选送4名全科医师到"三甲"医院参加全科医生和住院医师规范化培训。选送52名医务人员到核心医院学习培训。强化"三基三严"考核，推出手机端的"三基"考试题库和论文数据库。实施基层中医药服务能力提升工程"十三五"行动计划，雨花社区卫生服务中心被确定为全区中医药适宜技术培训基地。加强康复科建设，新增康复床位

2018年全区医疗卫生事业基本情况一览表

表32

指　标	单　位	数　据
医疗卫生机构	个	155
其中：政府办医疗卫生机构	个	9
政府办医疗卫生机构职工	人	904
卫生技术人员	人	798
婴儿死亡率	‰	控制在1.05
孕产妇死亡率	1/10万	0
户籍居民人均预期寿命	岁	82.78

11月14日，雨花台区第12个"联合国糖尿病日"宣传活动进岱山社区
（区卫计局供稿）

30张。落实进一步改善医疗服务行动计划，控制医疗费用不合理增长。开展"平安医院"创建活动，加强国家《医疗纠纷预防与处理条例》《江苏省医疗纠纷预防与处理条例》培训、宣传。加强医疗质量和医疗安全管理，开展全区"质量强卫，保障医疗安全"主题医疗质量宣传月活动。（姚欣雅）

·卫生监督与疾病控制·

【卫生监督】 2018年，雨花台区卫计局建立基层卫生监督综合监管新体系，从各社区卫生服务中心抽调专职协管人员并入街道（园区)社会事务科。全区共有区级卫生监督员12名、街道检查员8名、社区协管员55名，自上而下形成区—街道—社区三级联动机制，分层保障，推进全区基层卫计综合监管网格化管理。12月19日，《健康报》网站对雨花台区基层卫监管理新体系进行报道和宣传。先行先试"全过程记录执法"，全年通过执法全过程记录，完成行政处罚28起，较去年处罚总数增长54%。7月，全面启动省级卫生监督信用评价试点工作，完成首批76家试点单位的信用评级。作为省级在线监督监测试点单位，率先试点泳池水、饮用水、环境、医用辐射在线监测和医疗废物在线追溯共5个领域21家单位27个点位的在线监督监测项目。12月8日，《健康报》以《南京雨花可在线监测医疗废弃物处理》为题，对试点项目进行报道。推行医疗机构不良执业行为记分制度。全年立案查处医疗机构违法案件6起，罚款2.8万元。全面完成国家下达全年双随机监督任务数58家，实施监督完成46家（任务关闭12家)，共抽样38家，监督完结率100%，任务完成率79%，比上年任务完成率增长10%。全年立案查处公共场所违法案件22起，罚款4.4万元。全年学校卫生监督覆盖率100%，全区各中小学均无重大传染病疫情及突发性公共卫生事件发生。开展严厉打击校园周边非法行医专项行动。

【疾病预防控制】 2018年，雨花台区无甲类传染病发生，乙类传染病共10种，总发病数为425例，发病率105.13例/10万。雨花台区作为现场考核点，代表南京市接受省政府血防办血吸虫病传播阻断达标工作考核评估；在全市血防急感、健康教育、江滩管理以及血防门诊工作目标督导考核中位列第一。代表江苏省接受国家重大公共卫生项目（结核病管理）检查。全年新净增管理严重精神障碍患

者336人，患者检出率比上年增加0.81‰。国家卫健委疾控局在雨花台区组织召开江苏省高校艾滋病防治工作座谈会。为全区9所中学的2179名小升初、初升高的新生们，开展32场“防艾禁毒”知识宣传同伴教育活动，在三江学院投入使用全市首台HIV抗体检测包自助发放机。有效平稳处置全市首例托幼机构在岗老师患结核病的疫情，密切接触者筛查率、结核病患者转诊率100%。全年扩大免疫规划疫苗接种率达99%。健康促进活动精彩纷呈，“乐享健康—健心行动”参与受从达数万人。区疾病预防控制中心连续四年获“中国健康知识传播激励计划贡献奖”，在南京市卫生计生食品安全技能竞赛中获团体总分第二名和个人成绩第二名。完成2017年中国儿童与乳母营养健康监测0—17周岁儿童及乳母调查项目。（姚欣雅）

·社区卫生与妇幼保健·

【社区卫生】2018年，雨花台区开展14大类55小项国家基本公共卫生服务项目，人均经费增至90元，全面落实相关培训；加强绩效考核，实现综合评价与拨付经费挂钩。代表江苏省接受2017年度国家基本公共卫生服务项目现场评价，2017年度市级项目考核成绩位列全市第一。全人群家庭医生签约率35.6%，重点人群签约率80.3%，实现个性化签约5595人。开展首诊式签约，完成签约8918人。西善桥社区卫生服务中心被确定为2018年省级家庭医生服务模式创新建设单位，并试点家庭医生签约服务项目库建设。组织开展“5·19世界家庭医生日”主题宣传活动。参加市级家庭医生技能竞赛，铁心桥社区卫生服务中心“赵丽团队”获全市六强团队。接受市级家庭医生签约服务考核，建成6个社区家庭医生工作室。为省级机关、区内机关干部、离休干部和白血病儿童提供签约服务。与区残联联合发文，开展针对残疾人家庭签约暨个性化康复服务。与江苏省人民医院全科医学专业委员会指导下的“卢医生肺爱之家”合作共建“肿瘤慢病全程管理联盟”，探索社区肿瘤慢病管理。板桥、岱山社区卫生服务中心“基层糖尿病并发症筛查工作站”通过省级验收。铁心桥、板桥社区卫生服务中心被确定为江苏省三级预防接种门诊设置单位。完成新一轮省市优秀基层卫生骨干人才遴选。雨花社区卫生服务中心王祥东获“江苏省优秀基层医师”称号。组织参加省卫计委基层微课竞赛，参加省市基层卫生协会业务培训68场次约880人次。

【妇幼保健】2018年，雨花台区孕产妇死亡率0，婴儿死亡率1.05‰、5岁以下儿童死亡率1.47‰，新生儿出生缺陷发生率4.82‰。推进重大妇幼卫生项目实施，完成12550名妇女“两癌”筛查初筛，进展率115.67%，开展阴道镜复诊485人，钼靶复诊293人。完成全区“六一”儿童健康体检19113人。雨花社区卫生服务中心建成妇幼健康规范化门诊。完成雨花医院等3家机构标准、示范母婴室建设。区妇幼保健所与南京市第一医院建立医联体、与岱山社区卫生服务中心建成妇幼健康联合体；接受基层高危妊娠、高危儿体弱儿转诊884人次、1389人次，高危孕产妇及体弱儿管理率100%；深化特色服务内涵，分别开展子痫、儿童语言障碍筛查1770人次、414人次；医学影像学增设小儿涎腺、斜疝、斜颈以及妇科早孕期双胎鉴别等项目。（姚欣雅）

·爱国卫生·

【概　况】2018年，雨花台区建成7个市级“健康细胞”、2个省级“健康细胞”项目。开展“关注小环境，共享大健康”主题爱卫月宣传活动，发放《江苏省爱国卫生条例》宣传手册1000份、海报200套，张贴宣传标语160余条，悬挂横幅40余条，刊出黑板报90余期次，营造浓郁的活动氛围。与南京日报社联合举办南京市“健康家庭、健康市民——走进雨花台区”的评选培育活动。

【宣传活动】2018年，雨花台区卫计局开展以“烟草和心脏病”为主题第31个世界无烟日活动。发动群众参与“健康江苏·我为控烟发声”公益接力活动。开展控烟相关法规和各场所控烟知识培训，细化部门监管责任、规范各类场所控制控烟设置标准，组织相关部门对文明城市考察点和重点窗口开展控制控烟工作综合性检查指导。巩固国家“除四害”先进城区创建成果，开展越冬灭蚊防制工作。完成3个区级标准化项目点建设。推进铁心桥街道病媒生物防制全覆盖和各街道（园区）防控设施标准化项目建设。落实“厕所革命”政策，开展农村改厕自查核查工作。（姚欣雅）

·人口与计划生育·

【概　况】2018年，雨花台区推行生育服务APP网上受理登记，完成登记4370人。严格落实计生奖励扶助政策，计生政策兑现率100%。发放农村部分计划生育家庭奖励扶助金、独生子女伤残死亡家庭特别扶助金、计划生育公益金共计510.92万元。完成对符合计生一次性奖励条件人员登记及983.16万元资金结算。赛虹桥街道青春健康、雨花街道生育关怀基地、“连心家园”示范社区、开发区企业流动人口计生协会、区妇保所人口文化健康基地等6个市级项目点完成建设并通过验收。区计生工作先后3次在市级会议上交流经验。完成“十三五”全国流动人口卫生计生服务管理规划实施情况中期评估工作。培育流动人口健康促进示范企业（学校）3个，健康家庭20户。江苏润和软件股份有限公司被国家卫计委流动人口司评为流动人口健康促进示范企业，累计建成国家级、省级健康促进示范企业（学校）和流动人口健康家庭8个。开展28场主题健康促进广场活动，流动人口各类受教人群达6.7万余人次。

【流动人口管理】2018年，雨花台区办理各类流动人口证件378件。江苏省流动人口服务管理信息系统反馈率98.3%。流动人口信息库新增15148人，超额完成市级目标任务。跨省流出人口个案信息核查率100%。协助安徽省卫计委、滁州市卫计委在安德门社区建立“安徽省驻南京市流动人口卫生计生区域协作工作站”，召开流动人口计划生育联席会议3次。与安徽省绩溪县、江苏省丹阳市签订流动人口计划生育双向管理服务协议书，累计与54个市（县）建立流动人口服务管理双向联系制度和信息通报制度。

【社区早期教育服务】2018年，雨花台区启动“婴幼儿脑发育障碍社区早期识别及干预项目”市级试点项目。完成板桥街道级0—3岁早期发展指导服务示范站和6个社区级亲子活动室的建设，培育1个示范育儿园。对全区30家保育机构及幼儿园托班开展专项检查。组织多种主题宣传，落实免费亲子体验服务，0—3岁婴幼儿早期发展知识普及率98%。开展"新家庭—促进家庭发展能力建设"项目试点建设，开展"幸福家庭宣传月"活动34场，组织特扶人员专场活动8场。组织幸福家庭及幸福家庭示范街道评选。（姚欣雅）

文　化

·公共文化服务·

【概　况】 2018年，区文化系统对照国家、省、市标准，在全区实施《雨花台区街道级综合文化站建设与管理办法》，推进街道综合文化站规范化建设与管理，提升社区综合性文化服务中心服务水平。继续指导街道、社区开展创建工作。年内力争创建1个"江苏省公共文化服务体系示范街道"，指导15个社区创建"省级社区综合性文化服务中心"。

【全民阅读推广】 2018年，区文化系统以"书香雨花"为主线，开展特色阅读活动30余场次。1月，联合相关部门、街道（社区）组织"书香雨花进万家——迎新春读书知识有奖竞答"活动13场；4月，结合第23个世界读书日组织第二届书香雨花读书节启动仪式暨经典诗文朗诵会、《雨花英烈家书》线上线下领读、"海丝遗迹——南京浡泥国王墓"实地寻访与专家讲座，与教育局联合组织"讲英雄故事、做红色传人"区小学生故事大王比赛等活动；以"4·23"世界读书日有利契机，借助《南京日报》《金陵晚报》《扬子晚报》、雨花电视台和书香南京、金陵微雨花、雨花大看台等市区两级媒体平台，开设全民阅读活动专栏、播报专题阅读节目；通过区图书馆网站、微信公众号、室外宣传大屏、橱窗等，定期发布全民阅读活动信息。

【基层培训指导】 2018年，区文化系统根据基层文化动态及需求，启动"雨花艺术大学堂"系列培训。"雨花艺术大学堂"培训班增加11个，举办课程110次；开展文化馆声乐沙龙活动，定期聘请声乐专家进行授课指导，开展沙龙成员互动交流展示，组织沙龙成员参加市区级比赛展演；充分发挥雨共台区文艺志愿者作用，开展基层培训辅导、文艺演出、展示等一系列活动，并有重点、有针对性地指导基层开展诸多特色培训辅导服务，形成各类社会单位共同参与文艺志愿者组织形态。至年末，雨花台区有文艺志愿者40人，其中市级文艺志愿者13人。（张爱冬）

·文化遗产保护·

【概　况】 2018年，区文化系统完成浡泥国王墓环境整治工程与文物本体修缮施工方案及国家文物专项补助资金申请和能量评估报告的编制，启动工程代建，为"海上丝绸之路遗迹——南京浡泥国王墓"申遗工作奠定基础。结合国际博物馆日、中国文化遗产日等重要时点与市文化节局遗产处合作，举办走进"古浡泥国王墓"活动，对社会公众介绍雨花台区海上丝绸之路申遗工作情况。

2018年全区文化基本情况一览表

表33

指　标	单 位	数 据
省级标准的社区综合文化服务中心建成率	%	100
群众文化活动	场	1053
全年送图书	册	6600
全年送演出	场	36
考古勘探面积	万平方米	87
古代墓葬	座	50

【可移动文物普查】 2018年,区文化系统对西善桥历史文化博物馆、中华指纹博物馆、雨花台烈士纪念馆等3家收藏单位近4000件藏品进行梳理、登记,全面完善藏品信息。为确保2875件馆藏文物信息准确性和完整性,对所采集信息逐条进行审核、上报,编制完成《雨花台区全国第一次可移动文物普查工作报告》,完成全国第一次可移动文物普查工作。

【完成文物保护双百任务】 2018年,区文化系统完善区、街道、村社三级文物保护网络,发挥文保员作用,坚持每年2次全面检查,每季1次重点详查,每月1次全面巡查,确保地面文物保护完好率和地下文物发现上报率实现"两个双百"。全年,完成省市文物安全监管任务、国保级文物安全监管情况平台及区重大项目管理平台填报工作;全年为"两桥"办、软件谷做好二桥改造、机场二通道、G43地块挂牌等市、区重点项目做好考古勘探与发掘工作;对随园食单、金陵石锁、字画装裱、古字画修复等项目进行摸底调查,配合西善桥文化中心,为申请西善民歌传承基地做好基础资料准备工作。

·文化市场管理·

【概　况】 2018年,区文化系统完成审批事项36个,变更事项13个,换发2018版新证59家。其中,出版物26家,影院7家,歌舞娱乐场所26家。完成全区68家网吧、52家出版物零售店(含网上销售)、48家印刷企业、26家歌舞娱乐场所、7家影院年度核验工作,完成12家影视剧制作单位初审工作。

【文化执法】 2018年,区文化系统开展全行业整顿。出动执法人员2300多人次对辖区内65家网吧、14家歌舞娱乐场所进行巡查,杜绝"黑网吧"和接纳未成年人等行为。先后开展"绿色网吧"评比、"小餐桌"整治等专项治理行动,对板桥地区涉嫌长期无证经营4家歌厅实施责令整改、关停;对板桥新城大方社区一家涉嫌无证经营黑网吧暂扣所有设备;对板桥小学、共青团路小学等4处涉嫌无证经营出版物门店予以取缔,没收各类教辅教材272本。全年,通过行业管理群向业主推送安全警示信息133条,现场检查、排查各类安全隐患48个,当场整改31个,对存在安全隐患17家文化经营单位实施限期整改，并全部整改到位。

·文化产业·

【概　况】2018年，区文化系统积极引导，优质服务促产业发展，完善文化产业名录库，总入库企业500余家，"四上"企业39家。走访、接待南京开心印商务印刷有限公司、南京迪杰特教育科技有限公司等企业20余家次；联合相关部门赴江宁调研"苏家文创小镇"，横向调研江宁区文化加旅游园区运作模式。

【文化产业企业扶持】2018年，区文化系统组织南京迪杰特教育科技有限公司、南京麦德文化传媒有限公司、南京西格玛网络科技有限公司等6家企业参与省新广局文化产业引导资金项目申报，同步申报省文化厅项目工作。为文化企业吸引人才，组织江苏雄国文化产业集团有限公司、南京课欣通教育科技有限公司、南京魔力多网络科技有限公司等6家企业参加市第六届文化人才专场招聘会，收到简历200余份，半数以上达成合作意向。

【助推企业创牌】2018年，区文化系统提供长期针对性服务，指导推动江苏润和软件股份有限公司获评江苏民营文化企业30强称号，江苏华博创意产业有限公司获南京"金梧桐"奖十强称号。帮助南京艾迪亚动漫艺术有限公司协调申请文化金融贷款500万元。动员组织企业参加2018年文化产业交易博览会、资源对接会以及各类评优评比活动。

·广播电视·

【概　况】2018年，区文化系统承办区朗诵协会经典诵读活动、全区全民阅读活动启动仪式、"群众文化艺术展演月"等活动的拍摄、主持、宣传报道任务。为全区各相关单位办好联办栏目及专题节目，配合相关职能部门开展电视宣教，播出每日科普宣教片、河长制宣教片，拍摄制作河长制专题片、环保宣传专题片等。全年采编播放广播电视新闻4000条。

【弘扬主旋律】2018年，区文化系统围绕全区"两会"、安全生产工作、区委扩大会、全区"攻坚之星"、帮困助学、经济和民生重点项目、工程落实推进情况等进行全方位的新闻宣传报导，开设《聚焦两会》《"263"雨花在行动》《烈日下的劳动者》等子栏目。至年末，采编播放广播电视新闻3284条；播出《周末去哪儿》《雨花娇点好味道》《法治雨花》等专题栏目112档；摄制完成《花神助学》等优秀专题片9部。

【广播电视安全播出品质保障】2018年，区文化系统保障节假日等特殊时段有线电视传输安全。组织协调参加业务技能培训8人次；督促开展行业安全专项检查6次，配合公安分局拆除非法电台9套，发现并向市无线电委员会上报非法电台20余个。推进有线电视服务保障，发展高清互动电视节目和宽带接入，先后组织开展板桥、雨花、铁心桥、西善桥等4个街道近万户用户网络双向化改造。全年，全区新增用户3400余户，互动用户6800余户，宽带用户数3800余户，网络双向覆盖率85%以上。（张爱冬）

·档案事业·

【概　况】 2018年，全区档案工作以加快落实《关于加强和改进新形势下全区档案工作的实施意见》为目标，助力"攻坚'三大主战场'，组织开展数字档案馆（室）创建工作；完成全区58家一级立档单位2018年度归档指导检查工作；依法开展到期档案鉴定开放工作；以"6·9国际档案日"为契机，组织开展档案法治宣传活动；开展照片、史料征集和"西善民歌"口述历史采集；启动档案利用查阅共享平台延伸试点工作。全年共接待查档2118人次，调卷2925卷次，其中利用馆际共享平台提供利用34人次，为群众确定工龄、解决婚姻和经济纠纷，工作查考等提供依据。

【省AAAA级数字档案馆创建】 2017年初，区档案局确定江苏省AAAA级数字档案馆创建目标，对照制定的《雨花台区档案局创建数字档案馆目标分解表》，健全管理制度，优化硬件配置，夯实基础业务，完善数字档案资源建设。12月23日，雨花台区档案局通过江苏省AAAA级数字档案馆评估验收。

【数字档案室创建】 2018年，区档案局创建3家AAAA级以上数字档案馆（室）列入市对区对标找差考核目标。对照《数字档案室评估细则》指导各创建单位开展创建工作。10月，区司法局、残联分别通过江苏省AAAA级数字档案室评估验收，12月，区公安分局通过江苏省级数字档案室评估验收。

【归档文件整理】 5月3日，区档案局印发《关于开展2018年度归档文件整理工作综合检查的通知》，启动年度归档指导检查工作。自5月21日起，对全区58家一级立档单位2018年度归档文件整理工作，从组织管理、基础业务、信息化建设、开发利用四方面进行综合检查。经过一轮普查、二轮、三轮复查，截止12月底，综检工作全部结束，全区共形成档案18715件（盘·张）和13274卷。其中，文书档案17176件，照片档案1109张，实物档案58件，光盘档案372张，诉讼档案9765卷，会计档案3494卷，审计档案15卷。

【社区档案管理】 9月10日，区档案局印发《关于开展2018年社区档案管理检查的通知》，要求各街道（园区）对所辖社区2018年档案管理工作进行监督指导、检查考核，帮助社区不断提高档案管理规范化、标准化水平。综合各街道（园区）指导检查完成情况和对21个社区的抽检情况进行考核评估，12月17日，印发《关于2018年社区档案管理检查情况的通报》。2018年，全区54个社区（雨花、板桥厂矿社区不在之列）及3个社区筹备办共形成档案12676件（张）。其中文书档案11249件，照片档案1330张，实物档案92件，光盘档案5张。

【重点建设项目备案】 6月13日，区档案局印发《关于做好2018年度重点建设项目备案的通知》，要求各街道办事处、园区管委会和区级机关有关部门对列入区委区政府2018年经济社会发展重大项目计划中的新建、续建且由区政府投资在2000万元以上的重点建设项目进行备案登记。做好项目档案跟踪指导服务，指导相关单位到政务中心备案，实现档案工作与项目建设同步进行，确保重点建设项目档案的完整、准确和安全。截至10月底，开展18个重点建设工程项目的备案工作。

【老照片征集】 2018年，为保护珍贵历史资料图片，挖掘并展现雨花历史文化内涵，丰富馆藏资源。自2017年10月区档案局启动老照片征集工作，至2018年底，共征集照片909张、实物146件。其中，1990年（含）前照片260张、实物105件；1990—2003年（含）照片649张、实物41件。包括晚清时期的天隆寺、高座寺、刘园以及民国时期南郊乡景照片，“土改、抗美援朝”等三大运动、在全市曾以“菜篮子”著称反映蔬菜生产的系列照片，乡镇企业发展鼎盛时期第一次走出南京，在洛阳举行工业产品展销供货会的照片等。还征集到区部分重大政治生活的影像资料，如第五、第六次党代会照片。

【乡镇企业档案史料及实物征集】 1月，区档案局与区发改局联合印发《关于组织开展收集征集我区乡镇企业和民族工商业档案史料及实物工作的通知》，由主要领导牵头，各分管局长分片区开展征集工作。共征集近30家企业，照片200多张、实物20件。其中西善桥纺织厂的材料较为完整，包括中央领导接见全国乡镇企业思想政治工作会议代表合影留念照片、俞志伟获得“全国优秀青年乡镇企业厂长（经理）”称号、“全国乡镇企业家”称号的证书、奖牌等。

【档案开放鉴定】 2018年，为满足社会公众对档案信息利用日益增长的需求，根据《中华人民共和国档案法》有关规定，区档案馆对馆藏满30年（1988年）到期应开放档案进行鉴定划控。经鉴定审核，共有387卷档案，计11117份文件作为第17批次开放档案可以向社会开放。

【档案利用查阅共享平台延伸试点工作】 2018年，区档案局选择在政务中心和距离档案馆较远的梅山街道，开展查档服务向街道（社区）延伸试点工作，逐步推进档案资源的共建共享。7月，会同区编办、政务中心、相关街道开展学习调研，汲取成功经验。10月，制订《雨花台区民生档案共享服务平台技术方案》。12月，为试点单位配备打印机、高拍仪等硬件设备，安装调试系统，开展业务培训，开放档案利用查阅共享平台。

【国际档案日宣传活动】 6月9日是第11个国际档案日，围绕“档案见证改革开放”主题，以街道（园区）为主阵地，通过现场咨询、张挂宣传横幅、发放宣传资料等，宣传档案知识，增进群众对档案的认识。活动期间共接待现场咨询300人次，发放《雨花台区民生档案查阅窗口服务指南》500份、《家庭建档知识》500份、《2017年档案利用效果汇编》30本、《小红的兰台奇遇记》漫画宣传资料410册、档案宣传袋600个，张挂宣传横幅11条。

【改革开放40周年主题图片展】 6月，区档案局为纪念改革开放40周年，举办“庆祝改革开放四十周年——迈向新时代·雨花记忆”主题图片展。用25块展板，通过新旧照片对比，鲜活地反映改革开放40年的雨花台区在经济、政治、文化、教育、生态等领域取得的成就。

【数字档案异地备份】 5月，青海省西宁市大通回族土族自治县档案局到区档案馆进行重要档案异地备份，签订数字档案异地备份协议，建立档案异地备份合作关系，并就档案新馆功能规划、重点档案征集保管、档案信息化等工作开展交流。 （沈国艾）

·地方志工作·

【概　况】2018年，雨花台区地方志编纂委员会办公室（简称区志办）贯彻落实《地方志工作条例》精神，围绕区委、区政府中心工作和省市志办工作部署，完成既定年度工作任务。调整年鉴框架，开展年鉴业务培训，完成2017年《雨花年鉴》编纂出版任务；探索方志"六进"、名镇名村志编纂推进工作，推进地情书、资料长编、年鉴编纂等工作。

【《雨花年鉴（2018）》编纂出版】2月14日，区志办在中华职业中等技术学院报告厅召开《雨花年鉴（2018）》编纂动员大会，区志办全体编辑人员及全区机关各部门、街道（园区）、直属单位、大专院校、科研院所代表90余人参加会议。总结2017年《雨花年鉴》编纂工作，部署2018年年鉴编纂任务，对进一步做好《雨花年鉴（2018）》编纂组稿工作提出要求。区志办开展年鉴业务培训，发放《〈雨花年鉴（2018）〉编纂工作方案》及《南京年鉴编纂规则》，把年鉴编撰任务细化到各撰稿单位，规范各撰稿单位年鉴编写内容。

【名镇名村志编纂】4月，区志办推进雨花台区首批名镇名村志编纂，实现全区名镇名村志编修，启动编纂《古雄村志》《铁心桥镇志》。至年末《古雄村志》初稿编纂完成，同时实现名镇名村志编纂工作成为联系基层、深入群众的纽带和桥梁，进一步深耕雨花台区历史文化，挖掘人文底蕴，厚植文化根基，整合发挥好"家乡人写家乡志"优势，通过名镇名村志编纂工作推动新时代新雨花建设。

【方志进社区】2018年，区志办开展"方志进社区"系列活动走进板桥街道殷富社区，组织召开"讲好雨花故事，唱响殷富未来"主题座谈会。区志办第一次以影像史志的表现方式，作"庆祝改革开放40周年，讲好雨花故事，唱响殷富未来"主题宣讲。从《彩韵雨花》《凤鸣板桥》《殷富未来》三个篇章展现雨花台区、板桥街道、殷富社区在物质文明、政治文明、精神文明、社会文明、生态文明建设方面取得的成就。　（张　玄）

体　育

【概　况】2018年，区体育局组织100余名体育指导员参加23批次省、市级社会体育指导员技能培训，涉及空竹、手拍鼓、排舞、健身秧歌等15个项目。全年培养三级社会体育指导员168人，向市优秀运动队输送运动员16人，其中武术4人、跆拳道3人、游泳2人、网球3人、田径2人、乒乓球1人、篮球1人。区雨花台中学、雨花台区实验小学和春江学校被评为"江苏省体育传统项目学校"，共青团路小学、共青团中学、雨花外国语小学等9所中小学被命名为"南京市阳光体育学校"。全年，全区（含街道、社区）举办群众性体育健身活动170场（次）。区体育局被国家体育总局授予2013—2016年度全国群众体育先进单位称号。获市第22届体育科学论文报告会优秀组织奖一等奖。

2018年雨花台区体育基本情况一览表

表34

指　标	数　量
市级以上运动会金牌数	24块
体育场地数	570个
群众性体育竞赛活动	200项次

【基础设施改善】 2018年，区体育局出新改造23套健身路径（20套更新，3套新建）。除区体育中心、莲花湖体育公园两大区级体育活动中心外，全区有室内体育健身点67个，晨（晚）练点（室外健身广场）430个，室内外游泳场馆7处，健身路径130套，健身步道9条。新建3个健身游园，其中梅山体育公园成为具备全省一流全人群智能型体育公园。

【中国南京“雨花杯”航模国际邀请赛】 11月18日，在板桥新城莲花湖体育公园举行。大赛由国家体育总局无线电模型运动管理中心、中国航空运动协会主办，雨花台区人民政府、南京市体育总会承办，江苏省航空运动协会、南京市航空运动协会、雨花台区体育局、南京市板桥新城管委会等协办。11个国家代表队及中国各省市11个代表队，共22支队伍，近百名航模爱好者参赛。全国航空模型公开赛（南京站）比赛设8个项目，其中水上飞机竞赛项目5个，无线电遥控第一视角飞行项目2个，无线电遥控纸飞机项目1个，各种参赛航空模型飞机及器材100多架。

【雨花台区首届校园足球邀请赛】 6月29日，江苏南京“三胞”杯雨花台区首届校园足球邀请赛在南京市雨花外国语小学西善花苑分校举行。本次邀请赛由雨花台区教育局、雨花台区体育局和三胞集团有限公司主办，雨花外国语小学西善花苑分校、南京市岱山实验小学和宏图城市新产业运营集团承办。赛事分为初中和小学两个组别，统一采用8人制竞赛规则，省内7个城市12支代表队166名队员参加邀请赛。比赛历时3天，进行20场比赛。姜堰东桥教育集团凤凰桥校区，常州局前街教育集团天宁华润小学和淮安袁集中心小学分获小学组前三名，雨花台中学获初中组冠军。

【南京市游泳救生职业技能大赛】 6月3日，2018年市游泳救生职业技能大赛在梅钢公司游泳馆举行。比赛由市体育局主办，雨花台区体育局、市体育市场监督管理办公室承办，雨花台区梅山游泳运动协会协办。全市11个区75名选手参加比赛，赛事设游泳基本技能和游泳救生技能竞赛两项内容，项目分为蛙泳、自由泳各50米速度游，50米救生全能赛（3人一组2×25米接力），心肺复苏3个单项。区获团体总分二等奖、优秀组织奖、个人一等奖、个人三等奖，梅山游泳馆获特别贡献奖。

【第六届中国（南京）软件谷乒羽联赛】 11月11—12日，第六届中国（南京）软件谷乒羽联赛在雨花体育中心举行。比赛由中国（南京）软件谷管委会主办，区体育局和软件谷科技人才局联合承办，36家谷内企业近500位人员报名参赛。比赛设乒乓球和羽毛球两个大项，乒乓球设团体、男单和女单3个小项；羽毛球设团体、男单、女单、男双和混双5个小项。区机关一队、南京纳龙科技队有限公司分获乒乓球团体冠亚军；区政府机关队周卫东、国电南京自动化股份有限公司程届云分获乒乓球男单、女单冠军；区政府机关、江苏谷德运维信息技术有限公司队分获羽毛球团体冠亚军，华为南京研究所获男双冠军，江苏谷德运维信息技术有限公司获混双冠军；区政府机关队向江山、华为南京研究所队秦巧梅分获羽毛球男单、女单冠军。

【中国（南京）软件谷IT精英足球赛】 7月15日—8月26日，“IT精英，不止精彩”——2018年中国（南京）软件谷IT精英足球赛举行。比赛由中国（南京）软件谷管委会主办，区体育局、中国（南京）软件谷科技人才局承办。比赛共有24支球队，600名参赛队员、教练、领队、裁判及工作人员参加，3000多人到现场观看、2万余人通过微信公众号等新媒体观看关注比赛。南京郎盟智能科技、南京南米信息技术有限责任公司分别获冠亚军。南京南米信息技术有限公司潘晋、南京恩加网络技术有限公司张亚军、南京郎盟智能科技林波获最佳射手称号，南京郎盟智能科技李臣获最佳门将称号。 （周　坤）

民政社会管理

【概　况】 2018年，雨花台区不断巩固“全国社区治理和服务创新”实验区成果，激发社会活力，创新社区治理。以争创省双拥模范区“六连冠”为抓手，推进军民深度融合发展。围绕“南京市居家护理床位试点区”和“南京市医护型居家护理中心试点区”工作，养老服务不断取得新突破。深入开展“走千企入万户、助发展促富民”大走访活动，密切干群关系，温暖基层人心。

【社区治理】 2018年，雨花台区民政局印制《南京市雨花台区“三社联动”机制建设》一书，因地制宜推广研究成果。组织开展首届雨花台区十佳社会工作案例、项目征集评比活动，评选出全区十佳社会工作项目与案例。推动形成梅山街道“提案大赛”、景明佳园社区“公益微基金”等特色品牌，指导梅欣、春江等社区启动微项目参与社区治理。《依托‘公益创客学院’，推进社会工作人才队伍建设》被列为2018年市级创新试点项目，试点累计开展各类培训20多场，累计服务1232人次，长虹路社区“善行邻里，友爱服务”志愿服务项目等3个试点项目进展顺利。推进社会工作者职业水平认证，稳步提升持证社工上岗率，累计290多人获专业证书并进行注册登记。组织骨干力量完成《雨花公益众创空间专家库》《雨花公益众创空间专家库管理办法》，雨花社工人才队伍体系日益完善。是年，26家社区进行精品社区建设，加强精品社区提优阶段以及齐修、锦华新城等社区启动建设阶段的指导。同时，该区通过南京市和谐社区合格率抽查验收，合格率96%。根据市局对“智慧社区”平台升级新要求，组织全区8个街道（园区）、59个社区的智慧社区管理员进行全面线下培训和线上指导，推动全区“智慧社区”使用率。

【社区为民服务专项资金落实】 2018年，根据市委组织部统一部署，区委组织部按照“20+X”资金拨付方案（其中每个社区15万元为市专项资金，5万元为街道专项资金；“X”为区级差别化再补助资金，全区共570万元），设立为民服务专项资金。联合区民政局、财政局等部门具体实施，落实57个社区为民服务专项资金1710万元。结合《南京市社区（村）为民服务专项资金使用管理办法（试行）》文件，细化四大类资金使用菜单，明确“四准七不准”经费使用范围，严格执行了解需求、确定项目、备案、核拨资金、公示结果“五步工作流程”，督促指导各社区为民服务项目实施和推进。（谭倩倩）

【社会组织管理】 2018年，雨花台区社会组织管理与服务工作紧紧围绕“党建引领，四化提升”的发展主线，促进社会组织健康有序发展。成立雨花台区社会组织党委，推动8个街道（园区）社会组织服务中心成立党总支，成立43个社区社会组织联合党支部，搭建起社会组织党建工作区—街—社三级平台，实现社会组织党的组织和党的工作有效覆盖，创新党组织工作内容和活动方式，提高社会组织党建工作整体水平。在推进社会组织党建工作过程中，雨花台区探索形成“三双”“五同步”特色工作机制——即推进实施“双孵化”（在培育社会组织的同时，大力培养社会组织党建人才，实现社会组织和党的组织同步“孵化”）、“双共建”（在社区组建“一会一支部”的同时，共享社区资源，凝聚力量，搭建社会组织与社区和驻地企业的互促共建平台）、“双提升”（建立党员评议机制，开展服务对象满意度测评，实现社会组织发展和党组织服务水平双提升）的“三双机制”，完善社会组织与党组织的同步培育组建、同步登记承诺、同步年检述职、同步评估评议、同步换届调整的“五同步”机制。特色工作机制有力强化社会组织自身建设，促进社会组织宗旨和目标的实现。按照上级单位要求，按时、保质、平稳有序地完成全区社会组织统一社会信用代码的赋码及新版登记证书的发放工作。至年末，承接社会组织各类行政许可事项199件，登记社会组织84家，全区登记类社会组织总数921家，每万人拥有社会组织22.15个，排名位于全市前列。继续开展社会组织年检和评估工作，全年社会组织实际参检717家，年检率90%，评估率72%。制定出台《雨花台区社会组织发展（2018—2020年）四年行动规划》，推动全区社会组织朝着品牌化、专业化、规范化、信息化的方向发展。开展招投标项目，开展省市区公益创投和公益招投标等近60个公益服务项目，涉及资金近500万元，为居民提供专业化服务，促进政府职能进一步转变。

【养老服务】 2018年，雨花台区老龄工作以市医护型社区综合居家护理中心建设试验区和市家庭养老床位工作试验区两项工作为抓手，形成多种服务形式的养老服务体系。2018年，全区建立区级智慧养老信息中心，并与市12349系统对接，各类专业服务人员及社工130余人，加盟服务商20家，整合线上线下服务的信息流和实体社会组织，为居民提供上门服务。全年新建4个省级日间照料中心，1个市5A级居家养老服务中心，3个市4A级居家养老服务中心，9个市3A级居家养老服务中心，3个街道级中心厨房，10个社区助餐点。

居家养老服务中心在全区59个社区均建成，实现全覆盖。全区累计建成养老机构18个，其中公办1家，民营17家，民营率94%。全年新增和怡老年照护中心、九如城失能康复中心等，新增床位300张。全面实现高中低档配置齐全，覆盖城乡的机构养老新格局。全年，为全区8024名80周岁以上老人发放尊老金近520万元。免费培训初、中、高级养老护理员、营养配餐师和保健按摩师等专业人才200名。全年举办12349助老嘉年华40余场，全面实施“温暖空巢”“舞动夕阳”等关爱项目，鼓励和支持老年群体组建老年文艺团体，丰富老年人的精神生活。

【社会救助】 2018年，雨花台区低保和救灾救济工作围绕保障和改善困难群众基本生活，健全和完善以城乡低保为基础、专项救助和灾害救助为补充的一体化社会救助体系。严把低保工作入口关，规范审批程序，根据金融比对做好动态管理。至年末，全区城乡低保对象2758户4126人，其中城市低保对象2466户3698人，农村低保对象292户428人。全年为多类重病患者办理医疗救助2.1万人次，发放救助金1100.9万元；办理临时救助92人，发放临时救助金16.9万元。开展低收入住房困难家庭认定工作，惠及315户困难家庭。指导防灾减灾演练70场次，组织“5·12”防灾减灾宣传周大型广场活动，做好社区防灾减灾宣传。年内再次为全区在册9.02万户25.1万居民购买人身和家庭财产保险，投保资金79.29万元，完成理赔18万元，惠及家庭110户。残疾人生活补贴惠及1682人，发放资金83.80万元；残疾人护理补贴惠及1843人，发放资金49.12万元。同时为全区71名困境儿童等群体发放生活补贴19.8万元。

【婚姻家庭】 2018年，雨花台区全区完成婚姻登记7439对，其中结婚登记3679对，离婚登记2800对。补发结婚证821对、离婚证116对，出具婚姻登记记录5对，婚姻登记准确率100%。全年整理装订婚姻登记档案7439份，帮助南京市公积金管理中心核查婚姻登记信息2000余条，接受公安、法院、银行、公证等部门查阅当事人婚姻登记档案200余次，回函20余件。婚姻登记处开展专业的婚姻家庭辅导服务，成功劝和离婚者70对，成功率85%。

【殡葬管理】 2018年，组织开展清明祭扫安全保障活动，接待祭扫群众180万人次，确保50万辆机动车安全畅通，保障完成清明祭扫服务工作。投入资金40万元对板桥街道永安纪念堂进行提档升级改造。投入20万元，为300多人提供惠民殡葬减免政策保障。 （汤华峰）

老龄工作

【概　况】 2018年，雨花台区60岁以上老年人口5.87万人，占户籍人口的19.71%。全区推进养老服务体系建设，坚持市场化、专业化、规模化运作，支持社会力量参与；突出抓好居家养老、医养融合、组织培训等关键环节，形成以居家养老为基础，社区养老为依托，机构养老为支撑，医养融合相结合的养老服务体系，打造具有雨花特色的养老服务品牌。区老龄办再次被省老龄办评为全省老龄宣传工作先进单位。西善桥街道在全市102个街道养老服务综合排名第一。

【居家养老】2018年，全区64个社区（含3个筹备办）建成居家养老服务中心，实现社区居家养老服务全覆盖，创办有老年人日间照料中心、社区居家养老服务中心、中心厨房、老年人助餐点等小型分散、就近就便的为老服务场所，其中主城区域形成10—15分钟社区养老服务半径。全区建有8个省级日间照料中心，18个社区综合护理中心，8个街道级中心厨房，64个社区助餐点，70个社区居家养老服务中心，其中1个南京市AAAAA级居家养老服务中心，6个南京市AAAA级居家养老服务中心，42个南京市AAA级居家养老服务中心，11个南京市AA级居家养老服务中心，民营性质养老服务中心覆盖率83%。

【机构养老】2018年，全区新增养老机构3家，床位276张。至年末，全区建成养老机构23个，其中公办1家，民营22家，民营率95.65%，核定床位2440张（护理型床位2270张，占比93%）。全年，被评为市AAAA级养老机构2家，被评为市AAA级养老机构5家。

【老年优待】2018年，全区7738名80岁以上老年人高龄补贴发放尊老金33.45万元。社区、养老机构免费订阅《老年周报》2000份；全区60岁以上特困老人安装紧急呼叫器5157台，为720名高龄、独居、特困、空巢老人提供政府购买居家养老上门照护服务。为145名失能及半失能老人开展居家上门康复、中医养生专业服务。为全区75岁以上独居老人安装老人紧急呼叫器1500台，对1412户特困独居老人进行家庭适老化改造，对1.2万名老人进行入户上门评估；免费培训初、中、高级养老护理员、营养配餐师和保健按摩师等专业人才225人；走访慰问高龄、生活困难、重病老人，举办庆祝老人节系列文艺演出，开展老年人志愿者、热心好人评选等活动，为老人送温暖、送文艺、送健康，在全社会营造关心关爱老年人的浓厚氛围。举办庆祝全国第九个敬老月暨南京市第32个老人节活动系列表彰活动，其中10家单位被评为“敬老文明号”单位，10人被评为“老龄工作先进个人”，10人被评为“孝亲敬老之星”。

（邹巍巍）

残疾人工作

【概　况】2018年，雨花台区发放养老保险补贴673人，发放医疗保险补贴648人，发放补贴金88.96万元。审核困难残疾人生活补贴1415人、重度残疾人护理补贴2017人，为342名“重度残、老养残、一户多残”残疾人发放生活补贴40.68万元。完成安置残疾人企事业单位年审工作97家，为17家达到或超过比例安置残疾人就业单位申报奖励金额30.62万元。区残联联合省、市基金会公益项目，开展“家电圆梦”项目，为528名贫困残疾人家庭发放轮椅、彩电等家电器材532台，为12名符合残疾车申购条件肢体残疾人购置新车。区残联与28家市级儿童定点康复训练机构签订三方协议书，为153名0—14岁残疾儿童拨付康复训练经费184万元，为24名0—6岁残疾儿童免费适配矫形鞋和助听器。第19次全国“爱耳日”期间，区残联组织各街道社区，举办“爱耳日”大型广场义诊活动等宣传教育活动5场，为558名社区居民开展免费听力筛查和健康咨询。全年处理省残联信访件2件，完成区政协提案及督办件2件，办理“12345”工单17件，办理残疾人证477本，开通残疾人免费乘车证318人次，对204名残疾车主发放燃油补贴53040元，对5名残疾车主发放更新补贴1万元。

【教育补贴和助学奖励】 2018年，区残联为18名中高等院校残疾学生发放省教育专项补贴2.3万元，为5名中高等院校残疾学生发放区级助学补贴1.8万元，为7名中高等院校残疾学生发放市级助学奖励1.5万元，为8名自主创业的残疾人发放一次性创业奖励1.6万元。开展“爱心助学金”项目，市残疾人基金会“郭氏爱心助学基金”项目为雨花台区5名贫困家庭残疾儿童捐赠5000元。全区残疾学生均享受“两免一补”（免费提供教科书、免除杂费，补助一定生活费）政策。

【助残招聘】 1月2日—2月2日，区残联开展以“就业帮扶，真情相助，不让一个就业困难人员掉队”为主题残疾人就业援助月活动。活动期间走访登记残疾失业人员10人，组织残疾人专场招聘会2次，帮助残疾失业人员实现就业10人，帮助10名残疾人享受专项扶持政策。4月26日，在由省、市残联主办残疾人专场招聘会中，雨花台区进场招聘企业2家，提供工种2个、岗位12个，到场咨询残疾人23人，与单位达成就业意向8人，与单位签约4人。10月18日，在由省、市残联主办的残疾大学生专场招聘会中，全区进场招聘企业2家，提供工种6个、岗位14个，到场咨询残疾人20人，与单位达成就业意向8人，与单位签约4人。全年安置就业人数40人。

【残疾人培训】 2018年，区残联组织77名残疾人参加各类培训，为9名残疾人专职委员报名参加清华大学、北师大远程教育。组织14名选手参加南京市残疾人技能大赛，赵银花、姜祺玉、程良君、曹高明子分获美甲、绘画、烹饪、蛋糕制作第三名。板桥街道专职委员曹建雄、雨花街道专职委员李俊代表南京市参加全省残疾人就业服务机构工作人员职业指导竞赛个人赛和团体赛，分获团体第二名和个人第六名。南京佳佤盲人推拿保健中心及西善桥街道“残疾人之家”代表南京市参加江苏省第六届残疾人职业技能竞赛暨就业创业成果展。

【个性化康复服务】 2018年，雨花台区开展残疾人精准化个性化康复和“家庭医生签约”服务。为1544名有康复需求持证残疾人建立康复服务档案，提供康复评估、训练、心理疏导、护理、生活照料、辅具适配、咨询、指导和转介等基本康复服务，为1200名残疾人开展入户评估、健康教育、健康体检、康复咨询指导及转介等服务，为90名重度肢体残疾人提供一对一上门康复训练。区残联与区卫计局联合出台《雨花台区残疾人精准康复服务行动实施方案》《雨花台区残疾人家庭医生签约暨个性化康复服务实施办法》。为4574名残疾人完成家庭医生签约服务，签约率75%。

【残疾人辅具适配与家庭无障碍改造】 2018年，区残联为282户贫困残疾人发放轮椅、洗澡椅、助行器等生活类辅具64大类828件，为19户残疾人家庭进行厨房、卫生间、走廊的无障碍改造，为135名贫困残疾人验配低视力辅具，为5名贫困残疾人安装普及型假肢。

【残疾人文化体育活动】 2018年，区残联举办"爱在金陵·情满雨花2018残疾人文艺汇演"，选送3个节目参加市汇演，其中2个节目分别获优秀奖和表演奖。各专门协会迸发活力，开展围绕第28个"全国助残日"，国际盲人节、聋人节等，开展"关爱特困残疾人进家庭""感受自然·畅游高淳慢城""盲人推拿服务进社区"等近50场助残活动。雨花台区残疾人运动员在第十届全省残疾人运动会上获12块金牌、6块银牌、2块铜牌。残疾人运动员石艳平在2018年国际乒联中国残疾人乒乓球公开赛中，获TT4级团体冠军、男子单打亚军。举办全区残疾人运动员选拔活动，选拔出16名后备残疾人运动员。

【全国助残日】 5月20日"全国助残日"，区残联与南京市第一医院康复医学中心联合举办第28届"全国助残日"残障儿童义诊活动，南京市第一医院20余名儿童康复专家及临床专业技术人员参与义诊，特邀南京市儿童医院康复医学科主任医师汤健等现场指导。40余名残障儿童及家长到场咨询。区残联与南京东南眼科医院合作，为各街道社区居民开展视力测试、眼底检查和白内障筛查等，社区义诊服务活动5场。

【"残疾人之家"建设】 2018年，区残联将"残疾人之家"建设作为重点，截至年底，采取公办公营、民办公助等多种形式，建成以康复、托养、辅助性就业等各项服务为一体的残疾人综合服务机构11家，其中年内新建3家。注重全面规范，提升运营水平。开发区管委会利用残疾人之家建立残疾人萤火虫志愿者服务团队。板桥街道打造以医养融合为特色的板桥康馨残疾人之家。西善桥街道"残疾人之家"，先后接待国家、省市区等多家单位学习参观23场近500人次。

【虹桥康疗中心】 虹桥康疗中心是2018年新建的"残疾人之家"，中心开发半成品礼盒制作、中国结、猪年福袋、翻鞋底等庇护性就业项目。全年组织康复活动60次，电话拜访331人次，家访24次，进行心理疏导300余次。 （马　莉）

（责任编辑　张　玄）

机关团体

2019 YUHUATAI ALMANAC

Institutional Group

中国共产党南京市雨花台区委员会

·概　述·

【概　况】2018年，雨花台区委深入贯彻习近平新时代中国特色社会主义思想和中共十九大精神，按照省、市委决策部署，统筹做好各方面工作。全年实现地区生产总值570.99亿元，增长8.1%，其中第三产业增加值485.23亿元，增长9.5%；一般公共预算收入82.5亿元，增长13.5%；社会消费品零售总额417.3亿元，增长9.1%；全社会固定资产投资285.13亿元；实际利用外资2.1亿美元，外贸进出口总额269.46亿元。推进区人代会项目110个、市重大项目32个，其中27个实施类市重大项目超额完成年度投资任务。金证南京研发中心等35个项目竣工。引进富士康南京研发中心、中软国际解放号、华润大数据基地、360企业安全集团等重大项目33个，总投资228.6亿元。盘活低效用地，全市首个低效用地再开发项目省供销合作经济产业园主体封顶。新增商务商贸设施面积60万平方米。"双创示范基地"建设获国务院督查激励。全年实现软件和信息服务业收入2500亿元，其中软件业务收入1550亿元，增长13.14%，新增软件产业建筑面积84.07万平方米。江苏满运软件科技有限公司、江苏润和软件股份有限公司、南京睿悦信息技术有限公司等近20家企业在硅谷设立研发中心。签约新型研发机构12家，通过市级备案7家。新增高新技术企业168家。新入选科技部创新人才推进计划人才1人、省"双创人才"8人、省"双创团队"1个，新增区高层次创业人才56人。培育主板上市企业1家。集聚独角兽企业2家、独角兽培育企业16家、瞪羚企业12家，总数占全市总量的20%，位列全市第一。推进12大类46项重点改革任务，做好不见面审批、医药卫生体制改革等工作。完成雨污分流项目316个，推进南河等14条河道水环境提升工程，压减煤耗36万吨，空气质量优良率提升到70.6%。落实长江生态保护责任，清除非法码头5家，整治"三无"船舶27条，关停违法企业13家，排查产废企业225家。实施征拆项目53个，完成征拆面积80万平方米。推进徐工集团搬迁、积淹水片区改造、西善桥"双清"等项目。加快龙翔大道二期、机场二通道等道路建设，完成圣戈班C1地块出让，马家店保障房B、C地块9栋楼主体及二次结构全部完成，A、D地块全面开工。实施城市精细化建设管理项目138个，完成雨花东路、南院路、党校路、岱山路改造出新等工程，宁丹路铁心桥改扩建工程全面通车。整治背街小巷54条，全区垃圾分类设施覆盖率46.9%。推进绿化造林和景观提升工作，新增绿地20万平方米，林木覆盖率30.15%，绿化覆盖率49.36%。新增城镇就业14689人、大学生就业2.4万人，培育大学生自主创业634人，全体居民人均可支配收入57530.4元，增长9%。开工保障房建设32.2万平方米、竣工7.3万平方米，实施老旧小区出新9个，完成租赁住房建设3万平方米、人才安居用房建设4万平方米。优化教育资源布局，小行小学新校区、金陵华兴实验学校投入使用，南外雨花国际学校、琅琊路小学石林分校主体封顶。实施"院府合作"，新建医联体6个，其中省级特色科室1个、市级特色科室5个。每万人拥有公共文化设施面积1788.9平方米。有效化解突出信访矛盾66起。打造精品社区21个，每万人拥有社会组织数22.2个。

【区委十一届十一次全体（扩大）会议】 8月6日，区委十一届十一次全体（扩大）会议召开。全会总结上半年工作，明确下半年任务，动员全区上下进一步解放思想、对标找差，真抓实干、攻坚克难，完成全年各项目标任务，在高水平全面建成小康社会的进程中迈出更加坚实的步伐，推动雨花高质量发展走在前列。会议听取审议区委书记戴华杰代表区委常委会作《对标找差补短板，解放思想再出发，推动雨花高质量发展迈出新的步伐》工作报告。全会提出，2017年下半年围绕省委高质量发展监测评价指标体系和市对区考核办法的相关要求，坚持目标导向、问题导向和效果导向相结合，按照既定部署，紧扣发展任务，进一步解放思想、创新实干。落实对标找差要求，实现综合实力的更大突破。立足功能品质提升，实现城市建设的更大突破。紧扣污染防治发力，实现生态环保的更大突破。围绕群众所需所盼，实现民生福祉的更大突破。

【区委十一届十二次全体（扩大）会议】 12月29日，区委十一届十二次全体（扩大）会议召开。全会部署2019年任务，动员全区上下进一步解放思想、再接再厉、奋发作为，聚力建设“现代产业城、科技创新城、特色枢纽城、红色文化城、幸福宜居城”，在高水平全面建成小康社会、高质量推进“强富美高”新雨花建设上迈出新的更大步伐。会议听取审议区委书记戴华杰代表区委常委会所作《对标找差求突破，争先进位创一流，推动雨花在高质量发展上迈出新的步伐》的工作报告。（李兴时）

·组织工作·

【概　况】 2018年，区委组织部围绕贯彻落实中共十九大精神和省市区委党代会目标任务，按照全国全省全市组织工作会议部署和区委要求，推进领导班子和干部队伍、基层党组织和党员队伍、人才队伍建设。

领导班子和干部队伍建设。联合区纪委，制定《关于进一步激励广大干部新时代新担当新作为的实施意见》《雨花台区党政干部鼓励激励实施办法》《雨花台区进一步健全干事创业容错纠错机制的实施办法》《雨花台区推进党政领导干部能上能下实施办法》“1+3”文件，调动和激发广大干部队伍干事创业积极性、主动性和创造性。完善区管班子、区管干部无任用考核机制，推进区管正职互测互评、年度考核评优和区管干部试用期满考核，注重实绩研判，强化考核结果运用。推进年轻干部“四个一线”跟踪培养、外派挂职工作，选派16人到“四个一线”挂职、120人次到招商引资等岗位历练、21人次西部对口支援双向互派交流，推进年轻干部实践锻炼和成长。

干部监督工作。结合年初“两会”选举，开展警示教育600余人次。做好个人有关事项报告重点核查和随机抽查工作，完成489名区管干部信息审核上报工作，重点核查43人、随机抽查50人，核查比对结果不一致23人，开展提醒谈话19人、函询4人、谈话诫勉1人。加强权力运行监督，会同区审计局开展12名领导干部经济责任审计、1名领导干部任中审计，完成19名领导干部离任交接。

干部教育培训。开展干部教育培训菜单调研，了解培训需求和意见，制定《全区2018

年干部教育培训工作要点》。组织习近平新时代中国特色社会主义思想教育学习培训，实现主要阵地、培训对象全覆盖。聚焦“人工智能发展”“宪法和新的宪法修正案”等，邀请南京大学教授高阳、市委党校副校长刘喜发等，举办“雨花讲坛”3期，培训干部1500余人次。制定青年干部专项培训计划，开展“3+3”培鹰行动，举办“雏鹰”“飞鹰”培训班，实施“周期性”选拔、“常态化”锻炼、“动态式”管理，打造干部发展“成长链”。

基层组织建设。印发《关于全面加强城市基层党建工作的实施意见（试行）》《街道（园区）“大工委”和社区“大党委”工作机制实施方案》，强化分类别指导、分领域统筹。推进党群服务中心建设，浓厚红色氛围。健全区街社“书记项目”制度，确定书记项目150个，实现基层党组织全覆盖。开展“新时代先锋”行动，加强党支部标准化、规范化建设，推进全区面上学习教育阵地建设。

党员队伍建设。至年末，全区有党员20595名，较上年增加1125名。其中，预备党员135名，占党员总数0.66%，较上年减少112名；少数民族党员213名，较上年增加19名，占党员总数1.03%；女党员7078名，较上年增加428名，占党员总数34.37%。台湾省籍党员1名。35岁以下党员5349名，占党员总数25.97%，比上年净增76名；具有大专以上学历党员12165名，占党员总数59.07%；非公有制经济组织党员5652名，占党员总数27.44%，比上年增加52.40%。全年新发展党员121名，其中女性党员60名、35岁以下党员76名、具有大专及以上学历党员111名。

人才队伍建设。坚持组织部门牵头抓总、职能部门密切配合的人才工作格局，定期召开人才工作联席会议，提升人才工作整体合力。优化高层次创业人才申报和评审细则，对获得市场认可及主持重大专项的5名人才放宽学历、出资方式等限制，予以破格推荐。破格的5家人才企业累计获投资2700余万元、市场估值超1亿元，其中1家企业承担国家核高基重大专项。常态化开展企业、人才走访，针对企业、人才需求，通过定期开展招才引才服务、“科技人才服务行”等服务，助推辖区人才企业登高发展。新增江苏省“333工程”培养对象7名、省科技企业家14名、省“双创博士”12名，新增市中青年拔尖人才6名。推进“创业南京”人才计划，组织申报市科技顶尖专家7名。新引进区高层次创业人才52名，推荐申报市高层次创业人才56名、申报市创新型企业家24名。

5月1日，北京大学和雨花台区联合举办“创新名城与产业发展”专题培训班
（区委组织部　供稿）

【区域化党建工作】 2018年，区委组织部坚持分类统筹、以点带面，加快“一谷一组一平台”建设。在软件谷中打造“雨花红谷”，分

片形成10个党建集群、69栋独栋楼宇、2039家非公企业“三级”组织体系，完善1名网格党建指导员、1名楼宇党建联络员、若干名企业党建信息员等“1+1+X”联动机制。以运满满“红色方向盘”党建项目为引领，探索“三联三创”模式，推动区域互联网企业党建工作发展，相关做法被《组织人事报》《非公有制企业党建》《新华日报》等报道。在商圈经济中打造区域“党建动车组”，成立南京南站党建联盟360党支部，开通微信公众号，建成功能阵地7个，形成线上线下阵地集群，常态开展“红心向党”“红色微马”等品牌活动，完善“南京南站区域党建联盟360”党建模式，并向虹悦城、雨花客厅等商圈推广，加快构建多元共治的区域党建新机制，系列做法被《南京日报》《南京微调研》刊发。出台《“红色导航”行动计划》《雨花台区社会组织党建工作标准化建设实施细则（试行）》，提档“一委一园一中心”，出台党建标准化细则、党建指导员制度，通过初创期创建“公益创客学院”等平台、成长期健全五同步等机制、成熟期培养叶姐工作室等红色头雁，把红色元素贯穿社会组织成长运营全过程，相关成果被《中国民政》《党的生活》等刊载。

【“攻坚之星”推选】 2018年，区委组织部启动第三批“攻坚之星”推选。坚持把推选作为推进“两学一做”常态化制度化长效举措，把推荐范围扩大到组织关系在雨花台区的全体党员、工作在雨花台区的群众骨干。注重把攻坚一线作为锤炼党性的实践课堂、选树典型的阵地赛场，把推选工作与全年攻坚任务高度契合，通过一线倾斜、事迹发布、部门联审、层层遴选、区委常委会研究，选出全区首批“产业发展之星”“城市建设之星”“社会事业之星”“和谐文明之星”各10名。通过隆重表彰、制作《群星闪耀》专题片、组织事迹宣讲、关爱重用攻坚干部，让“攻坚之星”成为掀起干事创业、比学赶超热潮的催化剂。

（谭倩倩）

【雨花台干部学院强基立院】 2018年，雨花台干部学院办班92班次，包括组织开展新任省管干部任职培训班5期、“巾帼传承先烈志 思想解放建新功”首期特色培训班、市检察院中层干部和专职副书记培训班等，培训学员8000余人。

（徐　惠）

·宣传工作·

【概　况】 2018年，区委宣传部按照省市和区委决策部署，增强“四个意识”、坚定“四个自信”，推进全区宣传思想文化工作，为攻坚三个主战场、建设“强富美高”新雨花提供有力思想保证、精神动力和舆论支持。全年，获省市社科资助项目3项、市创新案例1项、思想政治成果1项；“红色信仰”系列O2O主题教育传播活动获全市宣传思想文化工作创新奖，“五四快闪”“最爱国旗红”等活动被人民网、央视新闻等主流媒体转载推荐，互联网传播量约4000万人次；全区意识形态领域形式持续向上向好，文明风尚进一步形成，全区涌现出“中国好人”王秀芳、“江苏好人”农阳、江苏省优秀志愿者雷建功等一批好人典型；创意南京“金梧桐奖”评比中，蓝鲸人网络科技有限公司、华博创意2家公司获评南京文化企业十强，欧帝电子科技等4家企业获评南京都市圈最具投资价值文化企业30强。

【媒体宣传】 2018年,区委宣传部开设“对标找差创新实干”“解放思想大讨论”“聚焦软博会”“庆祝改革开放40周年”等专题专栏,通过制作H5动态页面、长图图解等方式,宣传展示省市区“两会”、软博会等重要政务工作内容。2月,区委书记黄河就“对标找差创新实干”接受市属主要媒体专题采访;4月,举办“一起来看雨花新变化”中央、省、市媒体聚焦雨花主题采风活动;5月,中央电视台、新华社等20余家媒体报道由区委宣传部策划开展的五四青年节“红色快闪”活动;6月,省市主要媒体报道雨花台区环梅山片区环境综合整治成果;9月,《人民日报》二版要闻报道云密城的“园中园”模式为双创添动力的经验做法。软博会期间在重要地段投放大屏广告,举办“数字媒体雨花行”邀请全国科技类媒体走进“雨花”,并全程网上视频直播,点击量超16万次,制作短视频4个和H5产品2个。网友节期间,举办“动漫亲子跑”雨花专场活动;庆祝改革开放40周年之际,策划“一起来看雨花新变化”摄影比赛,拍摄“雨花的老行当”系列视频5个;借《我不是药神》热映,推送文章《徐峥把能仁里吃出名了,雨花这条小街应该拍我是食神》,向网友推荐雨花美食,引发集体怀旧,成为“金陵微雨花”政务微信第一条10万+的文章。举办“最爱国旗红”城市定向赛,当日视频直播点击量超200万次,“金陵微雨花”相关新闻报道收获“10万+”。至年末,刊发新闻稿件1150篇,其中《人民日报》2篇、《新华日报》67篇(含头版5篇);“金陵微雨花”微博发布信息8222条,微信推送信息836条,“金陵微雨花”政务微信被市委宣传部评为年度“优秀政务微信”,“追寻信仰、传承信念”五四红色快闪获“媒体融合传播案例奖”。

10月1日,区委宣传部联合区文明办举办“最爱国旗红”2018国庆城市定向赛
(区委宣传部 供稿)

【舆论引导】 2018年,区委宣传部继续实施“雨花”干部队伍媒体素养提升计划,并纳入年度全区干部教育培训要点,举办全区骨干网评员培训班、全区新闻发言人及助理培训班。街道(园区)和重点民生部门培训全覆盖,邀请省市专家和资深媒体人授课18场,培训人员2500余人次。制定下发《关于进一步加强雨花台区网络宣传及舆论引导的通知》,量化内容、细化标准,进一步提高全区网络宣传和舆论引导工作水平。开展全区属地网络平台梳理工作,梳理出一批用户访问量大、活跃度高的互联网平台,逐步纳入全区属地网络平台管理体系,加强对该类平台的监管、督促、指导工作。

(魏 薇)

·文明创建·

【概　况】2018年，区委宣传部做好文明创建工作。“金陵好人颂”巡演走进景明佳园社区，传递“好人精神”。在普德村打造社会主义核心价值观宣传景观街和好人地标广场，举办“善行雨花筑梦中华”雨花好人颂活动，邀请20余位历届“中国好人”“南京好市民”等先进典型参加活动并向其送上爱心体检卡和好人加油包，将10家企业命名为“好人加油站”爱心企业。开展第二批雨花台区“学雷锋活动示范点”和“岗位学雷锋标兵”评选活动。举办“最爱国旗红”2018国庆城市定向赛活动。与西善桥街道联合制作的微电影《头号管家》获南京市社会主义核心价值观主题微电影征集活动一等奖、第三届“平安江苏”微电影微视频微动漫优秀作品评选活动二等奖。开展雨花台区优秀童谣征集评选活动，收集30余所中小学作品近300余首，其中雨花台区实验小学王梓言同学创作的《妈妈说我是小蜗牛》被推荐到中央文明办，获全国第七届优秀童谣作品征集推广活动三等奖。举办“魅力南京·大美雨花”青少年绘画邀请赛，选出40余幅作品参与国外展出交流。在全区未成年人中开展“新时代好少年”学习宣传活动。在岱山实验小学开展2018南京历史文化名城博览会“一起来传承——非遗进校园”活动。与区地方志办公室、关工委等部门联合举办“庆祝改革开放40周年、讲好雨花故事、唱响雨花未来”主题宣讲活动。中秋节期间，邀请商洛市丹凤县小学生代表走进电台演播室，与雨花台区小学生代表共读中秋主题诗歌，录制的中秋倒计时音频在南京交通台三档节目中播出。牵头做好南京市文明程度指数测评迎查工作。下发《关于建立“文明餐桌我查查”微信工作群的通知》，建立“文明餐桌我查查”微信工作群，启动新一轮区级市民督导工作，加大市民督导和巡查力度。贯彻落实市创建办《2018年深化文明城市创建工作推进方案》，制定《雨花台区两个短板整改项目的整治提升工作方案》，召开两个短板整改项目整治提升行动部署会暨集贸市场整治提升现场会，整治全区公共市场环境和文明餐饮环境两个短板问题。举办文明城市创建工作专题培训班，全区26家单位约50人分两批赴张家港、宜兴学习全国文明城市创建的先进经验和做法。做好2017年度全区省级文明单位履行社会责任报告工作。年内，赛虹桥街道王秀芳被评为“中国好人”，农阳被评为“江苏好人”，余勇、夏小亮、张赛女、孙志科、王强等被评为“南京好人”。

【志愿者服务】2018年，活跃志愿者人数占全区常住人口比例15.9%。3月5日学雷锋日前后，全区开展主题为“学习雷锋精神弘扬时代新风”学雷锋志愿服务集中活动，2000余名志愿者参与。组织优秀志愿服务组织参加第三届江苏志愿服务展示交流会，其中“二十四节气”民俗课堂志愿服务项目获铜奖。做好2018年江苏省学雷锋志愿服务先进典型推选工作，推荐的雷建功被评为江苏省优秀志愿者，板桥新城大方社区被评为江苏省优秀志愿服务社区。下发《关于进一步规范雨花台区志愿服务工作的通知》，进一步规范街道（园区）志愿服务总站管理和志愿服务组织管理工作，启动雨花台区优秀志愿服务项目申报工作。（魏　薇）

·统战工作·

【概　况】 2018年，区委统战部围绕全区中心工作，坚持问题导向，着眼大局凝心聚力，集中力量抓好重点工作，推进“雨花”统一战线工作新局面。全年，出台《贯彻落实〈统战工作条例〉实施意见》（简称《条例》），对应各项内容进行任务分解，细化明确牵头单位和责任单位。举办专题培训班就贯彻落实《条例》精神进行系统解读学习。开展大调研大走访活动，深入一线开展政策宣传、调查研究、化解矛盾，走访民营企业81家，协调解决企业用工难、融资难、子女上学等问题21件。成立区委统战工作领导小组，由区委书记任领导小组组长，形成党委统一领导、统战部牵头协调，相关部门各负其责的大统战工作格局。

【港澳台侨联系加强】 2018年，区委统战部加强与港澳台地区联系，组织港澳同胞和海外侨胞考察雨花台区，促进与港澳台地区经济文化等方面交流与合作。开展归国留学人员“雨花行”等活动，加强与在外留学人员的联系交流，扩大全区港澳台海外统战工作社会影响力。以“南京先生”纪念碑亭落成为契机，密切与海外代表人士交往，增强他们的归属感和认同感。以华兴村侨史陈列馆落成为基础，加大收集相关文物、史料力度，加强与对口部门联系，共同推进南京市侨史博物馆建设工作。在全区形成台胞与侨胞服务三级工作网络，培育推广社区台胞与侨胞工作特色典型，做好困难台胞台属、归侨侨眷服务工作。

【“四大平台”搭建】 2018年，区委统战部搭建学习培训服务平台、司法服务平台、东西部帮扶平台及公共服务平台“四大平台”。组织4批非公经济代表人士参加全区统战代表人士培训、井岗山干部学院、延安干部学院专题教育培训。组织工商联副主席（会长）、执委、非公人士到南京市民间抗日战争博物馆参观。与司法局共建“商会组织法律顾问制实施办法”，服务商会企业，并以全区同心律师服务团为基础，为全区社会和中介组织、非公企业提供法律援助。组织区工商联会员企业赴陕西丹凤县开展对口协作、助学帮困活动，资助丹凤县工商联扶贫工作经费5万元，助学帮困费用6.55万元，捐赠智慧打印机10台，开发网上商城费用5万元；赴青海大通县开展对口协作、助学帮困活动，资助大通县工商联扶贫工作经费5万元，助学帮困费用6.55万元，捐赠智慧打印机20台，企业家现场捐款10万元扶贫200户。针对公共服务不足之处，携手各级各类商会组织、会员企业参与省、市组织的省内外及国内外商务活动，为企业提供各类订单式服务。举办法律解读、电商培训、银企对接、百度推广、科技企业上市辅导、国际商务等商贸服务活动40余场次。

【落实民族宗教政策】 2018年，区委统战部贯彻落实全国、省、市宗教工作会议精神，专题研究宗教工作，结合“宗教政策法规学习月”活动，举办专题培训、法律知识讲座等形式，加强对全国宗教会议精神和《宗教事务条例》学习宣传和解读，推进宗教政策法规进机关、进场所、进社区，扩大宗教政策法规宣传影响力和覆盖面。完成场所建立档案、赋码换证和星级创建工作，建立完善“一所一档”和“一人一档”。举办培灵会、同工培训班等4个班次，有1200余名教牧同工、200余名传道人参加培训。及时采购配发国旗、宪法和新条例、社会主义核心价值观挂图以及优秀传统文化书籍，组织场所负责人和场所管理组织成员学习《中华人民共和国国旗法》。各场所根据自身条件落实"四进"活动要求，组织法律法规学习宣传，悬挂国旗并组织升旗活动，引导信教群众践行社会主义核心价值观，在各宗教活动场所营造爱国爱教氛围。在全区深入开展民族团结"一街一特色"活动，在少数民族常住人口相对集中的梅山街道成立少数民族联谊会，在少数民族流动人口相对集中的赛虹桥街道成立少数民族驿站。协调少数民族居民相对集中的雨花街道和铁心桥街道建立"民族之家"，在省委、市委统战部指导下，在丁墙社区成立新疆籍务工经商人员服务管理工作站。完成少数民族居民牛羊肉补贴发放，准确率100%。确认42名中考少数民族考生身份并对考生基本情况登记造册、原始资料复印存档。

【民主党派工作】 2018年，区委统战部强化党派团体在民主协商中作用。区委召开协商会议2次，区各党派团体成员围绕攻坚"三大主战场"、双创示范基地建设、"两桥"地区改造等重点课题提交高质量提案、议案20余条，调研报告9篇，为区委区政府科学决策提供依据。贯彻落实《雨花台区培养选拔党外领导干部工作规划》，建立党外干部信息库，全区市管党外干部4人，23名区管党外干部中，正处职干部5人，副处职干部18人，其中在政府部门任职的共14人，10个必配部门完成配齐6个。党外科级干部共105人，其中正科职（级）44人，副科职（级）61人。组织40名党外代表人士在省社会主义学院开展专题培训，深入学习中共十九大精神、习近平新时代中国特色社会主义思想、统一战线理论知识，组织全区全体民主党派成员开展纪念"五一口号"颁布70周年纪念活动。组织全区各民主党派总支主委和无党派代表人士赴福建古田遵义接受革命传统和理想信念教育。牵头组织区各党派团体与基层社区开展对口共建，区各党派团体根据界别特色和自身实际开展送医进社区、送法进社区等各类活动。全年，区各党派团体累计为社区群众和企业送科技、送医卫、送教育、送文化9次，举办法律讲座2次，发放各类宣传资料3万份，帮扶资金9.5万元，惠及群众6000人。建立组织、统战联席会议制度，定期通报党外干部工作中重要情况，做好区委组织部和统战部在党外干部的发现、培养、选拔等工作。通过联合储备、联合培养、联合考核，确保每一批干部调整中都有民主党派或无党派人士进入视野并提拔使用。联合区委组织部开展党员活动日、"同心同向、同庆同乐"新春联谊等活动。 （王　翔）

·党史工作·

【概　况】 2018年，区委党史工作以筹建区史馆工作为重点，以纪念改革开放40周年为契机，推进党史征编和研究工作，继续开展党史宣传教育系列活动，并参与省、市委党史办组织的各项党史宣教调研工作。调研文章《砥砺奋进四十载　筑梦雨花新时代》，在《南京党史》杂志"开启新征程——庆祝改革开放四十周年"专栏征文活动中获二等奖。

【党史征编研究】 2018年，区委党史办继续补充完善、修改校对《中共江苏省南京市雨花台区组织史资料（1995.01—2016.12）》（第三卷）。参编由市委宣传部和市委党史办主编的《南京红色印迹（1921—1949）》，撰写关于“雨花台烈士陵园”等雨花台区红色资源点的历史背景、基本信息和保护利用等资料，并提供新旧对比摄影图片若干张。配合《中共南京历史纪事2017》的出版发行，撰写完成《2017雨花台区委工作综述》。承担《南京党史》杂志第五期“开启新征程——纪念改革开放四十周年专栏”供稿任务，撰写《砥砺奋进四十载，筑梦雨花新时代》，以图文并茂形式展示改革开放40年雨花台区取得的成就。

【党史宣传教育系列活动】 2018年，区委党史办开展党史宣传教育系列活动。5月，根据前期为《南京红色印迹（1921—1949）》提供的雨花台区红色文化资源资料，编制红色文化竞赛题，通过区微信平台“金陵微雨花”举办“传承红色文化知识问答”活动。9月，参与承办由市委宣传部、市委党史办等主办的“南京红色文化资源点寻访阅读行动第六站”活动，以“缅怀雨花英烈，坚定理想信念”为主题，寻访晓庄革命烈士纪念碑、中共南京铁路下关车站支部旧址及雨花台烈士陵园等，并举办“弘扬雨花英烈精神”读书分享会。

【区史馆筹建工作】 3月，区史馆筹建工作列入区档案局工作计划，建立区史馆筹建工作组。依据区地方史、区志年鉴等史料，工作组先后对布展结构和展陈文本数易其稿，于5月底定稿。11月召开专家审稿会，听取意见并根据意见调整修改文本。11月下旬完成区史馆布展方案设计和展陈服务招标工作，启动施工前方案设计。持续向相关区机关单位和社会公众补充征集展陈图片和实物，征集1573张（件）。

【庆祝改革开放四十周年专栏征文获奖】 2018年，区委党史办撰写文章《砥砺奋进四十载筑梦雨花新时代——图说改革开放40年雨花台区辉煌成就》，参加市委宣传部和市委党史办在《南京党史》杂志开设的“开启新征程——庆祝改革开放四十周年”专栏征文活动并获二等奖。该文从经济、政治、文化、社会以及生态文明建设等方面，简述改革开放40年来，雨花台区贯彻执行党的路线、方针和政策取得的重大成就，人民生活水平实现从温饱不足到全面小康的历史性跨越。

（徐清平）

·党校教育·

【概　况】 2018年，区委党校聚焦主业，聚力创新，推进习近平新时代中国特色社会主义思想进教材、进课堂、进头脑，举办中共十九大精神培训轮训班3期、1200人次，现场教学10次、培训人数350人次。实施基层宣讲全覆盖计划，开展各类基层宣讲50场，培训人数3000人次。加快现场教学基地建设，打造6个具有鲜明雨花特色现场教学基地。高效推进科研调研工作，确定一批具有前瞻性、针对性的系列科研调研课题，着力促进决策咨询成果转化。统筹师资队伍建设，提升整体教研质量，构建100人左右的雨花党校师资库。统筹各项制度建设，促进党校科学发展。

【理论培训】 2018年，区委党校结合“两学一做”学习教育常态化制度化及“不忘初心、牢记使命”主题教育，把学习贯彻中共十九大精神和习近平新时代中国特色社会主义思想作为干部培训轮训的主要内容，列入主体班次和合作办学班次，开设专门单元，开展专题学习，帮助全区党员干部提高对中共十九大精神的认识，在实际工作中落实中共十九大新思想、新论断、新目标、新措施。开展中共十九大精神培训轮训班3期，培训人数1200人次，承接外地人员到雨花台区进行党性教育、能力提升现场教学10次，培训人数350人次。

【基层宣讲】 2018年，区委党校结合基层干部学习实际，服务基层党总支、党支部月度党课需要，制定基层宣讲计划，组织校宣讲组成员与相关街道（社区）、部门（站所）对接，积极宣讲中共十九大精神，省、市、区全会精神，开展各类基层宣讲50场，受众人数3000人次。

【现场教学基地打造】 2018年，区委党校集思广益、反复打磨，对区域内现场教学基地全面提档升级，打造现场教学精品线路，形成教学品牌，打造具有鲜明“雨花”特色的党性教育、社会治理创新、科技创新、产业发展类现场教学基地6个。

【课题研究】 2018年，区委党校科学确定调研选题，完成《创新孵化器运行模式助推国家级双创示范基地建设路径研究——以南京市雨花台区为例》《城市社区治理居民参与路径比较研究——雨花台区翠竹互助模式复制和衍变的案例分析》《社区党员理想信念状况的调查思考》和《关于近郊红色文化遗址保护和利用的实践与思考》4个省市立项课题；主动加强与省委、市委党校科研部门的联系与协作，紧密围绕省、市、区重点工作和热点难点问题，确定一批具有前瞻性、针对性的系列科研调研课题，建立雨花台区委党校科研项目课题库。

【雨花党校师资库构建】 2018年，区委党校邀请区领导和部门领导，聘请省市委党校、省市社科院、高等院校知名专家学者及区域内热心党校干部培训、熟悉党校培训规律的领导干部担任区委党校兼职教授，构建100人的雨花党校师资库。同时，加强教师队伍业务培训，以跟班听课、外出培训、课题研究等方式，选送一批优秀年轻教师去高校、中央及省委、市委党校学习培训。 （袁美蓉）

·老干部工作·

【概　况】 2018年，区委老干部局抓好离退休干部党工委组织建设，做好老干部服务管理工作，开展文化活动，让老干部在政治上有荣誉感、组织上有归属感、生活上有幸福感。至年末，全区街道、机关部门有离退休干部党支部18个，离退休党员560人。有离退休干部76人，其中离休干部39人（异地安置5人），四套班子离退休领导40人（离休3人、退休37人）。

【老干部政治待遇】 2018年，区委老干部局组织离退休干部参加政治理论学习、看文件听报告、参加会议和活动、参观考察，定期传达通报上级精神、本区经济发展情况。对年老体弱、久病卧床的老干部，工作人员采取上门送学、邮寄资料、电话传达，及利用QQ群、微信群、微视频等载体开展宣传教育。发挥老同志政治优势、经验优势、威望优势，组织引导老同志讲好雨花故事、弘扬雨花精神、传播雨花好声音。在重大部署、重要问题上虚心听取老干部意见建议。组织老干部建言献策、征求意见、老党员现身说法。为全区离退休干部订阅《南京日报》《银潮》杂志和发放中共十九大精神学习资料280余份。落实“六有一提升”（有党的组织、有领导班子、有工作制度、有组织活动、有作用发挥、有工作保障，提升党组织的组织力和战斗力），坚持支部组织生活“三会一课”制度，开展创先争优活动。在已建立离退休干部党支部中，指导离退休干部党支部选齐配强支部书记，落实党组织书记工作性补贴300元/月，选送3名离退休干部党支部书记参加省市组织的专题培训班。对全区各单位离退休干部党组织联络员进行培训。制定出台《雨花台区委离退休干部工作委员会工作规则》和《关于推进社区离退休干部党建工作的实施办法》，为离退休干部党组织规范化建设提供组织保证。

【老干部活动】 2018年，区委老干部局开展“点赞新时代、共话新征程”征文活动。举办“讲好雨花故事，传播雨花好声音”故事征集活动。组织参加“我看改革开放新成就”全市老干部书画摄影展。组织离退休老干部进学校、进课堂、进社区、进家庭，在全区青少年中开展“纪念改革开放40周年，讲好雨花故事，唱响雨花未来”主题宣讲暨百场故事会活动。组织离退休干部赴溧阳、溧水、贵阳参观工农业建设。全年收到征文21篇，获奖11篇；征集故事16个，编成故事会；收集投稿书画摄影作品26件；为孩子们讲故事、作报告22人次，受教育2300人次；组织参观见学108人次。

【雨花老年大学】 2018年，雨花台区老年大学坚持以“老有所乐、老有所学、学为结合、以学促为”办学方针，坚持以“增长知识、丰富生活、陶冶情操、促进健康、服务社会”为办学宗旨。至年末，学校开办书法、声乐、舞蹈、戏曲、绘画、篆刻等7个专业，17个班级，学习人数500余人次，编排文艺节目10余个。

【创建离退休干部党建工作“雨花品牌”】 2018年，区委离退休干部工委、区委老干部局会同雨花街道党工委研究确定以花神庙社区为试点单位，探索“一方隶属、多重管理”社区离退休干部党建工作新模式。花神庙社区离退休干部党建工作汇聚“五主”合力（组织部门主导、老干部局主抓、街道党工委主力、社区唱好主角、部门发挥主动），推动“五化”管理（属地化管理、社区化管理、社会化管理、品牌化管理、信息化管理），取得“五新”成效（打造政治学习新阵地、构建关爱服务新载体、搭建发挥作用新平台、建立娱乐活动新家园、筑起监督新前哨）。花神庙社区离退休党支部班子作用发挥好、活动开展好、阵地建设好，成为离退休干部党建工作的“雨花品牌”。5月，省委老干部局组织80余名离退休干部党支部书记到花神庙社区参观学习离退休干部党建工作经验。

（张红波）

·关心下一代工作·

【概　况】 2018年，全区关心下一代工作精准谋划，找准载体，搭建平台，开展活动。区街社区三级开展分层级多场次主题教育活动，加强青少年思想道德教育、法制教育、科技教育、阵地建设。增强青少年找准坐标、传承传统、坚定信仰、与时俱进的责任感和使命感。组织发动"五老"讲师团成员、志愿者，进社区、进校园、进企业、进课堂，向青少年宣传中共十九大精神，引导和强化青少年争做畅想新时代、拥抱新时代、筑梦新时代的时代新人。在市关工委组织的中共十九大知识竞赛中，中华中等专业学校关工委代表队获二等奖，区关工委代表队获三等奖。在市关工委组织的"幸福南京·2018新春网络寄语"活动中，征集网络寄语16400余条，15人获一等奖，32人获二等奖，45人获三等奖，150人获入选奖，区关工委、区教育系统关工委、雨花外国语小学获优秀组织奖。区实验小学关工委代表队在市老少同台主题演讲比赛中，1人获二等奖，1人获三等奖。在"帮困助学"活动中，全区88名困难学生获省、市关工委13.1万元资助，596名困难学生获各街道(园区)、社区帮困资助资金96.4万元。全区各级关工委向国家、省、市新闻媒体投稿1329篇，被国家级报刊采用1篇，省级报刊采用5篇，市级报刊采用6篇，金金网采用748篇。区关工委被市关工委评为2016—2018年度关心下一代工作先进单位。

【红色主题教育】 2018年，区关工委围绕"共话新时代，放飞青春梦"主题，编印《2018暑假百场故事会讲稿汇编》等主题教育手册，开展各类教育活动275场，参与的中小学生9.4万人。与《家教周报》在雨花台烈士纪念馆承办省市"传红色基因，共话新时代，放飞青春梦"主题教育活动启动仪式。开展"红船依旧，不忘初心，红船精神耀千秋"主题讲座及学生制作红船活动千场次，组织学生观看数十部经典红色电影200余场次，观看人数千余人次。全区广大"五老"志愿者开展"暑期百场故事会"宣讲242场次，受教育学生5.4万人次。开展改革开放40周年系列纪念活动及"砥砺奋进40年的雨花故事"征文比赛。

12月18日，区关工委举办"砥砺奋进40年的雨花故事"征文颁奖暨演讲比赛
（区关工委 供稿）

【法制教育】 2018年，区关工委联合区政法委、教育局等相关部门，在全区各街道（园区）分别设立"少年法学院"，制定《关于创办街道（园区）少年法学院工作意见》。在雨花街道召开少年法学院成立大会，市关工委副主任钱继红，区委常委、政法委书记凌向前等出席，为全区8个街道（园区）"少年法学院"授牌。组织由公检法司等部门组成的法治教育报告团成员53人，深入全区32所中小学校进行宣讲，各学校选课252节，编入2018年度到2019年度全区青少年法制教学计划。全区"少年法学院"工作获省、市领导表扬和

9月11日，西善桥街道少年法学院成立大会在区举行（区关工委　供稿）

推广，仲正保、程强民、赵祝生、陶赟、张凌燕5人被市关工委评为2018年优秀法制副校长，区政法关工委被评为法制教育先进单位。关爱帮教弱势青少年，全区有帮教小组55个，关爱工作团68个，组织659名“五老”志愿者参加“手拉手、交朋友”“一帮一”关爱帮教活动。组织143名“五老”志愿者对全区103名失足青少年进行沟通、警示、跟踪教育，转化88名，转化率90%。

【科技教育】 2018年，全区各街道（园区）、社区关工委（站）利用暑期黄金时间和节假日，组织辖区青少年开展手掷模型滑翔机、弹射模型滑翔机、简易小火箭制作、无人机的简单操作、制作音乐贺年卡、智能机器人展示、3D打印等益智益脑活动，开展科技活动90余次，4000余名学生参加，梅山街道梅清苑社区在“第16届全国中小学生信息技术创新与实践活动”智能机器人工程任务挑战决赛中，3名高中生获高中组一等奖。区关工委组织全区中小学生参加市关工委开展的“智慧南京·我的科技梦——第十届社区科技‘四个一’作品竞赛”活动，全区参赛作品和稿件526件（幅），获奖作品25件，其中一等奖7件，二等奖7件，三等奖11件，入选奖41件，区关工委获组织奖。

【校外教育辅导开展】 2018年，全区各街道（园区）依托校外教育辅导站、电子阅览室、图书室开展思想道德教育，举办“十九大在我心中”系列教育及“纪念改革开放40周年的雨花故事”宣讲、演讲比赛和“童眼看雨花”微旅游活动。区关工委在雨花台烈士陵园举办“穿越时空对话”、诵读红色经典故事和诗文、抄写英烈家书等活动，组织6800余名青少年开展思想道德、安全自护、健康知识、非遗传承、法制教育、科技教育等活动150余场次。至年末，全区建有校外教育辅导站（点）69个，进站辅导“五老”234人，教师160人，大学生村官31人，开展活动236场次，参加活动青少年3.2万人次。

（刘继忠）

·机构编制管理·

【概　况】 2018年，区委编办推进政府职能转变和机构改革，优化重点领域体制机制，深化行政审批制度改革，优化营商环境，严控机构编制增量，创新事业单位管理，加强事业单位监管。根据中央关于深化党和国家机构改革要求，制定区党政机构改革推进时间安排，梳理各部门职能职责，分析机构编制、领导职数等相关数据，摸清改革底数，准确掌握机构编制现状，汇编历年机构编制文件、各部门“三定”规定，建立“机构和领导职数汇总表”“各部门内设科室现有人员统计表”“街道相关机构和人员编制情况统计表”等基础数据资料。深化监察体制改革，配合监察委理顺机构和职能，做好政法编制和人员划转等工作。根据区总工会、妇联、团委改革实施方案，指导群团部门梳理职责，完善机制，推动群团组织提高工作和服务水平。牵头生态文明管理体制改革工作，做好生态环境、自然资源管理职责调整、优化、整合的调研工作。按照《南京市环保机构监测监察执法垂直管理改革工作方案》，对区现有环保监测监察机构职能配置、人员编制等情况进行调研和梳理，协助建立环保机构监测监察执法垂直管理新机制模式。修订完善《雨花台区便民服务中心公共服务事项基本目录》，涉及人社、民政、卫计等领域8个，共计公共服务事项114项，其中取消事项6项、新增事项1项、调整修改事项5项，下沉事项由街道便民服务中心组织实施。按照一事一账、全程留痕、动态更新、定期对账要求，做好机构编制问题台账整改工作。全年有3个超编单位实现消超，1个合署机构实体化运作问题通过机构调整完成整改。建立完善领导职数数据库，会同区委组织部做好区管领导职数管理工作。利用年度考核、纪委巡察、“三责联审”等时机，对各单位科级干部职数核定和配备情况进行监督和核查，建立科级领导职数管理台账，全面规范科级干部选拔任用职数审核制度。全年42个机关事业单位237名科级职数任免通过职数预审。会同区人社局，对全区部分街道社区工作人员情况展开抽查工作。通过数据收集、核查和分析，梳理全区中小学班级数、学生数、教师编制数、内设机构、领导配备及人员现状，重新核定区中小学教师编制数及领导职数。下发《关于开展2017年度全区事业单位信用等级评价工作的通知》，并结合《南京市雨花台区事业单位信用等级评价工作实施意见》完成全区事业单位信用等级评价工作。全区128家事业单位评价得分都在90分以上，全部达到A级。制定全区《事业单位法人治理试点工作方案》，协助公证处推进更名、改制工作。

【机构编制实名制管理】 2018年，区委编办严格人员进出编管理，建立健全与组织、人社、财政等部门的协作联动，及时准确掌握人员调动、退休等变动信息，依据相关文件、组织任免文件、人事调动文件等对各单位的机构设置、人员编制、领导职数及实配变动、人员调动等事项及时更新维护实名制数据库信息，确保机构编制实名制系统信息全面、真实、实时，为下一步全区机构改革中合理设置机构、确定编制提供科学参考依据。年内，新增行政编制7人，新设立事业单位2个，1个事业单位调整经费渠道；进编288人，其中行政46人、事业242人，出编107人，其中行政30人、事业77人。

【2017年度事业单位年度报告公开完成】 2018年，区委编办对全区所有事业单位法人年度报告进行网上年审，并通过雨花台区政府门户网站对全区事业单位年度报告书进行公开。严格审批网上申报材料，确保事业单位登记工作的规范性和严肃性。按照清理规范要求，做好事业单位的设立、变更、注销等工作。至年末，全区共设立事业单位8家、变更17家。

【2017年度事业单位法人信息公示抽查】 2018年，区委编办根据市编办及区法制办、区编办联合印发的《开展“双随机、一公开”监管工作方案》要求，制定《南京市雨花台区事业单位法人公示信息抽查工作细则》和《雨花台区机构编制委员会办公室随机抽查事项清单》，配合《事业单位登记管理暂行条例》和《事业单位登记管理暂行条例实施细则》，按照1%~3%的抽查比例，对全区2017年度事业单位法人信息公示情况进行抽查，以抽查结果推进法人信息公开工作。

【事业单位法定代表人培训】 2018年，区委编办为提升事业单位法人的责任意识与履职能力，宣传事业单位法人治理改革及绩效评估改革相关内容，提高事业单位管理规范化水平，组织2018年度全区事业单位法定代表人培训班。梳理事业单位管理相关政策、法规、文件，制定事业单位登记管理操作指南，并印发《南京市雨花台区事业单位法定代表人培训材料汇编》，邀请专家授课，切实提升法人代表对事业单位改革方向的理解和认识，为推进雨花台区事业单位改革、加强事业单位监管工作做好准备。 （张师嘉）

·机关建设·

【概 况】 2018年，区级机关工委下辖55个党（总）支部（其中8个党总支），机关在职和离退休党员1867名。全年，区级机关工委紧贴全区攻坚“三个主战场”和“四项难点任务”，围绕“服务中心、建设队伍”两大任务，以“支部建设提升年”和对标找差创新实干推动高质量发展为抓手，全面加强机关党的建设，推进机关党的工作创新发展。区级机关工委获区级2018年度高质量发展先进集体称号；书记项目“突出组织力提升重点着力打造机关新时代先锋堡垒”获2018年度区基层党建“十佳书记项目”称号。

【机关党建工作】 2018年，区级机关工委按照全覆盖、分层次、求实效的要求，组织机关党员分3个专题近千人次，开展学习中共十九大精神集中宣讲活动。深化冬训工作形式、丰富冬训内容，组织机关1700余名党员干部“学理论，强党性；学业务，强能力”系列教育实践活动；召开年度党建工作会议，重点突出理论讲座、业务辅导等内容，进一步提高机关党务干部业务能力。组织开展庆祝建党97周年系列活动，组织“传承‘雨花英烈精神’”文艺创作会演。落实“全党大学习”和中央省市巡视巡察整改落实要求，制订《区级机关党的十九大精神专题学习计划》，深入学习宣传贯彻党的十九大精神，组织机关党员十九大精神学习全员测试，强化党的理论入脑入心，提升“雨花”事业发展的思想自觉和行动自觉。组织机关党员干部围绕“服务攻坚三个‘主战场’和‘四项难点任务’，我怎么看怎么办”主题，开展解放思想大讨论活动，强化机关党员干部紧贴中心、服务大局的意识。围绕解决“干什么学什么、缺什么补什么、怎么有效怎么学”，制定《2018年机关政治理论学习计划》，规范机关党员学法律、学业务、学理论，强化机关党员干部理论业务水平。深化“机关部门、党员联系社区组织和群众”活动，在景明佳园保障房小区开展区级机关进社区暨机关党员学雷锋“春风行动”，南站“金秋广场”志愿服务等“组团式”下基层服务活动，整合机关部门服务资源，现场服务群众2520人次。开展机关党建工作片区管理工作调研，完善区级机关“工委、片区、支部、党员”四级管理网络，增强指导服务效能。成立区级机关党建工作第六片区“雨花石365”党员志愿者服务团，开展系列志愿者服务活动，提高“雨花石365”志愿品牌影响力。以“五好”支部、“书香机关”创建及“为民办实事优秀案例”评选活动为重点内容，组织开展机关党建“书记项目”认领39个，推动机关党建工作进一步创新引领。

【机关作风建设】 2018年，区级机关工委加强机关作风建设。区街各部门围绕“放管服”改革、“互联网+政务服务”工作任务，以便企利民完善政务服务体系为重点，以解决民生诉求提高群众满意度为目标，改进工作作风、优化服务、提升效能，坚持机关作风建设与政务服务发展同步推进。1—7月，区政务中心各窗口受理事项6.9万余件次，综合办结率100%，综合满意率99.98%。紧盯百姓关注的就医、就学、出行等老问题，紧纠“不负责任、不敢担当、不愿作为”等新问题，结合“为民办实事”项目，密切联合相关部门，日常监督检查与专项督查相辅相成，高标准推进一批民生事项的问题解决和化解。落实机关联系服务基层工作机制，引导机关部门与基层社区党组织的联合共建，帮助解决基层组织建设与民生难点问题2件。常态化组织机关部门“组团式”下基层进社区开展服务活动，为群众现场排忧解难。强化联合检查、监督执纪，以《加强作风建设、强化监督执纪问责的通知》《雨花台区机关作风监督检查管理规定》为依据，联合区委办、政府办等部门，围绕工作纪律和窗口服务等存在的顽疾和短板，开展常态化监督检查28批次。对群众反映强烈推诿扯皮的个案、12345办件不满意工单、窗口服务不满意投诉等进行明察暗访，现场指正纠察一般性问题6件。加强监督队伍建设，调整部分机关作风监督员，明确责任区和监督职责，同时通过以会代训与微信平台信息交流相结合方式开展培训，提高机关作风监督员能力水平。调整优化《机关作风建设群众评议机关方案》及相关评议细则，帮助机关部门确定工作导向，明确工作着力点，助推机关作风建设向实效性拓展。

3月19日，2018年雨花台区机关作风建设工作部署会在区召开
（区级机关工委　供稿）

【机关群团工作】 2018年，区级机关工委按照党建带工建、带团建、带妇建原则，加强机关工会组织、团组织和妇女组织建设。区级机关工会联合会全年按照“一月一活动”计划，组织开展脑力大赛、跳绳、板桥生态健步行、牛首山欢乐跑、羽毛球、

金秋环湖健步行等活动。增设机关太极拳培训班。4月，联合区体校为200余名机关干部职工提供体质测定与健身指导服务。5月，以评选劳动模范为契机，弘扬“爱岗敬业、争创一流，艰苦奋斗、淡泊名利”劳模精神，引导机关干部职工崇尚劳模、学习劳模、争当劳模。6月，贯彻落实全国、省总工会关于基层工会经费收支管理办法的通知精神，下发文件明确工会经费支出范围和相关活动支出标准、范围。团工委推进从严治团，开展机关各类青年人员摸底工作，全面厘清各单位团员青年结构，梳理存在问题，制定建设方案，同时为下一步组织集中换届工作奠定基础。帮助贫困小学生完成“微心愿”，助力公益爱心事业，组织优秀青年进行网络风采展示，全面宣传新时代机关青年事迹。妇工委推进党建带妇建工作，坚持“先建立、后完善、再提高”的工作方针，逐步推进区级机关妇联组织建设。至年末，全区机关13家部门均按照规范程序成立妇联组织。（孙　莉）

南京市雨花台区人民代表大会

·概　述·

【概　况】2018年，区人大常委会以习近平总书记关于坚持和完善人民代表大会制度重要思想和中共十九大关于加强人大“两个机关”建设新要求为指导，按照区委“抓产业发展、促城市建设、补民生短板”工作部署，贯彻“围绕中心、紧贴民心、依法履职、务实创新”人大工作理念，履行宪法和法律赋予的各项职责。全年召开常委会会议8次，主任会议14次，听取和审议“一府两院”工作报告43项，开展执法检查2次，作出决议决定8项，形成审议意见书15份，补选市人大代表1人、区人大代表10人，依法任免国家机关工作人员42人次，并组织区环保局、统计局、物价局、民宗局4个政府部门主要负责人进行履职报告和民主评议。

【雨花台区第十八届人民代表大会第二次会议】1月2—4日，雨花台区第十八届人民代表大会第二次会议在雨花台中学学术报告厅举行。会议听取和审议区人民政府工作报告；审查和批准区2017年国民经济和社会发展计划执行情况与2018年国民经济和社会发展计划草案的报告，批准区2018年国民经济和社会发展计划；审查和批准区2017年财政预算执行情况和2018年财政预算草案的报告，批准区2018年财政预算；听取和审议区人大常委会工作报告、区人民法院工作报告和区人民检察院工作报告；选举区监察委员会主任和出席市第十六届人民代表大会的代表。

表35　2018年雨花台区第十八届人大常委会会议一览表

时　间	会议名称	主 要 议 题
1月4日	第8次会议	表决通过有关人事任免事项

续表 35

时　间	会议名称	主　要　议　题
3 月 28 日	第 9 次会议	听取和审议区法院关于“基本解决执行难”工作情况的报告、区检察院关于认罪认罚从宽制度实施情况的报告、区政府关于城建及住房保障类行政审批服务事项开展情况的报告；表决通过《区人大常委会关于推进攻坚“三个主战场”的决议》和有关人事任免事项
5 月 28 日	第 10 次会议	听取和审议区政府关于近两年来安全生产监督管理工作情况的报告、关于全区“七五”普法工作情况的报告；听取和审议《南京市农田水利条例》执法检查情况的报告；审议《雨花台区人大代表履职积分评价办法（试行）（草案）》和人事任免事项
7 月 26 日	第 11 次会议	审议区政府关于 2018 年上半年工作情况的报告、关于 2018 年国民经济和社会发展计划上半年执行情况的报告、关于 2018 年财政预算上半年执行情况的报告和关于 2017 年财政预算执行和其他财政收支情况的审计工作报告；审查和批准区 2017 年财政决算（草案）、批准区 2017 年区级财政决算（草案）；审查和批准区政府 2018 年省转贷新增地方债券安排及区本级预算调整方案（草案）和地方政府债务限额情况的报告；审议代表辞职和人事任免事项
9 月 28 日	第 12 次会议	听取和审议区政府关于代表建议办理工作情况的报告、关于国民经济和社会发展第十三个五年规划中期评估的报告、关于全区行政事业单位国有资产管理情况的报告和关于公共文化均等化建设工作情况的报告；听取和审议软件谷（高新区）建设和发展情况的报告；听取和审议《南京市中小学幼儿园用地保护条例》执法检查情况的报告；组织部分驻区市人大代表向区人大常委会报告履职情况；组织部分区政府工作部门主要负责人向区人大常委会报告履职情况并进行测评
11 月 28 日	第 13 次会议	听取区政府关于全区“263”专项行动开展情况的报告并进行专题询问；听取和审议区政府关于全区低保工作情况的报告、关于审计问题整改情况的报告；审查批准区 2018 年财政预算和计划调整方案；审议通过关于召开区第十八届人民代表大会第三次会议的决定和关于聚焦突出环境问题依法推动打好污染防治攻坚战工作部署的决议
12 月 13 日	第 14 次会议	表决通过《雨花台区人大常委会关于接受李世峰同志辞去雨花台区人民政府区长职务请求的决定》，并决定报雨花台区第十八届人民代表大会第三次会议备案；表决通过张连春为雨花台区人民政府副区长、代理区长职务的决定和其他有关人事任免事项；表决通过有关区第十八届人大代表辞职和补选事宜
12 月 27 日	第 15 次会议	初审区政府关于 2018 年国民经济和社会发展计划完成情况及 2019 年目标编制情况的报告、关于 2018 年财政预算执行情况及 2019 年预算（草案）编制情况的报告；听取和审议区政府关于 2019 年重点民生实事候选项目情况的报告、雨花台区 2018—2020 年突出环境问题清单；讨论区人大常委会工作报告（草案）；听取区第十八届人民代表大会第三次会议筹备工作情况的报告和关于区第十八届人民代表大会代表资格审查情况的报告；讨论区第十八届人民代表大会第三次会议各项建议名单；审议市人大代表补选事宜

2018 年雨花台区第十八届人大常委会主任会议一览表

表 36

时　间	会议名称	主　要　议　题
1 月 4 日	第 14 次会议	初审人事任免事项
2 月 27 日	第 15 次会议	讨论研究区人大常委会 2018 年主要议题安排、2018 年街道（园区）人大工作例会议题安排；研究确定 2018 年区人大常委会领导和各工委重点督办代表建议条目
3 月 22 日	第 16 次会议	听取《雨花台区 2035 发展规划大纲》的报告；研究制订关于开展《南京市农田水利条例》执法检查的方案；初审有关人事任免事项
4 月 24 日	第 17 次会议	视察“平安微雨”建设工作情况；听取《雨花台区土地利用总体规划》调整完善的报告；研究制订关于开展《南京市中小学幼儿园用地保护条例》执法检查的方案

续表 36

时　　间	会议名称	主　要　议　题
5月25日	第18次会议	开展《南京市农田水利条例》执法检查集中视察并听取相关报告；视察全区黑臭河道治理和水利工程管理及防汛防旱准备工作并听取相关报告；视察玉兰路两侧绿化景观提升项目建设情况
5月28日	第19次会议	讨论通过《中共南京市雨花台区人大常委会党组工作规则（草案）》和《中共南京市雨花台区人大常委会党组关于进一步加强作风建设的若干规定（草案）》；讨论研究有关人事任免事宜
6月22日	第20次会议	开展《南京市中小学幼儿园用地保护条例》执法检查集中视察并听取相关报告；视察全区公厕建设管理工作情况并听取相关报告；研究讨论《关于开展"两减六治三提升"工作专题询问的实施方案》
7月20日	第21次会议	初审区政府关于2018年国民经济和社会发展计划上半年执行情况的报告、关于2018年财政预算上半年执行情况的报告、关于2017年区财政预算执行情况和其他财政收支情况的审计报告、关于2017年区财政决算（草案）的报告和区2018年省转贷新增地方债券安排及区本级预算调整方案（草案）和地方政府债务限额情况的报告；研究代表辞职事项；初审人事任免事项
8月23日	第22次会议	视察全民健身开展情况并听取相关报告；听取有关单位关于办理2018年区人大常委会领导重点督办代表建议工作情况的汇报；听取全区近两年来统计工作情况的报告；研究关于区政府工作部门主要负责人向区人大常委会报告履职情况的实施方案
9月20日	第23次会议	视察全区重大项目推进情况和全区落实少数民族优惠政策情况并听取相关报告
10月26日	第24次会议	视察"两桥"地区基础设施建设情况并听取相关报告；视察区智慧法院建设情况；举行雨花人大APP暨新版人大网站上线仪式
11月22日	第25次会议	视察全区为民办实事项目进展情况并听取相关报告；初审区政府2018年国民经济和社会发展计划调整方案、2018年财政预算调整方案（草案）、关于推进预算联网监督工作情况的报告；初审关于召开区第十八届人民代表大会第三次会议的决定（草案）
12月13日	第26次会议	研究有关人事任免和第十八届人大代表补选事宜
12月27日	第27次会议	预审区政府关于2018年国民经济和社会发展计划完成情况及2019年目标编制情况的报告、关于2018年财政预算执行情况及2019年预算（草案）编制情况的报告；讨论区人大常委会工作报告（草案）；初审市人大代表补选事宜

·重要工作·

【预算联网监督】 4月3日，区人大常委会组织召开预算联网监督工作会议，对全区预算联网监督工作进行动员部署。区人大常委会副主任、党组副书记郭幼佩，区人大财经委、常委会预算工委及办公室负责人，区发改局、区财政局、区人社局、区国土资源局、区审计局、区国税局、区地税局、软件谷财政国资局、区政府信息管理中心、雨花街道人大工委负责人参加会议。4月10日和6月11—15日，组织人员赴江苏金湖和广州增城、番禺学习预算联网监督工作经验。至11月20日，区、街人大预算联网查询室全部建成，全面实现对财政预算执行情况的联网监督。

【国有资产管理情况监督】 2018年，根据中央和省市委的决策部署，结合雨花台区国有资产管理体制改革进展情况，建立区政府向区人大常委会报告国有资产管理情况制度，将有关国资管理情况纳入区人大常委会年度监督计划，围绕区政府关于全区行政事业单位国有资产管理情况开展专题调研。9月28日，区人大常委会听取并审议相关工作报告，提出针对性意见。

【"263"专题询问开展】 2018年，区人大常委会组织开展"263"专题询问。首次由分管副区长带领10个政府部门负责人接受询问。组织代表开展专题网议，邀请常委会组成人员、街道人大工委负责人、环资城建工委委员和人大代表组成联合调研组，走访调研区发改局、住建局、财政局、环保局等10个部门及各街道（园区），召开各类座谈会23次，开展专项视察9次，发放调查问卷800份，对2017年后涉及环保的2420件"12345工单"进行梳理，收集汇总整理各类意见建议150余条，全面了解工作开展情况。11月28日，区第十八届人大常委会第十三次会议上，常委会组成人员和代表紧扣工作难点及部门职责提出问题13项，由应询人员现场作答，并全程进行微博直播，推动全区生态保护、环境经济政策调控、环境执法监管水平的提升。

【法律监督】 2018年，区人大常委会组织开展《南京市国家公祭保障条例（草案）》《南京市地下文物保护条例（草案）》等一系列座谈论证会，先后对《南京市中小学幼儿园用地保护条例》《南京市农田水利条例》的贯彻情况开展执法检查。

【代表工作】 2018年，区人大常委会将省、市人大代表就近划入街道（园区）"人大代表之家"和社区"人大代表工作联络室"并进行公示，统一制作代表联系选民便民服务卡。板桥新城标准化建成"人大代表之家"，西善桥街道在岱山片区的嘉业社区和齐修社区建立"人大代表工作联络室"。按计划组织开展"定向定点"视察活动16场，安排省、市、区三级人大代表共同参与集中接待4次，接待选民2948人次，区街两级协调处理意见建议1149条，所有意见建议办理情况均向选民进行现场反馈，并在网络平台上向社会公开，活动得到省、市、区15家媒体宣传和报道。5月14—20日，组织51名区人大代表赴北京全国人大培训中心培训。5月28日，通过《雨花台区人大代表履职积分评价办法》，设置9项基本项和7项加分项对代表进行量化评价，规范"代表记载、街道（园区）审核、主任会议审定"流程，线上、线下同步公布得分情况，并将年度分和本届总分作为代表评价评优的重要依据，以评价推动履职，保障代表履职长期性和实效性。10月10日，组织市、区人大代表调研市旅游文化产业，实地察看重点项目进展情况。12月26日，召开第十八届人大第三次会议会前代表履职学习会，组织全区省、市、区人大代表和街道人大工委主任及区、街相关工作人员视察机场二通道、证大喜马拉雅中心三期、南京外国语学校雨花国际学校及软件谷科创城三、四期等项目，了解全区经济社会发展状况，并对习近平总书记关于坚持和完善人民代表大会制度的重要思想、"雨花人大手机APP"和"预算联网监督系统"的操作等进行培训。完善"雨花人大代表履职交流平台"代表网议模式，将参与网议人群扩大到省、市人大代表，把政府部门主要负责人纳入平台中，围绕常委会年度重点工作选取10个议题，参与网议代表804人次，收集有效建议842条，并将代表意见分类整理后在相关会议上向政府部门进行反馈。

【代表建议办理】 区十八届人大二次会议后，区人大常委会及时梳理代表建议，交办督办建议150条，筛选出"推进职业教育发展，加快中华中等专业学校新校区建设”“改造区妇幼保健所门前停车场，维持生命绿色通道畅通”“推进我区南玉带河周边地块雨污分流建设”“在梅山街道增加养老助餐点”“七贤街与华新路先行安装路灯”5条代表建议作为常委会领导重点督办建议，邀请代表参与建议办理全过程，并评选表彰优秀代表建议15件。

【人大信息化建设】 2018年，区人大常委会整合“一网三微”功能，组织开发“雨花人大”手机APP，打造综合性宣传服务平台。对人大网站进行新一轮改版，开辟专栏对“三会”资料、重大事项决定、监督工作、代表工作、建议意见办理情况进行全公开，构建完备的人大工作资料库；增设“网上建言”板块，建立并打造全年在线的“代表接待站”。创办《雨花人大》双月刊，努力讲好“雨花人大故事”。2018年，区人大获省人大《人民与权力》宣传工作优秀单位称号；并获全市人大新闻宣传工作先进单位一等奖，《加强基层人大对财政绩效监督的实践与思考》等调研文章被市人大理论研究会评选为优秀论文。

·基层人大工作·

【雨花街道人大工委】 1月27日，省人大代表、高邮市人民医院监察室主任乔来娣和省政协委员、东南大学医学院副院长孙学林到雨花街道雨花社区开展“两会”代表委员社区行活动。3月20日，区人大常委会主任杨明到雨花街道视察2018年重点工作。4月16—18日，组织马丽敏、施洋、陆松林等8名区人大代表赴深圳南山区月亮湾片区、罗湖区嘉北社区学习考察人大代表社区联络站建设等情况，进一步拓展人大代表视野。5月，组织葛富莲、季明娟、奚斌峰等8名区人大代表到北京市全国人大会议中心参加履职学习。6月1日，组织20余名区人大代表对区商务局进行定点视察和检查活动，先后视察瀚威城市综合体、江苏斑马软件技术有限公司，听取商务局关于全区商务商贸设施建设情况的汇报，区人大常委会副主任郭幼佩、张虎等出席活动。7月16日，区人大常委会检查一组对雨花街道中小学幼儿园用地情况进行执法检查。9月，组织街道计划预算审查小组全体成员、街道人大工委委员、部分人大代表对街道财政预决算进行审查。9月4日，区人大常委会副主任张虎带领调研一组对雨花街道开展“263”专题询问调研，杜家伟、陆松林等人大代表参加调研活动。9月18日，市区人大在街道召开《南京市国家公祭保障条例（草案）》立法座谈调研会，征求对《南京市国家公祭保障条例（草案）》修改的意见建议。9月20日，区人大常委会主任杨明带领区人大常委会组成人员、部分省市区人大代表赴丁墙社区视察社区新疆籍务工经商人员服务管理工作站。11月27日，组织街道区人大代表对区商务局进行定向定点视察，先后视察南京康泊特进出口贸易公司和艾德克斯电子有限公司，听取商务局关于全区2018年商务工作指标等完成情况的汇报，区人大常委会副主任郭幼佩、张虎等出席活动。12月，组织街道区人大代表参加区人大常委会组织的代表集中视察、培训活动。12月25日，组织丁墙选区、花神庙选区1万多名选民依法补选产生2名区人大代表。2018年，雨花街道人大工委先后接待湖南衡南、盐城大丰、厦门湖里、佛山顺德、西安阎良、上海静安等地人大考察团，就代表工作平台建设、代表联系选民等工作开展交流。

【赛虹桥街道人大工委】 3月7日，首次组织市、区两级人大代表共同开展2018年一季度集中接待选民日活动，江苏新闻广播、南京日报、龙虎网等多家新闻媒体对代表在安德门社区的接待情况进行现场报道。5月8日，邀请部分代表对街道人代会重点工程和项目推进情况、雨污分流工程、环形沟整治进展情况、防汛防旱工作准备情况以及环保督查回头看等重点工作进行跟踪督查，并听取相关工作情况的汇报。7月9日，区人大常委会执法检查组对赛虹桥街道贯彻实施《南京市中小学幼儿园用地保护条例》情况进行执法检查，区人大代表、街道社会事务科工作人员、学校代表、群众代表等14人参加执法检查座谈会。8月8日，组织代表开展“雨花台区东西部扶贫协作和对口支援工作”，赴青海省斜沟乡进行结对帮扶。刘煊、丁建国两名代表捐助资金15万元，其中，刘煊代表还结对帮扶困难村民10户，按照每户1000元标准给予资助。同时联合红创汇、万谷京东云智慧产业园资助斜沟乡中心学校教学电脑30台、图书2000册、字典600本以及一批学习、体育用品，代表们用实际行动诠释自己的社会责任。街道人大工委财政经济预算审查小组于3月30日和9月18日，分别听取审议《街道财政关于2017年财政预算执行情况和2018年上半年财政预算执行情况》和《街道财政关于2019年财政预算（草案）》的报告，切实加强对财政预算的编制、执行和调整情况的监督，为街道工委、办事处决策提供依据，切实发挥好监督制约和服务作用。按照街道代表组2018年“双定”视察计划，分别于6月8日和10月30日对区水务局进行定向定点视察，先后视察南河综合整治、工农河上游消险、外院东西沟、南南河等工程，听取区水务局关于2018年全区河道整治、雨污分流、防汛防旱以及水利工程管理和下阶段重点工作思路等工作情况的汇报，并提出意见和建议。11月20日，组织6名区人大代表向原选区选民述职并接受评议。12月25日，组织小行社区第一选区选民依法补选产生区人大代表1名。

【铁心桥街道人大工委】 1月17日，街道人大工委组织代表赴南京女子监狱参观并观看“感恩共享奋进”第八届警察文化月文艺演出，张正武、侯阳、滕红艳、王云霞、金文虎、郭红等代表参加此次活动。3月27日，街道人大工委召开街道财经小组会议，审查2018年街道财政预算编制情况，代表张正武、彭建林、孙法春、李晨、孙维露参加会议。5月14—20日，配合区人大组织郭红等7名人大代表赴北京全国人大会议中心参加履职培训。6月5日，区人大环资城建工委主任夏玉祥走访区人大代表彭健林、郭红、滕宏艳等3人，了解代表工作和生活情况。6月6日，街道人大工委调研街道安监办、农业科重点工作。7月10日，街道人大工委组织部分代表对区卫计局开展定向定点视察活动，视察“智慧医疗”项目建设情况，听取区卫计局对工作职责职能、所涉及法律法规和政策的介绍，并提出意见和建议。7月12日，街道人大工委组织7名区人大代表考察极客站创梦空间、江苏高格商务服务有限公司、江苏满运软件科技有限公司等6家科技企业。7月13日，组织金文虎、冯玉琴等6名区人大代表开展《南京市中小学幼儿园用地保护条例》执法检查活动。7月20日，组织张正武、沈冬琴、滕宏艳3名区人大代表到区法院旁听劳动争议案件庭审。8月3日，街道人大工委调研街道城管、物管重点工作。12月16日，组织铁心桥街道代表组全体代表参加区第十八届人大代表履职学习会。12月25日，铁心桥街道尹西选区采用无记名投票方式，组织选民补选区人大代表1名。2018年，根据区人大常委会工作安排，街道组织省、市、区代表开展4次集中接待选民活动，共接待选民524人次，收集意见建议114条，所有意见建议办理情况均向选民进行反馈。

【板桥街道人大工委】 3月29日，板桥街道人大工委组织代表组代表赴皖南事变新四军教育基地参观学习，激发代表的爱国主义热情。6月6日，街道代表组对区文化局开展“双定”活动，视察区图书馆、大方社区文化综合服务中心，听取区文化局关于全区文化建设工作情况的汇报，并提出意见建议。9月3日，街道人大工委联合街道纪工委，开展办公用房督查。9月6日，区人大常委会调研街道“263”工作，督查污染防治工作，区人大常委会副主任郭幼佩、区人大财经委负责人吴昌发等出席。10月31日，街道财经组成员和部分区人大代表听取街道财政预算执行情况的报告。11月21日，街道人大工委组织部分代表对区文化局开展下半年“双定”活动，有效促进文化产业发展。12月26日，板桥街道圆满完成区十八届人大代表的补选工作，绿洲选区补选产生区人大代表1名。2018年，板桥街道人大工委充分发挥人大的检查督查作用，组织代表参加督查52次，提出建设性意见及建议70余条，当场协调解决50余条，有效推动扫雪防冻、黑臭河道整治、文明城市建设、街道小型绿化、社区公共设施改建等工作开展，对落实不到位的科室部门、社区及直属单位，街道人大工委在月度工委会上进行通报，并提出意见建议，按照要求编印《督查简报》，有效助推问题的解决。

【西善桥街道人大工委】 5月25日，街道人大工委组织开展第二轮定向定点视察和检查第二次活动，区人大常委会副主任张虎及法制委、人代联、内务司法工委相关领导和西善桥代表组7位代表视察悦心居家养老服务中心并听取区民政局工作汇报。6月14日，开办街道人大信息宣传工作培训班，邀请市人大常委会研究室宣刊处成员为10个社区（筹备办）的近40名人大工作人员授课，区人大常委会研究室主任张伟到场指导。7月13日，对《南京市中小学幼儿园用地保护条例》开展执法检查，参加人员有执法检查四组全体成员、人大代表、学校代表、居民代表及街道人大办、社事科、成教办负责人，座谈会由检查四组组长张伟主持。8月15日，街道人大财政经济小组听取和审议街道办事处2017年财政决算及2018年上半年财政预算执行情况。8月23日，组织4名代表视察街道综合治理工作。10月23日，街道人大工委组织开展第二轮定向定点视察和检查第三次活动，区人大常委会副主任张虎、内务司法工委领导和西善桥代表组7位代表视察南山园护理院并听取区民政局工作汇报，提出相关意见建议。2018年，西善桥街道人大工委重点对市容市貌、环境卫生、环境保护、12345工单办理等城市治理工作进行监督，街道人大工委主任带队对2个12345工单、黄村企业业态专项整治、黑臭河治理、35个农林水利项目进行专项督查。此外，街道人大工委制定《关于加强代表工作室建设的通知》，新建嘉业、齐修两个社区代表联络室，为代表履职提供服务和保障。

【**梅山街道人大工委**】 3月8—9日，街道人大工委组织部分人大代表赴无锡市滨湖区蠡园街道“残疾人之家”、靖江市康阳邻里服务中心及馨港湾“残疾人之家”考察学习，随后对梅山街道养老助残现状开展调研，提出可行性建议。3月15日，召开专题会协调解决梅清苑社区471、472幢东侧雨水排水通道污水管道渗水问题，通过与区水务局、板桥街道、板桥新城管委会沟通，在一个月内解决污水漫溢问题，《南京日报》作专题报道。3月17日，协调解决梅岭、梅苑小区因雨污分流工程而导致路面坑洼不平、阻碍交通、扬尘漫天等问题。3月26日，街道人大工委专项督查梅山街道西南井拆迁工作，听取汇报并开展座谈。3月29日，组织代表听取和审议街道办事处2017年财政预算执行情况及2018年预算编制情况，进一步增强预算审查监督的针对性和实效性，切实提高专项资金的使用绩效。4月11日，街道人大工委牵头召开社区公共文化体系建设推进会，积极指导街道文化站和社区综合性文化服务中心建设，调研街道群众文化队伍现状，深挖梅山历史文化资源，推进乡土文化教育，扩大梅山街道文化影响力。4月17日，街道人大工委组织部分人大代表前往江北新区大厂街道学习考察，参观大厂生态防护林、大厂街道扬子片社区、1934文化产业园和南钢集团，并围绕建议议案办理、人大工委督查、人大代表定向定点视察工作等方面开展交流。4月25日，梅山街道人大工委组织部分区人大代表对区物价局开展本年度第一次定向定点视察检查，先后视察铁心桥社区卫生服务中心、南京力行小学，对两家单位执行价格法情况进行检查。6月14日，接待上海市杨浦区人大考察组，双方就街道人大工委建设情况和代表联系选民工作开展情况等进行深入交流，区人大常委会党组成员陈苏宁陪同考察。7月3日下午，区人大常委会副主任顾晓春、区人大常委会民宗侨台工委主任王纯阳、区人大常委会教科文卫工委主任肖彬到梅山街道现场督办《关于在梅山街道增加养老助餐点的建议》。7月12日，区人大常委会到梅山街道对辖区中小学用地情况开展执法检查。9月，组织对《南京市国家公祭保障条例（草案）》进行立法调研，街道代表组先后实地调研侵华日军南京大屠杀殉难同胞花神庙丛葬地，菊花台异域忠魂九烈士墓、普德寺丛葬地等地，并展开深入讨论，提出修改建议。11月1日，组织部分区人大代表对区物价局开展本年度第二次定向定点视察检查，先后前往山姆会员店、迪卡依运动超市以及开发区石林地产3家单位，对价格法执行情况进行视察检查。2018年，街道人大工委制定人大督查机制，首次尝试街道层级人大质询问询工作，围绕街道10项重点工程和3项重点工作任务，先后8次组织代表对项目和任务推进情况进行督查，并形成调研报告《浅议区级人大质询实践与借鉴》。

【**雨花经济开发区人大工委**】 3月7日，雨花经济开发区人大工委根据区人大常委会统一安排，组织6名人大代表到4个社区开展集中接待选民活动，选民与代表围绕征地拆迁、社区管理、基础设施建设和大病救助等方面进行沟通交流，收集意见建议7条。4月25日，开发区人大工委财政经济工作小组听取开发区财政所关于2017年财政预算执行情况和2018年预算编制情况的介绍，并对预算内容进行逐一审查，提出意见建议，区人大预算工作委员会全程参加并给予指导。5月31日，组织代表对区农业局进行第二轮第二次定向定点视察和检查，实地考察铁心桥街道高家库社区农村集体产权股份制改革情况，听取区农业局关于全区农村集体产权股份合作制改革工作介绍，代表们与工作人员进行深入交流。6月6日，组织5名人大代表在4个社区集中接待选民，收集意见建议6条。6月13日，开发区人大工委组织代表到中国电子科技集团公司第十四研究所开展集中学习，了解十四所发展历程和雷达技术发展历史，参观十四所自主研发的高精尖产品，与一线科研技术人员进行充分交流。7月6日，开发区人大工委组织代表对园区防汛排涝工作进行视察，实地查看板桥河、长江大胜关险工险段堤防和水情变化情况，检查赵家闸泵站运转情况，并听取工作人员相关情况介绍。7月10日，区人大执法检查组对开发区《南京市中小学幼儿园用地保护条例》执行情况进行检查，实地查看金叶花园幼儿园建设使用情况，听取开发区教育工作汇报，人大代表、社区群众和学校代表参与座谈。8月14日，组织安监办、派出所、市场监管局等职能部门对弘阳装饰城安全工作落实情况进行检查，实地查看石材加工区、建材销售区和商务区，并召开会议通报检查中发现的问题，提出整改要求，区人大代表郭治宇、陶文、莫荣明参加。9月5日，开发区人大工委组织7名人大代表到社区开展集中接待选民活动，接待选民17人，收集意见建议16条。9月12日，开发区人大工委走访调研近华、天保、天后和西寇4个社区，了解社区工作开展情况，围绕社区当前正在开展的农村集体资产股份制改革、环境综合整治和群众普遍反映的热点难点问题进行深入交流，并就基层人大工作开展和代表职能作用发挥征求意见建议。11月22日，组织代表对区农业局进行定向定点视察和检查，实地查看花神湖周边环境提升改造、雨花大道更新改造和板桥生态园项目建设情况，听取区农业局关于全区绿化项目建设实施和推进工作情况的汇报，围绕全区园林绿化工作进行交流。12月5日，开发区组织开展2018年四季度集中接待选民活动，8名人大代表接待选民24人，收集到意见建议9条。

【板桥新城人大工委筹备组】 4月19日，板桥新城人大工委筹备组组织人大代表实地考察参观雨花客厅商贸综合体，听取雨花客厅项目情况介绍，并就板桥新城发展建设和人大代表相关工作进行座谈。6月12日，组织部分人大代表参与区法院对某生物公司房屋场地进行强制性监管的全过程，直观了解“执行难”现状。6月21日，组织人大代表参观区法院执行指挥中心，详细了解中心建设情况，代表们与法官就法院执行集中查控、攻克执行技术以及加强网格化管理等工作进行交流。6月26日，召开代表履职交流座谈会，组织代表们考察河下泵站、城南污水处理厂中水排放口绿地游园、石闸沟整治工程、板桥河大方工业园段消险工程等水环境整治及防汛工程，听取板桥新城农水办和开发公司对相关工程及防汛准备情况的汇报，并提出意见建议，此外还组织代表集中学习《雨花台区人大代表履职积分评价办法》。7月10日，区人大《南京市中小学幼儿园用地保护条例》执法检查组实地察看华兴实验学校、板桥中学高中部三期以及古雄小学扩建工程，并召开座谈会。8月1日，区人大常委会党组成员陈苏宁调研板桥新城管委会“人大代表之家”建设情况。8月16日，市人大常委会副秘书长、环资城建委主任束建民一行莅临雨花台区板桥新城古雄新居小区视察指导生活垃圾分类收集示范小区建设工作，市城管局副局长陈雷及有关部门领导陪同。9月5日，板桥新城人大工委筹备组的代表走进各社区，集中接待选民，共收集到意见16条。9月13日，区人大常委会副主任张虎一行赴板桥新城管委会就“263”专题工作开展调研。9月20日，板桥新城人大工委筹备组召开区人大代表立法座谈会，听取区人大代表对《南京市国家公祭保障条例（草案）》修改的意见建议，与会的6位代表共提出建议5条。10月10日，板桥新城人大工委筹备组走访区人大代表谢以洪，并现场查看板桥中学三期工程。11月30日，市人大常委会副主任郭腊军一行到板桥新城大方社区，视察社区人大代表工作联络室，考察代表联系群众情况，区人大常委会主任杨明等有关领导陪同。12月5日，板桥新城人大工委筹备组组织开展集中接待选民日活动，收集到意见10条。12月25日，板桥新城柿子树选区、新林选区分别补选产生区人大代表1名。

（王米娜）

南京市雨花台区人民政府

·概　述·

【概　况】 2018年，全区上下以习近平新时代中国特色社会主义思想为指导，深入贯彻中共十九大精神，把握高质量发展要求，坚持稳中求进工作总基调，紧扣“三大攻坚战”，对标找差，创新实干，完成区十八届人大二次会议确定的各项目标任务，全区高质量发展实现良好开局。

全年，雨花台区实现地区生产总值570.99亿元，增长8.1%，其中第三产业增加值485.23亿元，增长9.5%；一般公共预算收入82.5亿元，增长13.5%；社会消费品零售总额417.3亿元，增长9.1%；全社会固定资产投资285.13亿元；实际利用外资2.1亿美元，外贸进出口总额269.46亿元，服务贸易进出口总额3.107亿美元。110个区人代会项目完成投资251亿元，其中32个市重大项目完成投资173亿元。推进省级综合改革试点。通信软件、云计算大数据、移动互联网、人工智能等“四大创新产业集群”协同发展，形成云密城、楚翘城、科创城、创业创新城、大数据产业基地“四城一基地”特色园区。华为二期等项目建成投产，东南明略人工智能产业园、苏宁云数据中心等项目签约落地。实现软件和信息服务业收入2500亿元，其中软件业务收入1550亿元，增长13.14%。加快高铁枢纽经济区南站核心区建设，建成高端商务商贸载体80万平方米，云账房、中信城开等总部企业入驻。全年新增“四上”文化企业33家，文化产业增加值占GDP比重提升0.45个百分点。南京市与宝武集团战略合作协议签署。推进国家双创示范基地建设，获国务院办公厅督查通报激励表彰，双创服务中心项目定向申报5000万元中央预算内投资补助资金。推进“两落地一融合”工程，引进清华大学、俄罗斯鲍曼大学等国内外高校人才团队，签约新型研发机构12家，通过市级备案7家。新增市级以上众创空间7家、孵化器4家。新增发明专利授权515件。新增高新技术企业168家。科技企业获得天使轮以上融资25亿美元，“苏科贷”“宁科贷”等科技贷款获批额度30亿元。运满满、苏宁体育等30家企业入选南京市独角兽、瞪羚企业榜单，占全市总量20%。亿嘉和等企业挂牌上市，总数38家。新增科技顶尖专家2名、创新型企业家3名，入选省“双创人才”8名，新增区级高层次创业人才56名。

实施城建项目206个，年度投资超百亿元。完成《雨花台区2035发展规划大纲》《雨花南路以北地区控制性详细规划》等重点规划11项，开展《板桥新城总体规划》修编，启动综合交通、地下空间等专项规划编制。启动城镇低效用地再开发项目35个，再次获评省级国土资源节约集约利用模范区。实施征拆项目53个，完成征拆面积80万平方米。地铁S3号线建成运营，启动宁马高速拓宽改造，完成绕城公路—安德门大街等交通堵点改造，加快机场二通道、龙翔大道二期等跨行政区“断头路”建设。实施棚户区改造项目14个，开工建设保障性住房32.2万平方米，竣工7.3万平方米。推进软件谷基础设施建设，加快龙西路、管道路等26条内部道路建设，中兴人才公寓二期竣工。推进“两桥”片区城市更新改造，完成开发策略、城市设计等专项规划6个，龙翔大道一期建成通车，开工建设梅苑南路北段等11条主干道，马家店保障房B、C地块项目主体封顶，A、D地块项目全面开工，首个商住项目洺悦华府开工建设，中央商务区招商选资全面展开。推进精细化建设管理项目138个，雨花东路环境综合整治工程竣工交付，完成春江新城一期、共青团路三村等9个老旧小区出新，203个住宅小区、358家机关企事业单位垃圾分类全面开展，凤台南路整治工程被评为全市十大精细化建设管理项目。建成梅山中心路等社会公共停车场10个，新增停车泊位1821个。在全市率先建立“街长制”，推进“智慧城管”建设，实行城市管理“双微”快速处理，落实“门前三包”责任制，环卫保洁机械化作业率95%以上。

开展“263”专项行动。落实“河长制”，推进南河等14条河道水环境提升工程，实施雨污分流项目316个，工农河环境提升和生态改造工程获评全省沿江生态环境整治先进典型。全年压减煤炭消耗36万吨，空气质量优良天数优于全市平均水平。加大土壤污染管控力度，开展土壤污染状况详查，完善土壤环境监测预警机制，建立污染地块名录和负面清单。推进中央和省环保督察反馈问题整改工作，严肃查处一批群众身边的环境违法行为，及时办结群众环保信访投诉。整治长江、秦淮新河沿线违法乱占乱建36处，拆解“三无”船舶27条，治理黄砂码头5家，提前两年完成省河长办下达的整治任务。实施梅山9号路沿线环境再提升计划，出新道路立面，推进建通大院环境整治，复绿建设三山矶绿地，加大环保、城管、交通综合执法力度，健全长效管理机制，梅钢片区环境明显改善。落实生态红线区域补偿制度，推进南郊森林公园、雨花台砂砾石层等保护区生态修复。实施园林绿化建设项目31个，推进花神湖、卡子门广场等景观升级工程，完成雨花大道等4条道路杨树更新改造，南京南站地区建成曲径花溪、岩石花园等立体景观。全区绿化造林约13.33万平方米，新增绿地20万平方米，新建绿道4.7千米，建成区绿化覆盖率49.36%、林木覆盖率30.15%，人均绿地面积58.8平方米，公园绿地服务半径覆盖率59%，人均公园绿地面积12.7平方米。

完成为民办实事项目73项。实施稳岗就

业政策，新增城镇就业14689人、大学生就业2.4万人。全体居民人均可支配收入57530.4元，增长9%。发放各类救助金6000万元，惠及群众8万余人次。建成养老机构20家，每千名老人拥有养老床位数38.5张。小行小学新校区、金陵华兴实验学校投入使用，南外雨花国际学校主体封顶。与金陵中学、中华中学、拉萨路小学达成合作办学协议，雨花台中学连续9年获高中发展性评估综合奖。承办江苏省青少年校园足球现场推进会，雨花台中学足球队夺得“省长杯”初、高中组双料冠军。新建医联体6个，建成基层特色科室19个，创建江苏省基层卫生十强区。铁心桥、赛虹桥社区卫生服务中心建成全省首批社区医院。高标准实施浡泥国王墓环境整治工程。新增体育健身路径28套，组织各类文体活动1300场，举办“雨花杯”全国航空模型公开赛，金地体育公园获评全省十佳体育公园，梅山体育公园获评全省最美乡村健身公园。创建精品社区21个，翠竹园国际化试点社区通过市级验收，“四方平台”工作法入选全国100个优秀社区工作法。每万人拥有社会组织数22.2个。推进“雪亮工程”建设，推进信访积案化解，获评全省平安区。落实安全生产责任制，成功创建省级食品安全示范区。推进防范化解重大风险、东西部扶贫协作、国有企业“三供一业”分离移交、对口支援、防汛救灾、扫雪防冻等工作。

落实政府法律顾问、公职律师制度，开展规范性文件、重大合同合法性审查，完成司法所管理体制改革。强化政府信息公开，主动公开政府信息5642条。落实区人大及其常委会决议决定，自觉接受人大工作监督、法律监督和政协民主监督。提高建议提案办理效率和质量，办理人大代表建议、政协提案358件，满意率和基本满意率100%。深化“放管服”改革，发挥“互联网+政务服务”效能，实施行政审批制度改革，494项审批服务事项全部实现不见面，推动“告知承诺”试点，在全市首推“证照联办”跨部门办理，发出首套“证照联办”营业执照和经营许可证。受理各类审批服务事项22万件次，综合办结率100%，综合满意率99.98%。落实南京市优化营商环境100条，赛虹桥街道商会获全国工商联系统先进集体。新增企业法人单位4046家，各类市场主体8万户。推进“两学一做”学习教育常态化制度化，开展解放思想大讨论，强化政府系统党风廉政建设，落实中央八项规定及其实施细则，从严执行办公用房、公务用车管理规定，严控公务商务接待、出国出差标准，“三公”经费支出同比下降5%。推进审计发现问题整改挂销号制度，开展同级财政审计、领导干部经济责任审计。高效办结“12345”政务热线工单4.3万件。

【区政府全体（扩大）会议】 3月3日，区政府召开全体（扩大）会议。区领导李世峰、孙中华、蒋冰等出席会议。会议围绕区委十一届八次全会和区十八届人大二次会议通过的2018年经济社会发展目标，部署2018年重点任务和当前主要工作，动员政府系统不忘初心、牢记使命，对标找差、创新实干，全力以赴抓落实，确保实现一季度“开门红”，为高质量全面完成年度目标任务打下良好基础。区长李世峰强调2018年是高举习近平新时代中国特色社会主义思想伟大旗帜、深入贯彻落实中共十九大精神的开局之年，是改革开放40周年，是实施“十三五”规划承上启下的关键之年，也是全面迈向高质量发展的重要一年，开展好2018年工作使命光荣、意义深远、责任重大。

要持续增强推动"高质量发展"的责任感、紧迫感。高质量发展是新时代主旋律，是"雨花"发展内在需求，是区域竞争形势要求。高效推进"高质量发展"必须重点把握四个方面，实现六个新提升。李世峰希望全区锤炼打造推动"高质量发展"的作风和队伍。要有真抓的实劲、敢抓的狠劲、善抓的巧劲、常抓的韧劲，按照"工作项目化、项目目标化、目标节点化、节点责任化"要求，增强本领抓落实，强化保障抓落实，压实责任抓落实，加快工作组织推进，狠抓目标任务落实，确保各项工作落地见效。以习近平新时代中国特色社会主义思想为指导，按照省市委的部署要求，在对标找差中明确方向，在创新实干中凝聚力量，一步一个脚印推动各项工作落实，为推进"强富美高"新"雨花"建设而不懈努力奋斗。会上，区发改局、科技局、商务局等单位相关负责人做表态发言。 （林　武）

2018年雨花台区人民政府常务会议一览表

表37

时　间	会议名称	主　要　议　题
2月10日	第14次常务会议	听取2017年市对区考核情况暨对标找差创新实干推动高质量发展2018年市对区考核分解落实情况汇报； 研究《2018年雨花台区环境保护目标任务》《雨花台区"两减六治三提升"专项行动2018年度工作计划》和《雨花台区贯彻落实江苏省第一环境保护督察组督察反馈意见整改方案》及各单位环保目标责任书； 听取全区安全生产工作汇报； 研究《雨花台区各有关单位安全生产工作职责清单》
3月6日	第15次常务会议	听取对标找差创新实干推动高质量发展2018年市对区考核办法落实情况汇报； 审议《关于进一步加强全区老旧小区管理的工作方案》； 审议《雨花台区房屋使用安全管理实施方案》； 听取三胞集团生物医疗产业发展基金情况汇报； 研究2015—2017年度南京市劳动模范推荐人员名单
3月24日	第16次常务会议	审议《关于进一步强化全区重点工作推进机制》； 审议《2018年雨花台区东西部扶贫协作和对口支援工作计划》； 审议《街道（园区）对标找差创新实干推动高质量发展工作方案》； 审议《雨花台区2018年义务教育招生工作实施办法》； 审议《秦淮新河雨花段排口整治工作方案》； 研究"雨花社区服务中心项目"地名命名
5月7日	第17次常务会议	审议《雨花台区食品安全党政同责实施意见》； 听取雨花台区防范化解金融风险打赢隐患案件处置工作攻坚战情况汇报； 审议《雨花台区安全生产工作改革发展意见》； 审议《雨花台区安全生产工作改革发展意见》； 审议《2018年度全区防汛工作意见及预案》； 听取国家城市黑臭水体整治环保专项行动迎查准备工作情况汇报； 审议《雨花台区级科技创新基金管理办法（试行）》； 研究政务服务和12345表彰工作
5月26日	第18次常务会议	审议雨花台区"全要素网格"划分工作； 审议雨花台区事业单位法人绩效考核评估实施方案； 审议《江苏省南京市雨花台公证处机制创新实施方案》； 研究收购国开金融在国开雨花公司股权的事宜； 听取雨建发集团公司构建方案的汇报

续表 37

时　间	会议名称	主 要 议 题
6月9日	第19次常务会议	审议《雨花台区关于进一步加强经营性资产集中统一监管的实施意见（试行）》及《区行政事业单位国有资产统管清单（共3批）》; 审议《雨花台区生态环境保护责任规定（试行）》; 研究雨花台区西善桥地区集体土地使用权和“三集中”房屋收（退）回工作; 审议区“证照联办”一体化审批服务实施方案; 听取区机关停车位分配方案情况汇报
7月7日	第20次常务会议	研究省高质量发展和对标找差相关工作及雨花台区2018年度经济和社会发展目标考评办法; 审议《雨花台区关于构建和谐劳动关系的实施意见》; 研究雨花台区企事业单位公务用车改革工作; 研究国开雨花公司向财政借款事宜
8月10日	第21次常务会议	听取中央环保督察“回头看”迎检工作总结汇报; 听取2018年金洽会雨花台区专场活动筹备工作汇报; 听取2018年第14届南京“软博会”雨花台区筹备工作汇报; 听取雨花台区2018年省转贷新增地方政府债券安排及本级预算调整初步方案和地方政府债务限额情况的汇报; 审议关于将西南井棚户区改造项目增补进入2018年度区级国民经济发展计划的报告
9月8日	第22次常务会议	学习《地方政府隐性债务问责办法》《关于防范化解地方隐性债务风险的意见》; 听取全区安全生产工作情况汇报; 研究创新网格化社会治理相关事宜; 听取全区利用外资工作情况; 听取《关于进一步加强司法所建设的实施意见》情况汇报
12月21日	第23次常务会议	听取2019年国民经济和社会发展计划预排情况汇报; 听取2018年财政预算执行情况和2019年财政预算（草案）的报告; 听取2019年市区重大项目编制及固定资产投资缺口情况的汇报; 听取2019年为民办实事项目预排情况的汇报; 听取2019年雨花台区城市建设计划的 汇报
12月24日	第24次常务会议	听取2018年《雨花台区政府工作报告》撰写情况汇报; 研究《雨花台区突出环境问题清单》; 研究《雨花台区社区工作者管理办法（试行）》

·行政管理体制改革·

【概　况】2018年,区委编办推进街道综合行政执法体制改革,探索开展“证照联办”改革,打造高新园区全链审批机制,调整权力事项清单动态,推动“3550”改革目标细化落实,推进“告知承诺制”改革、“不见面审批”改革、“预审代办制”改革和“放管服”改革。

【街道综合行政执法体制改革】2018年,区委编办按照区委“坚持改革、因地制宜、磨合完善、效果导向”十六字要求,推进街道综合行政执法体制改革工作。加强各街道综合行政检查执法大队建设,选准配强骨干,将区、街道相关执法人员进行整合,合理划分网格,实现检查执法全覆盖。至年末,全区6个街道综合执法检查大队人员835人,其中在编人员142人,编外辅助人员693人。持有执法证件人数119人,发放协管员证454件。加强综合执法信息平台使用和管理,建立街道综合行政检查、平台分类处置、区政府相关部门实施行政处罚的高效执法机制。全年各街道综合执法大队处理案件42782件，上报部门处置案件5件。

【“证照联办”改革探索】 2018年，区委编办为解决“准入不准营”“办照容易开业难”等难题，在市场准入领域探索开展“证照联办”改革，将营业执照、经营许可证和其他相关审批合并受理，一窗收件、后台流转、并联审批、一窗出件。出台《雨花台区“证照联办”一体化审批服务实施方案》，明确9个部门的20个事项作为首批试点项目，涉及食品药品、文化娱乐、教育培训、对外贸易等9个领域，采取线下线上两种操作流程。5月初，区市场监管局核发南京市通过“证照联办”申请的第一份食品经营许可证。8月初，在全市范围内首创“证照联办”跨部门办理，切实打破部门之间壁垒，初步实现审批服务“减环节、减时间、减材料、减费用”的“四减”效果。10月初，通过政银合作与跟办代办服务，首次实现“证照联办”线上办理，企业全程不见面即办理相关证照。全年，办理“证照联办”审批服务40件，相关成效多次被《南京日报》《扬子晚报》等媒体报道。

【高新园区全链审批机制】 2018年，区委编办以服务企业发展和打造高新园区涉企投资事项办理全链审批为导向，积极落实省、市关于高新园区赋权通知的要求，协调推进事项承接工作。出台《雨花台高新区全链审批赋权清单》，赋予园区审批事项16项，其中赋予园区直接审批事项11项，赋予园区分支机构审批事项5项，并明确承接部门与承接方式，推动高新园区内涉企投资审批扁平化、标准化、便利化。

【权力事项清单动态调整】 2018年，区委编办贯彻落实上级政府关于简政放权的文件精神，组织全区审批部门开展自查，确保权力事项应取消的不再行使、应调整的落实到位。近五年来，区政府累计调整权力事项213项，其中取消37项、承接149项、改变管理方式25项、明确不得行使2项。加强权责清单标准化建设，按照“三级四同”要求，组织全区34个部门将行政权力事项标准化清单和办事指南录入省政务服务网并进行公示。

【“3550”改革目标细化落实】 2018年，区委编办对接区市场监管局，推进工商便利化改革，推动政银合作，进一步提升企业注册登记效率，全区通过全程电子化办理登记企业60余户，并确保新办执照0.5个工作日内办结，在市工商局开展的新设公司登记效率评价中排名第二位。落实市工程建设项目审批制度改革要求，进一步精简审批事项，完善并联流程，最大化压缩工程建设项目审批时间。多次牵头召开营商环境评价推进会，梳理案例并展开数据分析，提前做好评价准备。区市场监管局筛选6个最优案例，平均开办时间1个工作日，最短用时0.5天；区住建局梳理年内审批的8个案例，最短用时26.5天。

【“告知承诺制”改革】 2018年，区委编办多次召开推进座谈会，集中研究解决“告知承诺制”改革试点工作中出现的问题与困难，在此基础上研究拟推出第二批试点项目。大力推广区市场监督管理局推行的“告知承诺制”办件经验，多渠道加强政策宣传，加强窗口人员培训，提升窗口服务质量，进一步扩大社会知晓度。全年,"告知承诺"办件数和比例稳步提升,区卫计局、市场监管局等试点部门办理910余件"告知承诺"许可,群众和企业对改革的认可度和满意度显著提升。

【"不见面审批"改革】 2018年,区委编办动态调整"不见面审批"事项清单,并通过省政务服务网予以公布。推进审批结果不见面,通过EMS快递寄送等模式送达各类结果证照3.6万余件次。强化目标导向,与区委改革办、区政务办联合下发通知,督促各审批部门加强宣传,全力打通网办堵点,着力提升"不见面审批"办理比例和便捷度。实现"不见面"审批事项307项,"不见面"审批可办比例为90%以上。累计办理各类"不见面"审批和服务事项4.7万余件。

【"预审代办制"改革】 2018年,区委编办加强队伍建设,组建区、街道两级代办队伍共14人,建立街道(园区)代办平台9个。完善预审代办工作机制,通过微信工作群、联席会议等方式,及时协调、集中协商、重点推进投资建设项目。提升预审代办深度和广度,推行"超前代办"服务,将代办延伸至项目引进阶段,推进"接力代办"服务,实现区、街道二级代办联动。扩大预审代办覆盖面,对市重大项目、区人代会产业类项目实现全覆盖。至年末,共计代办投资建设项目34个,投资额达385.8亿元。 (张师嘉)

【"放管服"改革】 2018年,雨花台区推动"3550"改革目标细化落实。推广应用市级投资项目"多评合一"系统平台,对立项阶段所需的8类中介服务,一次发布需求、中介承诺服务、业主择优选择、同步评估评审,避免建设单位盲目选择中介,减少建设单位在多次中介服务中的等待时间。推进审批结果不见面,全年办理各类"不见面"审批和服务事项5.4万余件。探索实施"证照联办"改革,办理"证照联办"审批服务68件,相关成效多次被《南京日报》《扬子晚报》等媒体报道。深化"告知承诺制"改革成效,协助区卫计局、市场监管局等试点部门办理"告知承诺"许可1070余件。推行"预审代办制"改革,代办投资建设项目36个,投资额426亿元。贯彻"马上办、网上办、就近办、一次办"要求,修订完善《雨花台区便民服务中心公共服务事项基本目录》,涉及人社、民政、卫计等领域8个,公共服务事项114项,其中取消事项6项、新增事项1项、调整修改事项5项,下沉事项由街道便民服务中心组织实施。完善基层"互联网+政务服务"体系,组织全区8个街道(园区)和59个社区,将人社、民政等8类87项便民服务事项清单和办事指南录入省政务服务事项管理平台,并在江苏政务服务网公示,完善街道(园区)、社区网上服务频道,提前实现街道(园区)和社区在江苏政务服务网开设主页门户两个100%。 (冯 捷)

·信访工作·

【概 况】 2018年,雨花台区将信访稳定工作列为四项难点工作之一,放在全区经济社会发展大局中思考和谋划。全区信访干部带着感情为群众排忧解难,推动一批信访积案化解,维护群众合法权益,为全区经济建设和社会发展凝聚民心,为全区高质量发展提供服务保障。

2018年，雨花台区被省信访局评为2017年度全省信访工作“三无”县（市、区）先进单位。雨花台区被市信访工作联席会议评为2017年全市信访工作先进区和2017年全市信访积案化解攻坚年行动突出贡献单位。区信访局被区委、区政府评为2017年度先进集体，并获2017年度区经济和社会发展目标考评绩效一等奖。区信访局撰写的《雨花台区戈某某信访事项化解案例》一文被市信访局列为2018年全市信访系统“讲好信访故事，打造精品案例”活动首批优秀信访故事和精品案例，《信访化解见成效，幸福传遍你我他》和《特殊党费，温暖人心》两篇文章分别被区委办评为全区大走访活动典型案例和优秀民情日记。

【日常信访办理】 2018年，雨花台区人民来访接待中心受理群众来信（电）373件（其中来信89件、领导信箱50件、网上信访158件、其他67件、电话9件）；接待群众到区走访499批2501人次，到区走访量同比批次下降12.9%、人次下降2.8%。全区未发生有重大影响的群体访、个人极端事件或负面炒作事件。妥善处理好元化生物有限公司投资人购房纠纷问题、雨花房产经营公司改制纠纷问题、开发区人居森林拆迁安置纠纷问题、宁马高速拓宽涉及汤巷一队红线外22户村民拆迁安置纠纷问题、原市政园林改制纠纷问题、龙翔大道西立交桥七彩星城段建设纠纷问题、板桥孙家居民反映梅钢环境污染问题、铁心桥“双清”收（退）回安置补偿纠纷问题等。做好日常初信初访受理和办理工作，做到按时受理、规范办理、逐案报结或处理到位。全年，在南京信访和谐信息化管理系统中，信访部门及时受理率100%、按期办结率95.59%，信访部门参评率93.98%，信访部门满意率4.58%；网上信访量占比49.22%。引入第三方介入机制，聘请国成律师事务所律师，定期到区人民来访接待中心接受群众涉访法律咨询，与相关职能部门联合接待调处涉法信访事项。加强访调对接，在区人民来访接待中心设置“雨花台区访调对接工作室”，配置相应人员和硬件设施，选派2名专职调解员入住，协调解决需通过人民调解处理的信访矛盾。

【信访突出问题大化解大突破专项行动】 1—4月，根据市信访工作联席会议办公室要求，区信访局开展信访突出问题大化解大突破专项行动。在省、市没有交办具体化解任务情况下，全区自加压力，通过信访矛盾纠纷滚动排查，梳理出信访积案14起进行交办，成功化解惠民侨集体访事项和钱明星个访事项等，其他信访事项全部交办或转送至有关责任单位，逐案明确化解路径。

【信访矛盾化解攻坚战】 4—12月，区信访局开展重点领域、重点群体、重点问题、重点人员信访矛盾化解攻坚战（简称“四大重点攻坚战”。制定《雨花台区信访矛盾化解攻坚战实施方案》，按时间节点要求，对全区重点领域、重点群体、重点问题、重点人员进行摸排，重点对中联办和省市交办的3件督办件进行攻坚化解。经过准备、交办、化解、总结四个阶段分步实施，李昌贵信访事项办结入库，胡秀珍、赵宏珠信访事项结案并上报审核。

【中巡组交办信访事项办理】 2018年，中央巡视组巡视江苏省期间，雨花台区收到中巡组转交信访事项11批108件次，经核查甄别，事发雨花台区信访事项43件次。7月初，区委分管领导召集相关街道和部门就中巡组交办件进行专题研究会办，要求按照“三到位一处理”原则，对诉求合理的加大力度及时化解；对问题复杂、一时难以解决的列入信访矛盾化解攻坚战推进化解，落实领导包案，明确工作路径和措施。8月初，区信访联席办专门发文要求各有关单位加大化解力度，促进案结事了、息诉停访。9月中下旬，区委组成联合督查组，对43件重点信访件的办理情况进行专项督查，推进疑难问题的化解。至年末，中巡组转交信访事项化解5件，涉法涉诉事项8件，信访三级终结事项5件，仍在推进化解之中10件，暂时难以化解的事项15件。（祁寿昌）

·民族宗教事务·

【概　况】2018年，区民宗局深入贯彻落实中央、省、市、区民族宗教工作会议精神和党的民族宗教政策法规，坚持宗教中国化方向，引导宗教与社会主义社会相适应。深化民族团结进步教育，铸牢中华民族共同体意识，加强各民族交往交流交融。全区有少数民族32个，少数民族常住人口4911人；宗教活动场所10个（其中佛教2个，基督教8个）。年内，区民宗局完成全区回族等10个少数民族居民3454人牛羊肉补贴发放49.06万元。完成8所中学49名少数民族考生民族成分审核认定。春节走访慰问民族宗教代表人士、困难教职人员、少数民族贫困家庭，发放慰问金2.84万元。慈善资助单亲贫困母亲家庭就读高中孩子12人并发放“天使爱心”助学金53000元，向4名2018年高考大学生发放“天使爱心”奖学金16000元。开展第七届“宗教慈善周”活动，募集善款80290元。推荐居民马敏超（回族）参加“最美民族风”南京市首届民歌大赛并获二等奖。遴选推荐10名少数民族代表人士参加市委统战部培训。协调解决少数民族外来务工经商人员随迁子女4人入学。创建民族团结进步示范基地，雨花社区被市委民族宗教工作领导小组命名为民族团结进步创建示范基地，获市民宗局创建工作专项补助7万元。帮助新疆少数民族开办的阿拉汀餐厅申报市级专项补贴5万元。帮助佛教高座寺、基督教三山聚会点申请市级维修经费5万元。成立新疆务工经商人员服务管理丁墙社区工作站，搭建新疆务工经商人员服务管理社区共建平台。协调处理市回民殡葬服务所门面房工程拖欠农民工工程款问题；协助推进市回民殡葬服务所迁建用地“失地农民进社保”问题；协调处理花神庙社区“坟山组”回民迁坟矛盾；协调保障南京天隆寺筹备处及雨花精舍开展义工联谊会，举办台湾佛光山开山宗长星云长老“一笔字”书法展活动。构建宗教工作“三级网络，两级责任”，宗教工作网格化试点全面铺开。开展行政执法检查宗教活动场所消防、财务、活动、宗教出版物等，检查南京天隆寺筹备情况。整治佛教去商业化，调查厘清龙泉禅寺与龙泉寺旅游开发有限公司是否存在商业资本介入和商业化问题。加强天界寺遗址、雨花阁等涉佛教活动巡查监管，防范借教敛财。结合宗教基础数据调查进一步掌握全区基督教现状，甄别基督教私设聚会点17处，分别以家庭聚会点、以堂带点、纳入监管等方式进行监管。开展“四进”（国旗、宪法和法律法规、社会主义核心价值观、中华优秀传统文化）宗教活动场所、民族宗教政策法规“六进”（进机关、进场所、进团体、进企业、进社区、进学校）活动，指导区基督教三自会及其聚会点举办培灵会、春季培训班，开展爱国主义教育、第三届讲道交流活动等，受训教牧同工、信徒及传道人义工1000余人。支持宗教界选送合适人员进宗教院校学习深造，培养宗教后备人才。开展宗教活动场所安全隐患大排查整治，组织观看消防警示教育影片，开展消防安全培训和演练，发放安全稳定“100看”指导手册。协调板桥活水堂拆迁复建规划调整、顾家庄聚会点周边环境整治引发的矛盾纠纷。严格宗教团体和宗教场所大型活动报备和审批制度，开展非法宗教出版物自查和检查。协调市佛教协会会长隆相检查天隆寺建设情况，帮助宗教活动场所安全防暑度汛，配发应急药箱、高性能探照灯具等。开展全区宗教自查迎接中央宗教工作督查，成立区委宗教工作迎查领导小组，印发《全区宗教工作自查方案》开展全面自查工作，发放宗教工作“应知应会”手册150份。完成宗教活动场所星级创建，基督教大定坊、梅山教堂被市民宗局认定命名为省四星级宗教活动场所。

【基督教三自全委会暨年终总结】 1月16日，在板桥聚会点召开2017年度工作总结暨区三自全委会，全区基督教各场所负责人、教职人员、堂委会成员参加会议。会议从安全稳定、民主管理、教会牧养、宗教慈善等方面汇报2017年工作；区基督教三自会就各堂点2017年工作点评，并总结2017年区三自工作，部署2018年工作。区民宗局充分肯定区基督教三自会及各场所取得成绩，并就2018年工作提出新的要求：深入学习领会中共十九大精神，在投身中国特色社会主义新时代中发挥更加积极的作用；贯彻落实好新的《宗教事务条例》，在法治化轨道上更好推进全区宗教工作；紧盯“三个一流、走在前列”目标，继续加强团体和场所自身建设；强化底线思维和红线意识，始终把安全稳定摆在全年工作突出位置。

【新疆驻丁墙社区工作站成立】 2月5日，新疆籍务工经商人员服务管理社区工作站（以下简称工作站）在雨花街道丁墙社区成立并举行揭牌仪式。省民委副主任、宗教局副局长、新疆驻江苏省新疆籍务工经商人员服务管理工作组党委书记、组长徐刚，副区长余清为工作站揭牌。余清代表区政府就发挥工作站作用、提高服务管理水平提出要求：要提高政治站位，深刻认识城市民族工作重要性；履职尽责，最大程度发挥好工作站功能；齐心协力，共同建设强富美高新雨花。随后工作站召开

2月5日，新疆驻丁墙社区工作站揭牌 （区委统战部 供稿）

首次联席会，开展“结亲交友”活动，发放双语（汉语、维吾尔语）法规手册，开展新疆籍务工经商人员座谈交流，丁墙社区干部和新疆籍务工经商人员签订结亲联谊协议。该工作站是全区第一家专门为新疆籍务工经商人员进行服务管理的社区共建平台，为新疆外来务工经商人员提供多元化服务，协调化解矛盾纠纷，开展联谊和各类宣传教育、特色文化活动，促进民族间交往交流交融，促进民族团结进步，共同繁荣发展。

【区基督教三自爱国会传达学习全国两会精神】 3月20日，区基督教三自爱国会在板桥活水堂传达学习全国两会精神，近100名教职同工参加学习并分享学习心得体会。他们表示要认真学习和贯彻全国两会精神，做到“五个落实”：落实用习近平总书记新时代中国特色社会主义思想武装头脑，做到真学、真懂，融会贯通；落实坚定拥护中国共产党的领导，自觉维护习近平总书记核心地位；落实坚持基督教中国化方向，践行社会主义核心价值观，弘扬中华优秀传统文化，深入推进神学思想建设；落实基督教正确履行社会责任，参与扶贫帮困，开展公益慈善活动；落实不断加强基督教团体自身建设，抵制异端邪教和境外渗透。区基督教三自爱国会主任、牧师李春兰提出，要加强教职人员的教育培养，不断提升学习能力、爱国爱教，用心服务教会、服务社会，积极参与到中华民族伟大复兴奋斗中。

【宗教活动场所消防应急预案演练】 5月14日，区民宗局在基督教大定坊聚会点开展宗教活动场所消防应急预案演练。邀请“安居防火”教员以“强化安全宣传、建设平安家园”为主题开展消防安全知识讲座，讲授安全逃生与自救知识，进行实战应急预案演练。此次演练模拟圣诞夜聚会教堂突然断电、失火，信众在教堂安全员指挥下迅速启动手电、手机等照明设备，有序从各出口疏散撤离，同时演练电话报警、灭火器操作步骤、要领。全区10个宗教活动场所负责人、教职人员及安全员80余人参加，进一步增强宗教活动场所自防自救能力，筑牢安全“防火墙”。 （石化英）

·外事及港澳台侨事务·

【概　况】 2018年，区台侨办贯彻落实对台、侨务各项方针政策，紧扣全区高质量发展要求，围绕中心、服务大局，发挥优势、履职尽责，对标找差、开拓创新，完成各项工作任务。全年，组织社区对台侨务三级网络成员参加全市社区侨务工作培训、港澳台及海外统战工作培训、对台工作培训等。组织各街道社区具体从事对台、侨务工作人员到江宁、栖霞等区县进行交流学习，结合一个街道一个重点社区，一个社区一个品牌特色对标找差，明确工作方向。组织台、侨资源丰富工作开展有特色的街道社区赴厦门南平及广州考察调研学习。主动对接省市台侨办、台侨联，对接英国利物浦华商会、澳洲南京同乡会，对接软件谷及各街道（园区）等，发挥台侨办桥梁纽带作用，主动掌握信息，做好对外、对内、对上、对下的商情联络、项目宣传、经贸洽谈、项目跟踪落实。组团2批次赴台开展文化、经贸考察交流。在深化与新北市板桥区及永安里“区区对接”的基础上，延伸对台工作触角，扩大与台湾地区基层接触面，与永和区、新店区、芦洲区等地开展友好对接交流。以“南京先生”为组带，进一步加强与连江县北竿乡民间交流与互动。南京文化名人傅宁军长篇报告文学《南京先生》出版。《南京先生》宣传片在2018年度全省《纪念苏台交流合作30周年微视频大赛》获奖。以新北智慧社区论坛为契机，推介宣传“雨花”，8名社区主任、书记参加两岸社区主任里长故事连线节目，并在《区街议事厅》栏目中陆续播出，反响良好。通过台企联系匈牙利贸易署南京办事处进行广泛交流与沟通，与雨花台区省级经济开发区结对，开展文化、贸易和旅游等深度合作。在原有区、街、社区三级工作网络基础上，加大对社区层面工作网络的完善，以雨花街道翠竹园社区对台、侨工作网络为模板，在社区构建社区党总支、行政和楼栋长三级服务网络。对9家台、侨资企业进行逐个走访，建立企业名录。妥善处理来信来访工作，积极主动为台胞和归侨侨眷办实事。坚持“五必访”制度（即家中困难必访，传统节日必访，生病住院必访，来宁探亲必访，家中发生大事必访），走访困难台属42户，发放慰问金24000元；走访台资企业9家，帮助协调解决企业问题5起，走访企业归侨9人，发放慰问金21600元；走访困难归侨10家，发放慰问金18000元。开展社区为侨服务“以奖代补”活动。联合翠竹园社区、上怡新村社区开展“其乐融融庆元宵温暖和谐一家亲”“春踏牛首”“端午粽飘香，和睦邻里情”等活动12次，为社区申请活动资金9000元。

（季连华）

【外事工作】 2018年，雨花台区外事工作围绕全区中心工作任务，按照中央、省、市有关外事管理规定要求，严格执行因公出国境计划管理、限量管理，科学制定年度出国计划，规范出国经费管理，严格审核每个出访团组经费标准，强化出国审批管理，严格执行因公出国审批程序，并以此作为办理出访任务必要前置条件。全年，全区办理党政干部出国18批34人次，其中，自组团6批22人次，参加双跨团12批次12人次。此外，办理企事业人员（含教师培训）出国17批32人次。完成区友好合作城市——德国迪特福特2位外宾（市长布劳恩、建筑师库恩）在第八届南京名城会期间的全程接待工作。接待文莱青年干部考察团，新加坡、佛得角考察团等外事交流团组约100人次。加强和规范外事客情报送工作，下发通知提醒全区各单位按照有关规定和要求，及时上报外事客情。为南京汉隆科技有限公司等民营企业做好APEC商务旅行卡初审和服务工作，为企业“走出去”提供支持和便利。（林　武）

【华兴村侨史馆建设】 2018年，区侨办推进华兴村侨史馆建设工作。3月，组织华兴村侨史馆揭牌仪式，邀请省侨办副主任、市“五侨”领导及板桥新城归侨侨眷参加。古雄社区通过微信与华兴侨眷澳大利亚籍华人李殷宏家族后人取得联系，寄送华兴村侨史陈列馆相关资料与其沟通，进一步完善陈列馆文史资料。12月，联合古雄社区组织第二次华兴村侨眷联谊会，扩大华兴村历史影响力，促进与雨花台区海外华侨侨眷沟通联系。全年，接待国内外华兴侨眷和省、市、区涉侨人员参访华兴村侨史陈列馆6场次130余人次。

【台企服务】 艾德克斯电子（南京）有限公司为台湾独资企业，占地面积1.8公顷，规划建设6万余平方米，是雨花台区唯一集研发、生产为一体的综合性科技企业。为帮助企业降低成本、减轻负担,助推企业发展提供优质服务。10月24日,雨花台区统战部副部长、台办主任胡建忠到软件谷规划部门就艾德克斯电子(南京)有限公司的规划、设计和建设等方面问题进行沟通协调,帮助企业及时解决实际困难,确保加速推进企业建设进程。

【《南京先生》出版发行】 11月13日,《南京先生》出版发行。《南京先生》是建立在写实基础之上的艺术表达,诠释海峡两岸同胞“打断骨头连着筋”的情谊。该书写的是民国初年,台湾北竿岛发生瘟疫,一位南京本地的中医江允辗转赶赴马祖北竿岛,为当地群众祛除瘟疫、救民于危难之中,拯救一方百姓,被当地人称之为“南京先生”的故事。这个故事再现来自博爱之都南京的江郎中以高超医术和仁慈之心悬壶济世、普济众生,及当地民众不忘“先生”、感恩铭记之举。作者通过这个故事告知读者,台湾与大陆血脉相连、情意相通。该书由傅宁军著作。 (季连华)

·政务服务·

【概　况】 2018年,区政务服务中心窗口受理审批服务事项16万件次,全年综合办结率100%,综合满意率99.99%。窗口承诺件办结8433件,办件平均用时2.9天,同比下降0.2天,对照法定时限节约率82%,同比上升0.2个百分点,在全市2018年度政务服务工作考核中位居前列。“12345”政务热线,全年办结工单44439件,同比上升26.61%,及时签收率、及时交办率、实时退单率均为100%,按时办结率99.98%,综合满意率93.81%。是年,雨花台区被市政府政府评为“12345”政务热线工作先进单位。

【政务服务网建设】 2018年,区政务办建设完善江苏政务服务网雨花台区综合服务旗舰店,整合政务服务资源,统一成一个门户网站对外,提供一站式网上办事服务和场景式办事导航。组织区、软件谷有关部门梳理审批事项证照和结果文书,制作电子证照模板,进一步规范服务窗口审批结果扫描上传和结果文书信息填报,通过政务综管系统推送至省政务服务网电子证照库和注册用户专属空间,供办事人和各部门共享调用,推动解决办事人重复提交申报材料问题,推动实现政务服务用户统一身份认证、统一证照共享,“一次认证、全网通行”。在全市首推云柜“24小时”自助取件服务,各类结果证照通过EMS免费寄送4.5万余件。在全市率先开设“证照联办”一体化审批服务栏目,按照《关于印发〈雨花台区“证照联办”一体化审批服务实施方案〉》要求,组织市场监管、人社、卫计等9个联办部门,整理经营行业18类涉及多部门、多事项、多证照的联办审批(服务)场景,按照“1+N”的模式(1个营业执照+N个经营许可证)一次性告知并收取证照办理申请材料,经内部流转、数据共享、同步审批、联合办理,一次核发,推行全程网办,受办理情况在用户空间可实时查询。

【投资代办服务】 2018年,区政务办根据市、区对标找差考核工作要求,制订对标找差方案,学习先进地区和先进单位经验做法,推进各项目标任务。发挥市、区、街道“两级机构、三级功能”代办服务体系作用,推行“超前代办”“接力代办”服务,提升代办服务效能。全年,全区公共资源进场交易额43.08亿元,提前完成年度交易总额40亿元的考核目标任务；区、街两级代办员代办项目33个，投资额383.84亿元。

【“12345”政务热线工作】2018年，区“12345”热线平台响应市“12345”热线舆情预警推送机制，将“舆情预警”内容第一时间通报至相关单位和信访局，并报送区政府、区委政法委和区委宣传部，全年预警24次。建立政协委员民主监督机制，邀请区政协委员跟踪督办“12345”工单办理过程，开展“工单委员认领”活动，22名委员先后认领群众诉求多、解决难度大的工单117件，解决群众身边热点难点诉求。将推诿工单推送区编办、法制办进行界定，将不作为等问题提交区作风办、监察委督办，全年由区监委牵头召开督办会4次。按照区委巡察工作要求，将被巡察单位的工单办理情况提交给巡察组，先后提供西善桥街道、赛虹桥街道、雨花经济开发区、板桥新城、区信访局、区人防办等12家单位三年共计3.6万件工单的办理情况。全年，在全市“12345”政务热线工作年度考核中，区政务办位列全市行政区组第五名，进入先进行列。 （曹玉超）

中国人民政治协商会议南京市雨花台区委员会

·概　述·

【概　况】2018年，区政协常委会团结带领全体区政协委员，以习近平新时代中国特色社会主义思想为指导，把握团结和民主两大主题，围绕全区中心工作，凝心聚力搞好政治协商，稳妥推进民主监督，开展参政议政，发挥人民政协协调关系、汇聚力量、建言资政、服务大局重要作用，为推动“雨花”高质量发展做出贡献。全年召开常委会议4次，主席会议9次，各专委会、政协工委、界别组开展调研、视察、对口协商、民主评议活动53次。提出提案220件和提案线索30件。经审查，立案196件，未立案24件，立案率89%。开展以“富裕百姓促进发展”为主题的调研月活动，形成调研论文41篇，将其中26篇汇编成册，报送区四套班子和软件谷领导。开展委派民主监督小组工作，强化对口监督。全年各监督小组开展民主监督活动24场，参加委员200余人次。收集社情民意信息180篇，上报58篇，市政协采编25篇，区政协反映社情民意信息工作连续7年位列全市政协系统前列。组织企业家委员深入青海大通、陕西丹凤开展对口扶贫攻坚、组织发动全体委员参与扶贫济困、捐资助学、救孤助残等公益慈善活动，向红十字会、学校等单位捐款捐物300余万元。

【区政协九届委员会第二次会议】1月1—3日，政协南京市雨花台区第九届委员会第二次会议召开。市政协副主席、区委书记黄河出席并讲话。会议审议通过区政协主席黄唯佳代表区政协常务委员会所作的工作报告和区政协副主席杨洋作的关于提案工作情况报告。区政协九届一次会议以来，收到提案208件，经审查，立案交办188件。委员对办理工作满意率和基本满意率100%；得到解决和正在解决的168件，占89.36%。

2018年政协雨花台区第九届委员会常务委员会会议一览表

表38

时　间	会议名称	主　要　议　题
2月8日	第5次会议	听取区政协主席、副主席分工调整情况的报告； 审议通过《关于试点开展委派民主监督小组工作的实施办法》《关于开展评选表彰先进集体和委员先进个人活动的意见》《政协委员参加政协会议、活动的请假规定（试行）》等规章制度； 研究确定《政协雨花台区委员会2018年度工作要点和协商议题安排》； 审议通过《关于优秀提案评选表彰的办法》
7月31日	第6次会议	传达学习习近平总书记重要讲话精神； 听取区政府2018年上半年工作情况和下半年重点工作安排的通报； 听取区政府关于区政协九届二次会议以来提案办理情况的通报； 总结区政协2018年上半年工作，部署下半年任务； 协商通过有关人事事项； 习近平总书记关于加强和改进人民政协工作的重要思想专题辅导授课
9月28日	第7次会议	传达学习习近平总书记在中国科学院第19次院士大会、中国工程院第14次院士大会开幕会上发表的重要讲话； 听取软件谷高新产业协调服务局关于雨花台区高新区建设情况通报
12月27日	第8次会议	传达学习贯彻习近平总书记近期关于人民政协工作的重要讲话精神和汪洋主席的讲话精神；传达学习贯彻习近平总书记在庆祝改革开放40周年大会上的重要讲话精神； 审议区政协九届三次会议议程、日程（草案）等有关事项； 审议区政协九届委员会常务委员会工作报告（审议稿）； 审议区政协九届委员会常务委员会关于九届二次会议以来提案工作情况的报告（审议稿）； 协商确定常委会工作报告和提案工作报告的报告人； 审议通过九届二次会议以来优秀提案建议名单； 审议通过2018年度受表彰的先进集体和委员先进个人名单； 协商通过有关人事事项

2018年政协雨花台区第九届委员会主席会议一览表

表39

时　间	会议名称	主　要　议　题
2月8日	第10次会议	协商调整区政协领导工作分工； 讨论提交常委会通过的相关制度、规定： 《关于优秀提案评选表彰的办法》（讨论稿）； 《关于试点开展委派民主监督小组工作的实施办法》（讨论稿）； 《关于开展评选表彰先进集体和委员先进个人活动的意见》（讨论稿）； 《关于委员参加政协会议、活动的请假规定》（讨论稿） 协商讨论《区政协2018年度工作要点和协商议题安排》（讨论稿）； 批准通过区政协2018年各专委会、政协工委、界别组活动计划（审议稿）； 审议通过区政协九届二次会议提案审查立案情况报告（审议稿）； 研究确定区政协九届五次常委会议召开的相关事项
3月29日	第11次会议	听取全区污染防治工作情况通报并进行协商讨论
4月26日	第12次会议	听取区公安工作情况通报并进行协商讨论
5月29日	第13次会议	听取全区现代服务业发展情况通报并进行协商讨论
6月28日	第14次会议	听取卫生和计划生育局关于全区卫生工作情况暨2018年度承办提案办理情况通报并进行协商讨论
8月21日	第15次会议	听取全区城市管理工作情况通报并进行协商讨论

续表 39

时　间	会议名称	主 要 议 题
10月25日	第16次会议	听取“两桥”地区更新改造推进情况通报并进行协商讨论
11月28日	第17次会议	听取全区信访工作情况通报并进行协商讨论
12月27日	第18次会议	传达学习贯彻习近平总书记近期关于人民政协工作的重要讲话精神和汪洋主席的讲话精神、习近平总书记在庆祝改革开放40周年大会上的重要讲话精神； 协商讨论区政协九届三次会议筹备工作方案，《区政协常委会工作报告（讨论稿）》《区政协常委会关于提案工作情况的报告（讨论稿）》； 协商讨论区政协九届三次会议的有关事项和各次会议主持人、报告人名单； 研究确定大会发言名单； 研究区政协2018年度先进集体、优秀提案和委员先进个人建议名单； 协商提出有关人事事项； 讨论决定召开区政协九届八次常委会议的有关事项

·重要工作·

【专题政治协商】 2018年，区政协发挥协商民主重要渠道和专门协商机构作用，紧扣全区高质量发展中具有综合性、全局性和前瞻性问题，开展协商，建言献策，助推经济高质量发展。举办“推进创新企业倍增发展，建设一流高新园区”专题议政性常委会议。会前，区政协常委带领委员深入创新企业了解发展情况和面临的困难，走访相关部门探讨解决问题的方法举措；会上，收到发言材料21篇，意见建议50余条，参会人员与高新区领导面对面深入协商；会后，将协商议政成果报送区委区政府和软件谷，区委主要领导肯定调研成果，将调研报告批转到软件谷和区政府相关部门，要求认真学习借鉴。科技组围绕高新企业培育和申报，与区科技局开展对口协商，建议要在扶持软件企业申报高新企业的同时，鼓励传统企业通过技术创新升级，申报高新企业，区科技局十分重视，对全区传统企业技术升级进行一对一辅导，实现南京同仁堂、南京轴承有限公司等15家传统企业成功申报高新技术企业。

【民主监督】 2018年，区政协把加强和改进民主监督作为推进政协工作创新突破口，围绕区委区政府重要决策部署的贯彻落实，在完善机制、拓展内容、创新形式等方面加强探索实践。建立完善承办单位、提案者、政协组织三方沟通协调机制，以重点提案集中督办为抓手，推动提案成果转化。做好基本公共卫生服务、高标准建设社区卫生服务中心等卫生工作。参加省政协组织的“深化‘放管服’改革，建设一流营商环境，省市区三级政协专题民主监督”活动。组织政协委员，对区政务服务中心等“放管服”改革重点单位进行专题视察，召开座谈会，走访区内企业和社区居民代表，了解基层一线情况，掌握第一手资料。针对“放管服”改革存在的全程网办比例不高等问题，委员们建议将隐藏在各部门“信息孤岛”中的政务信息，纳入“互联网+政务服务”体系内闭环运行，实现跨部门、跨层级、跨区域政务信息资源共建共享。针对政协民主监督工作短板，在区委、区政府的大力支持下，出台《关于试点开展委派民主监督小组工作的实施办法》，依托区政协8个界别组，按照专业对口原则，向全区20个职能部门试点委派民主监督小组，各监督小组根据自身特点，采取多种形式，对相关部门开展监督，如教育组听取区教育资源布局规划执行情况通报，医卫组视察全区民营医疗机构工作情况，社会事务组组织委员旁听区法院庭审现场等。全年各监督小组开展民主监督活动24场，参加委员200余人次。参与民主监督的委员改“聘”为“派”，改“个人行为”为“组织行为”，增强民主监督的主动性和规范性，提高民主监督实效。

【建言献策】 2018年，区政协召开第十六次主席会议，就“两桥”地区城市更新改造推进情况进行协商讨论，视察龙翔大道、机场二通道等重点工程建设现场，听取雨花新城规建办的情况通报。针对全区城市管理中存在的群众参与度不高、背街小巷保洁困难等不足，区政协与区城管局开展专题协商，建议要在健全城市精细化管理评价和目标考评体系上下功夫，实现从粗放管理向精细化管理转变，区城管局积极采纳并应用到具体工作中。召开主席会议聚焦全区污染防治工作情况，深入依维柯发动机厂等生产型企业和南京证大大拇指广场等工程建设现场，了解环保设备使用情况，并围绕中央和省环保督察反馈问题的整改、“263”专项行动等方面，提出意见建议20余条，以会议纪要形式报送区委区政府。随着全区城市化进程不断加快，村中村、棚户区拆迁等项目实施，产生数量巨大的建筑垃圾，为缓解垃圾运输压力和减少填埋带来的污染，区政协及时成立课题组，前往上海、杭州等地，学习先进经验，提出全区建筑垃圾实现减量化、无害化和资源化路径方法，将调研成果发表在《雨花内参》上，相关部门充分借鉴，在软件谷南园片区实现土方内部平衡。

【提案办理】 2018年，区政协九届二次会议后，政协委员、各参加单位和各专门委员会，以习近平新时代中国特色社会主义思想和中共十九大精神为指导，围绕区委区政府持续攻坚“抓产业发展、促城市建设、补民生短板”三个主战场目标任务，运用提案履行职能，提出提案220件和提案线索30件。经审查，立案196件，未立案24件，立案率89%。24件未立案提案和30件提案线索，作为区政协社情民意信息素材或转报区委办信息采编参考。提案由街道（园区）和相关部门40个单位承办，承办单位认真办理，委员满意和基本满意率100%。提案中许多意见建议得到采纳和落实，为助力全区经济社会高质量发展发挥重要作用。

【社情民意信息】 2018年，区政协倾情反映群众诉求。把反映社情民意信息作为履行职能重要基础和关键环节，在扩大收集渠道和促进成果转化上下功夫。组织梅山街道、开发区、板桥新城等政协工委发挥贴近群众优势，在社区建立社情民意信息联系点，随时听取群众呼声和建议；组织雨花、铁心桥、赛虹桥等街道政协工委发挥辖区内软件企业集中优势，定期组织委员走访视察企业，征求企业对政府部门意见建议。全年，收集社情民意信息180条，上报58条，市政协采编25条，区政协反映社情民意信息工作连续7年位列全市政协系统前列。

【委（片）组履职】 2018年，区政协各委组结合自身特点，围绕区委区政府重点工作，确定调研议题，创新活动形式，提高履职成效。全年，各专委会发挥专业优势，根据区政协年度协商计划安排，在常委会议和主席会议召开前，深入企业和社区，组织委员开展调研，撰写会议发言材料30余篇；各界别组发挥界别优势，围绕发挥南京南站枢纽资源优势、加快交通基础设施建设、完善社区养老服务设施等议题，组织委员与相关部门开展对口协商16次，提出意见建议100余条；各街道政协工委发挥基层优势，因地制宜、自选主题，开展“委员进社区”等活动，带领委员走近群众，传达党政政策，传播政协声音，传回百姓心声。

【为民办实事】 2018年，区政协继续开展“政协委员为民办实事活动月”活动，为群众办实事、做好事、解难事。组织企业家委员深入青海大通、陕西丹凤开展对口扶贫攻坚，详细了解当地致贫原因和收入来源，受到当地党委政府和群众肯定与欢迎；组织发动全体委员参与扶贫济困、捐资助学、救孤助残等公益慈善活动，全年向红十字会、学校等单位捐款捐物300余万元。 （朱雯婷）

中共南京市雨花台区纪律检查委员会及监察委员会

【概 况】 2018年，全区纪检监察机关全面履行党章和宪法赋予的职责，强化监督执纪问责与监督调查处置，推动纪检监察工作取得新成效。协助区委落实管党治党政治责任，强化党内监督，加大对全区干部廉政、警示教育。推进体制改革，释放改革动能，实现全区监察全覆盖。创新派驻监督，不断提高监督质量与效率。深化政治巡察，发挥利剑作用，做好巡察整改“后半篇文章”。坚决贯彻中央八项规定精神要求，维护群众切身利益。全年，区纪委监委坚持“精细、精准、精品”标准，出台《关于强化全区各党组织（单位）运用监督执纪“第一种形态”的工作意见》《关于各纪检监察室与街道（园区）纪工委和派驻纪检监察组建立对口协作联系制度的通知》等。开展“打铁必须自身硬”专项行动，搭建“学思践悟大家谈”学习平台，提升干部能力素质。开展廉政文化建设和“廉政教育专题”党日活动，通过教育悟廉、活动倡廉、参观思廉、家庭助廉等，增强党纪党规教育实效性和针对性。建立区域内党风廉政建设协作共建机制，成立雨花区域党风廉政建设协作平台，举行庆祝改革开放40周年暨纪检机关恢复重建40周年系列活动。

【区纪委十一届三次全会】 2月9日，中共南京市雨花台区第十一届纪律检查委员会第三次全体会议召开。区纪委常委会主持会议。区纪委委员出席15人，列席262人。全会深入学习贯彻中共十九大精神，按照中央纪委、省市纪委和区委全会部署，总结2017年纪律检查工作，安排2018年工作任务。审议通过区委常委、纪委书记仲兆林代表区纪委常委会所作题为《以习近平新时代中国特色社会主义思想为指导，坚定不移推动全区党风廉政建设和反腐败工作再上新台阶》工作报告。

【雨花台区监察委员会挂牌成立】 1月5日，南京市雨花台区监察委员会挂牌成立，标志着雨花台区深化监察体制改革工作进入崭新阶段。

南京市雨花台区监察委员会是由南京市雨花台区人民代表大会选举产生，并向南京市雨花台区人民代表大会负责的国家监察机关。1月4日，在雨花台区十八届人民代表大会第二次会议上，表决通过监察委员会有关任免事项。

从2017年11月11日中央召开全国推开国家监察体制改革试点工作动员部署电视电话会议，到2018年1月5日雨花台区监委挂牌，雨花台区在56天时间里完成专题调研、编制划转、机构设置、业务培训、人员转隶、人大常委会选举监委主任、任命监委组成人员、监委挂牌等工作，雨花台区监察体制改革试点工作驶入“快车道”。

首届雨花台区监委班子，区纪委书记、副书记兼监委主任、副主任，2名纪委常委兼委员，1名专职委员。划转区检察院转隶干部8名，其余5名科级及科级以下干部全部安排在执纪办案一线工作。区纪委监委增设2个纪检监察室，共4个纪检监察室，其中2个执纪审查室、2个执纪监督室。改革后区纪委监委共计10个内设机构。

【党风廉政建设责任制落实】 2018年，区纪委监委协助区委落实管党治党政治责任，及时对习近平总书记重要批示指示、中央和省市区委重大决策部署贯彻落实情况，加强监督检查和责任追究。以党风廉政建设责任书、“五项清单”“两责任双报告”制度、履责记实等拧紧责任链条，推动责任落实从“无形”到“有形”。强化党内监督，发出专责监督意见书16件，监察建议书11件，实施“一案双查”24件，问责党组织3件、个人31人次，其中给予党政纪律处分12人次。协助区委扛起中央巡视整改政治责任，制定具体整改措施162条，压实整改主体责任。通过党内新规解读报告会、旁听庭审、巡回宣讲等方式，加大对全区干部廉政、警示教育。严把选人用人、推优推先廉洁关，回复32批1475人次。协助区委深入开展消除“杨、季”恶劣影响相关工作，进一步营造风清气正的政治生态。

【监察体制改革】 2018年，区纪委监委按照中央制定的路线图和时间表，成立区监委并转隶干部8人。推动监察职能向基层延伸，派出监察员办公室2个，实现全区监察全覆盖。履行监察职能，摸清全区监察对象人数，规范使用调查措施，全年办理留置案件2件。调整部分内设室职能，实行纪委监委机关监督检查与审查调查部门分设。聘请党风联络员、特约监察员32名，协助区纪委监委履行纪检监察两项职能。

12月28日，雨花区域党风廉政建设协作平台启动会议

（区纪委监委 供稿）

【派驻监督创新】 2018年,区纪委监委探索派驻监督新方式方法,提高监督质量与效率。制定派驻机构工作清单、出台《对驻在部门“三重一大”事项实行决策程序监督暂行办法》等,综合运用列席会议、下发监察建议书、约谈函询等方式实施“嵌入式”监督。各派驻机构累计参加或列席派驻部门会议近500次,提出监督意见400余条,对监督中发现的违纪违法问题立案23件23人。

【政治巡察】 2018年,区纪委监委对标对表中央和省市区委关于巡视巡察工作最新部署,统筹安排轮次,完成8个街道(园区)及下辖19个涉农社区、14个纯社区、10个机关部门的常规巡察,移送问题线索211件。开展党政机关办公用房专项巡察,移送问题线索64个。做好巡察整改“后半篇文章”,建立巡察整改“双反馈”“双报告”“三项清单”及巡察整改专题民主生活会制度,组织实施整改“回头看”,压实巡察整改主体责任。

【纠风执纪】 2018年,区纪委监委坚决贯彻中央八项规定精神要求,查处违反中央八项规定精神问题91人,给予处分16人。落实习近平总书记关于整治形式主义、官僚主义系列重要讲话和批示精神,查处形式主义、官僚主义履职方面问题42件,给予处分4人。紧盯元旦春节、劳动、端午、中秋国庆等重要时间节点,开展全方位监督检查,严防“四风”问题反弹回潮。围绕打赢“三大攻坚战”强化监督执纪问责,开展中央环保督察整改“回头看”,针对民生资金、农村集体“三资”、教育领域、人防领域、“公车私用”“私车公养”实施专项整治,查处“群众身边不正之风和腐败问题”71人,维护群众切身利益。

【腐败案件查处】 2018年,区纪委监委收到信访件241件次,同比增长12.6%,立案查处违纪违法案件97件97人,同比增长34.7%,其中查处区管干部8人。全年运用“四种形态”处置问题线索504件,采取第一至第四种形态处置分别为437人、54人、11人、13人,分别占比86.71%、10.71%、2.18%、2.58%,监督执纪向“管住大多数”拓展。制定《2018年度雨花台区街道(园区)纪工委工作考核办法》,加大考核力度。各街道(园区)纪工委全年办理信访件34件次,立案55件55人,采用第一种形态处置225人。深化开展腐败易发多发重点领域整治专项行动,立案查处20人次。依托区委反腐败协调小组,与相关部门建立扫黑除恶案件和线索快速移送处置机制。时刻绷紧安全弦,全年安全保障一般性审查谈话172人次。 (杜艳玲)

民主党派·工商联

·民主党派·

【民革雨花台区总支】 4月14日,区委统战部、各民主党派纪念“五一口号”发布70周年活动在牛首山北坡圣象广场举行启动仪式。5月,综合二支部部分党员与鼓楼机关二支部一起到湖北麻城接受红色教育。5月18日,主委彭庆东参加接待民革黄山市委,交流基层工作经验。7月7日,民革雨花台区总支邀请国家知识产权局南京专利代办处第一工作站及雨花台区知识产权促进中心党支部组成工作队下基层走访，了解企业发展，为民革党员企业排忧解难。8月31日，民革雨花台区总支委、中共知识产权促进中心支部委员会组成调研组，赴高淳区进行基层走访；雨花台区总支与高淳区综合支部联合走访台资企业。9月20日，综合二支部学习市委会各类文件，对新党章进行考试，按市委组织部的统一部署，积极准备，做好支部换届工作。10月19日，民革雨花台区总支委员会联合民革高淳区综合支部在南京国际展览中心共同参观“江苏省庆祝改革开放四十周年图片展”，感受改革开放40年的沧桑巨变。11月5日，组织民革党员参观雨花台烈士陵园纪念馆。11月9日，主委彭庆东参与民革杭州市委调研组到宁调研数字经济和人工智能产业。11月16日，组织党员参加民革70周年运动会，在单项比赛中取得第一名。11月17日，主委彭庆东参与接待民革上海奉贤区委、四川攀枝花市委到宁交流。11月24日，民革雨花台区总支联合民革江苏企业一支部和老年支部在雨花台烈士陵园开展“缅怀历史，爱国图强”主题教育活动，在烈士雕塑前，民革雨花台区总支、民革江苏企业一支部进行结对共建仪式；组织民革党员踊跃参与南京市民革举办的“庆祝改革开放40周年暨民革南京地方组织成立70周年”庆祝大会、摄影作品展等系列活动，并报送15件摄影作品候选参展。全年报送社情民意信息10篇，被市政协采纳1条；围绕区委、区政府重点工作，对雨花台区公共文化服务体系建设的现状及未来发展进行调研。完成《关于雨花台区公共文化服务体系建设的思考》论文1篇。

【民盟雨花台区总支】 2018年，民盟雨花台区总支发展新盟员6人。4月12日，与雨花街道党工委在区内率先完成党盟结对工作。4月14日，由民盟雨花台区总支牵头负责，区委统战部、各民主党派纪念“五一口号”发布70周年活动在牛首山北坡举行，活动以共同参与欢乐跑的形式体现“不忘合作初心，继续携手前进”主题。7月23日，前往栖霞民盟之家进行学习和交流。8月7日，组织总支盟员参观南京地铁指挥控制中心。11月12日，总支副主委陈磊带领多位盟员前往党盟共建单位丁墙社区看望两位百岁老人，并送上生日祝福。全年，有7人担任市或区级政协委员和人大代表，在区两会上供提交提案和议案12份。

【民建雨花台区总支】 2018年，民建雨花台区总支加强队伍建设，新吸收入会积极分子5人，完成入会审查3人。为民建省委、市委网站供稿13篇。开展丰富多彩特色活动，组织30余名会员开展“民建会员走进软件谷”参观学习活动。打造文化特色主题活动“品味书香、同心共进”读书活动交流座谈会，开展活动2次、参加人数30余人次。开展节日及“冬送温暖”慰问老龄会员活动，以“一封感谢信、一份慰问金、一束鲜花和一袋水果”为载体，体现总支部对老龄会员的关爱。响应关爱老兵，为抗战老兵进行捐款。

【民进雨花台区总支】 2018年，民进雨花台区总支加强组织建设，发展新会员4人。8月21日，举办骨干会员培训班。8月25号，与紫荆广场·花漫里结对共建。11月22日，邀请民进南京市委、民进市青年委员会一行25人赴中国电子科技集团公司第十四研究所调研。两会期间，民进雨花台区总支委员们在区政协会上提交提案10篇；向市委会、区政协报送社情民意信息10余篇，均被采用；向区委、区政协、区统战部提交调研文章3篇。

【农工党雨花台区总支】 2018年，农工党雨花台区总支发展新党员2人。年内，组织党员参加各级政府部门、农工党南京市委主办的学习会议、辅导讲座、培训等，集中学习9次。全年有1位市人大代表、1位市政协委员，1位区人大代表、7位区政协委员，提交提案、建议案20篇，参加视察、调研35场次；完成《以特色科室建设为抓手提高基层医疗服务能力》调研报告。获市委会2017年度参政议政三等奖，党员刘金良撰写的《关于提高全科医师规范化培训质量的建议》获评优秀信息。3月7日，与铁心社区联合开展“不忘初心、共筑妇幼健康”义诊活动。4月14日，组织党员参加区委统战部和区文化局举办的“春牛首踏青节”活动。7月29日和10月13日，开展送医进板桥、进梅山街道活动，并与梅山街道上怡新村社区进行结对共建，成立“农工医卫专家服务基地”服务基层老百姓；对口支援贵州省大方县黄泥塘乡“同心博爱家园项目”并捐款3900元。

【致公党雨花台区综合支部】 2018年，致公党雨花台区综合支部完成《关于对全区杨树进行更新改造提升全区园林绿化水平》调研报告。党员毛霖为新疆和田市皮县阔向买里村幼儿园购买玩具、午休棉被。党员郑毅飞牵头组织“跨越两千千米的爱”公益活动，为云南蒿枝坝村修缮村小学，建设图书馆、游戏室、电脑教室，修建爱心桥保护孩子们安全上下学，并资助20余名贫困山区孩子读书。搭建致公党员之家，组织建设提档升级，在软件谷新立讯科技有限公司举行“致公之家”暨“致公凤巢”揭牌仪式。

【九三学社雨花支社、九三学社南京玻纤院支社】 2018年，九三学社雨花支社、九三学社南京玻纤院支社做好各项工作。10月20日，与九三学社南京中医院支社的医疗专家在丁墙社区举办进社区义诊活动。组织社员赴六合区竹镇镇学习调研活动，组织赴浦口火车站学习调研活动，参加2018年市委统战部开展的延安民主党派骨干培训、2018年区委统战部党外干部培训、区委统战系统信息宣传调研骨干培训。全年提交提案5份，社情民意信息3份，调研稿2份。 （姚业建）

·工商联·

【概　况】 2018年，区工商联按照区委统战部和市工商联统一部署，以习近平新时代中国特色社会主义思想为根本遵循，全面贯彻中共十九大和全联十二大精神，把握“两个健康”工作主题，坚持政治建会、团结立会、服务兴会、改革强会，深化非公有制经济代表人士理想信念教育，弘扬优秀企业家精神，做好经济服务工作，帮助民营企业做优做强。发挥桥梁纽带作用，为打好“抓产业发展、促城市建设、补民生短板”三大攻坚战，建设经济强、百姓富、环境美、社会文明程度高的新“雨花”助力。2018年，区工商联通过省工商联“五好区县工商联”考核，1个基层商会被评为全国工商联系统先进单位，民企调查点工作被全国工商联通报表扬。

【服务民企发展】 2018年，区工商联依托南站绿地集团企服平台、雨花街道商会、江苏国成律师事务所等单位，设立“企业服务中心”“知识产权创新服务中心”“企业信息化促进中心”“企业刑事风险防控中心”等服务平台，为区内民营企业提供知识产权保护、信息化促进和法律服务，依法保护民营企业和企业家合法权益，对企业刑事风险进行有效防控。适时搭建金融服务平台，帮助企业防范和控制金融风险。

【“四好”商会创建】 2018年，区工商联按照“班子建设好、团结教育好、服务发展好、自律规范好”的标准，加强对基层商会规范化建设，推进基层“四好”商会创建，确保商会建设整体水平上台阶。打造“创新‘五型’载体，建设‘四好’商会”案例被评为全国工商联优秀案例，赛虹桥街道商会被评为全国工商联系统先进集体。注重发挥赛虹桥街道商会示范作用，带动促进基层商会组织建设，完成雨花街道商会、青年企业家联合会、城镇化建设商会、板桥街道商会4个区属基层商会“四好”商会创建工作，其中雨花街道商会、青年企业家联合会被市工商联评为“四好示范”商会。推进基层商会党建工作，并将商会党建作为基层商会工作考核重要内容。

【扶贫协作】 2018年，区工商联引导非公经济代表人士参与“万企帮万户”、光彩事业等精准扶贫行动，采取“一帮一”“一帮多”“多帮一”等手段，确保帮扶到街道到社区到户，通过促进就业、扶持创业、资助学业、改善生活、解决困难等帮扶方式，改善被帮扶困难家庭生活条件。组织10余名民营企业家分两次共3个批次，赴青海省大通县、陕西省丹凤县和淮安盱眙县开展访贫问苦、帮困助学活动，资助贫困学生269名、贫困户80户，发放资助金近60万元。促进区内3个企业扶贫项目落地丹凤县，并搭建农特产品网上销售平台。

【“智慧工商联”平台打造】 2018年，区工商联重视利用新媒体手段为会员企业服务，开放微信公众号平台，畅通政企对接渠道，定期推送时政要闻，发布企业发展需求，方便会员与政府职能部门联系咨询及会员企业间合作交流，帮助企业解决经营发展过程中的相关问题。加强会员、直属商会线上管理和发展新会员工作，简化会员入会流程，提高会员发展速度和效率。利用主席（会长）、执委等微信群，加强信息交流和会员企业之间交流互动，及时发布政策法规，传递党和政府的声音，宣传企业家风采。 （周　翔）

群众团体

·雨花台区总工会·

【概　况】 2018年，区总工会学习宣传贯彻落实中华全国总工会十七大精神，聚焦区委对标找差、创新实干、推动高质量发展目标和攻坚“三个主战场”“四项难点任务”，落实市总工会“五大行动计划”和区总工会“一条主线、三件大事”部署要求，推进各项工作，完成全年目标任务。至年末，区总工会有基层工会599家，会员71122人。年内，组织工会干部培训班7期、近500人次；4家街道（园区）职工文化活动中心初步达到建设要求；“南京雨花e工会”平台上线、试运转；各级工会共组织开展技能培训、练兵和比武活动60场次，参与职工8000人次；组织各类法治宣传活动9场次，发放宣传资料1200份，服务职工群众、企业行政等700余人，为9人次职工提供法律援助、帮助追回薪酬33.7万元；组织“攻坚之星”、南京市劳动模范、职工会员等260人参加市、区两级工会疗休养活动；联合区人社局等举办以高技能人才、应届大学生、下岗再就业职工为主体的专场招聘活动4场次，帮助820名求职者实现就业愿望；规范签订区域性集体合同1份、行业性集体合同7份，企业集体合同39份；开展规范化建设职代会制度的示范企业培育选树推荐工作，推荐申报南京市厂务公开民主管理示范单位6家；完成70名市级、68名区级困难职工建档帮扶工作；走访慰问困难企业、困难职工、农民工、困难劳模等775人次，发放送温暖慰问金和物品、赠送困难职工免费体检卡等价值37万余元；组织7706人次参加职工互助互济保障计划，为129人次因患大病重病、意外伤害的会员办理赔付金51万元；开展夏季安康“三送”（送清凉、送安全、送法律）系列活动，发放防暑降温慰问品价值24余万元；帮助3名农民工实现以免费学习、提升学历为主要内容的“求学圆梦”行动；帮助4名创业人员办理小额贷款150万元；成立全市首家东西部合作交流的区级职工维权服务站——雨花台区在宁丹凤籍务工人员维权服务站；开展“一封家书”征集活动，征集到家书162篇，其中2篇在全市获奖；新增基础爱心母婴室7家，升级三星级爱心母婴室2家，升级四星级爱心母婴室2家，润和软件公司爱心母婴室进入全市首批10家五星级行列；新增女职工“康乐”互助保障计划会员2941人，15名患妇科重大疾病女性会员获得赔付金11万元。为2018年在档的市、区级31名困难女职工购买女职工“康乐”互助保障，为193人次困难女职工发放节日慰问金、生活救助金、子女助学金、生活帮扶物资等总价值16万余元；组织全区近千名职工参加“中国梦劳动美幸福路”职工合唱会演；举办庆祝“五一”职工摄影、书画展览，参展作品275件，参与职工144名；组织18家基层企事业单位的56名职工参加职工垂钓比赛。

2018年，区总工会审查委员会获2017年度全市工会经审工作规范化建设一等奖，区总女职工委员会获全市“2018年‘一封家书’征集活动优秀组织奖”，雨花街道总工会雨花社区工会联合会申报的职工文化活动中心创新项目获2018年南京市工会工作区以下项目一等奖，江苏润和软件股份有限公司工会获江苏省工会“最美职工书屋”称号，梅山生活服务发展有限公司工会委员会、铁心桥中心小学工会委员会被评为“江苏省模范职工之家”，南京汪海集团工会物流分会、南京目禾物业管理有限公司工会保安小组、南京市雨花台区妇幼保健所综合办被评为“江苏省模范职工小家”，雨花外国语小学美术教研组获江苏省五一巾帼标兵岗称号；赛虹桥街道总工会、板桥街道总工会被评为南京市工会工作先进街道。

4月26日，“中国梦 劳动美 幸福路”主题庆“五一”职工合唱汇演
（区总工会 供稿）

【"强富美高"立功竞赛活动】 2018年,区总工会以"建功十三五、建设新雨花"为主题,发挥工人阶级在经济社会发展中的主力军作用,开展多形式多层次技能竞赛。区住建局工会联合会举办住宅物业业务技能竞赛,并选拔3家优秀物业单位参加市级技能竞赛。区卫计局工会联合会以"5·12"国际护士节、"5·19"家庭医生宣传日等主题活动为依托,持续开展"红五月"医疗救护技能竞赛活动。全年各级工会组织开展技能培训、练兵和比武活动60余场次,参与职工8000多人次。组织开展"安康杯"竞赛、"安全隐患随手拍""安全生产月"等活动。2018年,南京长江装饰城管理有限公司等4家单位、南京软件谷发展有限公司安全监督部等3个班组分别被授予南京市"安康杯"竞赛优胜单位、南京市"安康杯"竞赛优胜班组称号。雨花外国语小学美术教研组被省总工会授予江苏省五一巾帼标兵岗。

【庆"五一"表彰大会暨系列活动】 4月26日,区总工会在雨花台中学学术报告厅召开庆"五一"国际劳动节表彰大会。区委常委、组织部部长袁迅主持会议并致辞。大会表彰魏伟等13名获得"南京市2015—2017年度劳动模范"称号的代表,季兵等3名劳模代表分别作劳模事迹报告。市总工会主席臧正金,市总工会秘书长郁忠,区领导郭幼佩、余清、李邦全等出席会议。举办"中国梦劳动美幸福路"职工合唱汇演,全区13支队伍、近千名职工参加演出,经预赛和决赛,评选出最佳表演奖3家、最佳节目奖3家、最佳风采奖3家和最佳演唱奖3家。举办庆祝"五一"职工摄影、书画展览,参展作品275件,参与职工144人。

【职工垂钓赛】 5月22日,区总工会2018年度职工系列文化活动——职工垂钓比赛在梅山新产业小竹楼垂钓中心举行,全区18家基层企事业单位56名选手参加比赛。梅山街道总工会、西善桥街道总工会、板桥街道总工会分获街道(园区)团体前三名,区发改局工会联合会、交通运输局工会联合会、教育局工会联合会分获系统直属工会团体前三名;沈祖平、喻宝文、王生海、夏荣花、朱志明、表得华、朝明春、艾超分获个人前八名。

【七届二次、三次全委(扩大)会议】 7月13日,区总工会召开七届二次全委(扩大)会议,增补区总工会第七届委员会委员、常委,总结回顾2018年上半年全区工会工作,并部署下半年工作任务。区人大常委会副主任、区总工会主席郭幼佩出席会议。11月2日,区总工会召开七届三次全委(扩大)会议,传达学习习近平总书记在同全国总工会新一届领导班子集体谈话时的重要讲话和中国工会十七大精神,全区参加中国工会十七大的正式代表——江苏润和软件股份有限公司工会主席董必华到会传达、宣讲会议精神。区人大常委会副主任、总工会主席郭幼佩出席会议。

(王　杉)

·共青团雨花台区委员会·

【概　况】 2018年,团区委辖基层团(工)委18个、团委11个、团总支5个、团支部421个,团员9622人。年内,在少先队员中开展首届南京市红领巾"创未来"创新创意创造征集展示活动、红领巾寻访活动、南京市五星队室验收活动、鼓管乐团比赛、南京市中小学生“自护情景剧”比赛等,并对各校推荐至区级的105个“雏鹰假日小队”活动情况展开评比。举办“不忘初心跟党走上好入团第一课”南京市暨雨花台区纪念建团96周年“入团第一课”主题团日活动,“入团第一课”仪式教育标准化建设入选全省共青团“10100”创新创优储备项目库,9个项目入选市创新创优项目。经推报的八天云商创始人顾问荣获2018年“南京青年五四奖章”,南京中船绿洲机器有限公司环保公司陆用技术部获2018年“南京青年先锋集体奖章”,“崇义友善好青年”张平和“创新创业好青年”李岑2人入选2018江苏省“我们身边的好青年”。开展省暨市青年志愿者服务春运“暖冬行动”,依托南京南站青年志愿服务“爱心小屋”温暖旅客回家路。承办全市第一期驻宁高校优秀青协骨干集训营,举办“保护母亲河争当‘河小青’”走进雨花台专场活动,西善桥街道寺门口被授予全市首家“南京市青少年保护母亲河教育实践基地”称号。开展区级“青年文明号”评比活动。举办“小雨点”公益夏令营4场,受益青少年213人。开展“小雨点”青少年公益成长营系列活动120场,全区65名青年教师志愿者每周六走入社区为青少年授课120余次,直接服务青少年6530余人次。举办2018年度少先队辅导员素质提升班。

2018年,团区委“红色文化资源开发与青少年思想教育引领”项目被省少工委评为2017年度少先队工作优秀创新项目;南京南站青年志愿服务站(爱心小屋)项目被团省委、省经信委、省公安厅、省交通运输厅评为2018年度江苏青年志愿者服务春运“暖冬行动”优秀项目;区少工委被团省委评为第13届江苏省少年儿童书信文化活动优秀组织奖。

【市青年志愿者服务春运“暖冬行动”启动】 1月31日,2018年江苏省暨南京市青年志愿者服务春运“暖冬行动”启动仪式在区举行。团中央青年志愿者行动指导中心主任张朝晖,团省委副书记司勇,区委常委、组织部部长袁迅,团市委副书记石磊等出席活动,“暖冬行动”青年志愿者代表200余人参加启动仪式。现场,2018年春运“暖冬行动”青年志愿者代表宣读倡议书并带领全场志愿者代表集体宣誓。出席领导为2018年春运“暖冬行动”青年志愿者服务总队授旗,并为青年志愿者代表发放能量包和志愿服务保障卡。

【“入团第一课”主题团日活动】 5月2日,利用五四运动99周年、中国共产主义青年团建团96周年契机,团市委联合团区委、雨花台中学在雨花台中学学术报告厅举办“不忘初心跟党走上好入团第一课”南京市暨雨花台区纪念建团96周年“入团第一课”主题团日活动。此次活动分三个篇章:第一篇章,通过少先队辅导员的诗歌朗诵《十四岁,多么美好的时光》和预备团员采访视频——《我向往的共青团》宣传片,全面展示青春奠基礼;第二篇章,通过情景剧《入团第一课》开展现场规范的团课教育;第三篇章,通过播放规范性团员发展流程介绍的视频和现场入团仪式见证新团员的成长。活动现场青年党员、基层团干代表为349名新团员佩戴团徽,发放团员证、团章,并一起重温入团誓词。团市委副书记王慧对新团员们提出:树立共产主义远大理想，培育和践行社会主义核心价值观，遵守法律、制度和纪律，团结带领身边青年一起成长四方面要求。团市委领导、雨花台区四套班子有关领导、全市各团区委分管领导、中学团委书记、基层团干、青年团员代表，以及雨花台区2018年度新团员共600余人参加。

【"南京市青少年保护母亲河教育实践基地"揭牌】 6月6日，全市首家"南京市青少年保护母亲河教育实践基地"揭牌仪式在西善桥街道水环境科普教育基地举行。团市委副书记陆春龙、市水务局河长制综合处副处长华骅、区水务局局长王瑞荣、团区委书记赵冉、西善桥街道党工委副书记许发俊等出席活动。河海大学和南京农业大学高校志愿者协会环保志愿者、雨花台区实验小学善水湾分校少先队员及雨花台区环保社团青年志愿者近百人参加。仪式上，华骅介绍全市河长制工作情况；陆春龙为"南京市青少年保护母亲河教育实践基地"授牌；陆春龙、王瑞荣为雨花台区"河小青"志愿服务总队和"河小青"红领巾志愿服务队授旗；全体领导为"河小青"志愿者代表颁发志愿服务证书；区"河小青"志愿服务总队队长倡议并领誓。随后，全体人员参观"南京市青少年保护母亲河教育实践基地"。活动现场，高校青年志愿者们为少先队员们做水质检测实验，讲解如何种植植物等。

【雨花台区英雄中队授旗仪式】 9月28日，在第五个烈士纪念日当天，团区委、区教育局和区少工委在雨花台烈士陵园纪念碑前联合举办第五个烈士纪念日暨2018年雨花台区英雄中队授旗仪式活动。团市委、团区委、区教育局领导，全区各校大队辅导员、2018年雨花台区"十佳英雄中队"、2018年雨花台区"优秀英雄中队"辅导员及2名队员代表区150人参加。活动现场，英雄中队代表演绎孙津川、邓中夏等烈士故事；雏鹰假日小队到雨花台烈士陵园开展红色寻访活动，向雨花台区10支"十佳英雄中队"和24支"优秀英雄中队"表彰并授旗等。团市委学少部部长朱薇薇肯定全区开展的英雄中队评比活动，并希望少先队员们和辅导员们能够主动依托雨花台红色教育基地，发挥雨花英烈精神，丰富主题教育活动内涵，教育和引导广大青少年坚持用习近平新时代中国特色社会主义思想武装头脑，坚定理想信念，刻苦学习知识，加强道德修养，勇于实践创新，用实际行动把红色基因一代代传下去，争做新时代好少年。

【团区委与雨花台农行共建合作】 10月11日，团区委与农业银行南京雨花台支行在西善桥街道嘉业社区举办"微心愿"公益助学活动，暨团银共建合作协议签约仪式。团区委书记赵冉、副书记葛丽霞，农行南京分行团委书记刘智、雨花台支行行长邓国祥、雨花台支行团委书记曹慧，参与共建的各街道团工委负责人和各网点行长参加活动。双方重点围绕加强团组织共建，助推青年创新创业，强化普惠金融支持，加大金融知识宣传，开展爱心公益、提升民生服务及搭建青年争先创优平台等方面开展合作。随后，与会人员参观农行岱山支行，了解岱山支行轻型化、科技转型相关工作和服务当地居民、金融普及、小小银行家等特色项目。

10月11日，团区委与农业银行南京雨花台支行签署团银共建合作协议
（团区委 供稿）

【少先队活动辅导技能展示大赛】 10月16—17日，团区委和区教育局联合开展2018年雨花台区少先队活动辅导技能展示大赛。区内每所中小学各派3名选手（1名大队辅导员和2名中队辅导员，含1名男辅导员）组团以笔试和视频评比的形式进行参赛。其中笔试部分为少先队工作基本理论测试和少先队主题微队课设计；视频评比包括少先队活动案例交流和少先队寻访活动。比赛结束后，团区委和区教育局组织专家评审组对辅导员的笔试试卷和视频材料进行评比，并根据个人参加笔试和视频评比的分数高低，按参赛人数三分之二左右比率，评比出区少先队辅导员少先队活动辅导技能展示个人奖项若干；按照团体总分评比出学校集体奖项若干。

【“小雨点”公益志愿服务项目结项评审会】 11月8日，团区委召开2017—2018年度“小雨点”公益志愿服务项目结项评审会，邀请专家、老师对购买的6个“小雨点”公益志愿服务项目实施情况进行终期评审。会上，6家社会组织负责人总结汇报全年各自项目实施情况、资金使用情况及项目实施思考等。爱之光公益发展中心理事长杨润宇对青年社会组织如何取得长足发展作专业辅导。自2017年8月评审购买6家青年社会组织的公益项目后，全区开展青年创新创业、中国传统文化、青少年科技制作、青少年食品安全等主题公益活动83场，直接参与青少年2000人次。

（李　青）

·雨花台区妇女联合会·

【概　况】 2018年，区妇联坚持学习贯彻落实中共十九大精神总揽全局，围绕“五位一体”总体布局和“四个全面”战略布局奋斗目标，团结带领全区妇女投身“三个主战场”，为高水平全面建成小康社会、加快建设“强富美高”新雨花贡献力量。

深化“巾帼建功”活动内涵。举办纪念“三八”国际妇女节108周年暨第二届“雨花最美女性”表彰大会，评选表彰市巾帼文明岗（星）10个（人）、区最美女性和最美女性提名奖22人。打造“巾帼来讲”宣传平台，组织各级妇联干部、各类优秀典型、巾帼志愿者等深入学校、社区宣讲十九大精神，组织“巾帼大宣讲”48场。开展“十九大家家学”家庭知识竞赛等活动70余场次，开展“聊聊我家这40年”作品征集活动，推荐各类优秀作品31个。开展“我最喜爱的最美家庭”网络投票，网络阅读量2.4万余人次，全区获评“全国最美家庭”1户、省“书香家庭”1户、市“最美家庭”12

户、市"最美家庭"建档典型3户、区"最美家庭"30户。开展"和妈妈最值得珍藏的合影"征集展示,征集合影及其背后的故事100余张(个)。举办"幸福家话"第九届邻里文化节系列活动60余场次,1100余人参加活动,与区体育局合办"幸福家话——边走边说"亲子动漫跑,300余户家庭在运动中拉近亲子关系。举办"新时代全民健身动起来"世界步行日健步行暨大型广场服务、健身互动体验活动,全区家庭代表及健身爱好者800余人参加。开展大型女性阅读活动5场,开展"以书为媒"行走中的图书馆大型户外读书交友等相亲交友活动5场。开展"走进千万家——家庭教育社区巡讲"活动,举办家教讲座50余场次,开辟"父母微课堂"微信专栏,制作视频课程48节,发掘、培育各类家教工作先进典型,8家社区家长学校、4家家教实践基地、3户家庭教育中心户获市级表彰。在全区范围开展推选平安家庭创建系列典型活动,有6家单位、4名个人和2个家庭荣获南京市婚姻家庭纠纷"最美调解员"、南京市维护妇女儿童权益示范岗、维护妇女儿童权益"最美公益律师""家庭示范户"等荣誉称号。强化新媒体"两微一端",上报市妇联官网600余条,区雨花信息12条,区微信平台推送369条,区微博推送近千条。在省级刊物发表调研文章7篇,被《中国妇女报》《南京日报》等主流媒体专题报道30余次。

助推女性创业就业。联合区人社局、软件谷科技人才局、街道(园区)妇联举办"贤集金陵,梦汇雨花"等女性专场招聘会16场。为困难妇女提供创业帮助,开展育婴师、美甲师、保洁技能培训等课程20余班次。宣传政府贴息小额担保贷款政策,组织妇联干部深入辖区创业妇女家中,提供贷款指导、帮助申请等服务。帮助创业女性申请小额担保贷款326.8万元。申报2018年度省项目,雨花街道"指为你美丽"妇女创就业项目入选省二类服务项目,争取省市扶持资金10万元。

促进妇女儿童事业发展。召开全区妇女儿童发展规划年度监测统计暨培训会议,对2016—2017年度妇女儿童发展规划监测统计数据进行汇总分析,撰写年度监测报告。要求各成员单位梳理2017—2018年新一轮实事的推进进展情况,实时掌控重点实事进度。召开区妇女儿童工作会议,总结经验和不足,明确下阶段工作重点和任务。开展"十三五"妇女儿童发展规划中期评估工作,完成妇女和儿童两个中期评估报告及163项主要量化指标和20项重点评价指标的数据统计上报。完成2017年区妇儿服务项目结项,其中8个项目获评2017年度"最佳妇女儿童服务项目"。确立2018年区妇女儿童公益服务项目,提供引导资金20万元,制定《妇女儿童公益服务项目督导规范》,建立项目运行长效管理机制,举办活动240余场次,服务妇女儿童6000余人次。2016年度两个省项目通过市结项督导;完成2017年度两个省项目阶段性报告;推进街道(园区)妇女儿童活动中心建设。运作实施好困难儿童帮扶项目,与区民宗局联合开展"爱心天使"捐资助学活动并发放助学金和奖学金75000元,联合石林家乐家商业广场新设立"春蕾圆梦——乐家助学"项目,5个项目资助学生92人,发放助学金、奖学金及学习生活用品36万余元。完成省慈善助孤3名受助孤儿及市"春蕾计划"1名资助女童的情况复查,发放资助金3400元。为力行小学28名学生发放第二笔"音乐种子春蕾助学行动"助学款1.68万元。为区内10名学生提供乐家助学金,每年30000元,直到完成学业。

拓展维护妇女儿童合法权益途径。围绕“巾帼建功新时代·志愿服务暖人心”主题,开展妇女维权广场咨询服务活动12场,提供法律咨询服务约1500人次,发放预防和制止家庭暴力等宣传资料1.5万份。邀请“宁姐工作坊”讲师团、区法院女法官、区检察院女检察官开展“法律讲座进基层”活动,举办法律讲座15场。与区法院深度合作,在全区各街道(园区)妇联、社区妇联、司法所等部门,组成一支25人的家事调查调解员队伍,化解矛盾纠纷100余起。自“两桥”区域家事纠纷一体化合作项目实施后,开展业务培训6期,实施个案服务40余人(次)。在区司法局法律援助中心设立“妇女维权服务中心”,打造2个基层维权工作站、“三官两师”维权工作室、景阿姨调解工作室;专人坐班接访,上门调解矛盾,参与重大案件督办。继续做好法制宣传教育第七个五年普法中期工作,健全制度、统一部署,普法工作纳入年度工作计划,形成普法工作齐抓共管良好局面。

发挥妇联执委轮值作用。研究制定《雨花台区妇联执委履职工作意见(试行)》,指导街道(园区)推进本级妇联执委履职。举办为期2天的执委能力提升班,组织执委参加区妇联重要工作和重大活动。将“乐家微家”建在大型商场,定期举办女企业家和女设计师沙龙,设立“春蕾圆梦—乐家助学”项目结对资助10名困难学生;将“优侠工作站”建在巾帼示范基地,系统开展女性小微企业创业培训和指导;将“小崔工作站”建在基层派出所,处理各类家庭纠纷280余起;将“云霞工作站”建在律师事务所,确定律师接待日,提供免费咨询,进社区开展公益讲座和广场宣传。雨花台区妇联执委工作站被《中国妇女报》专题报道,接待江苏省妇联、南京市妇联、南京市鼓楼区妇联、漯河市妇联、淄博市张店区妇联、淮安市妇联等省内外多次参观考察。制定“2018—2019年度执委轮值工作安排表”,每月1~2名执委轮值,已有12名来自不同岗位的执委开展轮值,举办公益交友、妇儿权益保护等各类主题活动,服务3100余人次。在微信公众号、微博、网站等平台开设“执委轮值”专栏,宣传展示执委轮值活动。

2018年,省、市妇联启动实施服务高质量发展百名女企业家领航计划,打造一批女企业家领军人才,树立行业标杆,区妇联推荐南京泰晟科技实业有限公司董事长田海霞,成为江苏省百名女企业家领航人选;推荐南京迪安康信息科技有限公司董事长韩旻等4名企业家,成为南京市百名女企业家领航人选。江苏满运软件科技有限公司,被授予南京市巾帼电商服务站示范基地称号;南京创业未来信息科技有限公司黑马全球路演中心,被授予江苏省巾帼创业创新孵化示范基地称号。

【妇联组织建设】 2018年,完成全区8个街道(园区)妇联换届工作,完成56个社区妇联对照“五个百分百”目标“回头看”工作。新建“四新组织”妇联18家,其中社区妇联2家,物业、网格员、小区妇联9家,企业妇联5家,社会组织妇联2家。按照“四个一批”,联合区级机关工委出台文件2个,分层次推进机关系统“妇改联”和部门新建妇联。新建机关系统妇联2家,区级机关党工委100%建有妇联。区妇联执委40人,并配备兼职副主席2人,率先配备副处级挂职副主席1人,实现从系统内向系统外广泛覆盖。按照街道(园区)妇联30人、社区妇联15人标准,街道(园区)妇联执委309人,社区妇联执委949人。

【区妇联“两桥”区域家事纠纷一体化合作项目一期培训班开班】 1月24日，区妇联“两桥”区域家事纠纷一体化合作项目第一期培训班在铁心桥街道景明家园社区开班。项目专家团队及实施区域的铁心桥和西善桥街道的两级妇女干部、社工30余人参加培训。培训现场，项目专家志愿团队与街、社两级妇联干部为下一步的项目推进进行对接交流。江苏警官学院犯罪心理学教研室副主任王燕、南京玄武维宁工作室主任汤自能分别从理论和实践两个方面，讲授家庭暴力识别和干预方法、家事纠纷处理技巧等。

【第二届“雨花最美女性”表彰大会】 3月6日，纪念“三八”国际劳动妇女节108周年暨第二届“雨花最美女性”表彰大会在雨花台中学学术报告厅举办。各街道（园区）及系统党（工）委分管领导、妇联执委、机关女干部、基层妇联干部、社区妇女和家庭代表及受表彰人员660余人参加。区委书记黄河、市政府妇儿工委办主任王玉梅、区委常委组织部部长袁迅、区人大副主任郭幼佩、区政府副区长余清、区政协副主席李邦全、区妇联主席李茜及区文明办、机关工委、文化局等部门负责人出席会议。黄河发表致辞。大会表彰市巾帼文明岗（星）10个（人）、区最美女性和最美女性提名奖22人。受表彰的先进个人代表以现场采访和演讲形式，分享她们爱岗敬业奉献的故事。全区机关和各街道（园区）文艺骨干们为现场观众表演舞蹈《雨打芭蕉》、快板《我们都是环卫一员》等。

3月6日，纪念“三八”国际劳动妇女节108周年暨第二届“雨花最美女性”表彰大会 （区妇联 供稿）

【省妇联调研“两桥”地区家事纠纷一体化合作项目】 3月15日，省妇联权益部部长张丽娟、副部长石冬梅，市妇联权益部王璟、孙蕾一行对“两桥”地区家事纠纷一体化合作项目进行调研。《中国妇女报》驻江苏站站长茹希佳随调研组进行实地采访。区妇联主席李茜及铁心桥街道、西善桥派出所等单位参加调研。景明佳园社区书记蒋流琴向调研组一行介绍社区妇联工作情况、利用网格化管理保护妇女儿童权益情况及巾帼志愿者服务队“宁姐家事维权站”建设和运转情况。调研组一行听取项目专家江苏警官学院王燕对项目顶层设计情况的介绍，听取西善桥派出所警官崔圣菊、“宁姐家事维权站”负责人及铁心桥街道工委副书记张晔在项目推进过程中取得的经验、遇到的困难及需要上级妇联协调解决的问题。张丽娟在详细听取各家介绍后，对项目推进提出希望和要求。

【区第九届邻里文化节】 4月24日，“缤纷新雨花筑梦新时代”——雨花台区第九届邻里文化节启动仪式在紫荆广场·花漫里举行。区委常委、宣传部部长谢山，区委常委金宏，区政府副区长余清，区政协副主席李邦全，市妇联家庭和儿童工作部部长司健，区妇联主席李茜及雨花街道相关领导出席启动仪式，社区家庭代表200余人参加。区妇联、文明办通过基层申报、群众参评、综合考评、逐级评选方式，评选出“孝老爱亲”“教子有方”“书香润德”“热心助人”“绿色环保”“情系国防”等区级“最美家庭”30户。与会领导先后为受表彰的雨花台区“最美家庭”、雨花街道“最美家庭”“最美志愿者”颁奖。雨花街道文体中心、各社区文艺团队为现场观众文艺演出助兴。同时，现场举办“记录光阴的故事传播时代的强音”——改革开放四十年摄影展、展现雨花民俗风情的花朝市集，街道（园区）、各社区志愿服务团队为居民群众提供劳动保障、法律咨询、医疗健康、政策咨询、食品卫生等便民服务。

【市区联动提升家事纠纷多元化解机制】 5月17日，市妇联副主席魏群率市妇联组织部、权益部、宣传部、市妇儿工委办等相关处室一行到雨花台区调研。区妇联主席李茜等区妇联领导班子成员，区法院院长陶红、副院长金晖及相关庭室负责人参加调研。调研组一行参观区法院拟改造的家事审判法庭区域。陶红结合设计图纸，详细介绍家事法庭、心理咨询室规划建设。魏群和陶红共同为“家事纠纷调解室”揭牌。调解室由区法院与区妇联合作共建，旨在构建便民、利民的纠纷解决载体，将司法资源与社会力量深度融合，共同为当事人提供心理疏导、矛盾调和等服务，尽力让纠纷化解在法庭之外，促进家事纠纷得到有效化解。

【全区妇女儿童工作会议】 6月25日，区政府召开全区妇女儿童工作会议。副区长、区政府妇儿工委主任余清出席会议并讲话，区政府妇儿工委副主任、区妇联主席李茜代表区政府妇儿工委做工作报告。区妇儿工委副主任、区委组织部副部长俞蓉主持会议。区政府妇儿工委成员单位分管负责人和联络员，各街道（园区）妇儿工委主任和妇儿工委办公室主任80余人参加会议。会议对“十三五”妇女儿童发展规划中期评估工作提要求。区法院、区体育局、铁心桥街道、开发区等4家单位分别做交流发言。

【全区妇联干部能力提升培训班】 9月26—28日，区妇联联合区委组织部举办全区妇联干部能力提升培训班。区妇联第十一届执委、各街道（园区）、各机关部门妇联主席、机关工委妇工委主任、各社区妇联主席110余人参加培训。开班动员上，副区长余清发表重要讲话。培训涉及理论学习、业务知识、综合素质等妇联工作，除了当学员，案例模拟演练现场学员们还走上讲台，现场模拟妇女维权接待、家庭纠纷调解等课堂互动，培训效果明显。

【“家庭学法月”活动】 11月10日，区妇联联合雨花街道开展“家庭学法月”活动，引导广大妇女和家庭参与法治雨花建设，把法治文化融入到平安家庭创建之中。市妇联副主席魏群、区妇联主席李茜出席活动并致辞，活动现场表彰南京市平安家庭创建先进典型、雨花街道“平安家庭示范户”；进行节目演出、家庭学法互动环节、广场便民服务台、“平安家庭创建知识”现场答题、平安家庭建设等相关维权宣传册发放、法律专家咨询、劳动就业政策宣传及咨询等。

（张　晖）

·雨花台区科学技术协会·

【概　况】 2018年，雨花台区科协贯彻落实区委区政府中心任务，打牢基础，建好阵地，发挥优势，搭建平台，形成线上线下互动，企业社区联动，省市区同频共振工作格局，开展各类科普活动，服务科技企业，关心科技工作者行动，促进全区经济社会事业发展。全年，组建2家园区科协，1家企业科协，发展29家科协企业会员，借力区科技局，举办专利专场活动2场，深入企业一对一提供专利服务5次，命名金桥工程企业1家，海智基地1处。

是年，2018年“缤纷课堂，科技生活”科普夏令营系列活动被中科协和省科协评为“全国科普日优秀活动”，铁心桥社区获批省科协科普教育基地，南京阿凡达机器人有限公司获批2018年省科协产业科普研发基地，江苏智高机器人获批省科协科普教育基地。

【科普系列活动】 2018年，区科协针对软件谷软件人才集聚青年人多特点，开发雨花科普公众号。推广科普中国APP，鼓励参与科普中国开展的线上活动。组织动员企业员工、社区居民参加省市开展的公民科学素质提升网络大赛，并在线下决赛中取得三等奖。以校园为载体举办“科技创新拥抱智慧珍惜资源健康生活”全国科技工作周和第30届科普宣传周系列活动，举办变废为宝主题环保讲座3场，开展变废为宝小制作竞赛及征文比赛。举办“创新引领时代，智慧点亮生活”全国科普日系列活动，进行科学实验秀，无人机和机器人表演，举办中小微企业科技成果展，开展科普大篷车社区行，科普图书进社区、进校园，科普宣传到广场等活动。举办海姆立克拥抱健身操大赛、“5·12”防震减灾实景演练等。举办科普企业与校园科技老师座谈会、科技型小微企业及教育局青年科技老师与政协委员、人大代表面对面两场座谈会。协办省青少年科技博览会和“金钥匙”科技竞赛团体赛（江苏地区）决赛。全年开展社区科普大学讲座35场，科协大讲堂3场，举办国际减灾日宣传教育活动15场，科普夏令营40余场，发放科普宣传册10000册，科普宣传橱窗及时更换内容，社区科普大屏使用率95%。调动企业参与科协组织积极性，发现有科普产品研发和运用的企业，主动对接，由区科技局和区科协牵头，企业自行申报，区科技局、科协选择部分全民科学素质工作领导小组成员单位担任评委综合打分，命名区产业科普教育基地7家并进行授牌。为更好地整合科普资源，以市天文馆建设为契机，对区现有科技企业开展调研，形成调研报告《以市天文馆建设为契机，打造雨花科普产业的意见和建议》。

（魏成保）

·雨花台区文学艺术界联合会·

【概　况】 2018年，区文联坚持“围绕中心、服务大局、服务群众”工作方针，围绕改革开放40周年开展系列活动，发挥组织、引导、服务和协调职能作用，团结带领全区广大文艺工作者，深入生活扎根群众，提高文艺创作水平，打造文艺特色品牌，促进全区文艺事业的发展繁荣。年内，邀请全国各地新归来诗人联盟一行和当地诗人40余人走进“雨花”，开展文学采风、创作讲座、诗歌朗诵和座谈交流活动。举办第二届“天降花雨·美在雨花”全国诗歌大赛活动，举办改革开放40周年书画征集展览活动，收集书法作品150余幅、绘画作品60余幅，并组织评选，40余幅作品分获一、二、三等奖。举办第六届群众文化艺术展演月器乐、舞蹈、合唱、戏曲4个专场，全区39支基层文艺团队、1500余名文艺骨干参与专场演出。参与组织区级以上文化演出活动42场，组织区级文化活动18场。至年末，雨花台区作家队伍有协会7个，作家人数登记在册约有40人，其中中国作家协会会员5人，省作家协会会员12人，市、区作家协会会员20余人。

【中国新归来诗人南京行活动】 7月23日，中国新归来诗人南京行活动在区举办。该活动由中国新归来诗人联盟、南京大学新诗研究所、区文联和铁心桥街道联合主办，邀请全国各地新归来诗人联盟一行和当地诗人40余人走进"雨花"，参观雨花台烈士陵园、浡泥国王墓、雨花软件大道等，开展文学采风、创作讲座、诗歌朗诵和座谈交流活动。在会议活动中，当代诗人、《中国新归来诗人》主编、该活动筹划组织者之一沙克介绍新归来诗人联盟构成、创作状况。中国新归来诗人联盟顾问、中国作家协会诗歌委员会主任、中国诗歌学会副会长、全国著名诗人叶延滨为现场诗歌爱好者作诗歌讲座。江苏省作协党组成员、书记处副书记王朔，市文联副主席濮存周，南京诗词学会副会长朱小石，区委常委、宣传部部长、区文联主席谢山，副区长余清，铁心桥街道党工委书记张建设，区文化局局长陈志康等参加相关活动。

7月23日，区文联开展中国新归来诗人南京行——走进雨花·铁心桥采风活动
（区文联　供稿）

【第二届"天降花雨·美在雨花"全国诗歌大赛】 11月30日，由区文联和南京市作家协会、南京诗词学会联合举办的第二届"天降花雨·美在雨花"全国诗歌大赛颁奖典礼暨获奖作品诗歌朗诵会在雨花台烈士陵园举行。雨花台区政府、烈士陵园管理局、南京市作家协会和南京诗词学会等相关方面领导及获奖代表、当地著名诗人代表、诗歌爱好者等百余人参加活动。活动由江苏省电视台著名主持人傅国主持，区文联诗歌朗诵协会20余名朗诵爱好者朗诵《在烈士群雕前》《雨花台游记》《雨花·追记》《美丽的软件大道》和《大美雨花》等14首获奖作品。该活动自4月启动，历时半年，获省内外各地诗人、文学爱好者广泛关注与热情参与，收到现代诗、古体诗和散文诗1400余首（篇）。在组委会筛选、初评基础上，经专家组评审，并通过对入围的200余首作品采取匿名打分办法，最终产生一等奖3名、二等奖6名、三等奖12名和优秀奖23名。

（孔繁勋）

·雨花台区红十字会·

【红十字队伍建设】 2018年，区红十字会通过举办业务培训班、参加省、市红十字会各类培训及竞赛，为街道（园区）订阅《中国红十字报》

《博爱》杂志，为社区红十字会订阅《江苏省红十字报》等形式，提高红十字会队伍业务能力和业务素质。年内，先后有40余人参加培训，新增师资12人；组织10名师资参加2018年度南京市职工职业（行业）技能大赛应急救护技能竞赛，均获“南京市红十字应急救护能手”称号，区红十字会获“优秀组织奖”。至年末，全区基层组织74个，其中街道6个、社区32个、学校15个、机关1个、单位4个、团体13个、园区2个；志愿者服务基地1个；应急救护培训基地1个；红十字会员2778人，其中成人会员732人、青少年会员1738人、团体会员308人，会费收缴率100%；志愿者965人。

【人道救助】 2018年，区红十字会分别接收汪海集团、首印文化集团等爱心企业、爱心人士捐赠款物，全年筹集资金96.72万元，物资10.62万元；分别于“博爱送万家”及传统节日期间，开展关爱孤寡老人、帮扶困境儿童、大病患者等家庭1200余户，援助博爱敬老院2家；联系爱心人士长期结对帮扶4名困难家庭大学生和1名大病儿童，每年每人5000元；资助困难家庭大、中、小学生71人，每人1000元；联合区工商联对口协作扶贫助学13.3万元，慰问陕西丹凤县和青海大通县230名贫困家庭和60名困难家庭大学生；全年实施救助92.56万元。

【应急救护培训】 2018年，区红十字会开展系列培训活动，在机关、社区、学校、企业、社团、军营举办以心肺复苏、创伤救护及意外伤害等急救知识和养老照护技能为主要内容的专题培训。全年，举办培训班61期，普及培训10500人，持证培训511人；开展红十字养老照护培训班12期，726人受益。

【应急救援演练】 2018年，区红十字会多次组织“应急救援志愿服务队”联合蓝豹救援队深入街道、学校、企事业单位开展防灾演练。“5·12”防灾减灾日期间，联合区科技局在紫荆广场举行纪念第十个“5·12防灾减灾日”大型广场宣传活动，板桥新城、雨花、梅山等街道（园区）及部分学校开展防灾避险、应急逃生演练活动。

【无偿捐献】 2018年，区红十字会组织全区58个机关单位916人参加无偿献血，727人成功献血16.09万毫升。联合紫荆广场·花漫里联合支部在紫荆商场建立“无偿献血志愿者招募基地”，动员1010名18至55周岁居民自愿加入南京市无偿献血志愿者智慧管理平台；积极拓展造血干细胞捐献志愿者报名的新渠道，联合区团委开展捐献造血干细胞志愿者座谈会，动员青年志愿者加入中国造血干细胞志愿者资料入库，全年新增造血干细胞入库人数110人。高分辨再动员15人。在应急救护培训中积极开展造血干细胞知识普及宣传，普及人数2000余人。支持南京市志友协会雨花大组进行无偿捐献宣传活动20场，组织雨花台区42名志友赴西天寺参加清明悼念活动。新登记志愿捐献12人，实现遗体捐献18人。

【志愿服务】 围绕“雷锋日”及各种纪念日主题活动，引导基层红十字会传递爱心，组织进行便民服务活动。定期组织志愿者队伍在机关、社区广场、困难家庭等场所开展助老助困助残等志愿服务200余次；依托养老照护志愿服务队，为区内高龄、失能、独居等老人开展红十字养老照护志愿服务30次，受益居家养老家庭51户共62人。常年向社会广泛招募志愿者，扎实做好志愿者培训、管理和激励等工作，开展雨花台区第一届“最美红十字志愿者”评选活动，43人受到表彰。

【青少年红十字工作】 2018年，区红十字会对辖区4所高中共1800余名新生开展高一新生暑期军训应急救护培训；联合区教育局召开学校红十字工作会议，加强对学校红十字会工作指导、监督和管理，开展对全区4所红十字示范校“回头看”工作；在校内外开展体现红十字精神的救死扶伤、扶危济困、敬老助残、尊师爱幼、助人为乐等活动。组织梅山二中、中华中专、板桥新城幼儿园等多所学校、幼儿园开展爱心义卖，共筹集爱心义卖资金17416.7元，用于专项救助困难学生；开展生命安全教育，组织4所学校共5000名学生参加《全国红十字防灾避险知识》竞赛，分获一等奖1名、二等奖3名。

【博爱家园建设】 2018年，区红十字会先后启动博爱项目12个，殷富社区的红十字志愿服务队把“三献宣传”融入全年广场宣传；翠竹园社区通过项目为社区购置救命神器“心脏除颤仪”，成为全市首个配备该神器的社区，此项目被评为省红十字会优秀人道项目。春江社区打造集教学、培训、体验于一体的生命安全体验馆，全省首家引进VR生命安全体验，体验馆内设有模拟火灾、地震逃生、家庭危险处置、急救知识学习等体验，可开展安全自救，应急救护视频教学等。争取到省红十字会项目资金13万元，在区青少年活动中心建设雨花台区第一个红十字救护培训基地。成功举办首个博爱家园项目验收评审会，评选出优秀人道项目4个。加强与区城管局、街道、社区联系，确保投放的红十字衣物捐赠箱正常运转，协助省红十字眼科医院开展博爱光明行活动，在9月份举办的“江苏博爱光明行”项目总结大会上，区红十字会被省红十字会评为先进集体。

【宣传活动】 2018年，区红十字会围绕各类纪念日开展主题宣传活动。在“5·8”博爱周、献血者日、世界急救日等纪念日期间，区红十字会专题部署，在全区红十字系统先后举办20余场大型系列活动。开展“人道——为了您的微笑”“交通安全、‘救’在身边”为主题大型宣传活动，各基层红十字会开展“五个一”宣传活动（一场主题宣传、一场展板宣传、一场救护培训、一场应急演练、一场志愿服务活动）。利用电视、电子屏、展板、黑板报、横幅、发放资料等形式广泛宣传红十字知识，发放宣传资料9300余份。（张文忠）

（责任编辑　陈佳佳）

2月13日，区红十字会联手首印文化集团博爱助学

（区红十字会　供稿）

法治·军事

2019 YUHUATAI ALMANAC

Rule By Law·Military

法　　治

·政法委与综治·

【概　况】 2018年，区委政法委贯彻落实中央和省、市政法综治工作总体部署，围绕区委、区政府攻坚“三大主战场”和“四项难点工作”目标任务，主动应对防控风险、全面提升服务保障、坚持创新驱动引领，推动平安“雨花”、法治“雨花”和过硬队伍建设再上新台阶，为全面建成小康社会营造安全稳定的社会环境和公正规范的法治环境。

维护国家政治安全。树立总体国家安全观，开展国安宣教和反邪教斗争，立案4人、逮捕2人、刑拘1人，挽回经济损失100余万元；加大对涉恐、涉毒人员管控打击力度，抓获4名涉恐人员；打掉贩毒团伙7个，破获各类毒品案件90起，刑事打处129人，查处吸毒428人，强戒执行90人，在主城六区考评中均排名第一。

防范化解社会矛盾。完善源头预防机制，推行重大决策社会稳定风险评估，实施稳评项目46项，未发生因决策不当引发的群体性事件或重大矛盾纠纷。持续推进社会矛盾和安全隐患大排查大整治行动，开展联合督查6次、地毯式排查2轮，排查各类社会矛盾61件。积极化解矛盾纠纷，各级调委会调解处理矛盾纠纷6032件、成功调处6022件，成功率99.83%。加大信访积案和中巡组交办信访事项化解力度，区委、区政府主要领导靠前指挥，调度信访工作38次，有效化解一批信访积案。

夯实平安建设基础。加快推进综治中心规范化建设和实体化运行，区级综治中心（网格化社会服务管理中心）新建项目依托市民中心项目异地重建，8个街道（园区）、59个社区综治中心基本建成。推进“雪亮工程”建设，依托政务服务中心与综治中心建设，同步启动建设区视频监控指挥中心，整合已建的1500路视频及新建的1706路视频，实现统一接入、统一存储、视频控制、集中运维，确保实现重点路段、重点行业和场所全覆盖；完成对各街道（园区）综治中心视频监控平台系统的调试、对接，对雨花智慧眼平台进行升级。

营造安全治安环境。开展扫黑除恶专项斗争，开展线索摸排、证据确认、严肃处理，依法惩处一批黑恶势力犯罪团伙，维护社会治安。打击非法传销犯罪，在岱山、板桥地区对传销窝点进行清剿，捣毁传销窝点57个，并迅速采取刑事强制措施。快侦快破涉企案件，侦办“药王茶”“华赢凯来”“时空漫步”“鑫之磊”4起非法吸收公众存款案件，涉案金额3.38亿元，投资人数4800余人；侦办挪用资金案件1起、非国家工作人员受贿案2起，涉案金额364万元。全年，全区公共安全感测评为97.25%。

推进依法治区进程。完善领导责任制，落实党政主要负责人履行法治建设第一责任人规定，邀请南京审计大学教授为政法干部讲授法治思维与法治实践。提升司法公信力，推进审判流程公开、裁判文书公开、执行信息公开三大平台建设，深化人民陪审员选任制度改革；强化司法活动监督，开展执法督查和案件评查活动，制定交叉执行、中止、终结执行审批等工作规范。健全区域法治教育，成立街道（园区）少年法学院，整合退休和在职公检法和律师等专业人员成立法制报告团，在全区中小学开展法治教育宣传。推进基层法治民主建设，建立健全市民公约、乡规民约、行业规

5月18日，2018年度雨花台区政法工作业务开训动员
（区委政法委 供稿）

章、团体章程，在59个社区中，省以上民主法治示范社区达到29个（含国家级2个），创建率49.15%。全年，全区法治建设满意度99.50%，连续三年位列全市第一。

【网格化社会治理】 2018年，区委政法委按照“一张网、五个统一”要求划分网格771个，其中综合网格645个、专属网格数126个，绘制雨花台区网格天地图，明确网格四至边界，实现全覆盖、无死角；组织开展各类培训200余场次、参训人员6000人次。至年末，8个街道（园区）移动终端全部配置到位，加快推动数据采集。全区采集基础数据48.8万条，其中户籍人口信息17.9万条、寄住人口信息9万条，流动人口信息14万条，房屋登记3.5万户，出租房屋3.2万户，空置房屋8842户，单位登记2243家。网格巡查发现问题总数88478条，其中环境卫生类30889条、消防安全类7873条、食品安全2381条、城管违章8138条、矛盾纠纷排查13945条、消防单位巡查1569条、出租屋巡查17018条、社情民意6665条。

【扫黑除恶专项斗争】 2018年，由区委、区政府成立工作领导小组及办公室，制定扫黑除恶工作方案，对专项斗争进行全面部署。区委政法委开展涉黑涉恶线索摸排3次，搜集线索22条，接到群众举报涉黑恶线索8条，并督促政法机关及时进行处理。坚持边打击边宣传，张贴“一封信”8万份、“征求涉黑恶线索公告”8000份、“敦促投案自首通告”8000份、《应知应会手册》4200本。区政法各部门实现信息互通、联动配合，侦破九类涉黑恶案件106起，抓获嫌疑人266人，同比上升12%，刑事拘留233人，同比上升40%，逮捕160人，同比上升100%，一审判决180人，生效判决147人，摧毁以谷某为首的11人恶势力犯罪集团和以张某为首的8人恶势力犯罪集团，推进侦办以周某为首的13人恶势力犯罪集团，打掉恶势力团伙14个，聚众斗殴、寻衅滋事、阻工闹事等涉恶违法现象明显减少。

（游 飞）

·法治政府建设·

【概 况】 2018年，区政府法制办围绕《市法治政府建设实施纲要（2015—2020）》和区委攻坚“抓产业发展、促城市建设、补民生短板”三大主战场，关口前移，对标找差，做好政府法制工作。2018年，落实规范性文件管理规定，开展涉及建设项目审批、产权保护和证明事项、公平竞争及生态环境保护方面的规范性文件清理工作，废止《雨花台区科技企业孵化器管理及考核办法》。落实由区政府制定的《雨花台区2018年法治政府建设工作计划》，细分重点任务6大块23项；将法治政府建设成效纳入全区经济和社会发展目标考评，确保法治政府建设各项工作任务压茬推进、落实到位；开展法治调研工作，完成《雨花台区行政执法工作情况调研》课题，开展应对职业索赔人、《广告法》自由裁量权适用等调研活动。

【行政执法监督】 2018年，区政府法制办开展执法案卷评查2次，采取自查、专项评查方式评查执法案卷245件，评出优秀案卷16卷，并对查出的10个重点问题予以通报，要求及时整改到位；落实重大执法行为备案制度，建立重大执法行为备案台账，对报备时效、证据、程序、文书、法律适用等要素作重点审查，备案33件；推进行政执法与刑事司法有效衔接，定期开展工作座谈会，督促相关部门加强信息平台录入，推进信息共享，互联互通。

【行政执法人员管理与培训】 2018年，区政府法制办组织开展执法人员证件换发工作，全区参与证件年检执法人员576人、监督人员34人，新办执法证件108件；加强综合执法协管员证件管理，明确协管人员工作职责和岗位条件，制发综合执法协管员证件460本；围绕“科学执法、创优质营商环境”主题，组织开展“行政执法法律风险与规避”“行政机关如何从法治角度服务营商环境”专题培训2场，有效转变市场监管执法人员执法理念；开展消防安监行政执法系列专题培训3场，举办以案卷制作规范为主题的专题培训1场，培训112人次，并采取随堂考试的形式，检验培训效果；编印《规范化行政执法手册》和行政执法案卷制作标准，组织拍摄行政执法教学片，有效规范执法程序；为120余家中小企业开展“企业品牌创建和保护”“刑事合规与企业法律风险防范”专题讲座2场，提升企业遵法守法意识。

【行政复议与行政诉讼】 2018年，区政府法制办办理行政复议申请35件，审结30件，其中不予受理2件，转送2件，维持3件，驳回15件，确认违法2件，申请人主动撤回6件，听证率100%；推行行政复议决定网上公开，公开行政复议决定书20份。代理区政府行政诉讼52件，其中一审案件17件、二审案件23件、再审案件12件；落实行政诉讼案件行政负责人出

8月9日，区政府法制办组织召开“科学执法，创优质营商环境”座谈会
（区政府法制办 供稿）

庭应诉制度，做到出庭、出声、出效果；建立行政诉讼案件定期分析制度，制发《全区行政诉讼、行政复议工作情况通报》并针对拆迁类、市场监管类等诉讼案件召开分析会3场，查找不足，分析成因，提出改进措施。

【政府法律顾问工作】 2018年，区政府法制办发挥区政府法律顾问作用，针对疑难案件、重大协议等组织召开专题会议10场；开展公职律师工作，在全市各区中率先开展公职律师申报工作，区政府法制办、司法局等6家单位成立公职律师管理办公室，7人领取公职律师证。

【合法性审查工作】 2018年，区政府法制办落实《雨花台区重大合同审查备案办法》，并采取购买服务的方式，聘请法律顾问全程服务，提升审查质量，审查各类合同141份，提出建议400余条；加强建设工程施工合同文本审查，结合实际编制《建设工程施工合同合法性审查标准》，促进合同审查规范化。

【法制保障】 2018年，区政府法制办加强依法行政工作指导，深入区安监局、城管局、征收办等重点执法部门及街道（园区），指导一线工作人员规范拆迁流程及九都荟阳光房违建查处工作，协调解决环保部门与市场监管部门关于油烟排放治理的执法争议等20件；参与西善桥地区清理违法用地、违法建设及“三集中”房屋收退回工作，研究工作实施方案，保障方案的合法性；组织省市法律专家对宁南4号地块征收拆迁、规范违规建筑强制拆除程序等提出法律意见，保障程序合法性；主动服务人居森林项目房屋拆迁、土地征收等工作，对岱山东路北延工程、徐工搬迁处置纠纷、馥桂肉公司拆迁纠纷、群众信访回复等提供法律建议，发挥参谋、助手和顾问作用。 （彭媛媛）

·公 安·

【概 况】 2018年，区公安分局围绕全市公安机关高质量发展的新部署新要求，落实市局关于重大活动安保、扫黑除恶、大排查大化解、网格化社会治理等系列要求，维护国家政治安全和社会稳定，完成各项工作任务。全年，区公安分局110接警台接报各类警情18.3万余起，日均接警691起，同比上升10%，其中违法犯罪警情10055起，同比下降12%，其他求助服务类警情17.3万余起，同比上升22%。破获各类刑事案件622起，抓获各类嫌疑人1436人，逮捕533人，同比上升27%，提起公诉477人，同比上升23%；追回网上逃犯182人。查处治安案件6023起，处理违法人员720人，其中行政拘留552人。

维护社会稳定。收集研判各类情报信息12000余条，被上级采用重要信息1000余条，其中反邪教等国保信息400余条。摸排、管控邪教人员、涉恐人员、易肇事肇祸精神病人等群体7个，涉及重点人员230人。

打击犯罪。连续4年在全区开展以“纵深打击、长效治理”为目标的打击传销违法犯罪专项整治行动，查获1298人，刑事拘留247人。集结600余名警力，兵分9路组成93个抓捕小组，对岱善、板桥等地区传销窝点进行清剿，一举捣毁窝点57个，查获传销人员196人；后运用“数据建模”手段，一天内明确骨干成员52人，并迅速采取刑事强制措施，创造“雨花办案效率”。成功侦办“药王茶”“华赢凯来”等几起非法吸收公众存款案件，涉案金额3.38亿元，投资人数4800余人。

治安管控。建成公安图像网监控探头4394个，监控点位新建补盲330个，借助监控系统破获各类刑事案件154起，街面可防性案件下降18.7%。以巡特警为主干、派出所巡防中队为主体，承担全区8个治安卡点、3条主干道及重点复杂区域巡防，构建治安卡点、临时盘查点、巡逻车和便衣巡防相结合的街面防控格局，开展夜间清查行动62次，盘查车辆7000余辆，盘查人员1.3万余人，查获管制刀具21把，查获被盗车辆16辆，为群众挽回损失7万余元。

社会治理。为全区59个社区配备62名社区民警担任综治办副主任，警务室与社区综治中心合署办公；探索推行以"矛盾联调促和谐、监管联动保安全、情报联通提质效、治安联防创满意"为主要内容的网格化社会治理"四联"警务模式，推动网格化社会治理工作实现新突破。全市最大的保障房片区在岱善，面积380万平方米，辖21个居民小区。为实现"创建最具安全感保障房片区"目标，创新研发"社区智慧监控信息采集应用系统"，倾力打造"慧眼岱善"。安装街面治安高清探头238个，街面门店、企事业单位3000多路社会面探头全部接入公安内网。在居民区出入口安装80套人脸识别、80套车辆识别和40套Wi-Fi识别设备，能够在5秒钟内抓拍人像10余张，30秒内筛选出有效图像数据，1分钟内比对出在逃、在控等涉案嫌疑人。完善《雨花台分局护学岗工作实施方案》，以点带面整治校园周边环境，有效防范涉校涉生违法案事件发生，确保学生通勤安全。对全区95所校区的"一键报警"装置进行检修测试，确保突发情况时，能够做到有效有力响应。

交通管理。2018年，交警八大队持续推进交通秩序治理三年行动，围绕"事故防控、秩序治理、缓堵促畅、服务群众"四大中心工作，整治秩序乱点，破解管理难题，加大车辆违停、非机动车和行人秩序的治理，优化绩效考核，推进全市燃油助力车淘汰工作，开展无牌无证"三类车"专项整治，提升路口、路段秩序。结合全省"春雷行动""秋风行动"等各专项整治行动，严打严查严重交通违法犯罪，保障广大市民群众生命财产安全，维护良好道路交通秩序，为辖区经济社会发展和人民安居乐业创造安全畅通的道路交通环境。全年，查处各类交通违法行为15.28万起，其中现场处罚6.5万起，辖区未发生一起有影响的群死群伤恶性交通事故，交通安全形势总体平稳可控。2018年，交警八大队被市公安局授予集体三等功，窗口被授予三星级"文明窗口单位"称号；先后有1名民警、2名辅警获个人三等功，4名民警、4名辅警获个人嘉奖，8名民警被评为"交管十星"。

消防管理。全年区消防大队检查单位4489个次，发现并督促整改火灾隐患8701处，查处违法行为325起，警告34人，各派出所辖区火灾隐患整改率97.79%，无一起亡人火灾发生。

【特大通信网络诈骗案破获】 5月22日，区公安分局刑警大队会同铁心桥派出所在市局刑侦、网安、技侦等部门指导支持下，经过近2个月侦查，破获一起价值56.6万元的特大网络诈骗案件，打掉一宾阳籍诈骗团伙。抓获涉案嫌疑人6人。同时抓获2名协助诈骗的嫌疑人，现场查扣作案电脑4台、无线上网设备2部、手机6部、银行套卡30余张、固态硬盘3块、手机卡19张及大量现金等涉案物品。经审查，上述6名犯罪嫌疑人对合伙诈骗南京被害人吕某萍56.6万元的犯罪事实供认不讳。该案的破获有力打击了犯罪分子的嚣张气焰，保障了人民群众的财产权益。

【岱善地区特大传销组织摧毁】 6月5日，区公安分局集结600余名警力，在市局经侦支队指导下，在市局技侦支队、网安支队支持下，联合街道、市场监督管理局、消防大队等部门对岱善地区传销人员进行集中清剿和打击，经过3个小时行动，捣毁传销窝点57个，抓获明确指向的传销违法犯罪嫌疑人196人，其中骨干成员52人，经初步审查，涉案金额2300余万元。至年末，刑事拘留犯罪嫌疑人50人、取保候审2人、行政处罚违法人员108人。此次专项行动有力打击传销组织嚣张气焰，维护辖区治安秩序。

【跨省重大贩毒案破获】 11月3日，区公安分局刑警大队会同禁毒支队、技侦十六大队、云南省文山州禁毒支队、雨花台派出所，破获一起跨省贩毒大案，抓获涉案嫌疑人4人，缴获液体毒品（K粉）2.3公斤，有效遏制毒品在南京市发展蔓延态势。 （刘轶男）

【重点单位源头监管】 2018年，交警八大队紧盯事故易发的“两客一危”、渣土车、五小工程车、重型载货汽车等重点车辆，开展隐患排查清理工作。定期召开交通安全例会，通报道路交通安全形势，剖析省内外有影响的客运、危险品运输车辆典型事故案例，从中吸取教训。对运输易燃、易爆和剧毒化学品车辆，建议运输企业尽可能安排在晚间运输，严格要求客运和危化品运输车辆落实凌晨2—5点禁行规定。定期组织车管民警对客运、危险品运输、旅游包车、渣土车等运输企业车辆进行专项安全检查，对不符合安全技术条件的车辆一律禁止上路行驶。定期开展交通安全教育，对5起以上交通违法行为的驾驶员举办重点驾驶员学习班，通过开展面对面交通安全教育，要求运输单位压实企业主体责任，驾驶员始终把“安全”牢记心中，落实在行动中。

【隐患排查治理】 2018年，交警八大队遵循“发现早、危害小”原则，全面排查现有、在（改）建道路，依靠政府，协调安监、交通等部门，从道路设计、道路线形、道路养护、安全防护、周边环境等方面入手，逐一排查事故多发重点安全隐患路段、路口，组织共同论证，建立隐患排查治理台账，能立即整改的立即整改，不能立即整改的，送达隐患整改通知书，督促相关部门予以整改，重大隐患及时提请市、区安委会严格落实隐患挂牌整改责任制，督促隐患责任主体单位按照整改措施、责任、资金、时限、预案“五落实”要求进行治理。全年先后梳理排摸主次干道110条，整改道路隐患27处。

【专项整治推进】 2018年，交警八大队开展“春雷行动”，以路面为主战场，科学部署警力，以零容忍态度打击严重交通安全违法犯罪和各类重点交通违法行为，查处七大类重点考核的交通违法行为为1598起。在梅山地区开展为期一个月的工程车专项整治行动，查处工程车各类交通违法346起，暂扣违法工程车65辆。助力“秋风行动”，严查机动车涉牌涉证违法18起。按照每日必整要求，处罚“黄牌”货车闯禁行时间违法行为2388起，提高早晚高峰辖区道路通行能力，缓解交通拥堵。落实执勤民警立足路面，重点严查严处面包车非法载物、私拆座椅、超员超载等违法行为为761起。组织值班留守民警开展晚间整治，降低夜间交通事故发生率，查处渣土车、工程车各类违法行为1370余起，查处酒后驾驶325起，醉酒驾驶88起。

【货车超载超限查处】 2018年，交警八大队按照市交通、公安治理车辆超载超限联合执法工作要求，与交通部门定期开展联合执法行动，落实民警和警务辅助人员每天进驻S001省道公路治超站（点），路警双方各司其责，密切配合，加大对货车非法改装和违法超限超载现场查处力度，坚持从严依法处理，严格卸驳载流程，营造严管氛围。检查货车3890余辆，查处非法加装高栏板车辆654辆；查处货车超载超限违法行为233起，卸驳载货物1.4万余吨；依托S001省道超载超限点运用不停车称重检测系统设备，对107起超载超限违法、19起工程车故意遮挡号牌行为及时通知违法驾驶员接受依法处罚。

【清明祭扫安保】 2018年，清明祭扫高峰期间，交警八大队结合铁心桥竣工通车后首迎“祭扫大军”考验，根据新形势、新要求，提前部署安排，细化工作方案，坚持公交优先原则，视情实施远端分流，落实管控措施，做好交通疏导和安全保障工作，避免宁丹路、大周路出现大面积、长时间拥堵。清明祭扫高峰期间，雨花台烈士陵园、辖区各大墓园祭扫人流量150万人次。大队出动警力1110人次、警辅286人次，警车280辆次，完成清明安保任务。

【交通设施完善】 2018年，交警八大队对辖区13个路口交通组织进行优化调整，在2个路口增设信号灯，针对凤宁路段（凤信路至宁双路）秩序乱点，在道路中间加装隔离护栏333米。为有效缓解南京南站北落客平台因节假日等客流高峰导致的车辆积压、长时间排队情况，对北落客平台实施禁止大型客车驶入交通管控措施，增设监控探头6个，修复4个，对北平台地面标线进行调整，增加防冲撞设施。在南京南站地区信号灯路口安装智能监控探头，对闯信号、变道加塞等违法行为进行适时抓拍。新增高清探头30个，修复10个，实行站区交通监控全覆盖。新增护栏200米，对机动车违停聚集区实施物理隔离，对南广场片区交通进行优化，新开通启用道路6条。

【非机动车行人秩序整治】 2018年，位于软件大道安德门大街路口（西北口）的“非机动车（行人）交通违法人现场教育点”投入使用，交警八大队严格按照教育体验细则要求，开展非机动车闯红灯、停车越线、逆行、走快道、带人及行人等重点交通违法行为查纠、教育、处罚工作。为提升城市交通现代化治理能力水平，改善交通秩序环境，最大限度减少交通违法行为，打造城市文明新名片，重点围绕辖区“4条示范路、1个示范路口”及重点区域，加大警力投入，有针对性地对非机动车、行人和停车秩序组织开展集中整治行动。全年处罚非机动车各类违法行为3.8万余起，处罚行人违法8285起。

【“三车”整治】 5月21日—8月31日，交警八大队开展无牌无证电动自行车、燃油助力车、摩托车专项整治行动，树立“一盘棋”思想,以规范路面行车秩序,净化道路通行环境为主要目标,进一步压实责任落实,推进“三车”专项整治工作。将警力向主干道和“窗口”地区倾斜,通过主动管理,规范路面行车秩序。成立6个整治小组,每天加大路面巡查管控力度,严查无牌无证电动自行车、燃油助力车、摩托车交通违法,通过上限处罚、依法查扣,倒逼燃油助力车淘汰,净化路面交通秩序。整治期间,查处电动自行车、燃油助力车、摩托车各类违法行为9834起,其中扣留无牌无证车辆2630辆。

【燃油助力车淘汰工作】 5月2日—10月31日,根据《南京市人民政府关于淘汰燃油助力车的通告》精神,交警八大队在全区组织开展为期半年的燃油助力车淘汰工作,加强城市交通管理,提高通行效率,压降交通事故,减少大气污染,推行公共出行方式。在市淘车办统一领导下,区政府相关部门及交警八大队按照市政府总体部署,坚持突出重点、多管齐下,整体工作坚持高标准、严要求,抓好宣传教育引导,按照合规车辆早淘汰、违规车辆严查处、细心服务树形象要求,推动燃油助力车淘汰工作。整治期间,淘汰燃油助力车3140辆(其中本区淘汰1015辆),发放补贴374.04万元,总淘汰率75%。（杨　仲）

【交通安全宣传】 2018年,交警八大队以“五进”宣传为载体,依托宣传媒介,微博、微信平台,围绕交管主业强化宣传引导、警示教育,常态发布交管宣传信息,及时做好舆论导控,策划开展清明祭扫高峰出行攻略、“文明交通进校园”等多种形式主题活动,提升交管服务体验和文明交通宣传覆盖面,多渠道、全方位强化全民规则意识、企业责任意识、社会诚信意识。在专项整治期间主动邀请媒体记者随警作战,组织现场执法直播等方式,宣传专项行动情况及整治战果,集中曝光一批典型交通违法和事故案例,提高执法震慑和惩戒力度。全年,通过各类媒体宣传交管材料298篇次,制作原创和转发微博1500余篇,交通安全宣传的深入,提高了群众自我保护和守法意识。

【火灾隐患专项整治】 2018年,区消防大队提请区政府召开春夏火灾防控工作部署会,制定印发《雨花台区2018年春夏火灾防控工作实施方案》。为推进春夏火灾防控工作,区政府从4月2日—7月10日开展消防安全隐患大排查大整治百日专项行动。区消防大队紧盯城中村、老旧小区、“群租房”、施工工地、“三合一”场所、“九小场所”及电动车停放充电场所等危险场所,组织居委会、公安派出所、安监站等基层网格力量开展日常巡查、联合检查。开展群租房消防安全整治“回头看”。开展电动车消防安全集中整治行动,约谈24家电动车经营、修理店负责人,清理电动车222辆,引导群众严格落实电动车“三个决不能”要求(决不能进楼入户,决不能违规充电,决不能停放在楼梯间),推进电动车集中停放、充电“蓝天”工程建设,推广设置智能电动车集中停放充电点115个(目标任务110)。严格执行施工现场“五个必须”要求,明确消防安全员1人,具体负责防火巡查检查。联合派出所对星隆凯影城工地进行检查,发现1名人员未取得特种作业操作证,违反规定使用明火作业,给予该人员行政拘留处罚。专项整治行动中,出动警力10969人次,检查单位5482家次,发现火灾隐患或违法行为10871处，督促整改火灾隐患或违法行为10841处，临时查封57家，受理行政案件立案287起，下发处罚决定书273份，责令“三停”44家，拘留3人。

【基层消防安全基础建设】 2018年，区消防大队将软件谷、8个街道（园区），51个社区、166家二级重点单位和105家三级重点单位，划分为大、中、小网格，构建“全覆盖、无盲区”消防安全网络体系。建成消防安全重点单位微型消防站271个，建设社区微型消防站51个，购买微型消防车21辆。加强街道社区消防工作，增强火灾防范和救援处置能力，集中采购多功能消防巡逻车10辆。招聘40名消防特勤队员分配到辖区10个派出所，负责防火巡查、信息采集、消防宣传等工作。建成雨花台消防站，新建、补建市政消火栓数量200个。在全区养老机构、福利院等区域性隐患场所安装简易喷淋111套，独立式火灾探测报警器1447个。

【3家重大火灾隐患单位被挂牌督办】 2018年，区消防大队排查出重大火灾隐患单位3家，其中省级挂牌单位为南京远东假日酒店，市级挂牌单位为南京东郧百货市场有限公司，区级挂牌单位为南京家乐家商业广场有限公司。整改期间，联合区安监、街道（园区）、社区相关责任人多次联合对整改现场进行检查。明确专人负责，每周不少于2次组织警力上门检查隐患整改进度、安全防范措施落实情况，并定期召开重大火灾隐患整改工作情况汇报会，研究解决整改过程中遇到的各类问题，推动隐患整改进程。至年末，3家全部销案摘牌。

【消防宣传和培训】 11月，是消防队伍改革转隶后首个消防宣传月，区消防大队围绕“人人受到宣传教育，人人增强防范意识，人人掌握基本技能”总目标，利用板报、悬挂标语、广场咨询、楼宇电视、户外大屏等方式开展一系列消防公益宣传。在弘阳装饰城举办消防宣传月灭火救援疏散演练。制定讲师团培训计划，每周开展两次消防安全培训。深入社区、外来务工人员集中区、“城中村”等地区张贴“楼道停放电动车夺命只需100秒”《中华人民共和国公安部关于规范电动车停放充电加强火灾防范的通知》等宣传页、悬挂宣传标语。将雨花台区消防之友俱乐部、铁心桥消防中队、安德门中队、岱山中队消防站全面对外开放。利用消防宣传车进行常态化消防宣传，每周两次深入辖区企业、学校、家庭、社区、机关等单位进行公益广告宣传。在消防安全重点单位

12月20日，消防大队讲师进铁心桥街道定坊社区开展消防培训

（区消防大队　供稿）

设置悬挂“四个能力”、张贴“三提示”，提升全民消防安全意识。 （张英芝）

·检 察·

【概 况】2018年，区人民检察院把“立足特色，重点突破，以点带面”作为发展理念，坚持走“专业化、高质量”的发展之路，开创检察工作新局面。

助力产业发展。围绕南京建设具有全球影响力创新名城中心工作，主动融入中国（南京）软件谷·雨花台高新区双创服务中心建设，履行检察职能，推动建立司法、行政和社会功能深度融合的知识产权司法保护一体化平台。审慎办理涉及“独角兽”企业的案件，助力“运满满”依法维权并实现战略升级，为企业在“一带一路”上做大做强提供司法保障，其经验做法先后被省检察院和最高人民检察院确定为服务非公经济典型案例。加大对侵犯知识产权犯罪和破坏网络信息安全类犯罪打击力度，保护企业智力成果，依法批准逮捕12人，提起公诉13人。两起案件分别入选省、市检察机关知识产权保护十大典型案例。

助力城市建设。发挥驻环保局、市场监督管理局检察官工作站前沿作用，紧密对接“12345”政务热线，针对群众反映强烈的商住楼餐饮店铺污染空气、社区露天垃圾场污染和无证摊贩回收有毒有害废弃物等问题，及时联合街道、社区，区环保局、水务局、市场监督管理局等单位开展联合执法。街道、社区组织专门力量清运废弃物数十吨，整治非法收旧场所10余个，4起涉嫌污染环境犯罪的线索被立案侦查。落实最高人民检察院《做好长江经济带环境资源保护工作的通知》精神，严惩污染环境、非法出售珍贵野生动物、破坏渔业资源等犯罪行为，依法批准逮捕15人，提起公诉27人。引导推行补种复绿、增殖放流、缴纳修复费用等恢复性举措，实现打击犯罪与生态修复有效对接。在办理常国彬等3人污染环境案中，提起刑事附带民事公益诉讼，督促被告人家属代为赔偿20万元环境修复费用。

实施司法援助。贯彻“深入推进国家司法救助工作”专项活动要求，将案件被害人中的贫困人口、未成年人、残障人员作为重点救助对象。办理司法救助案件13件，发放救助金11万元。关注企业拖欠农民工工资、不履行工伤赔偿和医疗责任等案件，依法支持起诉48件，为弱势群体追回劳动报酬15万余元。

保障群众安全。依法查办母婴店、美容店、卤菜店等场所销售假药、销售有毒有害食品、生产销售伪劣产品等犯罪行为，批准逮捕33人，提起公诉27人，其中网络销售非法进口婴幼儿药品案系全市首例。及时介入虹悦城沃尔玛超市弃婴案，依法追诉监护人遗弃婴儿的刑事责任。与高新企业共同建设未成年人帮教基地，引导涉罪未成年人学技能、守法律、树理想，走好人生路。联合金陵中学岱山分校和西善花苑社区共同开展零犯罪学校（社区）建设，开设“家长课堂”，举办“传承红色基因，老少同书英烈诗词笔会”主题教育活动。先后在9所中小学校，开展法治宣教等活动25场次，受众9000余人。

强化办案。全年受理审查逮捕案件399件675人，同比上升87.32%，依法批准逮捕545人。受理审查起诉案件625件1049人，同比上升44.34%，提起公诉1062人。坚定维护国家安全，依法查办在网络和公共场所传播谣言的寻衅滋事案件、利用邪教组织破坏法律实施案件，批准逮捕3人，提起公诉3人。主动提前介入，引导侦查取证43人次，批准逮捕、提起公诉公安部挂牌督办的赵某等24人贩卖枪支弹药案，以套路贷方式实施聚众暴力犯罪和侵犯财产犯罪的恶势力案件3件23人，与恶势力相勾结的犯罪案件10件41人。关注案件背后的黑色产业链，深挖侵犯公民个人信息犯罪，批准逮捕10人，提起公诉22人。坚持查办黄赌毒犯罪，依法批准逮捕87人，提起公诉105人。依法惩治盗窃和诈骗等多发性侵财犯罪，依法批准逮捕116人，提起公诉233人。查办韦某某等人冒充企业负责人实施电信网络诈骗案中，引导公安机关查源头，补证据，追漏犯，最终认定涉案金额180万余元，起诉被告人7人。高度警惕，严防传销犯罪蔓延，设立员额检察官领衔的专门办案小组，集中力量快捕快诉，依法批准逮捕60人，提起公诉109人。

强化监督。坚持以审判为中心，牢固树立证据意识和程序意识，纠正漏捕9人，纠正漏诉4人，监督立案5人，监督撤案3人，对侦查行为违反法律规定的情况，提出纠正意见11次。依法对法院不规范使用裁定、遗漏追缴违法犯罪所得、判决量刑失衡等情况提出监督纠正意见。依法开展对刑事判决中财产刑执行情况的监督，罚金和没收财产执行到位61万余元。开展审前未羁押的实刑罪犯交付执行情况的监督，发现并监督纠正3件未按时交付执行案件。对拟暂予监外执行罪犯的医学诊断工作进行全程监督。开展“监督维护在押人员合法权益专项活动”，依法监督看守所超量羁押问题，发现并监督纠正2件刑期计算错误，避免罪犯被超期羁押11天。受理监督案件159件，审结132件。提出再审检察建议2件，被法院采纳1件，提请上级检察院抗诉1件。针对执行程序中冻结账户不准确，影响当事人合法权益等情况，提出执行检察建议2件。贯彻《关于深入推动南京市长江经济带高质量发展走在前列的实施意见》要求，投入公益诉讼专项活动，把国有资产、生态环境和食品药品安全等作为重点监督领域，对行政主管部门慢作为和不作为等情况，及时提出检察建议26件，阐明法律后果，促进其思想转变，相关单位落实整改25件，依法追回国有资产145万余元。

【涉众型经济犯罪案件办理】 2018年，区人民检察院慎重办理非法吸收公众存款、集资诈骗等涉众型经济犯罪案件，依法批准逮捕26人，提起公诉11人。对涉及3万余名投资人，涉案金额约20亿元的胡某某等人非法吸收公众存款案，依法向法院提起公诉。受理控告申诉案件236件，对申诉有理有据的，及时转交督办，对当事人存在错误认识的，答疑解惑，杜绝矛盾转移和激化。帮助部队在军港建材市场搬迁中及时收回2.3万平方米场地，成为全省检察机关首例为军队全面停止有偿服务提供司法保障成功案例，获上级检察机关主要领导批示肯定，工作做法被省委政法委推广。

【检察改革推进】 2018年，区人民检察院引入常驻法律援助律师，为当事人提供诉讼权利保障，服务群众近200人次。融合检察机关职务犯罪侦防部门转隶改革，建立健全与监察机关职务犯罪案件办理衔接机制，做好案情会商，区监察委侦办的首批职务犯罪案件移送审查起诉，反腐败工作形成新合力。组建未成年人案件、职务犯罪案件、侵犯知识产权犯罪案件等专门办案组，建立职能明确、配置合理、运行高效办案模式。认罪认罚从宽改革试点工作得到市委全面深化改革领导小组办公室通报肯定，盗窃罪智能辅助办案系统试点工作受到上级院多次表扬。（赵　永）

·法　院·

【概　况】2018年，区人民法院全年受理各类案件13589件，同比上升5.50%，办结11905件、同比上升11.66%。其中审结各类刑事案件597件，判处被告人892人，同比分别上升5.85%和10.67%。妥善化解民商事纠纷，受理7809件，审结6761件。调解和经调解撤诉4131件，调撤率78.58%。全院积极应对案件数量激增的压力，优化审判资源，整合审判力量，以“工作质效提升年”为目标，对标找差，精准发力，审判质效实现有效提升。2018年，区人民法院被市人民法院评为“先进法院”。

【“基本解决执行难”工作】2018年是雨花台区“基本解决执行难”决胜攻坚之年，区人民法院围绕“用两到三年时间基本解决执行难”的目标，坚持一手抓突出问题，一手抓长效机制建设。全年受理执行案件5109件，执结4524件，执行到位总金额4.84亿元，均达到最高人民法院提出的“三个90%，一个80%”核心指标要求。根据区委区政府《关于支持人民法院基本解决执行难工作的实施意见》，区人民法院推动执行联动机制运用，完善综合治理执行难工作格局。运用公安部门协助查控被执行人工作机制，有效提高执行效率。加大失信联合惩戒力度，将1113名被执行人纳入失信被执行人名单，限制高消费2484人次。参加全国法院第十期“决胜执行难”全媒体直播活动，引导全社会关注执行理解执行，推动形成综合治理执行难合力。加大强制执行力度，开展集中执行行动31次，出动干警2175人次。强化执行措施运用，综合运用失信曝光、拘传、搜查、罚款、拘留等手段，提高执行威慑力。加大对拒执罪的打击力度，在公安、检察机关支持下，移送公安机关追究拒执罪4件4人，判决1件1人。健全执行工作机制，执行指挥中心实现实体化运行，集中管理案件流程节点、执行文书发送、网络查控扣划、终本案件审批等事务性工作，为执行工作提质增效。配齐配强执行团队办案力量，重组以员额法官为核心的执行实施团队，加强团队协同配合，提升执行效果。加强司法网拍工作，全年成交拍品199件，拍卖成交金额2.5亿元。开展规范执行行为专项教育活动，落实“十个严禁”，规范执行行为。

【案件繁简分流工作机制改革】2018年，区人民法院配齐配强速裁工作力量，制定《雨花台区人民法院民商事案件素材工作机制》，规范速裁案件受理范围和审理规范，提高案件办理质效。全年，集中审理小额诉讼程序案件1207件，平均审理天数22.25天；审理简易程序案件3613件，平均审理天数35.37天。为畅通“简案快审、繁案精审”工作程序，建立法官助理协助办理简易案件工作机制，分流简易案件，缓解法官办案压力，提高审判效率。加强执保“字”号功能作用，由执行指挥中心保全组统一对业务庭裁定的保全案件进行集中查控，实现财产查控的集约化处理，提高财产保全成功率。与区司法局、交警八大队及保险公司共建道路交通事故一体化处理平台，为交通事故当事人提供责任认定、保险理赔、诉前调解、司法确认的一站式服务，提升交通事故纠纷处理效率。

【物业户纠纷多元化解机制】 2018年，区人民法院联合区综治办、公安分局、司法局等部门共同出台《关于建立健全物业纠纷多元化解机制的实施意见》，引导物业纠纷当事人在诉前选择物业管理行政主管部门或物业纠纷人民调解委员会调解等多元化解决途径，初步形成物业纠纷综合治理工作格局。加强“一站一室”建设，与区司法局共建律师工作站和人民调解工作室，无偿为3369名群众提供法律服务，调处物业纠纷271件。

【家事审判新机制探索】 2018年，区人民法院在离婚纠纷、抚养权纠纷、人身安全保护令、继承纠纷等家事纠纷中引入心理疏导机制、婚姻冷静期制度、财产申报制度、家事调查调解员制度、与区妇联联动调解等机制，形成以权益保障、情感治愈为核心的家事审判工作机制，提升家事案件审判效果，促进家庭和谐稳定。全年，法院审结婚姻家庭、继承等家事案件598件，调解撤诉率64.69%。《家事审判心理疏导实践报告》被江苏省家事审判心理学研讨会论文集收录。

【司法责任制落实】 2018年，区人民法院落实司法责任制。实现院庭长办案常态化，全年办理案件5661件，占比47.55%。员额法官人均办案345件，同比上升7.14%。成立专业审判委员会、建立疑难案件强制检索机制，统一法律适用尺度。在充分尊重独任法官、合议庭办案主体地位前提下，将第三方评查与审判委员会评查相融合，完善新型审判管理监督机制和惩戒制度，评查出不合格案件9件、重大瑕疵案件9件，并纳入法官业绩考核。

【智慧法院建设】 2018年，区人民法院完善智能辅助办案系统，推进信息技术与审判执行业务深度融合。围绕提升审判质效，启用“左看右写”文书辅助制作分屏系统、语音识别技术，提升审判效率。围绕加大执行力度，建立执行指挥中心远程指挥系统，实现远程指挥、网络联动、信息共享，执行案件的效率和规范化程度明显提升。围绕强化司法公开，依托信息化建设，深化审判流程、庭审活动、裁判文书、执行信息四大公开平台建设，开展网络庭审直播3026次，在中国裁判文书网公布裁判文书12479份，审判执行信息对接“江苏微法院”平台和“我的南京”APP，方便当事人随时查询案件审判执行进程。

【干警司法能力建设】 2018年，区人民法院参加上级法院业务培训60期353人次，举办法官春训2期，对法官助理和聘用制书记员培训14期。开展优秀裁判文书撰写和评比活动，申报并中标市法院重点调研课题1项、区重点调研课题2项、1篇案例入选《最高人民法院公报》，在省级以上期刊发表调研成果6篇，24篇调研成果汇编成册。

【社会综合治理参与】 2018年，区人民法院继承发展“枫桥经验”，深入社区、企业、学校，通过开展巡回审判、开办普法讲堂、对接网格化平台等方式，主动延伸司法职能，密切与基层组织联系，参与社会综合治理。开展巡回审判32次、普法讲座22次，惠及群众2000余人。

在参与社会综合治理的过程中，与辖区各街道（园区）综合治理办公室、司法所、人民调解委员会共建纠纷多元化解平台，通过司法、党政、社会力量规范化的沟通联系机制，汇聚多方组织力量，开拓多元化解矛盾路径，寻求解决纠纷最优效果。

【首起涉恶势力犯罪案件宣判】 12月25日，区人民法院对被告人谷某等13人涉恶案件一审公开宣判。该案是开展“扫黑除恶”专项行动以来，雨花台区人民法院宣判的首起涉恶案件。2016年，被告人谷某成立某商务咨询公司用于向社会个人放贷，后又召集雇佣郭某、杨某等人，通过个人或者公司名义向被害人发放高息贷款，再肆意以各种理由认定被害人“违约”，并以暴力、胁迫、恐吓、限制人身自由、非法侵入住宅等非法手段胁迫被害人偿还欠款。经审理查明，该恶势力犯罪集团实施抢劫罪、非法拘禁罪、敲诈勒索罪、寻衅滋事罪、非法侵入住宅罪等违法犯罪事实24起。区人民法院根据涉案13名被告人犯罪事实、情节及危害后果，分别判处各被告人拘役4个月至有期徒刑13年不等的相应刑罚。

（张　瑶）

· 司法行政 ·

【概　况】 2018年，全区司法行政系统有街道（园区）人民调解委员会8个，社区人民调解委员会57个。全年，全区组织矛盾纠纷排查489次，化解涉农民工纠纷196件，化解涉信访矛盾纠纷67件。年底，在册安置帮教人员597人，后续照管人员46人，完成必接必送人员31人。区社区矫正管理局在册社区服刑人员235人，其中缓刑224人，假释10人，暂予监外执行1人，全年接收社区服刑人员223人，解除矫正207人，办理适用前调查和假释前调查评估317例，提请撤销缓刑9人，提请治安管理处罚1人次，给予警告28人次。区法律援助中心办理各类法律援助案件574件，接待7219人次，其中前台接待解答各类法律咨询1877人次，“12348”热线解答法律咨询3860人次，各援助工作站点接待解答法律咨询1484人次，法援案件结案291件，为受援人挽回经济损失500余万元。区法宣办组织各类法治宣传教育活动320余次，覆盖人数达21万人次；统一购买宪法修订本1100余本，编印分发法治宣传资料3.3万余份。普法信息在全省普法网上刊登125条。全区注册律师事务所31家，执业律师702人，基层法律服务行业法律服务所2家，基层法律工作者11人，律所担任政府法律顾问101家，担任企业法律顾问1067家，律师参与社区调解265件，全区律师事务所办理各类案件7958件。雨花台公证处全年办理各类公证3150件。

2018年，区司法局驻开发区派出所和驻铁心桥派出所公调对接工作室被评为2018年度市公调对接工作室先进集体。

【雨花台公证处开发微信公众号及电子档案系统】 2018年，雨花台公证处开发应用型微信公众号和专为公证定制的电子档案系统，实现当事人“在线查询”“在线咨询”“在线申办”“验证真伪”等一系列便捷操作，实现“公证只跑一趟”的目标；档案的全部电子化有效解决了以往查档难、归档慢甚至档案遗失的“历史难题”；率先在全市启用公证书胶印机；成为首家开通老年人订立遗嘱的“智能、精神评估快捷通道”和首家开通支付宝、微信等多种收费方式的区属公证处。

【司法行政体制改革深化】 2018年，区司法局深化司法行政体制改革，促进司法所建设水平提升。落实司法所政法专项编制，完成每个所至少有2名以上政法专项编，所长或主持工作的副所长必须为政法专项编；落实所容所貌规范化，全区8个司法所都按照标准更新到位；落实所务信息化，每个司法所至少1名工作人员熟练操作省厅一体化平台、省厅蓝信APP、法润民生微信群、金陵微“雨花”、平安法治微“雨花”和雨花台公证处等微信公众号，打通服务群众的“最后一千米”。

【“法润江苏·法护夕阳红”敬老助老活动】 10月11日，区司法局联合铁心桥街道及江苏宁创律师事务所、江苏海越律师事务所到雨花台区社会福利院，开展“法润江苏·法护夕阳红”敬老助老活动。现场为老人分发爱心点心、法治宣传册子、环保袋、抽纸和雨伞，为老人们提供免费法律咨询服务。至年末，办理涉及老年人法律援助案件9件，开展现场咨询活动6次，为老年人提供法律咨询317人次。

【全区首家社区“法律服务驿站”揭牌】 12月4日，全区首家社区“法律服务驿站”西善桥街道永盛社区法律服务驿站举行揭牌仪式。该法律服务驿站是由区司法局和区法学会联合牵头成立的公益性平台，专为社区群众提供免费法律咨询、法治宣传、法律援助等法律服务。区司法局从全区31家律师事务所中遴选34名律师组成社区法律服务团，提供免费法律咨询、法治宣传、矛盾调解服务，接受社区居民委托的各类诉讼代理，为符合条件的社区居民提供法律援助，为社区重大决策及重要事项提供法律咨询意见。 （陆　煦）

军　　事

·人民武装·

【概　况】 2018年，雨花台区人民武装工作围绕改革强军大局，坚持以党在新时代强军目标为引领，坚持一流标准，全面从严抓好国防教育、战备训练、兵役征集、民兵整组、正规化建设等重点工作。年内，组织民兵在江苏边防总队训练基地开展应急分队训练；组织民兵骨干参加上级年度防汛分队骨干集训和森林防火骨干跨区联训；在金肯职业技术学院开办“国防后备班”；召开征兵工作相关会议5次，对接高校征兵工作3次。

【民兵建设】 2018年，区人武部加强快速动员和遂行多样化任务训练，突出“一专多能、一队多用”要求，重点进行抢险救灾、防火、救援、维稳处突等训练演练。2月，组织民兵在江苏边防总队训练基地开展应急分队训练；5月、12月分别组织民兵骨干参加上级年度防汛分队骨干集训和森林防火骨干跨区联训等活动。开展“战备值班整治月”活动，修订完善应急处突指挥所编成、抢险救灾、应急维稳等各类预案18套和辖区重要目标防卫方案9套，调整完善各基层武装部民兵应急排，强化民兵应急分队处突能力，提升区军事战备水平。 （车军良）

·优抚安置与双拥共建·

【概　况】 2018年，区委、区政府将双拥共建作为“一把手”工程，定期召开议军会议，支持国防和军队改革，雨花台区第六次被命名为“省双拥模范区”。2月9日，区双拥共建领导小组召集各成员单位、街道（园区）和驻区部队开展双拥述职评议工作。春节期间，区四套班子领导走访慰问驻地部队、军休所老干部、各类优抚对象和无军籍职工，送去慰问金152万元，为军烈属、残疾军人等优抚对象发放春联1000余幅，为军属、退役军人等家庭发放“光荣人家”牌5000余块。“八一”建军节期间，区四套班子领导走访慰问国际关系学院等12家部队，区双拥办走访慰问其余13家部队，送去慰问物资29.1万元。开通“雨花双拥”微信公众平台，打造双拥宣传教育新阵地。开展对标找差工作会议，细化“对标找差创新实干”工作实施方案和任务分解表，梳理差距和症结所在。“八一”建军节前夕，举办区双拥共建示范点授牌暨庆祝建军91周年慰问演出，为南京科技馆等5个单位授牌雨花台区双拥共建示范点。区双拥领导共建小组组织各成员单位在“八一”建军节期间为驻区部队办实事，受到驻区部队、官兵一致好评。

【优待抚恤】 2018年，雨花台区执行城乡优抚对象抚恤补助标准一体化。全区有优抚对象553人，其中伤残人员127人、三属12人、在乡复员军人12人、带病回乡退伍军人14人、参战涉核人员136人、农村籍老兵251人、老烈子1人。为重点优抚对象提供医疗补助700余人次，支付医疗补助额43万元。组织两参人员前往职业病防治院进行健康体检并上报体检人员报告，由专家进行评调残筛查，其中1人评为十级。为3名退役残疾军人办理换证手续，并落实相关抚恤补助待遇。加强优抚系统信息化管理，及时更新上报优抚数据，确保优抚数据细化至街道村委会，做到优抚数据管理五级联动，完成上级布置的优抚对象数据采集核查工作，做好重点优抚对象赴南京职工疗养院疗养工作。

【接收安置】 2018年，雨花台区为2018秋季退役士兵发放家庭优待金和奖励金190.4万元，发放自主就业金642.8万元；为2017年冬季退役士兵发放自主就业一次性补助金114.5万元；通过网络平台开展2018秋、冬退役士兵教育培训动员会，参加培训退役士兵68人，其中参加短期培训退役士兵22人，参加成人教育培训退役士兵3人，复学43人。根据政策要求8月底前完成无军藉职工养老保险调整，保障无军籍职工切身利益。召开雨花台区符合安排工作条件退役士兵积分选岗会议，7名退役士兵根据量化积分由高到低顺序依次进行现场公开选岗。按南京市低保标准，为7名符合政府安置条件的退役士兵发放待安置期间生活补助费3.01万元。　　（曾加员）

·人民防空·

【概　况】 2018年，区人防办修订完善防空袭应急预案，努力提升指挥能力，按照实战化标准开展区、街专业队伍训练和疏散综合演练。组织20余名专业队伍骨干参加市人防办统一安排的学习培训。在溧水无想山疏散基地组织各街道人防干部及部分维管单位负责人80余人开展为期3天的集中培训。定期组织对全区52台警报设施进行维护和维管人员培训,保证鸣放率100%。坚持每季度组织专门人员对重点人防工程进行巡查,落实管理维护责任主体,签订安全使用目标责任书。联合市办监管处对全区维管单位进行抽查年检,年检抽查新建和重点单位86家。投入9万余元修缮雨花山人防纳凉防空洞,做到"五通五有一保障"。将总投资2亿元的安德门地铁换乘中心人防项目工程列入2019年南京城建建设项目。投入9万余元修缮雨花山人防纳凉防空洞,投入2万余元完善人防设施标识,完成人大代表、政协委员议案提案2件、"12345"群众投诉办理5件。完成1.5万个应急包摇号发放工作,全年全区发放应急救援包74250个,占全区总户数67.4%。

【区、街道专业队伍训练】 2018年,区人防办按照实战化建设要求,开展区、街道专业队伍的训练和疏散综合演练。5月12日在雨花和西善桥街道、9月18日在板桥街道分别开展居民应急疏散、现场救护和广场人防知识宣传活动。3月、4月共组织20余名专业队伍骨干参加市人防办统一安排的学习培训。11月28—30日,区人防办在南京人防疏散基地组织开展人民防空骨干集训。

【人防工程巡检维管】 2018年,全区坚持每季度组织专门人员对重点人防工程进行巡查,落实管理维护责任主体,签订安全使用目标责任书。9—10月,和市办监管处对全区维管单位进行抽查年检,年检抽查新建和重点单位86家,达到监管单位总数25%。

【人防宣传】 2018年,区人防办以"普及防空防灾知识,推进人防全面发展"为主要内容,利用"警报试鸣日""国防教育日"和重大演习演练等时机,定期组织人防工作进社区、学校宣传教育,进一步扩大人防工作的影响力。

(邓婉仪)

(责任编辑　陈佳佳)

雨花台年鉴

2019 YUHUATAI ALMANAC

街道·园区

2019 YUHUATAI ALMANAC

Subdistric · Park

雨花街道

【概　况】 雨花街道位于雨花台风景名胜区南麓，是雨花台区政府所在地。辖区东至宁溧路（卡子门大街）、南至宏运大道、西至宁丹路、北至应天大街（雨花西路），面积为12.33平方千米。2018年年末总人口约12万人，其中，常住人口10万人；户籍人口75936人，60周岁以上老人16068人。辖雨花、丁墙、花神庙、农花、康盛花园、翠竹园、共青团路、雨花台、普德村、能仁里、翠岛花城、青龙山、凤凰山、云台山、吉山15个社区。设基层党的组织86个，其中：社区党委2个；党总支部10个，其中机关党总支1个、社区党总支9个；党支部74个，其中机关支部8个、非公企业支部5个（含联合支部1个），社会组织支部2个；党员3424人。

2018年，实现地区生产总值61.6亿元，同比增长11.49%；一般公共财政预算收入9.6亿元，同比增长33.33%；社会消费品零售总额175.14亿元，同比增长10.5%；服务业增加值59.64亿元，同比增长8.2%；文化产业增加值1.32亿元，同比增长149%；实际利用外资0.2亿美元；外贸进出口总额6.5亿元；软件业务收入30亿元；服务贸易进出口总额420万美元；全体居民人均可支配收入增加9%。推进街道区人代会重点项目15个，实现投资40亿元。海得电力、云账房、江苏亿图、览迪信息、嘉力环保、金旅投资等项目签约并落户雨花街道，其中软件信息高新技术企业5家。南京华曼信息技术研究院签约并落户雨花街道。

新增就业再就业及自主创业2888人，为3名创业人员申请贷款30万元，为742人申领失业保险金，为125人享受大龄延长失业保险金，为12947名企业退休人员做好社会化服务管理工作，为1968名居民办理居民医保。调处各类劳动争议案件60起，接待政策咨询服务480起，有效解决欠薪事宜单位6家，追回欠薪款20.21万元。组织1324名育龄妇女进行孕环情检查和妇女病检查；为364户533名低保对象发放低保补助金451.51万元；完善并试行《雨花街道困难群众帮扶救助实施办法》和《关于发放困难群体教育助学金的实施意见（试行）》，为多类重病患者办理医疗救助41人，发放救助金26.10万元，为63名困难家庭子女发放教育助学金约16万元；开展低收入住房困难家庭认定工作，惠及困难家庭95户。为街道87名重点优抚对象、21名60岁以上农村籍老兵、12名无军籍职工、3名无工作优抚对象遗孀、69名退休两参人员及4名下岗失业志愿兵，发放优抚金239.13万元。

【区域建设】 2018年，雨花街道投入5300万元实施雨花北路南片区、北片区合计约13万平方米的老旧小区出新，拆除各类违章建筑3000余平方米。完成花神庙丛葬地2000余平方米违章建筑拆除工作。完成雨花热处理总厂厂房征收工作，加快推进剩余7户居民房屋征收补偿。完成杜家巷、华为公园路、竹影路、雨花路4条背街小巷环境整治工作，完成功德园路整治。完成普德村幼儿园周边及五贵里游园绿化改造，加快普德村128号后山小游园建设，康盛花园休闲广场完工。开展垃圾分类核心街道全覆盖工作，建成仁恒翠竹园和普德村路132号小区智能化垃圾分类试点。推进污染防治工作，落实中央环保督察组“回头看”工作，完成交办的8个整改清单。投入

9200万元，推进南玉带河流域、东风河流域排水达标区整治工程和农花河以北12条主次干道雨污分流工程，协同区水务局基本完成农花河黑臭整治。重点抓在建工地扬尘管控、餐饮业油烟排放整治，拆除雨花热处理厂厂房，彻底解决企业工业废气排放问题。联合区环保局、安监局、城管局等部门对宁南汽配城执法检查10次，仅“五一”专项行动期间，出动工作人员218人，查封、关停经营户5家。

【社区建设】 2018年，雨花街道打造特色精品社区5家，跟进指导翠竹园社区国际化社区建设，推进第一阶段翠岛花城社区、丁墙社区建设，推进第二阶段农花社区建设，推进第三阶段花神庙社区、雨花社区建设。推进社会工作者职业水平认证，提升持证社工上岗率，街道持证社工人数130人，其中助理社工师104人、中级社工师26人（包含社会组织的持证人数）。根据上级对“智慧社区”平台升级新要求，组织社区的智慧社区管理员进行线下培训，智慧社区工作考核共完成社工日志21209条，完善社区基础信息。发展居家养老服务，完成老年人日间照料中心设计工作。新建医护型社区居家养老护理中心5家，建成民营化社区居家养老服务中心12家、老年助餐点16个。举办各类文化活动近百场，其中大型活动10余场。打造社区特色基层文化活动品牌——普德村社区的“花雨普德”。举办各类长训班16期、短训班50余期，参训2000人次以上。健全社区教育中心、社区居民学校和社区文体协会、书画协会、社区居民俱乐部等多种社区教育组织。在社区各个年龄段人群中开展各类教育活动200余场，参与人数4.6万人次，其中开展青少年素质教育活动50余场，参与人数0.96人次；开展老年教育100余场，参与人数1.3万人次；开展新市民素质教育活动60场，参与人数1.3万人次；其他居民参与的社区教育活动50余场，参与人数1.9万人次。

【平安建设】 2018年，雨花街道立足平安建设，通过创新网格化社会治理机制，完善基层综治中心实体化建设。配合职能部门联合查处“爱福家”涉嫌非法集资案，逮捕10人，取保候审12人。贯彻落实严重精神障碍患者“以奖代补”政策，落实122名重点人员居家看护。健全社区矫正、安置帮教、吸毒、邪教等特殊人群管理机制。组织平安志愿者骨干400余名参与治安巡防，构建社会治安大巡防体系。加快“雪亮工程”建设，拟新增监控点80个。对辖区1152家在建工地、特种设备单位、生产经营单位进行排查，发现各类隐患572处，即知即改358处，限期整改189处。开展燃油助力车淘汰工作，淘汰车辆293辆，淘汰率96%。对明发商业广场、东郢百货等2家单位不落实企业安全生产主体责任的行为，进行立案处罚。

【“南京南站区域党建联盟360”党支部成立】 6月14日，“南京南站区域党建联盟360”党支部成立，7家成员单位单独建立党组织，联盟内党员人数从最初12人发展为85人。“南京南站区域党建联盟360”成立于2017年6月27日，雨花街道党工委发挥“南京南站区域党建联盟360”引领带动作用，举办财富论坛、捐资助学、红色诗歌朗诵会等活动30余场，参与人数超600人次，联盟成员由最初131家增至199家，建立绿地、花神科技园、农花社区等联盟分中心8家，形成“一中心多阵地”的联盟载体格局，吸引南京南站及周边范围内驻地单位12家、企业155家、社会组织32家成为联盟成员。2018年，该项目被评为区委十佳书记项目，被市委研究室列为重点创新案例课题研究，同时在市委微调研刊物、第9期《金陵党建》等刊物或媒体上报道。

（毛　慧）

赛虹桥街道

【概　况】 赛虹桥街道位于雨花台区西北部，南起宁芜公路（安德门—宁芜铁路小行道口段）中心线，北至雨花台区与秦淮区交界处，东起中山南路高架桥、雨花南路中心线，西至雨花台区与建邺区交界处，土地面积7.1平方千米。2018年常住人口8.4万人，户籍人口51622人，60岁以上老人1.1万人。辖赛虹桥、安德门、小行、长虹路、玻纤院、菊花里、邓府山、龙福8个社区。设机关党总支1个、社区党委1个、社区党总支6个，党支部35个（含社区党支部1个，两新组织党支部7个）；党员1981人。

2018年，实现地区生产总值41.27亿元，公共预算收入4.7亿元，全社会固定资产投资24.8亿元，社会消费品零售总额99.85亿元，增幅9.4%，实际利用外资到账3786万美元，外贸出口总额21亿元。推进区人代会重点项目10个（含市重点项目1个），其中信息软件类2个、房地产项目3个、生态环境项目2个、商办项目2个，商务商贸类1个。中国通信服务智慧产业研发基地项目作为全区唯一项目参加2018金洽会市专场签约，花语江南和翡翠尚居两个项目参加区专场签约。创E梦工场南京力拓科技企业孵化器被认定为省级科技企业孵化器，全年新增高新技术企业8家、南京市高企培育库企业13家、江苏省高企培育库企业8家。引进注册类企业50余家，在手在谈优质企业5家。

实现新增城镇就业1800人次，实现再就业700人，援助就业困难人员40人，培育自主创业者330人。向低保户334户517人、困难群众942人次发放低保金、救助金、慰问金450余万元。为412名残疾人发放两项补贴175万元。成立"虹桥康疗"残疾人之家，为智力和精神残疾人提供托管、日间照料和辅助性就业。办理城镇居民医保10827人，其中办理学生、儿童医保9246人，老年居民医保847人，其他771人。小行社区创成省级创业型社区。

4月9日，区委第三巡察组反馈在赛虹桥街道反馈巡察结果

（赛虹桥街道　供稿）

2018年，赛虹桥街道被省总工会评为模范职工小家，赛虹桥街道被南京市总工会评

为工会工作先进街道,赛虹桥团委工作项目被共青团江苏省委评为江苏省共青团创新工程二等奖,赛虹桥街道妇女联合会被南京市妇联评为南京市百强基层妇联组织。赛虹桥街道商会被全国工商联评为全国工商联系统先进集体。

【区域建设】 2018年,赛虹桥街道完成拆迁房屋建筑面积4万余平方米,拆除违章建筑117处面积5.07万平方米。投入1000余万元出新雨花西路70.86号小区等项目3个。推进雨花南路以北片区控制性详细规划修订,摸排雨花南路以北所有老旧小区。投入约262万元完成西营村道路修补等零星工程43个。投入约2.02亿元对120个小区及企事业单位实施雨污分流工程。投入225万元对雨虹雅苑小区实施低压片区设施改造。投入1200万元实施雨花台区环形沟、油脂涵沟河道水环境提升工程。依托数字城管平台,强化案件办理质量,全年通过平台下发整改各类问题案件16069条,其中市查案件5884条、区查案件1483条、街道自查案件8702条。完成玻纤院路、陵武路、菊花南路、时光澔韵规划路、邓府山路5条道路环境综合整治。铺设人行道1200米,重换路牙1500米,拆除一店多招25处约400平方米,清理门前三包范围内乱张贴120处,取缔占道经营店家12处,出新立面12处约1500平方米,补植绿化草坪10处约800平方米。加强对违停车辆管理和处罚,每天安排部署6名队员定人、定岗、定段巡查,及时清理无序占道停放车辆,在辖区新增停车位150个,辖区共有临时停车位780个供居民使用,新增非机动车点20余处。

【社区建设】 2018年,赛虹桥街道有省级和谐示范社区3家,继续创建区级精品社区4家,其中两家社区完成精品社区三年大循环。引进社会组织12家,其中为老服务3家、为小服务5家、慈善帮困项目3家、社区综合治理1家。继续孵化培育本土社会组织5家。完成精品社区社会组织项目评估工作4家。继续深化乐行天下、叶姐家庭综合服务中心两大品牌组织。围绕基层社会治理体系、“三社”联动、项目运作实务等,组织开展培训4场,组织社区及社会组织外出参观学习1次,参加区众创空间培训10场。建立项目库,开发设计区公益创投项目1个,并完成招投标工作。完成社服中心信息化管理服务平台对街道30个公益项目、35个社会组织、156个服务对象、333个志愿者进行管理。开展社会组织年检工作,街道社会组织年检率90%以上。组织街道工作人员报考雨花台区2018年初级及中级社会工作师考试。推进“智慧社区”建设,建立健全社区人口信息动态更新和考核机制。每周、每季度按时完成智慧平台考核内容。通过练场、赛场、演艺场等活动形式,打造“赛虹大舞台”群众文化品牌,全年举办群众文化汇演15场。依托街道十大协会,定期组织摄影、书画协会采风活动,开展各类文化培训269场。配合区文化馆“电影进社区”活动5场,观影人次500人次。定期对辖区内12家文物单位进行巡查,开展文物保护宣传教育。注重精品团队、精品节目打造,选送优秀节目参加区市级文体比赛活动。龙福社区被江苏省文化厅评为省级社区综合文化服务中心,菊花里、邓府山、玻纤院3家社区完成省级社区综合文化服务中心各项筹备工作。小行社区被南京市爱国卫生运动委员会办公室评为南京市健康社区。

【平安建设】 2018年,赛虹桥街道以全国两会、南非合作论坛、进博会、“1213”等节点期间安保工作为重点，接收处理信访件32件，接待来访282批次共2267人次，其中个访人员443人次。排查化解不稳定因素6起，成功调处矛盾纠纷191起。梳理存量涉稳问题15个，其中西营村拆迁遗留问题取得重大突破，完成协议签订20户。开展大型法治宣传活动3场次，组织“法律六进”法律知识讲座10余场次，开展社区法治宣传活动10余场次，公调对接成功65件。加大法律知识宣传力度，开展法律咨询服务近68次。划分综合网格84个，专属网格6个，采集基础数据73639条。组织开展涉黑涉恶线索摸排3次，收集线索4条，接到群众举报涉黑涉恶线索2条。

【医药行业党建联盟成立】 2018年，赛虹桥街道党工委针对辖区医药产业资源多、实体经济规模大特点，成立由南医药、乾元浩、同仁堂等6家医药企业和医疗机构组成的医药行业党建联盟。制定联盟议事规则和章程；成立由南京医药党委书记陈亚军担任理事长、小行医院党支部书记周明飞担任秘书长的医药产业党建联盟理事会；同步推进联盟内妇联和工会建设，集中开展捐资助学、爱心帮扶等活动；推动南京医药和小行医院战略合作，筹资1亿元打造人工智能PBM慢病管理系统和福利药房系统，给签约的1025名居民105种慢病药物10%的二次报销优惠；小行医院打造“家庭医生”“医养融合”等特色品牌，吸引国务院督查组、国家卫计委等部门及50余个国家和地区的专家参观考察。

【臧家巷华严寺G27地块成交】 6月29日，臧家巷华严寺G27地块经过3轮竞争，由金地集团南京置业发展有限公司、江苏保利宁晟房地产开发有限公司、南京建设发展集团有限公司以22.6亿元竞得。项目西侧毗邻河西新城，距市中心新街口直线距离5千米，南侧6千米即南京南站。东至现状道路，南至江苏警官学院、公安部南京警犬研究院，西至宁芜铁路，北至雨花南路。该项目实际出让面积52531.7平方米，拟建住宅以及与之相关配套设施，地块装配式建筑面积比例100%，建筑单体预制装配率≥50%，100%实行全装修和成品交付。拟建总建筑面积约17.12万平方米，其中地上面积约13.13万平方米，地下面积约39861平方米（最终建筑面积以规划部门审批为准）。

【赛虹桥街道商会获全国工商联系统先进集体称号】 12月26日，人社部和全国工商联联合公布全国工商联系统先进集体和先进工作者表彰名单，赛虹桥街道商会获全国工商联系统先进集体称号。赛虹桥街道商会成立于2004年，是由中小微企业组织起来的街道商会。自成立以来，商会以开展“四好”商会建设为抓手，建立健全会员入会、日常走访、联席会议等规章制度；借助网站、公众号、商会会刊等平台持续提升商会影响力；成立商会联合党支部，团结带领成员单位主动服务大局。至年末，商会吸引入驻企业28家，会员总数126家。

（陈天骄）

铁心桥街道

【概　况】 铁心桥街道位于雨花台区南郊，距中华门4000米，南京禄口国际机场15千米，省道宁丹路贯穿南北，绕城公路、纬九路、龙西路横贯东西，东、西、南与江宁区接壤，北与雨花街道和赛虹桥街道相邻，土地面积27.71平方千米。2018年年末总人口13.58万人，其中常住人口8.72万人，户籍人口40366人，60周岁以上老人8530人。辖铁心、尹西、定坊、高家库、马家店、春江、新河、景明佳园、翠岭银河9个社区。设有基层党委2个、机关党总支1个、社区党总支8个，党支部55个，党员2074人。

2018年，实现地区生产总值16.3亿元；服务业增加值完成13.2亿元；社会消费品零售总额4.35亿元，同比增长10.5%；外贸出口总额3.6亿元；服务贸易总额190万美元；一般公共预算收入总额8629.3万元。完成新增“四上”企业6家；完成51家拟新增“四上”企业的申报、10家高新企业认定工作，新增103家涉软企业加入税源平台。城镇居民人均可支配收入增长8.5%。

全年完成拆迁面积23.92万平方米，完成雨南市场、嘉吉饲料、力霸科技等软件谷和“两桥”重点项目。完成居民购房通知书办理262户，房屋安置391套。完成软件谷A9地块“城中村”改造项目（曹梁），荷塘、管道路梅苑南路建设工程，两桥马家店经济适用房4个项目，在市房改办的房源计划确认手续办理工作。完成曹梁复建房项目，在区住建局的房源计划确认手续办理工作。完成朱家场、南京医药、华为二期项目办理免契税证明及换发协议41户，妥善解决该部分拆迁户办理房产证相关遗留问题。妥善处理朱家场、南京医药、华为二期、宁安铁路、杨家坟等项目拆迁安置遗留问题。完成大定坊规划路建设，罐子山森林防火通道，两侧山体绿化护坡整治工程。完成富士康地块拆迁垃圾清运项目，完成马家店小学总平方安报审。完成铁心桥综合社区服务中心方案审批。完成桥南3个片区雨污分流和黑臭河道整治，按照“一口一策”原则整治秦淮新河排口，管网清疏累计55千米，提前开始2019年中心河以东片区雨污分流前期工作。举办专场招聘会6场，开发就业岗位1000余个，推荐就业数750余人次。新增城镇就业1940人，援助困难人员就业90人。新增青年大学生就业5512人，培育自主创业801人，其中大学生自主创业442人，成功申请青年大学生优秀创业项目4个，就业指导培训12场395人，在职职工培训2150人，GYB创业培训1场60人。享受最低生活保障665户、951人，发放低保金及各类补助1057.39万元。临时救助11户，救助金额25050元，大病救助19人，救助金额34037元。为38名困境儿童逐人建立档案，残疾人两项补贴发放8437人次、225.79万元，发放残疾人三类定补77500元。向60名残疾人发放“四进家庭”辅助器具205件，完成残疾人奖励13人、25000元，对优抚对象发放优抚金123万元，发放现役军人立功表彰奖励金1.35万元，完成45名重点优抚体检，走访驻地部队10家，慰问价值16万元的物资。办理征地进保项目19个、759人。完成社会保险净增缴费2360人，居民医保参保人数11819人，办理市民卡2993张。

【区域建设】 2018年，铁心桥街道列入考核拆迁面积31.83万平方米，完成拆迁面积23.92万平方米，剩余部分取消考核结转至2019年拆迁任务。完成龙翔大道东段项目、大周路环境整治项目，北大科技园项目、机场二通道项目，完成春江垃圾中转站及春园路8号重建选址和搬迁工作，完成春江一期老旧小区59栋房屋近22万平方米建筑的出新工作。开展对辖区内排水户及污水排入排水管网许可证办理情况普查，办理排水许可证104户，办证率72%。完成凤信路、大定坊规划路、江泉路、园区路志远路污水主次干管移交，累计1800米，配合区管线中心完成桥南片区《关于非公共空间地下管线普查》工作，涉及单位53家。查获违规偷倒渣土、手续不齐全渣土车117起。取缔流动摊位、占道经营900余起，拆除违章建筑210处，对秦淮新河铁心桥段基桩围网及废旧船只清查整治，清除基桩围8处，破拆大小废旧船只18艘。投入1900万元对辖区内天隆坊北路、南路、凤信路东段等9条道路展开背街小巷精细化整治工作。

【社区建设】 2018年，铁心桥街道在保障房小区引入市场化物业基础上，将春江新城一期小区、马家店保障房片区、牛首福园等一批较成熟安置房、经济适用房小区推向市场化，同时聘请第三方，对街道33个自管物业小区进行全面物业评估，形成评估报告，与腾讯海纳公司签订战略合作协议，在街道所有园区推进智慧物业建设，安装智能充电车位438个，其他充电车位20个，社区自行购买社会组织服务19家。评选"铁心好少年""好园丁"、优秀"社会家长"67人。开展"文化名家进铁心"活动11期。为辖区内80岁以上老人发放尊老金58.89万元，申请适老化改造307户，呼叫器216户，护理床位3台。建成景明佳园悦心居家养老服务中心及中心厨房。在尹西、铁心、定坊、马家店和景明佳园社区设立老年助餐点。创建达到省定标准的社区综合性文化服务中心6家，马家店、翠岭银河、景明佳园3个社区获省级示范性创业社区称号。开展翠岭银河社区"邻里桃花节"、新河社区"春天的故事"、铁心社区"孝亲铁心"等活动。新建小区健身路径2处，新建新河社区山体公园和高家库社区樱花谷健身步道2条。在9个社区拆除非法安装使用"小耳朵"267处。景明佳园社区、春江社区、翠岭银河社区成功创建为"精品社区"。构建以景明佳园社区"一核三轴四联五心""益德堂"和春江社区"三色标注法"为代表的党建领导服务体系，打造"党建+公益"服务型基地，为社区内孤寡失独老人、困境儿童、残疾人等困难弱势群体开展各类服务。

【平安建设】 2018年，铁心桥街道调解各类纠纷440起，公调对接案件142件，成功率100%，办理上级转交信访件56件，办结55件，办结率98%，没有因调处不当或者措施不力而引发的"民转刑"案件。与单位签订"安全生产目标管理责任书"19份，与各社区签订"群租房、地下室和出租房安全管理责任书"9份。消除安全隐患，检查1870批次，发现隐患435处，当场完成整改370处，限期完成整改65处。刑事案件33起，发案率下降30%。电动车盗窃案6起，发案率下降57%。梳理出59346名流动人员，24379户私房出租户。出动清查工作力量近500人次，新登记出租屋2152户、6516人次，全年未发生一起山林火灾。"12345"综合考核排名位居街道（园区）组第一。街道群众安全感、法治建设满意度分别为98%、97%（区考核目标94%）。

【资源资产盘清盘活】 2018年，铁心桥街道做好街道各科室、纯社区及集体经济组织和所属企业的集体资产清产核资工作，完成各类债权、债务、往来款项、固定资产盘点工作及对需核销的固定资产及账务公示工作，通过区考核组验收。整合南京神谷基础工程有限公司、南京铁心桥工业区开发有限公司下属两家融资平台，引进区国投公司作为控股股东，提升新公司的信用层级及自身融资能力。加大对春江路垃圾中转站、春园路8号、铁心桥法庭地块等零星地块盘整，通过法律途径争取翠岭银河幼儿园等4处资产3460平方米。通过法律途径收回资产4处、3600平方米。完成大定坊地块、卫生院等企业拆迁资产处置，并安全移交回收公司。完成对艾华资产、钟山驾校车辆处置工作。完成徐工集团资产处置第三方委托代理工作，完成资产评估的招标和约定书的签订。对前期收回的510份资产合同进行再梳理，并进一步规范资产合同流程和标准，由主办单位洽谈拟稿，资产办给予市场价格指导，合同文本由法律顾问审查、街道分管领导审批后报办事处批准。签订后，统一编取合同号，重大项目上会研究报资产办归档备案。街道新签、续签集体资产出租合同168份。

【公益活动】 2018年，铁心桥街道筹集100万元为大病困难户进行“二次补助”；对93户大病困难户提供“家庭医生”签约服务；开展“博爱送万家”活动，慰问辖区内困难人群97人，发放慰问金48875元。开展红十字专题活动及救护培训10场，街道33人参加无偿献血，献血量6000毫升。 （赵　燕）

板桥街道

【概　况】 板桥街道位于雨花台区西南部，距主城区15千米。东邻板桥新城，西依长江黄金水道，北至雨花经济开发区，南接江宁街道。土地面积32.29平方千米。2018年年末总人口4.43万人，其中常住人口3.35万人，暂住人口1.08万人，户籍人口18487万人。辖板桥、三山、新建、孙家、永安、殷富、绿洲7个社区。设有一级党组织17个、二级党组织32个，党员948人。

2018年，实现地区生产总值24.09亿元，其中第一产业0.28亿元、第二产业14.82亿元、第三产业9.0亿元，三次产业比重为1.2∶61.5∶37.3。完成一般公共预算收入4.4亿元。新增软件企业12家，吸引高层次创业人才4人，完成专利申请量352件，实现高新技术产业销售收入5亿元，软件信息服务业收入18亿元。全年新增城镇就业1650人，实现再就业600人，援助困难人员就业68人，培育创业典型3人，培育自主创业者796人，创业带动就业2088人，培育大学生自主创业86人。灵活就业人员社保补贴796人，享受失业金556人。举办“春风行动”等专场招聘会4场，帮助实现就业800人。完成“产生你的企业想法”创业指导培训课程（简称“GYB”）60人，时尚蔻丹技能培训40人，在职职工培训275人，企业职工培训1700人。办理被征地人员进保253人，城乡居民基本医疗保险参保919人，新农合转办城乡居民基本医疗保险2443人。受理及审核退休人员，开展各类慰问303人，发放各类慰问金7.77万元；健康体检完成1815人；完成退休人员夏季送清凉礼品发放3736人。发放低保金151.9万元，发放残疾人补助133.4万元、走访各类困难群众487户、发放走访慰问金约44万元，审核并发放大重病救助25人次约7万元。

2018年，板桥街道被评为2017年度江苏省和谐社区建设示范街道；被南京市卫生和计划生育委员会办公室评为南京市幸福家庭建设示范街道；被南京市人口与计划生育领导小组评为南京市计划生育工作示范街道；被南京市残疾人工作委员会秘书处评为南京市助残有功单位；国省道板桥段被南京市国省干线整治办公室评为南京市国省道十佳集镇段；板桥街道被南京市城市管理局、南京市财政局评为2018年度南京市农村公共服务运行维护工作先进单位。板桥街道殷富社区被国家减灾委员会、中国气象局、中国地震局评为2018年度全国综合减灾示范社区。板桥街道永安花苑幼儿园被评为2018年江苏省优质幼儿园。

【区域建设】 2018年，板桥街道环境整治持续发力，关停铸造、化工、建材等污染企业10家，废旧收购、塑料破碎站点等81家，整治砂场码头、企业堆场8家，完成餐饮企业油烟整治43家。推动长江岸线违法企业专项整治，完成10家企业、3家码头厂房建筑和设备设施拆除工作，拆除建筑面积约40000平方米。完成工农河黑臭河道综合整治工程，获全省沿江生态环境整治先进典型。建设智能化、一体化污水处置泵站，完成孙家中学及贵子沟水系综合整治工程。平整梅钢片区水产良种场地块7公顷，清理建筑垃圾，对场地内进行复绿。修筑景观围墙约1800米，铺设“漫步憩道”长1200米，栽种花草灌木69万株，栽植香樟、广玉兰等景观树1100余棵。投入1500万元，实施永安花苑西侧游园绿化工程、桥头绿地游园工程、三山矶绿地游园项目等绿化项目8个，新增绿地面积13万平方米。加快路网建设，为配套203道口隧道项目，投入460万元完成203道口循环路拓宽工程，市场群龙飞南路、振兴西路、东环路3条道路建成通车，完成板桥市场群一期道路基础设施建设。

【社区建设】 2018年，板桥街道专款建成街道社区党群服务中心6家。举办“文化惠民基层行”慰问演出、板桥街道自行车嘉年华活动、板桥街道首届乒乓球公益邀请赛、国际家庭日广场志愿活动等大型文体活动14场，参与群众5000人次。申报区公益招投标项目4个，涉及残疾人的社区托管、康复和技能培训、双拥帮扶、失独家庭的关爱以及党建服务站4个民生方面服务内容，加快发展公益事业和社会组织。新增孙家社区、新建社区、永安社区3套健身路径，孙家社区永安花苑小区建成小游园项目，扩大“十五分钟健身圈”覆盖面。是年，三山社区被评为2017年度江苏省和谐社区建设示范社区；板桥社区被南京市精神文明建设指导委员会评为优秀志愿服务社区；新建

5月5日，板桥街道在生态园举办“骑遍南京、走遍南京”暨第三届板桥街道自行车嘉年华活动
（板桥街道 供稿）

社区被南京市爱国卫生运动委员会办公室评为南京市健康社区。

【平安建设】 2018年,板桥街道完成河道防洪能力提升、征地拆迁等社会稳定风险评估2件,协调相关律师事务所为辖区重大项目、决策提供法律建议并审核各类合同47件。办理群众来信来访185件,办结185件,办结率100%,排查矛盾纠纷282次,调解处理矛盾纠纷265件,办结265件,办结率100%。化解中巡组督办的信访件1起,街道排查信访积案5起,成功化解5起,化解成功率100%。出动人员913人次,检查企业安全1080家次,排查隐患446项,整改完成451项,限期整改15项。街道领导带队检查55次,邀请专家检查12次。约谈重点企业、厂中厂主要负责人52家次。联合区安监、消防、市场监管板桥分局等部门对4个厂中厂、21家企业单位实施处罚。发放各类安全宣传手册、海报800余份,悬挂各类宣传横幅200余条,展出宣传展板40余块,开展网格员、消防志愿者培训5次,建成微型消防站8个,配备微型消防车5辆,建成厂中厂微型消防站20余处,组织灭火演习10次。

【创新网格化社会治理】 2018年,板桥街道按照规模适度、边界清晰、因地制宜、便于服务原则,将全街道32.29平方千米、7个社区科学合理划分为73个网格,其中综合网格60个、专属网格13个,实现网格全域覆盖。为网格员配置网格手机89部,开展"社区治理一体化"平台培训21场次,推进入户信息采集、网格巡查服务等工作,完成基础信息、巡查数据52169条,办理完结环境卫生、消防安全、出租房屋巡查、矛盾纠纷排查等各类菜单16962件。9月,街道网格化服务管理中心投入试运行。10月,在板桥街道网格中心召开区网格现场推进会。在各社区相继建成网格中心,其中三山社区接待浙江台州、扬州菱塘等省内外单位参观学习网格化建设,交流工作经验。

【农业集体产权股份制改革深化】 2018年,板桥街道加快农业集体产权股份制改革。通过股改,完成三山、新建、永安3个社区土地流转折股面积267公顷,原始股东1134户,延续股东3658人,覆盖人口数5674人,股本金总额440.55万元,基本覆盖3个社区绝大多数居民。

(王　健)

西善桥街道

【概　况】 西善桥街道位于雨花台区西部,东临雨花科技园核心区,北接河西新城CBD,西连雨花经济开发区和板桥新城,南倚岱山眺望长江,绕城、宁马、宁芜公路和皖赣铁路穿境而过,土地面积16.9平方千米。2018年年末总人口152045人,其中户籍人口29566人,暂住人口61812人,寄住人口46996人。辖油坊、福润、古遗井、西善桥、西善花苑、嘉业、齐修7个社区及明义、平治、永盛3个社区筹备办。设有社区党委1个;党总支3个,其中机关党总支1个、社区党总支2个;党支部31个;党员1119人。

2018年,实现地区生产总值31.47亿元,其中第二产业6.5亿元,第三产业24.97亿元。推进3个区人代会重点项目建设,绿城岱山多功能商业载体项目投资38.87亿元,秦淮新河流域整治改造(西善桥段两岸)项目投资0.66亿元,西善花苑一期小区出新项目投资0.7亿元。

为291人办理失业金,为68人办理大龄延长失业金;为3032人办理就业创业证;为479人办理灵活就业人员社保补贴;发放各类宣传资料1200余份,接受职业咨询指导620人次;举办招聘会12场,提供招工单位578家,各类岗位3085个,实现新增城镇就业1628人;培育自主创业755人,带动就业1856人,树立创业典型2人;组织退休人员免费健康体检1945人次,开展退休人员各类文体活动11场;再就业职业指导培训273人次,在职职工培训1303人次,完成“产生你的企业想法”创业培训课程(简称“GYB”)40人。

为低保户474人,发放低保保障金379.82万元。为1086人次发放医疗救助、关爱基金约148.27万元。其中,大病救助206人次、14.86万元;慢病救助361人次、35.83万元;临时救助164人次、33.78万元;生活救助103人次、20.28万元;教育救助18人、2.7万元;教育补贴50人、4.3万元;教育奖励40人、7.1万元;住房救助14人、2.22万元;特护补贴44人次、14.61万元;计划生育家庭救助80人次、12.59万元。为34名参战人员发放生活补助45.57万元;为15名在职(在乡)伤残军人及1名三属人员发放生活补贴58.55万元;为4名无军籍职工生活待遇补贴29.96万元;为15名60岁以上农村籍退役老兵发放生活补助3.89万元;春节、八一走访慰问驻地部队17.5万元,发放55名优抚对象慰问金9.7万元。

2018年,西善桥街道农普办被市第三次全国农业普查工作领导小组评为南京市第三次全国农业普查先进单位;西善桥街道团工委被团市委评为2018年度南京市共青团工作创新创优项目单位;西善桥街道被区委、区政府评为全区高质量发展先进集体。嘉业社区被国家体育总局列入智慧社区健身中心建设试点单位;福润社区被省人社厅评为省级创业型社区;嘉业社区被省民政厅评为全省和谐社区建设示范社区、被省文化厅评为江苏省综合性文化服务中心;福润社区被市总工会女职工委员会评为爱心母婴室;古遗井社区被市城管局评为南京市农村公共服务管理先进村;西善花苑社区被市人口与计划生育领导小组评为南京市2017年计划生育工作示范社区、被市总工会评为模范职工之家(2019—2024);永盛社区筹备办被市妇联评为优秀家长学校。

【区域建设】 2018年,西善桥街道作为“两桥”地区城市更新改造的主战场,完成地铁7号线、南河沿岸拓宽等项目29家企业、152户住宅面积约14.2万平方米的征拆任务。做好第二批次“双清”工作,完成303户住宅、44户商业、91间车库及储藏室等面积约4.6万平方米的征拆任务。自加压力化解各地块遗留2年以上的征拆历史问题近30个,未发生一起新的上访事件。完成建宁一村小区整治出新工程14430平方米,涉及4幢160户房屋。完成西善花苑一期(家和园)小区整治出新工程15.63万平方米,涉及16幢1884户房屋。完成顾家庄绿地景观项目,建设绿地约9000平方米。完成岱山东路匝道旁的“古道驿风”、建宁一村游园中的“将欲行李白”、白家山公园上的“竹林七贤”等3座雕塑的设计安装工程。完成1700米长的泰山北路人行道路修复工程,建设地铁华新路出口附近“公共自行车站点”安装车桩61处。实现七贤街、岱山北路、盛家岗街、西柿路等14条背街小巷综合整治工程全部完工并一次性通过市、区城管局的验收。对主次干道的市容市貌开展多次专项整治行动，以高压严管态势，实现整治一处、巩固一处，向沿街店铺发放告知书5000余份，清理牛皮癣9000余张，规范占道经营4000余起，取缔流动摊点600余起，清理卫生死角、乱堆放300余处，清运垃圾、杂物约80吨。投入近170万元在10个垃圾分类示范小区开展垃圾分类活动，并对辖区内社区、派出所、学校、幼儿园等30家机关企事业单位推进垃圾分类工作。全年拆除违建36处、面积27522平方米，其中存量违建11处、面积26925平方米，拆除新增违建25处、面积597平方米。

完成岱善路—义德东苑段、岱山北路—明尚西苑段、岱善路—义德西苑段3个停车场129个停车泊位手续申报工作，出新辖区内禁停网格线，黄线13千米，新增非机动车停放点16处、出新11处，施划禁停黄线、网格线19092米；新增泊位180个；新增道路交通标志5处；维修出新护栏55节，并在七彩星城东门与龙翔大道衔接新增护栏143节。完成辖区内43处各类停车设施5003个停车泊位的数据统计工作。清理整治污染防治设施建设和运行管理不到位企业2家，完成工业涂装VOCs综合治理2家；整治205国道沿线多家小汽车维修店，全年清理7家；餐饮油烟治理工程，完成整治142家，同时创建雨花台区"衡村街"餐饮业污染控制示范街区，并通过区级部门验收；再生利用行业清理整顿问题，摸排统计120家，通过依法查处、取缔、整治、转型等，规范经营行为，实现集聚发展、绿色发展，清理95家，剩余25家要求加强监管、规范经营。

【社区建设】 2018年，西善桥街道根据区委、区政府工作部署要求和群众需求，组织开展党员学习、政策法规宣传、健康知识讲座、职工技能培训、下岗职工和失地农民再就业创业培训、青少年校外活动、棋牌类培训（比赛）、健身类培训等各类教育培训和体育活动。全年培训230期、35300人次。建成永盛奥林匹克公园，是江苏省社区级最高标准的体育健身公园，总投资400万元，用地面积11000平方米；建成白家山公园，新建步道3000平方米。开展"军民团结一家亲——庆八一建军节"大型文化广场活动。举办"庆'六一'儿童节活动"，评选出西善桥街道"'向善'少年儿童"414人和"'向善教育'突出贡献者"56人。举办"'美丽西善，感谢有你'庆祝第34个教师节系列活动"，为100名"西善桥街道优秀教师"送去节日慰问。引进优质专业社会组织、培育居民自组织队伍。通过政府购买服务类项目，全街道各类社会组织208家，其中登记类社会组织93家，居民自组织115家。完成社区社会组织网上年检41家，新成立社会组织7家。围绕《西善桥街道社会组织服务及管理办法》，不断规范管理全街各类社会组织和公益服务项目。2018年，通过（市）区创投、精品社区项目、街道（社区）自主购买等多种形式落地西善桥街道的项目40余个，项目经费500余万元。开展齐修、平治等6个社区（筹备办）精品社区创建工作，完成福润、油坊等6家社区（筹备办）党群服务中心提档升级，接待省内外同仁参观学习近70批次。推进全要素网格化管理工作，科学划分综合网格163个、专属网格16个，招募网格志愿者近700人，同时发挥智慧综合治理平台系统和"智慧西善"App作用，开展年度网格明星表彰。推动岱山幸福商业规划落地实施，先后力推书人培训、初见书房知旅共同体、K1两岸亲子文创街区等一批项目落地；

举办第一届“幸福岱善·和谐共建”社区治理论坛，检验西善社会治理集成创新实践阶段性成果，共同探讨大型新建社区治理路径，推动西善社区治理工作。

【平安建设】 2018年，西善桥街道涉诉案件16件，上年结转6件，本年度新增10件，终结13件。送审的工程项目共172件，送审金额6201.66万元。审结项目89个，核减金额345万元，平均核减率9.15%。信访接待120件、300余人次，信访书面回复23件，全年排查矛盾59件，解决28件，成功化解突出矛盾5件。人民调解系统录入796件，其中街道书面调解15件，涉及金额600余万元。开展社区矫正审前调查132例，开展假释前环境评估5例，在册社区服刑人员72人，开展公益服务3场。在册社区戒毒27人，强制戒毒7人，全年尿检320人次。在册邪教人员共33人，反邪教警示教育阵地、“一墙一窗”建成率100%。在册易肇事肇祸精神障碍人员28人，通过以奖代补对监护人每月发放补贴200元。在平治社区建成“岱山法律援助站”，在永盛社区筹备办建成“法律诊所”，在齐修社区建成“三官两师”办公室，在平治社区筹备办建成“心理咨询”办公室，全年办理法律援助案件352件。举办普法活动24次，制作悬挂宣传横幅87条，张贴宣传挂画100张，发放宣传品4110件，受教育人群近万人次。实现律师进社区全覆盖，实现一村一法律顾问，10个社区全部建立法润民生微信群。建设全要素网格，对辖区100名网格员进行表彰。安装探头321个，累计安装1079个，所有监控点位全部接入西善桥派出所。配合第三方完成社会项目风险评估11个。机构改革进一步明确司法所为司法局派出机构，实行由司法局为主、街道为辅的双重管理模式，并有2人被认定为政法专项编制人员。

【安全生产】 2018年，西善桥街道做好安全生产工作，严格落实安全生产管理目标责任制，签订安全生产目标责任书31份、企业安全生产承诺书127份。开展日常安全检查工作，发布安全生产检查工作通报44期。开展厂中厂专项整治，检查隐患780余处。开展餐饮行业晚间专项检查行动，检查餐饮行业356家，查处安全隐患502处。聘请第三方专家开展住宅楼宇消防专项检查，检查楼宇445栋。开展人员密集场所消防安全专项行动，检查人员密集场所80余个。对使用燃气的餐饮企业及食堂进行摸排更换，补充安装燃气漏气报警器50个。开展安全宣传教育活动，以安全生产月、消防日活动为契机，结合各专项行动，组织应急逃生演练、安全教育会等活动27场，悬挂横幅179条，发放宣传单、安全须知、宣传手册等970余份。

【社区治理论坛】 10月14—15日，“幸福岱山和谐共建”西善桥街道第一届社区治理论坛在岱山举行，论坛内容包含无车嘉年华、社区治理主题论坛和研讨会。论坛上，南京大学社会学院教授闵学勤、南京航空航天大学人文与社会科学学院副教授邱建新、南京互助社区发展中心理事长吴楠等9位高校专家和行业专家与大家作社会治理专题分享。开展社会治理论坛，是全街道上下不断学习先进社会治理经验的大胆探索，引导广大居民参与社区公共事务，增强居民对社区归属感、认同感和幸福感，加速实现共治共建共享社会治理格局。

【"向善家长学校"入选南京市十佳案例】 2018年,西善桥街道秉承把孩子培养好、把家庭建设好、把社会治理好"三好"目标,推进"向善家长学校"志愿者课堂。"向善家长学校"是西善桥街道创办的面对辖区8000余名中小学、幼儿园孩子的家长进行各类教育的课堂。目的是让家长学习一些教育的理论和方法、中华优秀传统文化、现代文明素养等,引导家长重视孩子的教育、家庭的建设,时时刻刻做孩子的榜样,努力把孩子培养好,家庭建设好,在社会生活中成为遵章守纪、举止文明的好公民。全年完成授课及实践活动80余场次,培训家长12000余人次。"'向善家长学校'——大教育助推社会治理"入选由南京市委宣传部组织评选的南京市第二批社会主义核心价值观教育实践创新案例十佳案例。

（朱　璟）

梅山街道

【概　况】 梅山街道位于雨花台区西南郊,南部与江宁区接壤,周边与板桥街道、板桥新城搭界,距离主城区新街口约24千米。2018年年末,户籍人口28949人。辖中兴路、上怡新村、梅清苑、梅欣、梅岭5个社区,辖区总面积11.04平方千米(其中厂区占地7.38平方千米,矿区占地3.66平方千米)。设有党委3个(社区党委1个、非公企业党委2个),党总支6个(机关党总支1个、社区党总支4个、非公企业党总支1个),党支部55个,党员2254人。

2018年,完成地区生产总值27.58亿元,税收收入3.03亿元,同比增幅49.1%;社会消费品零售总额4.84亿元,外贸进出口总额33.45亿元,服务贸易进出口总额71.3万元;完成协议利用外资200万美元,实际利用外资100万美元;新增南京博创海云电子科技有限公司、上海梅山钢铁股份有限公司、江苏卓达信息科技有限公司3家高新技术企业;煤炭消耗354.12万吨,完成全年控煤355万吨任务;新增"四上"企业3家;引进北京军民融合高科技企业1家,注册外资企业1家;1名人才入选2018年度省"双创"人才,2名人才获得市级扶持资金各100万元,2家科技公司进入市高企培育库并获市、区奖励资金。对口陕西省商洛市丹凤县花瓶子镇扶贫工作,推动建立产业扶贫、教育扶贫以及工作对接机制,支援现金20万元,采购农副产品10余万元,捐赠电脑5台,中小学教辅导书5000余册。

新增城镇就业1250人,大学生就业1120人,实现再就业350人,援助困难人员就业27人,家庭服务业150人,大学生创业146人,自主创业322人,创业带动就业1630人。居民社会保险续保110人,社保净增缴费人数95人,组织两年一度的65岁以上老人健康体检841人。调处劳动争议5件,庭外调解10件。继续实施街道"雨露计划",发放助学奖学金94人、15.25万元,发放老年生活补贴480人次、15.8万元,奖励优秀教师83人、8.45万元。开展梅山廉政书画展、金色梅山艺术专场演出、雨花艺术大讲堂梅山片区(舞蹈)培训班。推进"全民终身学习活动周"活动,"科技创客教育"和"红色领航教育"2个项目被南京市成人(职业)教育教研室列为特色项目。开展校外培训机构整治工作,全年取缔无证无照培训机构4家,拆除28户违规卫星接收设备。

2018年,梅山街道被省委组织部、省委宣传部评为2017年度全省基层党员冬训工作示范街道；梅山街道文化体育公园被江苏省体育总会、江苏省农民体育协会评为江苏省最美乡村健身公园。梅山街道红十字会被南京市献血领导小组评为2017年度市无偿献血先进单位。梅欣社区妇女联合会被南京市妇联评为南京市“百强基层妇联组织”。

【区域建设】 2018年，梅山街道投入资金2197万元，完成梅山体育场积淹水片区改造、秦淮新河（梅山段）排口整治工程。投入7500万元，完成梅欣、梅岭两个片区雨污分流工程。牵头梅山9号路综合执法，建立执法联席协商机制，联合区交通局、城管局等部门开展联合执法，查扣各类抛洒滴漏、违停、超载超限车辆1791辆，查获改装车153辆。开展城管进社区改革试点，将25名协管员调配至社区，充实社区城管力量。完成梅山8号路等6条背街小巷整治，完成梅康路40余家门店招牌整治出新，取缔各类流动摊点1200余家，清理小广告3500条，依法拆除违章建筑17处、860平方米，对25家食品经营户进行环境卫生检查，下达当场处罚决定书19份。开展企事业单位垃圾分类工作，与南京志达公司签订6个示范小区垃圾分类协议，以积分兑换的方式带动5806户居民参与垃圾分类。

【社区建设】 2018年，梅山街道建立党建、综治、民生、城管和环保等“多网合一”全要素网格44个和专属网格2个，配备移动终端55部，率先完成“进千家、入万户”居民信息采集活动，将上怡新村社区作为网格化试点单位，总结摸索创新网格化管理1+1+N工作法。在梅清苑社区开展科技创客空间活动，3名学生获得第16届全国中小学信息技术创新与实践智能机器人工程挑战活动一等奖。在梅欣社区开展双拥活动15余场，该社区成为全区唯一社区级双拥示范点。街道持有全国社会工作师资格证人员39人，落地实施并结项社会组织项目13个，服务范围涵盖社区自治、为老服务、为小服务、社区文娱等，开展便民服务活动150余场，直接服务对象2万人次。梅岭社区被市妇联评为“南京市巾帼文明岗”；上怡新村社区家长学校被市妇联评为“南京市优秀家长学校”；上怡新村社区综合性文化服务中心被省文化局评为综合性文化服务中心；中兴路社区志愿服务组织被市文明办评为优秀志愿服务组织；中兴路社区和梅欣社区分别被省民政厅评为“江苏省和谐社区建设示范社区”；上怡新村社区被市文明办评为南京市文明“八个不”示范社区入围社区。

【平安建设】 2018年，梅山街道开展社会矛盾纠纷大排查大整治专项活动，落实“五包一”责任，发放禁毒宣传画300余份，开展平安创建和普法活动，对116名涉毒人员建档监管，辖区发案率保持在低位，未新增邪教人员，无信访积案。开展安全生产大排查大整治大执法专项行动，整改各类隐患140处，对1家汽车修理厂“三合一”现象进行挂牌整改。针对社区电动车充电线私拉乱接现象，引入专业厂家安装电动车充电桩50个，无安全责任事故。

【资产管理运作】 2018年，梅山街道做好资产管理运作。成立街道资产办，出台《梅山街道经营性资产管理办法（试行）》等制度，清理、催缴历史欠租983.11万元。抓住梅钢市政、物业分离移交关键节点，相继签署相关协议、备忘录16项，获得18处近1.27万平方米资产。初步达成约6.67公顷土地的开发权意向，打通街道科贸公司承接梅钢非主营业务通道，为改善街道“三无”困境奠定基础。

【梅山农贸市场消险出新及管理】 2018年，梅山街道坚决依法依规推进梅山农贸市场消险出新改造和专业化管理，通过公开招投标方式确定南京锁金农贸市场管理服务有限公司承接农贸市场日常运营和管理，做好市场经营户政策宣传和矛盾化解工作，实现资产年增收近300万元。 （邱元飞）

板桥新城

【概　况】 板桥新城位于雨花台区西南部，东至江宁区行政区划边界，南至板桥街道古雄村和新建村村界沿绿洲机器厂北围墙至梅山街道上怡二村北边界，西至宁芜铁路边界，北至西善桥街道边界，行政区划面积11.29平方千米。2018年末常住人口3.4万人，户籍人口33307人，60岁以上老人数4329人。辖大方、古雄、柿子树、新林4个社区。设基层党组织25个，其中社区党委1个、社区党总支3个、党支部21个，党员698人。

2018年，实现地区生产总值18.9亿元，完成一般公共预算收入1.95亿元，社会消费品零售总额增长11.1%，完成全社会固定资产投资20亿元，实际利用外资600万美元，服务贸易进出口总额112万美元，外贸进出口总额5600万元，引进高新技术企业2家。外资、外贸、人才、高新技术企业等指标创历年最好成绩。6个人代会重点项目全面完成。吾悦广场落地。自有楼宇招商初显成效、楼宇收益明显提升。

2018年向城乡低保122户155人、边缘户186户发放低保金148万元，为困难家庭发放医疗、临时救助29万元，发放残疾人两项补贴103万元。为410名80周岁以上老人发放尊老金25.6万元。为71名60岁以上空巢独居老人签订四方照护协议。开展退役军人及其他优抚对象信息采集工作，为97名优抚对象发放抚恤金等各项补贴66万元。合作医疗参保953人，完成三级筹资52万元。做好合作医疗和居民医保并轨宣传工作，完成各项转接手续。完成第六届社区趣味运动会、江苏省青少年航海模型锦标赛、莲花湖之夏纳凉晚会、第九届航模比赛等大型活动。在

2月27日，板桥新城召开2018年作风建设暨党员冬训动员大会
（板桥新城　供稿）

各个社区开展不同类型、全年龄段覆盖的文化活动,完成重要节日群众性文化演出16场。

2018年,大方社区被省文明办评为江苏省优秀志愿服务社区,被省法宣办评为江苏省民主法治示范社区,华兴侨史陈列馆被省政府侨务办公室评为省侨务工作示范单位,古雄社区被市人口与计划生育领导小组评为南京市计划生育工作示范社区,板桥新城农水办被市农林局评为南京市2018年林业工作先进集体,板桥新城管委会农普办被南京市第三次全国农业普查工作领导小组评为南京市第三次全国农业普查先进集体。

【区域建设】 2018年,板桥新城完成拆迁面积近18万平方米,完成新林芳庭五期工程主体封顶及主体验收。推进古雄积淹水片区整体改造工作,完成王家山、前董地块集体土地房屋搬迁工作。推进宁马高速改扩建板桥新城段工程,保障银杏湖大道北延工程开工。推进“263”专项行动,强化水环境整治,落实“河长制”,确保河道整洁,保护水体清洁。完成板桥河右岸大方工业园堤防除险加固工程、河下泵站及新板沟东段黑臭河整治。加大辖区范围内劣五类水体排查整治及排口整治,完成58千米雨污水存量管网测绘及CCTV检测。新板沟中水排口整治工作获国家部委主要领导、省、市领导好评。完善公共配套,莲花湖公交场站、古雄隧道小游园项目建成,完成板桥中学三期主体建设。按照精细化管理要求,完成新亭大街、新林大道、绿城大道、新湖大道、古雄大道、新城大街、华兴大街、湖景路8条街巷整治工作。在莲花湖公园、花生唐、板桥老街等重点领域开展环境卫生、市容市貌联合整治行动。规范提升停车秩序整治、“清洗管理”、垃圾分类、食品安全管理、菜单整改等工作。推进生态文明建设,开展餐饮业专项整治、迎接中央环保督察回头看等工作。开展污染天气减排管控,关停金安胶管厂,对苏旺木业锅炉升级改造。

【社区建设】 2018年,板桥新城4个社区成功申报精品社区建设项目。做好社会组织引进招投标、评估考核、日常督查等方面工作流程规范。继续推进“一社一特”工作:在古雄社区组建“传播党的声音,讲好古雄故事”宣讲队,开展家风家训分享会、追根溯源夏令营和文化讲堂等特色活动;在大方社区推行社区党员与社会组织党员的“双报到”制度,发挥党员先锋模范带头作用;在柿子树社区推出黄丝带“喘息服务”项目,为重残及困难群体家属定制个性化的家庭服务;在新林社区不断创新社区养老模式,依托网格化管理平台,实施积分激励机制,为社区老年人提供精神慰藉和生活照顾。

【平安建设】 2018年,板桥新城启用200平方米办公用地,投入25万元,进行司法所标准化建设,使软件建设与硬件建设同步进行。打造共治共建共享社会治理新格局,推进网格建设一体化,将辖区划分为网格责任区域75个,发动志愿者参与网格化采集工作,配备兼职网格员59人,配备一体化手持终端72台,开展网格信息采集工作,完成户籍人口、流动人口、寄住人口、房屋登记等信息采集工作。搭载江苏省综治信息系统,专人专机,强化综治信息化建设。配备网格化服务管理中心监控研判室,做到全时监控。以公共安全视频监控联网应用为重点的“雪亮工程”,新增红外监控探头32

个，互通街道、社区两级监控网络，把治安防范措施延伸到群众身边，发动社会力量和广大群众共同监看视频监控，共同参与治安防范。将公共法律服务中心建设统筹到司法所标准化建设中，疏通“零距离”为民服务渠道，每周四上午1名律师坐班便民服务中心，提供法律援助、咨询等服务，满足群众法律需求。开展扫黑除恶专项行动。在辖区进行扫黑除恶宣传，鼓励群众积极揭发举报。联合司法所、律师事务所等单位，针对上级交办的李昌贵信访积案，把握工作节奏和时间节点，实行领导包案制度，积极提出化解措施，化解率100%。

【安全生产】 2018年，板桥新城严格执行安全生产“党政同责、一岗双责、失职追责”相关规定，每月召开一次专题会议，研究解决安全生产重大问题。园区主要领导带队深入辖区重点企业、场所开展安全生产检查，督促企业落实安全生产主体责任。园区与各社区签订“安全生产目标管理责任书”4份。组织社区与辖区签订“企业安全生产责任书”226份。严格执行“一票否决”制，健全安全生产监管责任体系。完善网格化管理体系，以社区为单元，将园区划分为监管网格4个，明确网格责任人、安全员，同时将安监办安全监管人员下沉到各网格中，对网格内安全生产工作实行责任包干，消除监管盲区。增加安全投入，夯实安全生产工作基础引入第三方安全生产服务机构，与南京赛福特安全评价认证有限公司签订安全检查协议，每月至少安排专家上门服务3次，协助安监办对园区各类生产经营单位开展安全检查，提高安全检查效率。强化安全检查，消除各类安全隐患加大宣传培训，提高从业人员安全素质，开展大排查大整治大执法专项行动、反“三违”专项行动、夏季百日攻坚专项行动、危化品整治等专项行动。做好企业安全标准化建设工作。督促8家小微标准化证书到期企业开展复审工作。选定3家企业开展小微标准化建设工作，推进花生唐花样年商业管理有限公司开展三级标准化建设。

（展海燕）

雨花经济开发区

【概　况】 2018年，雨花经济开发区实现地区生产总值68亿元，增长15.6%；公共预算收入8.27亿元；服务业增加值52亿元，增长19.8%；全社会固定资产投资22亿元，社会消费品零售总额65亿元；外贸进口总额3.6亿元，外贸出口总额1.5亿元；软件业务收入44.5亿元；文化产业增加值8.08亿元。完成签约项目计划总投资45.5亿元，外资实际到账400万美元。开展科技服务，全年辅导完成11家企业申报高新企业，引导48家企业申报省市区各类科技专项100项，其中80余项获批并取得补助资金6000万元，获雨花经济开发区本级补助750万元。

【基础设施建设】 2018年，雨花经济开发区拆迁面积5.5万平方米，涉及人居森林项目天后片区18户农户与4家企业、潘窑二组剩余2户农户搬迁。岱山西路北延工程完成前期手续办理及道路和桥梁施工审查，推进用地批后实施、质量安监申报及杆线方案编制等。S338省道雨花台区段改扩建工程完成立项、环评、规划选址、用地规划许可、规划要点、土地预审、林地占用及采伐许可等前期手续办理，施工单位进场开展施工前期准备。龙藏大道改造工程完成项目立项、设计招标、初步设计审查批复、监理招标和涉地铁相关手续办理，完成西侧道路施工并实现双向通车。中兴路北延跨秦淮新河大桥工程附属设施配套工程完工并试通车。锦华新城二期二组团、三组团完成土方挖运及单体楼桩基施工。九号路、四号街、南江路路灯工程完成收尾。三号街新建工程完成规划九号路至凤仪路段8厘米沥青摊铺。

【招商引资】 2018年，雨花经济开发区围绕主导产业开展招商引资，完成签约项目计划总投资45.5亿元，新增总部企业1家（江苏苏宁体育产业有限公司），新增重大项目10个（创博信息技术、浦泰房地产、昊云网络、亿米威软件、熠辉智能科技、熙院商业、百木恒晶、锐游网络、艾乐德电子、创显科技），新增商务商贸设施面积5.1万平方米，新增涉软件企业22家、增涉软件从业人员1000人，新增软件产业建筑面积24万平方米。

【项目建设】 2018年，雨花经济开发区列入区人代会重点项目18个，其中产业类项目10个、地产类项目2个、保障房项目2个、基础设施及配套工程项目4个，计划总投资56.5亿元，全年完成计划总投资12亿元。开工项目7个，建设面积约25万平方米，分别为华商科技产业园、君融通信产业园一期、特盛软件园一期、文华汽车4S店、锦华新城二期二组团、锦华新城二期三组团、龙藏大道改造。结转在建项目1个，即石林大公园项目，在建面积（含建成）45万平方米。主体建成项目5个，建成面积28万平方米，分别为金飞龙汽车贸易大厦、海能达通信一期、天泓汽车4S店、中兴路北延跨秦淮新河大桥配套附属工程、弘阳春上西江项目。待建项目5个，待建面积5万平方米（不含道路建设），分别为巨能信息一期、普天大唐二期、艾乐德电子、岱山西路北延、S338省道雨花段改扩建工程。

（邹 玥）

（责任编辑 陈佳佳）

人物·荣誉

2019 YUHUATAI ALMANAC

Personages·Honours

新任区级领导

戴华杰

戴华杰，雨花台区委书记、中国（南京）软件谷党工委书记。男，汉族，1968年3月生，江苏南京人，省委党校研究生学历，硕士学位，1992年5月加入中国共产党，1988年8月参加工作。

1988年8月，任江宁县方山乡水利办办事员；1994年1月，任江宁县方山乡杨村党支部书记、经济合作社社长；1996年1月，任江宁县方山乡副乡长、党委委员；1996年6月，任共青团江宁县委副书记、党组成员；1996年10月，任共青团江宁县委书记、党组书记；2000年10月，任江宁县麒麟镇党委副书记；2001年1月，任江宁县麒麟镇党委副书记、镇长；2002年6月，任江宁区麒麟镇党委书记；2004年7月，任江宁区发改局局长、党组书记；2004年12月，任江宁区委常委、区发改局局长；2007年12月，任江宁区委常委、副区长、党组成员；2009年7月，任江宁区委常委、副区长、南京江宁科技园党工委副书记、管委会主任；2011年11月，任江宁区委常委、南京江宁经济技术开发区管委会常务主任；2016年1月，任六合区人民政府党组书记、区长；2018年12月，任雨花台区委书记、中国（南京）软件谷党工委书记。

张连春

张连春，雨花台区委副书记、区长。男，1970年4月生，汉族，江苏建湖人，省委党校研究生学历，硕士学位，1995年6月加入中国共产党，1990年9月参加工作。

曾任建邺区人民政府领导成员，建邺区委常委、常务副区长。2017年1月，任仙林大学城管委会主任、工委副书记；2018年12月，任雨花台区委副书记 、副区长、代区长；2019年1月，任雨花台区委副书记、区长。

先进模范人物

·中国好人·

王秀芳

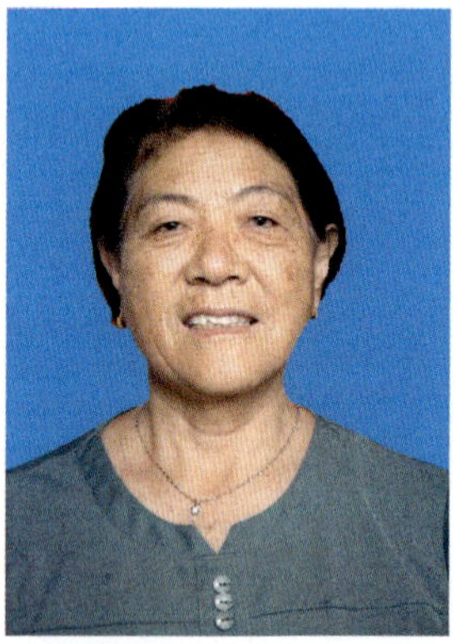

王秀芳，女，1947年2月生，赛虹桥街道赛虹桥社区居民。其丈夫原是南京汽轮电机厂一名技术人员，因生活变故，患上严重精神病，被送进青龙山精神病医院。丈夫生病住院，两个孩子上学，家庭经济拮据，家庭重担落到了王秀芳身上。她一边上班，一边照顾孩子，一边养着猪，休息天还要做上可口饭菜到医院看望丈夫。她始终没有放弃，坚定信心，一定要等丈夫出院回来。在亲情关怀下，王秀芳丈夫慢慢开始配合治疗，病情逐渐得到控制。五年后，王秀芳将丈夫从精神病医院接了回来。当王秀芳一家享受着来之不易的平静生活时，丈夫姐姐——一个被命运捉弄的孤寡老人要投靠王秀芳。那时王秀芳已50多岁，丈夫虽然病情得到控制，可不能受任何刺激，仍要精心照顾，自己精力实在有限。但当面对姐姐时，又觉得她比自己还要不幸，不管怎样

自己有丈夫有孩子，而她什么也没有，于是又收留了姐姐。王秀芳一直将姐姐当成母亲一样对待。她独自担负起照顾、护理姐姐和丈夫的全部职责。如今转眼20多年过去了，姐姐也已经是94岁高龄，但在王秀芳的精心照料下，眼不花耳不背，精神抖擞。王秀芳，用她的善良和孝心为丈夫和丈夫姐姐的晚年撑起了一片爱的天空，为街坊四邻树立了学习的榜样。2018年7月，王秀芳被中央精神文明建设指导委员会办公室授予“中国好人”称号。

·江苏省五一劳动奖章获得者·

许贤贺

许贤贺，男，1962年10月生，中共党员，到南京市板桥汽渡管理处任职后，他沉下身子摸实情：走科室、到码头、上船头、下机舱，广泛开展调查研究，又率队赴兄弟汽渡取经，牺牲大量节假日和双休日，撰写《汽渡处现阶段存在的主要问题与对策》2万多字调研报告，确立了汽渡处“安全就是汽渡生命”“顾客就是上帝”“职工是汽渡主人”“营收是发展基础”和“以汽渡为家”的“五种理念”，并在工作中得以践行，形成了极大的向心力。在维管处任书记3年，他作为党建工作“第一责任人”，积极推进基层党建工作创新。在全市首次创建“全市汽车维修、驾驶员培训行业工会联合会”，首次并连续3年在全市开展行业“双百双星”先进典型评选，首次在行业开展“羽毛球大奖赛”并举办行业职工技能竞赛，为首次“南京工匠”选拔搭建平台，全面提升行业职工凝聚力，积聚行业正能量，展现行业在社会的影响力。他始终心系职工，砥砺奋进扎实苦干。汽渡中心安全渡运生产形势稳定，持续实现安全“零点”目标，交通服务窗口提档升级，圆满完成全年各项目标任务，渡运生产实绩再创历史新高。职工工资福利待遇大幅提高，幸福指数得到提升。在他的带领下，维管处、汽渡处均获省、市“文明单位”称号，汽渡处还获得“全国模范职工之家”“全国轮渡行业先进单位”“江苏省厂务公开民主管理先进单位”等称号。作为一名党员领导干部，他毫不动摇地始终坚定理想信念，不忘初心砥砺前行。2018年5月，南京市板桥汽渡管理处处长许贤贺被江苏省总工会授予江苏省五一劳动奖章。

·江苏好人·

农　阳

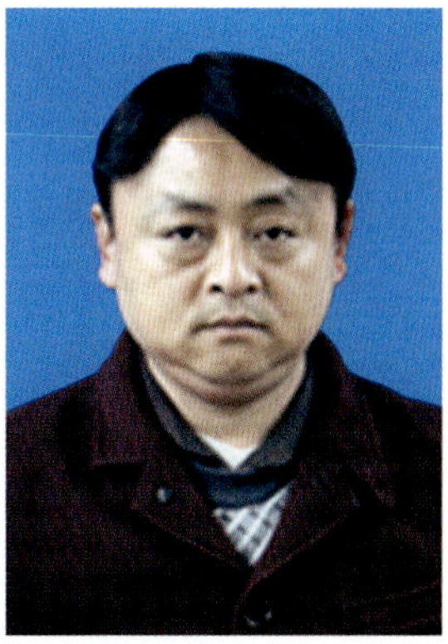

农阳，男，1975年5月生，铁心桥街道景明佳园社区楼栋长。43年前，几个月大的农阳，因小儿麻痹症被父母遗弃，好心人把他送到南京市儿童福利院，工作人员为他取名农阳，希望他的人生像阳光一样灿烂。在景明佳园社区，农阳与5个没有血缘关系但同样从南京市福利院走出来的兄弟姐妹，组成了一个特殊大家庭，他们互相关心、彼此帮助，虽身有残疾、生活拮据，却十分乐于助人。被推举为楼长后的农阳，对楼栋居民的情况如数家珍，帮扶他人

的工作未曾停下。他以感恩的心诠释了助人为乐的精神，身残志坚，用善良和爱心去帮助有需要的人，谁家电器坏了，他无偿帮忙修好；尽管他自己行走还要靠拐杖，多年来还是坚持帮助邻居代领工资；有居民腰痛，他就利用自己的推拿手艺帮助居民按摩，缓解病痛，分文不取。两年前，同样在福利院长大的民浮，驾驶残疾人专用车时出了事故，双腿粉碎性骨折，农阳二话不说，组织楼栋里的居民为民浮捐款2000多元，解了燃眉之急。景明佳园社区老人徐汇泽，90高龄还是独自生活，无人照料。为使老人能够安度晚年，农阳毅然决定与老人结成帮扶对子，打扫卫生、买菜做饭、与老人聊天谈心。从那时起，农阳就经常带着女儿看望老人，尽心尽力地担负起照顾老人的责任。八年过去了，风雨无阻，沧海桑田，祖孙三人建立起了亲人一般的深厚感情。他为别人点一盏灯，照亮别人，也照亮了自己。择一事终一生。2018年6月被江苏省精神文明建设指导委员会办公室授予“江苏好人”称号。

逝世人物

陈永森

陈永森（1929—2018），男，汉族，雨花台区军队干休所离休老干部。1929年12月出生，1947年3月投身革命，1948年1月加入中国共产党。1964年在中国人民解放军第八十二医院政治处任副政委，1966年9月在中国人民解放军第八八七仓库任政治委员，1971年在南京军区后勤部任政治委员，1979年7月在驻国营九三六一厂军事代表室任军事代表，1982年9月离职休养。2018年1月6日病逝，享年89岁。

高明远

高明远（1933–2018），男，汉族，雨花台区军队干休所退休老干部。1933年2月出生，1953年8月投身革命，1955年11月加入中国共产党。1953年在南京工程兵学校任学员，1956年4月在第一汽车拖拉机管理学校训练部任教员，1962年在镇江军事勤务教研室任教员。1973年6月在华东物资工厂南京物资供应站任助理员，1982年1月在车管学校附属船艇大队军艇大队任教员。1988年退休，2018年2月7号病逝，享年85岁。

王国君

王国君（1930—2018），男，汉族，雨花台区军队干休所离休老干部。1930年4月出生，1950年11月投身革命，1953年8月加入中国共产党。1948年12月在黑龙江克山电影学院工作，1953年在志愿军后方勤务第六大站工作，1957年6月在中国人民解放军第八三医院任秘书，1980年11月在该医院任政治协理员，1982年9月离休。2018年2月13日病逝，享年88岁。

李文媛

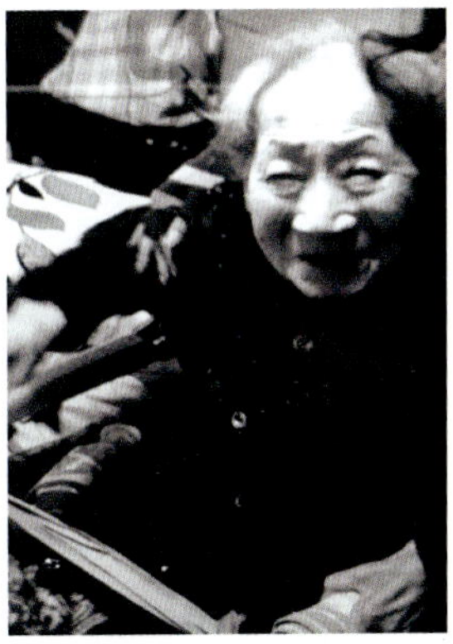

李文媛（1921—2018），女，汉族，雨花台区军队干休所退休老干部。1921年5月出生，1945年投身革命。1951年3月在中国人民解放军第五军医大学细菌系任助教，1954年11月在南京军区后勤卫生部卫生防疫站任检验师军医，1963年3月在南京军区后勤卫生部训练大队任教员，1964年3月在中国人民解放军第八一医院检验科室任主治军医，1988年6月退休，2018年4月3日病逝，享年97岁。

先进集体名录

2018年雨花台区获市级以上表彰的先进集体名录表（选编）

表40

获奖单位	表彰单位	获奖荣誉
雨花台区	国务院办公厅	区域双创示范基地
区教育局	教育部	全国青少年校园足球“满天星”训练营
区卫计局	国家卫健委办公厅	全国流动人口动态检测调查优秀单位
区科技创业中心	科技部火炬中心	国家级科技企业孵化器考核评价A类称号
赛虹桥街道商会	人社部、全国工商联	全国工商联系统先进集体
板桥街道殷富社区、雨花街道农花社区	国家减灾委员会、中国气象局、中国地震局	全国综合减灾示范社区
铁心桥、西善桥、赛虹桥社区卫生服务中心	国家卫计委办公厅	优质服务示范社区卫生服务中心
雨花台区	省委、省政府、省军区	双拥模范单位
雨花台区	省委办公厅	全省法治建设示范县（市、区）和法治县（市、区）创建工作先进单位
雨花台区	省发改委	全省新一轮服务业综合改革试点区域
雨花台区	省社会治理委员会	平安县（区）
雨花台区	省信访局	信访工作“三无”区
雨花台区	省卫计委	江苏省妇幼健康优质服务示范区
雨花台区	省卫健委办公室	第二批省级流动人口基本公共卫生计生服务均等化示范区
雨花台区	省广播电视局	全省境外电视传播秩序专项整治工作先进单位

续表 40

获奖单位	表彰单位	获奖荣誉
雨花台区	省体育局	江苏省群众体育先进单位
软件谷	省机关事务管理局	省公共机构节能示范单位
软件谷	省工商管理局	江苏地区广告业创新创业示范基地
区政府办公室	省政府办公厅	全省政务信息工作先进单位
区政府办公室	省机要通信局	先进集体
区发改局	省发改委	全省发展改革系统综合先进单位
区科技局	省科技厅	全省科技管理工作先进集体
区机关事务管理局	省人社厅、省机关事务管理局	机关事务管理系统先进集体
区老龄办	省老龄办	老龄宣传工作先进单位
区公路运输管理局	省交通厅	全省交通运输行政执法评议考核优秀基层执法站所
区科技创业中心科技成果转化服务中心	省科技厅	江苏省科技企业孵化器绩效评价 A 类
赛虹桥街道	省委、省政府	2015—2018 年全省社会治安综合治理先进集体
雨花街道、板桥街道	省民政厅	全省和谐社区建设示范街道
雨花街道	省人社厅	省级创业型街道
开发区管委会	省人社厅	省级创业园区
雨花街道雨花社区、丁墙社区、花神庙社区、赛虹桥街道小行社区、铁心桥街道翠岭银河社区、景明佳园社区、马家店社区、西善桥街道福润社区、板桥新城古雄社区、梅山街道中兴路社区、开发区管委会近华社区	省人社厅	省级创业型社区
雨花街道翠竹园社区、铁心桥街道尹西社区	省爱卫会	江苏省健康社区
铁心桥街道马家店社区、梅山街道梅欣社区、西善桥街道嘉业社区、板桥街道三山社区	省民政厅	全省和谐社区建设示范社区
铁心桥街道劳动人事争议调解中心	省人社厅、省总工会、省企业联合会、省工商联	江苏省首批劳动人事争议优秀基层调解组织
板桥街道劳动人事争议调解中心	省人社厅	劳动人事争议优秀基层调解组织
板桥法庭	江苏省高级人民法院	优秀人民法庭
铁心桥、赛虹桥社区卫生服务中心	省卫计委办公室	江苏省首批社区医院
板桥街道永安花苑幼儿园、板桥小学附属岱山第一幼儿园、曙嘉幼儿园	省教育厅	省优质幼儿园
雨花街道翠竹园社区团支部	团省委	江苏省五四红旗团支部
中华中等专业学校团委	团省委	江苏省五四红旗团委

续表 40

获奖单位	表彰单位	获奖荣誉
雨花台区	市委办公厅、市政府办公厅	市 12345 政务热线工作先进单位
雨花台区	市政府办公厅	南京市政府网站工作先进单位
雨花台区政府	市政府办公厅	政务公开先进单位
区政协	市政协	政协信息工作二等奖
区委办	市委办公厅	信息工作先进单位
区委机要局	市委机要局	市机要密码系统先进单位
区人大办公室、雨花街道人大工委、铁心桥街道人大工委	市人大办公厅、市人社局	全市人大机关系统立法监督工作先进单位
区人大研究室	市人大办公厅	新闻宣传工作先进单位
区委政法委、区信访局、赛虹桥街道工委	市委、市政府	党的十九大安保维稳和国家公祭活动执行保障工作先进集体
铁心桥社区卫生服务中心党总支、雨花街道翠竹园社区党总支	市委	“新时代先锋”先进基层党组织

先进个人名录

2018 年雨花台区获市级以上表彰的先进个人名录表（选编）

表 41

姓　名	工作单位	表彰单位	获奖荣誉
谢　山	区委宣传部	省委宣传部、省人社厅	江苏省宣传系统先进工作者
张　川	区政府办公室	省政府办公厅	全省政务信息工作先进个人
张来元	区政府办公室	省机要通信局	先进个人
陈明贵	区委政法委	省政法委、省公务员局	全省法治建设先进个人（记二等功）
郭梦娇	区发改局	团省委	江苏省优秀共青团员
徐承健	区教育局	省总工会	江苏省优秀工会工作者
王　声	区司法局	省司法厅	全省“法润江苏”专项行动先进个人
娄　艳、肖　菊	区统计局	省统计局	基层统计岗位标兵
夏梅玫	区统计局	省统计局办公室	江苏省人口抽样调查先进个人
李励生	区安监局	省应急管理厅	全省安全生产执法工作先进个人
周　磊	区安监局	省应急管理厅	危险化学品安全生产先进个人
陈志康	区文化局	省人社厅、省法制办	全省政府法制工作先进工作者

续表 41

姓　名	工作单位	表彰单位	获奖荣誉
张静平	区法院	江苏省高级人民法院	全省法院监察系统先进个人
赵　冉	团区委	团省委	江苏省优秀共青团干部
曹云刚	雨花建设发展公司	省人社厅、省住建厅	全省住房城乡建设系统劳动模范
丁　慧	区妇保所	省卫计委、省人社厅	全省妇幼保健服务工作三等功
徐　舒	赛虹桥街道	省委组织部、省委宣传部、省人社厅	江苏省优秀大学生村官
曹展如	铁心桥街道	省总工会	江苏省优秀工会工作者
钟淑萍	板桥街道	省卫计委	江苏省“百佳计生专干”
傅红英	西善桥街道	省卫健委办公室	全国流动人口动态监测调查省级优秀调查员
傅家杰	雨花台经济开发区	省商务厅	全省开发区统计工作先进个人
朱洪萍	雨花台经济开发区	省妇联	江苏省最美基层妇联干部
刘　波	梅山街道	市委、市政府	南京市劳动模范
韦成法	赛虹桥街道		
陈罗明	区政务办	市委办公厅、市政府办公厅	市 12345 政务热线工作先进个人
周　靖	铁心桥街道		
李兴时	区委办	市委办公厅	信息工作先进个人
马　铮	区委办	市委机要局	市机要密码系统先进个人
杨　勇	区人大机关	市人大办公厅	新闻宣传工作先进个人

（责任编辑：杨静珺）

附录

2019 YUHUATAI ALMANAC

Appendix

重要文献

对标找差求突破 争先进位创一流 推动雨花在高质量发展上迈出新的步伐

——在区委十一届十二次全体（扩大）会议上的报告

戴华杰

（2018年12月29日）

这次全会的主要任务是，深入贯彻习近平新时代中国特色社会主义思想和党的十九大精神，落实中央经济工作会议决策部署，按照省委十三届五次全会、市委十四届七次全会和市委常委会集体调研雨花工作提出的要求，总结今年工作，分析当前形势，部署明年任务，动员全区上下进一步解放思想、再接再厉、奋发作为，聚力建设“现代产业城、科技创新城、特色枢纽城、红色文化城、幸福宜居城”，在高水平全面建成小康社会、高质量推进“强富美高”新雨花建设上迈出新的更大步伐。

一、坚持对标找差、创新实干，经济社会发展取得了新的进展

今年以来，全区上下坚持以习近平新时代中国特色社会主义思想为指导，切实把中央“五个坚持”“六个稳”和“三大攻坚战”部署，省委常委会集体调研南京、市委常委会集体调研雨花要求，以及省市委最新决策部署，与雨花实际紧密结合，高质量推进经济社会发展各项工作，较好完成了年度目标任务。

1. 产业结构不断优化，综合实力持续增强。面对复杂多变的宏观经济形势和发展不平衡不充分的区情实际，按照全市对标找差创新实干的工作部署，全区上下积极应对、攻坚克难，经济社会发展呈现稳中有进的良好态势。经济基础稳固向好。预计实现地区生产总值570亿元，增长8.1%，其中第三产业增加值485亿元，增长9.3%；一般公共预算收入82.5亿元，增长13.7%；社会消费品零售总额417亿元，增长9%；全社会固定资产投资280亿元；实际利用外资2.1亿美元，外贸进出口总额268亿元。重点项目加快建设。110个区人代会项目稳步推进，32个市重大项目全部达序，其中27个实施类市重大项目超额完成年度投资任务。金证南京研发中心等35个项目顺利竣工。积极搭建国内外招商平台，共引进富士康南京研发中心、中软国际解放号、华润大数据基地、360企业安全集团等重大项目33个，计划投资达到228.6亿元。转型升级取得突破。梅山片区工业布局调整进度加快，宝武集团与省市签订《战略合作协议》。化工企业"四个一批"和落后产能企业专项整治任务顺利完成。积极盘活低效用地，全市首个低效用地再开发项目省供销合作经济产业园主体封顶。高端商务商贸业加快发展，新增商务商贸设施面积60万平方米。

2. 改革创新不断深化，发展活力充分迸发。全面落实南京创新名城建设和创新驱动"121"战略部署，积极探索发展新模式、培育发展新引擎，"双创示范基地"建设获国务院督查激励，云密城特色"园中园"模式被《人民日报》点赞。主导产业加快发展。预计实现软件和信息服务业收入2500亿元，占全市比重达到40.3%，其中软件业务收入1550亿元，增长13.1%，新增涉软企业300家、涉软从业人员2万人、软件产业建筑面积80万平方米。开放合作创新步伐加快，运满满、润和、睿悦等近20家企业在硅谷设立研发中心。创新集聚效应凸显。"两落地一融合"工程有力推进，签约新型研发机构12家，通过市级备案7家。新增高新技术企业168家。新入选科技部创新人才推进计划人才1人、省"双创人才"8人、省"双创团队"1个，新增区高层次创业人才56人。培育主板上市企业1家；集聚独角兽企业2家、独角兽培育企业16家、瞪羚企业12家，总数占全市总量的20%，位列全市第一。基层商会服务民营企业工作得到长足发展，赛虹桥街道商会以全省唯一基层商会被评为"全国工商联系统先进单位"。改革实践特色鲜明。以改革开放40周年为契机，科学谋划、协调推进12大类46项重点改革任务，不见面审批、医药卫生体制改革等一批改革任务取得阶段性成果。在全市率先试点"告知承诺""证照联办"改革，行政审批效率和政府服务效能进一步提升。

3. 绿色发展不断提速，城市面貌有效改善。牢固树立"绿水青山就是金山银山"理念，坚持把生态环境保护摆在全局工作的突出位置，统筹推进城市建设管理各项工作，生态优先、绿色发展的导向更加鲜明。污染防治扎实有效。紧扣打好污染防治攻坚战，全力抓好中央和省环保督察反馈问题整改，完成316个雨污分流项目，推进南河等14条河道水环境提升工程，压减煤耗36万吨，空气质量优良率提升到70.6%。坚决落实长江生态保护责任，清除非法码头5家，整治"三无"船舶27条，关停违法企业13家，排查产废企业225家。片区改造加快推进。实施53个征拆项目，完成征拆面积80万平方米。徐工集团搬迁、积淹水片区改造、西善桥"双清"等一批有利于空间拓展、民生改善的项目取得良好进展。"两桥"片区重点项目稳步推进，龙翔大道二期、机场二通道等道路加快建设，圣戈班C1地块成功出让，吴尚一组地块A商办综合体项目正办理前期手续，马家店保障房B、C地块9栋楼主体及二次结构全部完成，A、D地块全面开工。建管水平持续提升。138个城市精细化建设管理项目有序实施，雨花东路、南院路、党校路、岱山路改造出新等工程高标准完成，宁丹路铁心桥改扩建工程全面通车，梅山9号路环境问题整改取得明显成效。54条背街小巷整治全面完成，农贸市场升级改造、农村公路提档升级等工作扎实推进，全区垃圾分类设施覆盖率达到46.9%。有序推进绿化造林和景观提升工作，新增绿地20万平方米，林木覆盖率达到30.15%，绿化覆盖率达到49.36%。

4. 民生福祉不断增强，社会事业全面进步。积极践行"以人民为中心"的发展思想，坚持在发展中保障和改善民生，持续加大民生投入，着力办好民生实事，增强群众的幸福感和获得感。社会保障更有温度。新增城镇就业1.4万人、大学生就业2.4万人，培育大学生自主创业634人，全体居民人均可支配收入达到57530元，增长9%。城乡居民医保制度有效整合，租赁住房、人才安居用房、棚户区改造等惠民工程扎实推进，开工32.2万平方米保障房建设、竣工7.3万平方米，实施9个老旧小区出新，完成3万平方米租赁住房、4万平方米人才安居用房建设。社会事业更有力度。优化教育资源布局，金陵中学等优质教育资源加快落地，小行小学新校区、金陵华兴实验学校投入使用，南外雨花国际学校、琅琊路小学石林分校主体封顶。深入实施“院府合作”，新建6个医联体，1个省级特色科室、5个市级特色科室，铁心桥、赛虹桥社区卫生服务中心建成全省首批“社区医院”。雨花文化大厦内部装修，群众性文化体育活动广泛开展，每万人拥有公共文化设施面积达到1788.9平方米。社会治理更有深度。创新网格化社会治理，深入开展社会矛盾和安全隐患大排查大整治，扎实推进扫黑除恶专项斗争，有效化解66起突出信访矛盾，群众安全感进一步提升。成功打造21个精品社区，每万人拥有社会组织数22.2个，位居全市前列，西善桥街道岱山保障房片区以“大教育”助推社区治理取得初步成效，雨花街道翠竹园社区“四方平台”工作法作为南京唯一社区入选“全国100个优秀社区工作法”。

5. *党的建设不断加强，管党治党成效明显。*认真落实新时代党的建设总要求，以政治建设为统领，全面履行管党治党责任，推动党建工作质量不断提高。坚决抓好中央巡视反馈意见整改落实。按照中央和省市委统一部署，围绕“条条要整改、件件要落实”要求，仔细对照、举一反三，梳理10个方面、44项任务、162条具体整改措施。区委常委会率先垂范，全区66个党组织全部按照要求，召开巡视整改专题民主生活会，主动查摆问题，坚决整改落实。扎实开展消除“杨、季”恶劣影响专项工作，营造风清气正的良好政治生态。持续加强基层党组织建设。以学习贯彻习近平新时代中国特色社会主义思想和党的十九大精神为统领，进一步坚定“四个意识”、落实“两个维护”，始终在思想上政治上行动上同以习近平同志为核心的党中央保持高度一致。严格落实党委（党组）意识形态工作责任制，认真开展各类主题培训、理论宣讲、专题报告等活动。坚持以党建工作项目化、标准化、规范化为抓手，推进实施“一轴三驱”党建工程，基层党组织组织力全面提升。扎实推进党风廉政建设和反腐败斗争。坚定不移正风肃纪，持续查处违反中央八项规定精神问题，通报7起8人，立案查处了一批违纪违法案件。深入开展群众身边不正之风和腐败问题以及腐败易发多发重点领域专项整治，不断增强群众获得感。扎实推进区委巡察工作，移交问题线索159件。探索派驻“嵌入式”监督路径，深化监察体制改革试点，实现全区监察全覆盖。

这些成绩的取得，凝聚着全区上下的心血和汗水，饱含着广大干部群众的辛劳和付出。在此，我代表区委常委会，向全区各级党组织和广大党员干部群众，表示衷心的感谢，致以崇高的敬意！

二、突出问题导向、科学研判，明年工作的方向更加坚定明确

2019年是新中国成立70周年，是全面建成小康社会关键之年,也是推动雨花高质量发展的关键一年。科学研判发展形势、分析机遇挑战,对做好明年工作至关重要。

1. 认清风险挑战。今年以来,国际环境错综复杂,国内改革发展稳定任务艰巨繁重。我们必须进一步认清形势,把握规律,明确发展方向。从国际形势看,世界经济正处在国际金融危机以来干扰因素最多的时期,世界经济增速放缓、美国保护主义抬头、全球经贸规则演变,使我国发展的外部环境发生深刻变化,不稳定、不确定因素持续增多,特别是中美贸易摩擦给我国经济平稳健康发展带来新的压力。从国内形势看,我国经济正由高速增长阶段转向高质量发展阶段,发展不平衡不充分问题和各种周期性、结构性、体制性因素交织叠加,加大了各项工作的难度,长期积累的风险隐患有所暴露,投资需求放缓、金融和经济循环仍然不畅、行业企业走势深度分化,经济下行压力持续加大。此外,大城市“虹吸”效应更加明显,区域之间关于资金、技术、管理、人才的竞争更趋激烈。从雨花现状看,经济运行稳中有忧的形势不断显现,外向型经济走低,重点企业压力加大,中小型企业对经济发展的支撑效应还不足;软件产业新技术、新业态、新模式加快发展,区内传统纯软行业转型升级面临压力,对政府服务企业、为企业赋能提出更高要求;轨道交通、城市主干道等重大交通基础设施工程进展不快,断头路情况比较严重,内畅外联的交通格局尚未形成;污染防治、社会稳定等工作任务艰巨,公共服务设施数量不足、品质不高、分布不均,社会事业发展与人民群众对美好生活的向往相比还有一定差距。这些问题,都要在今后的工作中,进一步引起高度重视,攻坚克难解决。

2. 牢牢把握机遇。机遇与挑战并存。要辩证看待国际环境和国内条件的变化,更加坚定信心、把握主动,坚定不移办好自己的事情。从动能转化看,严峻复杂的宏观形势,特别是中美贸易摩擦持续紧张,在对我国经济发展造成冲击的同时,也更加坚定了党中央加快改革开放、加快自主创新的信心和决心。12月19日至21日召开的中央经济工作会议,进一步强调了“六个稳”的主基调,要求坚持以供给侧结构性改革为主线不动摇,更多采取改革的办法,更多运用市场化、法治化手段,在“巩固、增强、提升、畅通”八个字上下功夫。这些都为我们更加注重利用技术创新和规模效应形成新的竞争优势、参与全球产业分工、融入世界经济体系带来有利契机。从政策层面看,虽然明年总体呈现下行压力加大、不确定性增多、风险和挑战更加艰巨复杂的局面,但我们也要看到人民币国际化步伐加快、金融业双向开放为集聚全球资源提供的有利机遇,央行定向降准降息等措施为实体经济发展创造的良好条件,“一带一路”倡议、长江经济带建设为深化区域合作带来的更大空间,特别是长三角一体化上升为国家战略,为我们发展提供了更高的平台。从省市区发展看,党的十八大以来,习近平总书记视察江苏发表的系列重要讲话,特别是“三项重点任务”“五个迈上新台阶”“六个重点问题”,为江苏发展提供了重要遵循。省委、省政府持续推进“两聚一高”新实践,重点围绕“六个高质量”抓落实、求突破。市委、市政府以提升省会城市功能和首位度为引领,部署加快建设具有全球影响力的创新名城。我区“双创”氛围日益浓厚,城市空间不断拓展,民生改善稳步推进,党的建设更加有力。这些都给我们的发展带来难得机遇、奠定较好基础，全区党员干部群众求突破、创一流的信心更强、动力更足、干劲更大。

3. 切实找准方向。做好明年工作，要在中央和省市委坚强领导下，坚定信心决心、保持定力耐力，全力以赴推动雨花高质量发展。重点是"一个坚定不移，四个牢牢把握"。坚定不移地以习近平新时代中国特色社会主义思想和党的十九大精神为指导。认真学习领会、全面贯彻落实习近平总书记系列重要讲话精神，特别是对江苏重要指示批示精神，坚决破除一切与新思想不相适应的思维定势和工作方法，坚决按照中央要求，全力以赴打好"三大攻坚战"，在"五个坚持""六个稳"上持续用心用力、取得新的进展。牢牢把握稳中求进总基调。稳中求进工作总基调是党中央治国理政的重要原则，也是做好经济工作的方法论。"稳"是主基调、是大局，"进"是目的、是取向。明年雨花各项工作要始终按照稳中求进的要求扎实推进，努力在"变"的环境中保持"稳"的态势，在"难"的破解中加快"质"的提升，在"新"的实干中积蓄"进"的势能，为经济社会发展奠定良好基础。牢牢把握高质量发展总要求。推动高质量发展，是以习近平同志为核心的党中央审时度势、把握时机作出的战略决策。做好雨花明年工作，必须把高质量发展作为出发点和落脚点，认真落实省市关于推动高质量发展的具体部署，真正使创新成为第一动力、协调成为内生特点、绿色成为普遍形态、开放成为必由之路、共享成为根本目的。牢牢把握问题导向总方法。问题是实践的起点、创新的起点。坚持问题导向是十八大以来党中央治国理政的鲜明特色。做好雨花明年工作，要紧扣"十三五"规划安排，坚持一张蓝图绘到底，更加充分地认清短板，更加科学地分析研判，更加系统地谋划部署，着力解决好发展中面临的痛点难点问题，确保各项工作衔接有序、相互促进，开创雨花事业发展的新局面。牢牢把握争先进位总目标。对标找差、创新实干、争先进位，是高质量发展的必然要求。做好雨花明年工作，要进一步强化对标找差、取经补短、争先进位意识，创新工作思路和举措，更大力度地推动产业现代化、创新大突破、民生得实惠，切实以干在实处、走在前列的工作成绩，推动雨花实现新的赶超跨越。

三、强化五城共建、协同发展，努力走在省市高质量发展前列

市委常委会集体调研雨花时指出，谋划雨花下一轮的发展，要准确把握"三大特色"，充分认清"三个短板"，这是推动雨花高质量发展的重要前提。全区上下要深入学习领会，切实把思想行动统一到市委常委会对雨花发展形势和定位的科学判断上来，进一步拓宽视野、提高站位，在全市大背景下审视雨花未来发展，聚焦聚力、扬长补短，着力建设"现代产业城、科技创新城、特色枢纽城、红色文化城、幸福宜居城"，努力走出一条高质量发展的特色之路。明年工作的指导思想是：以习近平新时代中国特色社会主义思想为指导，全面贯彻党的十九大精神和习近平总书记对江苏工作的重要指示要求，认真落实中央和省市委决策部署，坚持稳中求进工作总基调，深入践行新发展理念，牢牢把握高质量发展根本要求，强化"五城共建"，推动协调发展，统筹做好经济社会发展各项工作，在高水平全面建成小康社会、高质量推进"强富美高"新雨花建设的进程中创造出新的更大业绩。明年工作的主要目标是：地区生产总值增长8%，一般公共预算

收入增长8%，全社会固定资产投资280亿元，社会消费品零售总额增长9%，实际利用外资2.2亿美元，外贸进出口总额230亿元，软件业务收入1800亿元，全体居民人均可支配收入增长8%，高质量发展成效更加明显，努力走在省市前列。重点抓好以下五个方面工作：

（一）聚力建设现代产业城，培育经济发展新动能

准确把握雨花独特的软件产业品牌优势，深度优化整合各类载体资源，深耕细作、招大引强，全力做实产业延伸、服务配套等工作，形成集聚集群效应，构建高质量发展的有效支撑和强劲动能。

1. 主导产业优化升级。按照全市“4+4+1”主导产业体系建设规划，坚持“高端化、智能化、绿色化、集聚化”发展方向，统筹做好招大引强、培大育强文章，提升产业引领力和区域竞争力。加快软件谷北园、南园、西园组团发展步伐，壮大楚翘城、科创城、云密城、创业创新城和南京大数据产业基地“四城一基地”，积极培育人工智能等未来产业，加快芯片设计、虚拟现实、信息安全等高端产业布局。联合华捷艾米、中科创达、复星集团、东南集团等龙头企业，共同打造特色产业园，带动上下游企业加速集聚，完善产业发展生态链。大力发展高端商务商贸业，引进建设一批高品质酒店、会务、金融、休闲场所，增强辐射带动效应。坚持文化和科技融合发展方向，积极培育新型文化业态，提升产业内涵和附加值。

2. 重点项目提质增效。充分发挥区重大项目招商推进服务中心的职能作用，进一步强化区谷联动、条块结合，集中力量攻坚大项目、好项目，持续提升项目谋划质量、优化项目发展格局。坚持把招商选资作为“一把手”工程，既关注国内外软件、互联网和电子信息百强企业，又瞄准隐形冠军企业、产业链补链企业、独角兽培育企业、瞪羚企业，大力度开展精准招商、产业链招商、以商引商，确保签约项目投资420亿元以上。强化工作推进和要素保障，健全领导挂钩、定期调度、月度通报、考核奖惩等机制，全力推进亿嘉和智能巡检机器人基地、软件谷金融科技产业园、宇龙通信华东总部等重点项目建设，确保中兴三区一期、科创城二期等一批重点产业项目如期投产达效。

3. 专业园区做大做强。抓牢“双创示范基地”建设契机，以改革创新为引领，以软件谷为核心，整合各类政策和资源，打造双创示范基地升级版。加快雨花台高新区建设，推动园区产业和基础设施、公共服务一体布局、联动发展，在省市高新园区中争先进位、争创一流。深入贯彻国家和省市促进开发区改革和创新发展的要求，以“一特三提升”为指向和抓手，全力加快雨花经济开发区转型创新发展步伐，更好地发挥在全区经济工作中的主阵地作用。深化与硅谷高创会、中欧创新中心等国际化平台的合作，精心筹办国际企业对接交流会等活动，搭建国内外企业交流合作的桥梁。强化企业国际市场开拓能力，积极引导具有知识产权、自主品牌、营销渠道和良好市场前景的企业“走出去”发展，提高产业国际竞争力。

（二）聚力建设科技创新城，激发内生增长新动力

强化创新第一动力，聚焦创新名城建设和创新驱动“121”战略部署，切实找准雨花所能、企业所需的结合点，通过集聚一批名校名所创新资源、培育一批名企名家名园区，着力打造“国际知名、国内领先”的科技产业创新中心，争当南京创新名城建设的标杆区、示范区。

1. 大力构建一流创新生态。深度融入南

京创新名城建设,进一步优化资源要素配置,构建更加完善的创新生态体系。深入推进“两落地一融合”工程,更高效率地引进培育新型研发机构、转移转化科技成果,推动产学研联合创新,新增新型研发机构6家,市级以上工程技术研究中心总数达到82家。发挥好政府和市场“两只手”作用,强化企业创新主体地位,牵头搭建企业与资本、市场对接平台,鼓励支持大中小企业融通创新,推动新技术、新业态、新模式、新产业快速发展,累计有效发明专利拥有量2000件、发明专利申请量2000件、PCT专利申请量8件。深化科技体制改革,创新知识产权集群管理模式,更大力度保护知识产权,营造良好创新生态。

2. 大力集聚一流创新人才。充分发挥人才在创新驱动中的核心作用,更大力度引进具有国际视野、占据产业制高点的领军人才,不断扩大规模、优化结构、提升效益。落实“创业南京”英才计划,完善市场化人才评价机制,加强与高校院所、专业领域人才精准对接,新增博士后工作站2家,集聚科技顶尖专家2人,培育创新型企业家2人,引进区高层次创业人才56人。进一步创新完善支持企业引才用才的政策机制,加大人才安居力度,优化人才发展环境,确保人才引得进、留得住、用得好。提升高校毕业生招引培育效果,更高质量吸引大学生集聚雨花就业创业。

3. 大力培育高新技术企业。针对不同类型创新型企业和创新型企业初创、成长、壮大的不同阶段,系统研究、全面落实激励创新的各项措施,培育一批独角兽企业、瞪羚企业和科技上市公司,打造创新型企业集群。统筹做好“移栽大树”“育苗造林”“老树新芽”“三棵树”文章,特别是优选一批成长性好、技术领先的优质企业,有针对性地给予政策、资金、人才等方面的支持,加快推动面广量大的科技型小微企业实现“小升高”,确保新增高新技术企业120家、总数达到470家。认真落实南京支持民营经济健康发展30条政策举措,构建亲清新型政商关系,优化“全周期”“全方位”“一站式”服务,全力以赴为民营企业排忧解难、引路指向,增创民营经济发展新优势。

(三)聚力建设特色枢纽城,打造产城融合新高地

按照“美丽古都窗口、智慧城市典范、枢纽经济平台”的定位,坚持以规划为先导、以产业为牵引、以项目为支撑、以共建为抓手,因势利导、借力发展,加快塑造融合、开放、多样的特色空间,把高铁南站的枢纽资源、枢纽优势转化为雨花高质量发展的产业资源、产业优势。

1. 强化科学规划全域谋划,拓展枢纽空间。更加注重规划先行,抓住南京新一轮城市总体规划修编的契机,全面推进《雨花台区总体规划(2018–2035)》《板桥新城总体规划(2017–2035)》修编,加快《板桥新城中部组团控制性详细规划及重点地段城市设计》等既有成果报审报批,完成“两桥”片区产业、城市、交通等六项专项规划并形成开发导则,积极开展《梅钢片区控制性详细规划及城市设计》等新片区控详编制工作,加强规划有效衔接、有机融合、落地落实,推动实现高标准规划全覆盖。坚持精细精致、特色塑造,进一步挖掘特色地段、重点片区的城市风貌特质,积极开展梅山矿区城市设计,为将矿区打造成为城市更新及城市双修的精品力作奠定基础。

2. 强化精致建设精细管理,提升枢纽功能。坚持以人为本、科学统筹,全力推进年度投资97.1亿元的173个城建计划项目。强化

对外交通联接，织密区内交通路网，加快龙翔西立交、机场二通道、岱山东路北延等重点道路建设，构建内畅外联的交通网络。加快推进宁芜铁路外绕、宁马高速拓宽等重点征拆项目，释放出更多的城市空间资源。加快“两桥”重点片区开发建设，继续加快龙翔大道二期等11条道路建设，新开工建设兴梅路北段等11条主次干道及一批支路，完成南京第二钢铁厂宿舍区棚户区改造，确保圣戈班C2、C3等地块有序出让，马家店保障房B、C地块竣工交付，A、D地块主体封顶，中华中学、中央商务区公办学校开工建设，提升“两桥”片区的综合承载能力。持续开展背街小巷整治，高标准推进垃圾分类、“厕所革命”，规范户外广告、渣土车管理，提升城市功能品质。

3. 强化产业支撑产城融合，发展枢纽经济。牢牢把握创新驱动、功能融合、产业支撑、市场导向、集约发展、服务区域的原则，依托高铁枢纽的属地区位优势，坚持以载体建设为抓手，加快高铁枢纽经济区建设，把枢纽型经济打造成为雨花发展的重要品牌。加快优化北广场地面交通组织，有序推进客运枢纽、快速通道、轨道交通建设，更好地实现南站片区与全市和周边区域的互联互通。以高端商务商贸、文化创意、信息技术咨询、健康服务、旅游服务等为重点，着力引进相关产业集聚发展。大力发展总部经济、楼宇经济，引进国内外知名大型企业集团设立区域总部、行政总部，建立技术交流与产业研发中心、产品展示与营销中心、采购中心，打造高端商务商贸集聚区和长三角地区旅游集散中心。

（四）聚力建设红色文化城，塑造雨花特色新名片

认真贯彻习近平总书记关于弘扬雨花英烈精神的重要指示，全面落实“把红色资源利用好、把红色传统发扬好、把红色基因传承好”的指示要求，坚持保护与开发并举、继承与发扬结合，研究编制红色文化城建设三年行动计划，进一步发挥雨花红色文化资源的思想价值和社会价值，不断扩大雨花的红色文化影响力，提升雨花的文化“软实力”。

1. 传承红色基因，讲好雨花故事。以雨花台烈士陵园红色资源为支撑，大力弘扬“两高一大”雨花英烈精神，让红色革命基因在雨花大地广泛传播、落地生根。深度挖掘区内皖南事变三烈士墓等红色文化资源，梳理区内红色遗迹和红色故事，形成雨花“红色档案”。建设雨花台区史馆，传承砥砺奋进精神。依托“雨花讲坛”“文化大讲堂”等宣传阵地，结合雨花台干部学院开办，建强理想信念教育基地，重点在机关、中小学校打造一批“英雄支部”“英雄中队”，构建红色教育实践网络，使雨花“红色精神”更强更亮。

2. 繁荣文化活动，促进立德树人。围绕雨花红色资源丰富这一特点，创作一批红色文艺精品，弘扬红色文化主旋律，丰富雨花“红色印记”。发挥公共文化阵地作用，在机关、学校、街道、社区、企业、军营广泛开展红色文化征文、红色主题演讲、红色诗文朗诵、红色歌咏比赛、红色书画展览等主题活动，营造“红色氛围”。加快数字文化馆和图书馆新馆建设，开辟红色主题阅读专柜，真正把红色文化精髓传递到每一个雨花人心里。围绕培育和践行社会主义核心价值观，坚持以先进典型为引领，大力宣传群众身边的好人模范、凡人善举，凝聚向上向善力量。

3. 做强文旅产业，书写山水新篇。紧扣“红色旅游”主题，以雨花台红色资源为核心，

串联全市，辐射周边，打造具有雨花特色的红色文化研学旅游精品线路，拓展红色旅游项目，设计红色旅游纪念品，壮大"红色产业"。以增强群众文化获得感为着力点，以全域旅游为引领，围绕将军山、大石湖、牛首山北坡、三桥湿地公园等优质文旅资源，精雕细琢打造一批品牌项目。重点打造浡泥国王墓-菊花台片区文旅融合项目，争创国家4A级景区。高标准完成浡泥国王墓整治提升工程，加快推进浡泥国王墓"海丝"申遗，为南京贯彻落实"一带一路"重要倡议、谱写中文交流合作新篇作出雨花贡献。

（五）聚力建设幸福宜居城，增进人民群众新福祉

牢固树立、自觉践行"以人民为中心"的发展思想，对照省基层基本公共服务功能配置标准，着力在关键领域和薄弱环节加大补短板力度，切实解决好群众关心的教育、医疗、养老、住房、环境等现实问题，不断增强人民群众的获得感和幸福感。

1. 一着不让保生态。践行"绿水青山就是金山银山"理念，深入抓好中央环保督察"回头看"反馈意见整改落实，健全常态长效机制，全力打好污染防治攻坚战。牢牢把握"PM2.5浓度不能退步"这一刚性考核指标，深入推进节能减排，严格管控大气质量，提升优良天数比率。严格落实河湖长制，注重消除黑臭水体与水质稳定达标相结合，加速攻坚雨污分流及污水管网建设，坚决啃下国考、省考、市考断面稳定达标的"硬骨头"，基本消除劣Ⅴ类水体。进一步落实"共抓大保护、不搞大开发"总要求，把保护和修复长江生态环境摆在压倒性位置，狠抓入江支流断面水质提升、沿江专项执法行动、岸线清理等重点工作，推动长江雨花段生态环境持续改善。切实加强土壤及固废污染治理修复，保障人居环境安全。扎实做好生态雨花建设工作，新增绿地20万平方米，林木覆盖率达到30.2%，绿化覆盖率达到49.68%，擦亮雨花绿色发展底色。

2. 全力以赴惠民生。坚持就业优先，不断丰富完善促进就业创业的政策措施，拓宽居民增收渠道。扎实推进年度16类87项民生实事，解决好群众普遍关心的突出问题，提高基本公共服务均等化水平。着力办人民满意教育，加快宁南规划小学、实验小学西校区等学校建设，积极推进南外雨花国际学校、软件谷小学开办招生，大力实施"名校、名师、名校长"引进工程，提高办学质量。深化医药卫生体制改革，深入实施"院府合作"，加快推进区域医疗中心和区级公共卫生中心建设，做实做细家庭医生个性化签约服务，加强食药品安全监管，建设"健康雨花"。全力建设潘窑保障房，开工建设定坊共有产权房，改善群众居住条件。启动安德门地铁换乘中心等10个社会公共停车设施建设，缓解群众停车难题。加快社区养老服务设施建设，完善区、街、社三级为老服务网络，增加优质养老服务供给。

3. 优化治理促和谐。创新网格化社会治理工作，扎实开展精品社区创建，引导社会组织有序参与社区治理。完善社会治安防控体系，持续开展社会矛盾和安全隐患大排查大整治，深入推进扫黑除恶专项斗争，坚决防范和遏制重特大安全生产事故。落实信访工作责任制，紧盯非法集资、征地拆迁、劳资纠纷、涉环保等重点领域，扎实做好矛盾纠纷排查、信访积案化解、重点人员稳控等工作。坚持底线思维，加强有效监管，坚决守住不发生系统性金融风险的底线。强化民主法治建设，深入推

进依法治区，积极支持人大、政府、政协履行职能，更好地发挥工青妇、残联、红十字会、工商联等桥梁纽带作用，切实做好统战、民宗、侨台、人武、双拥、档案、党史和老干部、关心下一代等工作，打造新时代共建共治共享的社会治理新格局。

四、坚持从严从实、务求实效，全面提高新时代党的建设质量

党政军民学，东西南北中，党是领导一切的。建设“强富美高”新雨花，必须充分发挥党在各项事业中的领导核心作用，把全面从严治党要求落实到党的建设各方面，切实以高质量党建引领高质量发展。

1. 坚持对党绝对忠诚，做到政治过硬。政治建设是党的根本性建设。以党的政治建设为统领，进一步牢固树立“四个意识”，自觉落实“两个维护”，坚决反对“七个有之”，在思想上政治上行动上始终同以习近平同志为核心的党中央保持高度一致，坚决维护党中央一锤定音、定于一尊的权威。严格执行新形势下党内政治生活若干准则，严格落实“三会一课”、民主生活会、组织生活会等制度，用好批评和自我批评的锐利武器，提高民主生活会质量，增强党内政治生活的政治性、时代性、原则性、战斗性，烧旺锤炼党性的“大熔炉”。坚持民主集中制原则，严格执行重大问题请示报告制度，健全完善区委常委会议事决策规则，进一步提高决策科学化水平。统筹推进各层级各领域党务公开工作，及时回应党员和群众关切。

2. 坚持思想建设引领，做到信念过硬。思想是行动的先导，精神是前进的动力。坚持学懂弄通做实，常态推进“两学一做”学习教育，扎实开展“不忘初心、牢记使命”主题教育，推动习近平新时代中国特色社会主义思想和党的十九大精神入脑入心、见行见效，筑牢信仰之基、补足精神之钙、把稳思想之舵。坚持党管意识形态，压紧压实意识形态工作责任，牢牢掌握意识形态工作领导权管理权主动权。坚持正确舆论导向，强化正面宣传，做好风险管控，持续巩固和壮大主流思想舆论，为高质量发展营造良好氛围。以庆祝新中国成立70周年为重要节点，深入开展解放思想大讨论，切实找准发展“难点”背后的思想“堵点”，推动学思践悟蔚然成风，真正以思想大解放推动雨花大发展。

3. 坚持夯实基层基础，做到责任过硬。加强基层党组织建设，重在提升组织力。突出基层党组织的政治功能，深入实施强基固本行动，围绕“强基础、严规范、重质量、提效益”要求，以社区党组织换届为契机，建强基层党组织带头人队伍，推动基层党组织建设全面进步、全面过硬。持续加大城市基层党建探索和创新，扩大软件谷“雨花红谷”、南京南站区域“党建动车组”、社会组织“红色导航”等党建品牌影响，进一步丰富形式、拓展内容，形成更多可借鉴、可复制的区域化党建新模式，打造一批先锋支部和“红色头雁”。以标准化、规范化为导向，认真落实党支部工作条例，建立书记工作室和实境课堂示范点动态管理评估机制，不断放大示范点示范效应，让党员的先锋形象树起来，让基层党组织的战斗堡垒作用强起来。

4. 坚持使命担当作为，做到能力过硬。干部队伍是改革发展的中坚力量。根据党政机关机构改革方案，着眼领导班子长远建设，对接全区中心任务和实际需要，积极稳妥做好机构改革中领导班子调整配备。严格落实新时代好干部标准，坚持德才兼备、以德为先、任人

唯贤，建立素质培养、知事识人、选拔任用、从严管理、正向激励工作体系，建设忠诚干净担当的高素质干部队伍。深入开展“培鹰行动”，加强一线历练锻炼，及时发现、培养、选拔优秀年轻干部。坚持严管和厚爱结合、激励和约束并重，深入贯彻中央关于进一步激励广大干部新时代新担当新作为的意见和省委关于健全鼓励激励、容错纠错、能上能下“三项机制”的部署要求，旗帜鲜明地为敢于担当者担当、为敢于负责者负责，充分激发干部队伍的积极性主动性创造性。

5. 坚持监督问责从严，做到作风过硬。持之以恒落实中央八项规定精神，紧盯不敬畏、不在乎、喊口号、装样子的问题，结合雨花经济社会发展的具体实际，坚决破除形式主义、官僚主义，推动党中央重大决策部署落地见效。创新纪检监察体制机制，做实做细监督职责，扎实推进政治巡察、派驻监督，持续深化纪检监察体制改革，促进执纪执法贯通，有效衔接司法，推进反腐败工作法治化、规范化。深入整治群众身边的腐败和作风问题，加大“第一种形态”处置力度，实现办案政治效果、纪法效果和社会效果相统一。时刻铭记打铁必须自身硬的要求，从严从实加强纪检监察队伍建设，打造忠诚干净担当的纪检监察铁军，为雨花营造更加风清气正的良好政治生态提供坚强的纪律保障。

同志们，砥砺前行风帆劲，干事创业正当时。让我们更加紧密地团结在以习近平同志为核心的党中央周围，在省市委坚强领导下，坚定信心决心、埋头苦干实干、奋力攻坚突破，确保圆满完成新一年的各项目标任务，为高质量推进“强富美高”新雨花建设而努力奋斗，以优异成绩迎接新中国70华诞！

雨花台区人民政府工作报告

——雨花台区第十八届人民代表大会第三次会议

张连春

（2019年1月3日）

2018年工作回顾

2018年，在市委、市政府和区委正确领导下，在区人大、区政协的监督支持下，全区上下以习近平新时代中国特色社会主义思想为指导，深入贯彻党的十九大精神，牢牢把握高质量发展要求，坚持稳中求进工作总基调，紧扣“三大攻坚战”*，对标找差，创新实干，圆满完成了区十八届人大二次会议确定的各项目标任务，全区高质量发展实现良好开局。

——转型升级步伐加快，综合实力持续增强。大力集聚创业创新要素，坚定不移发展主导产业，完善产业功能布局，发展质量效益稳步提升。经济运行稳中有进。预计实现地区生产总值570亿元,增长8.1%,其中第三产业增加值485亿元,增长9.3%;一般公共预算收入82.5亿元,增长13.7%;社会消费品零售总额417亿元,增长9%;全社会固定资产投资280亿元;实际利用外资2.1亿美元,外贸进出口总额268亿元,服务贸易进出口总额2.68亿美元。110个区人代会项目快速推进,完成投资251亿元,其中32个市重大项目完成投资173亿元,完成率居全市前列。产业结构不断优化。深入推进省级服务业综合改革试点,大力发展以软件产业为主导的现代服务业,产业规模效益持续增强。软件谷排头兵、主阵地、核心区作用更加凸显,通信软件、云计算大数据、移动互联网、人工智能等“四大创新产业集群”协同发展,形成云密城、楚翘城、科创城、创业创新城、大数据产业基地“四城一基地”特色园区。华为二期等项目建成投产,东南明略人工智能产业园、苏宁云数据中心等重大产业项目签约落地。预计实现软件和信息服务业收入2500亿元,其中软件业务收入1550亿元,增长13.1%。高铁枢纽经济区南站核心区建设成效明显,累计建成高端商务商贸载体80万平方米,云帐房、中信城开等一批优质总部企业入驻。全年新增“四上”文化企业33家,文化产业增加值占GDP比重提升0.45个百分点。南京市与宝武集团战略合作协议正式签署,梅钢片区产业转型步入新阶段,雨花南部区域发展迎来加速期。创新动能显著增强。国家双创示范基地★建设成效明显,获得国务院办公厅督查通报激励表彰,双创服务中心项目定向申报5000万元中央预算内投资补助资金。大力推进“两落地一融合”工程★,引进清华大学、俄罗斯鲍曼大学等国内外高校人才团队,签约新型研发机构★12家,通过市级备案7家。新增市级以上众创空间7家、孵化器4家。新增发明专利授权515件。新增高新技术企业168家,位居全市前列。科技企业获得天使轮以上融资25亿美元,“苏科贷”“宁科贷”等科技贷款获批额度累计达30亿元。运满满、苏宁体育等30家企业入选南京市独角兽、瞪羚企业★榜单,占全市总量20%,位居全市第一。亿嘉和等企业成功挂牌上市,总数达38家。新增科技顶尖专家2名、创新型企业家3名,入选省“双创人才”8名,新增区级高层次创业人才56名,位居全市前列。

——建设管理集约高效,城市功能持续提升。大力实施206个城建项目,年度投资超百亿元,加快补齐基础设施短板。始终坚持规划引领。完成《雨花台区2035发展规划大纲》《雨花南路以北地区控制性详细规划》等11项重点规划,开展《板桥新城总体规划》修编,启动综合交通、地下空间等专项规划编制。集约高效利用土地资源,启动35个城镇低效用地再开发项目,再次获评省级国土资源节约集约利用模范区。城市建设快速推进。实施53个征拆项目,完成征拆面积80万平方米。地铁S3号线建成运营,宁马高速拓宽改造正式启动,绕城公路—安德门大街等交通堵点完成改造,机场二通道、龙翔大道二期等跨行政区“断头路”加快建设。实施棚户区改造项目14个,开工建设保障性住房32.2万平方米,竣工7.3万平方米。软件谷基础设施建设加快推进,龙西路、管道路等26条内部道路加快建设,中兴人才公寓二期实现竣工。“两桥”片区城市更新改造取得新进展,完成开发策略、城市设计等6个专项规划,龙翔大道一期建成通车,开工建设梅苑南路北段等11条主干道,马家店保障房B、C地块项目主体封顶，A、D地块项目全面开工，首个商住项目洺悦华府开工建设，中央商务区招商选资全面展开。城市管理更加精细。深入推进138个精细化建设管理项目，雨花东路环境综合整治工程竣工交付，春江新城一期、共青团路三村等9个老旧小区完成出新，203个住宅小区、358家机关企事业单位垃圾分类全面开展，凤台南路整治工程被评为全市十大精细化建设管理项目。建成梅山中心路等10个社会公共停车场，新增停车泊位1821个。在全市率先建立"街长制"，推进"智慧城管"建设，实行城市管理"双微"快速处理★，落实"门前三包"责任制，环卫保洁机械化作业率达95%以上。

——生态治理全面加强，环境面貌持续改善。深入推进污染防治攻坚战，提档升级绿化景观，生态环境质量稳步提升。"263"专项行动★成效明显。从严开展建设项目环境评价，坚决杜绝污染项目落地，加大化工、建材、铸造等企业整治力度。全面落实"河长制"，推进南河等14条河道水环境提升工程，顺利实施316个雨污分流项目，工农河环境提升和生态改造工程获评全省沿江生态环境整治先进典型。落实工业废气治理、工地扬尘智慧防控、餐饮油烟排放整治等综合措施，预计全年压减煤炭消耗36万吨，空气质量优良天数优于全市平均水平。持续加大土壤污染管控力度，深入开展土壤污染状况详查，完善土壤环境监测预警机制，建立污染地块名录和负面清单。环境整治力度持续加大。扎实推进中央和省环保督察反馈问题整改工作，严肃查处一批群众身边的环境违法行为，及时办结群众环保信访投诉。整治长江、秦淮新河沿线违法乱占乱建36处，拆解"三无"船舶27条，治理黄砂码头5家，提前两年完成省河长办下达的整治任务。实施梅山9号路沿线环境再提升计划，出新道路立面，推进建通大院环境整治，复绿建设三山矶绿地，加大环保、城管、交通综合执法力度，健全长效管理机制，梅钢片区环境明显改善。生态景观更加优美。严守生态保护红线，落实生态红线区域补偿制度，大力推进南郊森林公园、雨花台砂砾石层等保护区的生态修复。实施31个园林绿化建设项目，推进花神湖、卡子门广场等景观升级工程，完成雨花大道等4条道路杨树更新改造，南京南站地区建成曲径花溪、岩石花园等立体景观。全区绿化造林200亩，新增绿地20万平方米，新建绿道4.7千米，建成区绿化覆盖率达49.36%、林木覆盖率达30.15%，人均绿地面积58.8平方米，公园绿地服务半径覆盖率达59%，人均公园绿地面积12.7平方米。

——民生服务提质升级，群众生活持续向好。全力保障民生投入，民生支出占一般公共预算支出达86.3%，全面完成73项为民办实事项目，群众满意度不断提高。基本保障扩面增效。大力实施稳岗就业政策，新增城镇就业1.4万人、大学生就业2.4万人。预计全体居民人均可支配收入达57530元，增长9%，增幅全市前列。完善社会救助体系，最低生活保障、困难残疾人救助等标准实现同城同标，累计发放各类救助金6000余万元，惠及群众8万余人次，实现应保尽保、普惠均等。完善养老服务体系，推进医养结合试点，累计建成养老机构20家，每千名老人拥有养老床位数达38.5张。社会事业加快发展。教育资源布局不断优化，小行小学新校区、金陵华兴实验学校投入使用，南外雨花国际学校主体封顶。与金陵中学、中华中学、拉萨路小学达成合作办学协议，雨花台中学连续9年获得高中发展性评估综合奖。成功承办江苏省青少年校园足球现场推进会，雨花台中学足球队夺得“省长杯”初、高中组双料冠军。“院府合作”持续深化，新建6个医联体，累计建成19个基层特色科室，位居全市前列，成功创建江苏省基层卫生十强区。铁心桥、赛虹桥社区卫生服务中心建成全省首批社区医院。响应“一带一路”倡议，高标准实施渤泥国王墓环境整治工程。新增体育健身路径28套，组织各类文体活动1300余场，成功举办“雨花杯”全国航空模型公开赛，金地体育公园获评全省十佳体育公园，梅山体育公园获评全省最美乡村健身公园。社会治理共建共享。大力实施精品社区工程，累计创建精品社区21个，翠竹园国际化试点社区顺利通过市级验收，“四方平台”工作法*入选全国100个优秀社区工作法。每万人拥有社会组织数达22.2个，位居全市前列。创新网格化社会治理，深入推进“雪亮工程”建设，大力推进信访积案化解，获评全省平安区。全面落实安全生产责任制，成功创建省级食品安全示范区。防范化解重大风险、东西部扶贫协作、国有企业“三供一业”*分离移交、对口支援、防汛救灾、扫雪防冻等工作扎实推进，民族、宗教、档案、外事、侨务、人武、双拥、妇女、儿童、助残、物价等工作取得新成绩。

——*政府职能加快转变，行政效能持续提高*。坚持以习近平新时代中国特色社会主义思想为指导，树牢“四个意识”，坚定“四个自信”，坚决做到“两个维护”，对标找差、创新实干，政府执行力和公信力进一步增强。依法行政全面强化。落实政府法律顾问、公职律师制度，深入开展规范性文件、重大合同合法性审查，顺利完成司法所管理体制改革。强化政府信息公开，主动公开政府信息5642条。认真落实区人大及其常委会决议决定，自觉接受人大工作监督、法律监督和政协民主监督。提高建议提案办理效率和质量，积极办理人大代表建议、政协提案358件，满意率和基本满意率达100%。行政效能不断提升。稳步推进新一轮政府机构改革。深化“放管服”改革，充分发挥“互联网+政务服务”效能，大力实施行政审批制度改革，494项审批服务事项全部实现不见面，积极推动“告知承诺”*试点，在全市首推“证照联办”跨部门办理，发出首套“证照联办”营业执照和经营许可证。受理各类审批服务事项22万件次，综合办结率100%，综合满意率99.98%。认真落实南京市优化营商环境100条，大力支持民营经济健康发展，赛虹桥街道商会荣获全国工商联系统先进集体。市场主体活力不断增强，新增企业法人单位4046家，各类市场主体累计达8万户。作风建设常抓常严。坚决抓好中央巡视反馈意见整改落实，扎实推进“两学一做”学习教育常态化制度化，深入开展解放思想大讨论，强化政府系统党风廉政建设，严格落实中央八项规定及其实施细则，从严执行办公用房、公务用车管理规定，严控公务商务接待、出国出差标准，“三公”经费支出同比下降5%。全面推进审计发现问题整改挂销号制度，深入开展同级财政审计、领导干部经济责任审计。高效办结12345政务热线工单4.3万件，综合得分位居全市前列。

各位代表，过去一年的成绩来之不易，这是市委、市政府和区委坚强领导的结果，是全区人民攻坚克难、共同奋斗的结果。我谨代表雨花台区人民政府，向全区干部群众，向人大代表、政协委员和离退休老同志，向各民主党派、工商联和无党派人士，向驻区单位干部职工，向所有关心、支持雨花发展的各界人士和朋友们，表示衷心的感谢和崇高的敬意！

在总结成绩的同时，我们也清醒认识到发展中存在的不足，主要表现在：全区产业升级与城市转型任务依然艰巨，实体经济还面临不少困难，新一代信息技术产业与现代服务业的支撑不足；高标准规划引领亟待进一步强化，城市建设管理标准需要加快提升，大板桥等重点片区的转型发展有待破题；全区教育、医疗、文体等优质公共服务资源供给还不充分，与群众美好生活需求还有较大的差距。同时，政府职能转变需要进一步加强，体制机制活力有待进一步释放，作风建设和执行力还需常抓不懈，持续提升。

2019年经济社会发展目标任务

各位代表，2019年是新中国成立70周年，是全面建成小康社会关键之年。深化改革红利快速释放，长三角区域一体化发展上升为国家战略，全省大力推进"六个高质量发展"★，南京市深入实施"121"战略★，区委明确了"五城共建"★的奋斗目标，为我们的发展创造了良好环境，指明了方向。软件产业集群、"双创"示范基地、高铁枢纽核心、红色文化基因、山水城林一体等优势必将更加彰显，雨花高质量发展特色之路必将越走越宽、越走越稳。

2019年区政府工作总体思路是：以习近平新时代中国特色社会主义思想为指导，深入贯彻党的十九大精神和习近平总书记对江苏工作的重要指示要求，认真落实中央和省市决策部署，坚持稳中求进工作总基调，坚持新发展理念，紧紧围绕"五城共建"目标，以更高标准、更实举措、更大力度，进一步发挥创新第一动力引领作用，聚力打造主导产业地标，着力提升城市规划建设管理水平，全力提高民生福祉，推动雨花高质量发展走在前列。

2019年经济社会发展主要目标任务：力争实现地区生产总值增长8%；一般公共预算收入增长8%；全社会固定资产投资280亿元；社会消费品零售总额增长9%；外贸进出口总额230亿元，实际利用外资2.2亿美元；新增高新技术企业120家；软件业务收入1800亿元；全体居民人均可支配收入增长8%。全年安排区人代会重点项目110个，年度计划投资246.2亿元，其中市重大项目30个，年度计划投资112.3亿元。为实现上述目标任务，在新的一年里坚持做好七个方面重点工作：

一、加快转型升级，着力提升高质量发展实力

紧扣现代产业城发展目标，聚焦主导产业，壮大新兴产业，大力发展现代服务业，不断增强核心竞争力。

聚力打造软件产业地标。持续推进中国软件名城示范区建设，加快软件产业转型升级，做大做强云计算、大数据、虚拟现实等新兴技术产业，打造高端软件产业体系，力争实现软件业务收入1800亿元，新增涉软企业350家、涉软从业人员2.5万人、软件产业建筑面积80万平方米。进一步优化产业功能布局，提升北园产业集聚度和贡献度，加快南园总部经济园、金融科技产业园等重大项目建设，力争中兴三区一期部分建成入驻，亿嘉和智能巡检机器人基地完成基础施工。持续做好云密城、科创城、创业创新城等特色园区招商运营管理，构筑一流专业园区。

着力加快产业转型升级。积极培育打造

新增长点，出台新一代人工智能产业发展规划，加大人工智能产业政策扶持力度，聚焦发展智能芯片、智能器件、智能信息等人工智能核心业态，重点打造华捷艾米3D-AI产业、中科创达智能驾驶等产业园区，不断壮大人工智能产业集群规模。大力发展商务商贸、金融、文化旅游等现代服务业，优化空间布局，全年新增商务商贸载体60万平方米。重点打造高铁枢纽经济区南站核心区，全力推进证大喜玛拉雅三期、瀚威城市综合体等项目建设和招商，大力引进培育总部经济、新零售等新型业态，增强高铁枢纽经济区辐射力。启动梅钢区域转型发展前期工作，加强对接协调，助推梅钢搬迁稳步推进、有序实施。推进工业企业资源集约利用绩效评价，着力推动低效工业企业转型升级，盘活存量土地资源，为新兴产业发展拓展空间。

切实提升招商引资成效。把招商放在更加突出的位置，积极探索构建政府、市场并举的投资促进机制，积极做好境内外招商网络建设。聚焦产业链，整合全区土地、楼宇等资源，围绕软件信息服务业、人工智能、商务商贸等优势产业，紧盯硅谷等国内外重点区域，完善招商企业名录库，借势"软博会""金洽会""智能制造大会"等重大展会平台，借助商会、校友会、专业协会等社会机构，开展精准招商、国际化招商、以商引商，加快引进世界500强、软件百强、科技创新前沿企业。完善全要素、全链条、全流程项目服务体系，加快推进各类在谈项目、优质企业签约落地，力争全年签约项目投资总额420亿元以上。

二、发挥双创优势，着力增强高质量发展动力

深入贯彻落实"121"战略，持续放大国家双创示范基地引领作用，加快集聚高端创新要素，打造独角兽、瞪羚企业的摇篮，打造资本市场雨花板块，打造科技创新城。

大力建设双创平台。深化"两落地一融合"工程，发挥雨花台高新区作用，提升校地合作广度和深度，联合高校人才团队共建共享，大力推进新型研发机构的洽谈、签约、落地、建设、认定、孵化等工作，确保新增新型研发机构6家。出台鼓励企业科技创新配套政策，支持企业建设工程技术研究中心等科技创新平台，承担国家和省市科技创新项目，确保新增4家市级以上工程技术研究中心。坚持科技创新"引进来"和"走出去"，深化与硅谷高创会、中欧创新中心等国际创新平台合作，引导企业借助国际化平台，借力全球创新资源，开展技术攻关。

大力汇聚双创主体。实施科技创新企业培育计划，完善科技企业跟踪服务机制，建立高新技术企业、独角兽企业培育库，全力扶持小微科技企业发展壮大，力争全年新增独角兽、瞪羚企业10家以上，新增高新技术企业120家。完善人才综合评价体系，拓宽高层次创业创新人才引进渠道，推进"新型研发机构+龙头企业+顶尖专家"融合发展，重点引进院士团队、长江学者、千人专家等顶尖人才，确保新增科技顶尖专家2名、创新型企业家2名、区级高层次创业人才56名。

大力优化双创生态。打造科技金融服务体系，做强联合担保、风险补偿、互助转贷等金融服务资源，放大创投基金、机构服务能级，加大种子期、初创期创新企业投融资支持力度，力争新增"苏科贷""宁科贷"科技贷款8亿元以上，科技企业获得天使轮以上融资10亿元。发挥上交所资本市场服务南京基地、深交所科技金融路演服务平台作用，建立科创板企业上

市储备库，支持科技创新企业直接融资，力争新增挂牌上市企业3家以上。加快软件谷双创服务中心建设，提升全区科技孵化器、加速器效能，持续放大“双创”峰会、“创业UP”等活动品牌效应，着力打造“产学研政金”双创要素协同发展的良好生态。

三、强化规划引领，着力挖掘高质量发展潜力

顺应城市发展规律，始终坚持规划先行、产城融合，精致精细推进城市建设管理，不断提升特色枢纽城功能品质。

更高标准开展城市规划。强化顶层设计，向规划要品质、要效益。借智国际国内顶尖城市规划设计团队，把脉雨花城市发展定位和重点，高标准开展《雨花台区总体规划》修编，完成《板桥新城总体规划》编制工作，谋划雨花未来发展蓝图。开展板桥新城中部组团、南部组团、梅钢片区、人居森林片区控制性详细规划和城市设计，推进控详规划和城市设计全覆盖。加强高效集约利用土地，加快低效用地再开发，盘活存量土地。着力提升规划实施质量和效率，精致精细、高品质建设，全面提高城市道路、景观绿化、地下管网等项目建设标准。

更高水平推进城市更新改造。加大征收拆迁工作力度，积极推进宁芜铁路外绕、人居森林、亿源建材市场等重点征拆项目，全年实现征拆面积70万平方米以上。完成自行车厂南侧地块等7个棚户区改造项目，改造面积9万平方米。突出“两桥”地区城市更新改造，加快续建龙翔大道二期、龙翔西立交、机场二通道地面段及跨秦淮新河桥等11个路桥工程。完成二钢宿舍区改造工程，基本完成征拆任务。加快马家店保障房建设，确保B、C地块项目竣工交付，A、D地块项目主体建设。加快吴尚A地块商办综合体基础建设，打造人工智能领先企业总部集聚地。加快土地整理，推进龙翔启动区A6地块、圣戈班C2、C3地块挂牌上市，着力推进学校、医院、城市商业等优质配套资源向“两桥”片区集中，加快打造雨花城市新中心。

更大力度推进基础设施建设。加快构建互联互通的现代交通网络。聚焦跨行政区“断头路”打通和交通堵点治理，推进宁马高速拓宽改造、地铁7号线建设，全面开工建设338省道，建成岱山东路北延、板霞线等项目。强化重点板块之间的交通联接，推进管道路西段、凤翔路、滨河北路等8条道路前期手续办理，开工建设兴梅路北段、檀山路等道路项目，加快水科路等9条软件谷内部道路建设，织密片区路网，改善秦淮新河以南地区交通出行条件。着力化解停车难问题，开工建设安德门人防换乘中心等10个社会公共停车场。加大安居保障力度，推进绿洲南路经济适用房二期、潘窑征收安置房等项目建设，竣工交付小行里51号危旧房改造项目。

更加精细开展城市管理。巩固文明城市创建成果，强化雨花特色城市风貌塑造，提升现代城市形态和品质。探索建立工程建设全过程管理办法，全面提高设计施工标准，着力在城市建设管理中融入雨花元素、传承雨花文化、彰显雨花特色。高标准开展环雨花台烈士陵园片区环境综合整治，实施周边道路整治、立面出新、杆管下地、绿化提档等工程，为雨花红色教育基地做好服务配套。以老旧小区出新、背街小巷整治、公厕革命、垃圾分类为重点，扎实推进梅苑南路廊道景观工程、北辅道小游园等一批精细化管理项目，集中整治地铁站、高铁南站等窗口地区市容市貌，构建精细

化、智慧化、常态化城市管理格局。

四、增进民生福祉，着力展现高质量发展效力

坚持以人为本，持续加大民生投入，统筹各项社会事业全面协调发展，建设红色文化城，加快满足群众美好生活需求。

加大民生保障力度。坚持开门办民生，聘任首批民生观察员，广泛征集群众建议，实施16类87项为民办实事项目，优先解决群众最关心、最直接、最现实的民生问题。落实稳岗补贴、租房补贴等优惠政策，鼓励支持高校毕业生、贫困家庭等重点群体就业创业，全年新增城镇就业1.1万人、大学生就业1.73万人。突出富民增收，提高城乡居民最低生活保障标准，全体居民人均可支配收入增长8%，城镇养老保险覆盖率99%以上。提高医疗保障能力，统筹城乡居民医保，提高大病保险覆盖率，落实大病救治、医疗互助等救助政策，减轻群众看病负担。深化居家养老和社区养老创新，完善区、街、社区三级养老服务体系，加快社区养老设施建设，提供更加精准的养老服务。

全面优化公共服务。深化集团化办学，落实与金陵中学、拉萨路小学、南外合作办学协议，大力引进培育“名校、名师、名校长”。启动建设宁南规划小学等3所小学，加快建设实验小学西校区、马家店规划小学、南站规划学校等工程，积极推进南外雨花国际学校、软件谷小学开办招生，争创全国青少年校园足球优秀试点区。积极打造“幸福三圈”。建设5分钟社区商业圈，合理布局便利店等社区商业，规划建设一批标准化农贸市场，标准化达标率82%以上。建设10分钟文化体育圈，出新改造22套健身路径，建成文化大厦并投入使用，完成区图书馆、文化馆、博物馆、美术馆新馆建设。统筹推进红色文化城建设，梳理挖掘雨花台烈士陵园、皖南事变三烈士等红色资源，打造一批红色文化精品，进一步传承激扬雨花红色文化基因。开展全域旅游示范区达标创建，完成浡泥国王墓环境整治工程，助推“海上丝绸之路”申遗工程。建设15分钟健康服务圈，完善医疗卫生服务体系，深入推进“院府合作”，引进“名院、名医、名科室”，推进岱南社区卫生服务中心建设，累计建成25家医联体，新增3个省市特色科室。启动三级医院的规划和论证，引入社会资本发展区域医疗中心，强化智慧医疗项目建设，深入推进家庭医生签约服务。

持续提升社会治理水平。深入推进全国社区治理和服务创新实验区创建工作，打造精品社区，创建国际化社区。巩固社会网格化创新成果，延伸拓展网格化功能，强化专职网格员队伍建设，提升网格员履职能力。坚持问题导向和底线思维，坚决防范化解重大风险，健全完善安全生产责任制，深入开展事故隐患排查整治，确保不发生较大以上安全生产责任事故。巩固省级食品安全示范区建设成果，深入开展国家食品安全城市创建活动。全面推进平安雨花、法治雨花建设，深入推进扫黑除恶专项行动，持续开展社会矛盾和安全隐患大排查大整治，强化信访积案化解，确保社会大局和谐稳定。

五、坚持生态优先，着力彰显高质量发展魅力

坚决打好污染防治攻坚战，着力解决环境突出问题，充分凸显雨花山水城林的生态优势，共建共享幸福宜居城。

推进沿江环境保护。坚持“共抓大保护、不搞大开发”，大力推进长江经济带发展专项提升行动，对标沿江优美生态岸线，高标准编

制沿江生态环境治理修复实施方案，科学编排年度专项提升项目，全力推进沿江中小污染企业治理、砂场码头整治、生态涵养修复、文化内涵提升、景点景观打造等工作，深入实施城市“双修”*，加快打造南京南部生态廊道，展现长江岸线雨花段新形象。

实施环境综合治理。深入开展“263”专项行动，打好年度污染防治攻坚战。强化大气污染管控，推进梅钢、华润热电进一步节能降耗，确保完成市下达的压减煤炭消耗任务。加强建设工地扬尘、挥发性有机物等污染源治理，推进餐饮企业污染量化分级，实现PM2.5和臭氧“双控双降”，确保全年空气质量明显提升。严格落实“河长制”管理，系统推进水环境整治提升，大力实施新板沟等10个水环境提升工程，推进96个雨污分流项目建设，提升河道管护和市政排水设施养护水平，确保建成区基本消除劣V类水体，重点考核断面稳定达标。落实土壤污染防治计划，加快污染土地治理修复，推进工业固体废弃物综合利用，确保危险废物申报率100%。

保持监管高压态势。加强环保监察执法，健全三级网格化环境监管体系，深化环保“双随机”*执法监管，推进环保行政执法与刑事司法有机衔接，严厉打击各类环境违法行为，提升环保执法监管水平。严把项目环评审批关，严格落实建设项目环评和“三同时”制度，防止产生新的污染源和环境破坏。加快中央和省环保督察反馈意见整改，推进信访交办件和反馈意见销号，完成省环保督察“回头看”工作。

彰显生态资源优势。落实生态红线管理制度，严守城市开发边界、永久基本农田、生态保护“三条红线”。深入实施南郊森林公园保护规划，加强将军山、大石湖、三桥湿地等山水生态资源保护。推进城市园林景观提档升级，高标准规划设计城市园林景观，实施卡子门世纪塔消险工程、新河市民绿地广场等22个绿化环境综合整治项目，全面提升雨花园林绿化美感和观感，确保新增绿地面积20万平方米，公园绿地服务半径覆盖率达62%以上，建成区绿化覆盖率达49.68%，林木覆盖率达30.2%。

六、持续深化改革，着力释放高质量发展活力

持续优化政府机构职能，深化“放管服”改革，打造行政审批雨花最简版，营造“五城共建”良好环境。

深入推进机构改革。全面完成政府机构改革，优化调整发改、金融管理、市场监管、科技、商务等机构职能，组建应急管理、退役军人事务等职能部门，优化编制资源配置，推动部门组织架构重建和流程再造。按照简约高效原则，整合街道园区审批、服务、执法等方面的力量和职能，统筹机构编制资源，优化街道园区机构设置，实行扁平化和网格化管理。

着力完善体制机制。完善和优化区、街、平台财政管理体制，科学编制财政预算，实行更加严格的支出进度考核和预算绩效评价，提升公共资金使用效率。优化财政预算支出结构，坚持量力而行、尽力而为，合理匹配公共支出与财政承受能力，重点保项目、保民生、保运转。深化国有企业改革，完善薪酬制度，推进国资平台实体化、市场化运作，完善国有企业现代法人治理结构，进一步激发国有企业活力，实现国有资本保值增值。

持续优化营商环境。工作力争比创新更新一点，审批力求比最短再短一天，深入落实优化营商环境各项措施。扎实推进不见面审

批、预审代办、证照联办等审批制度改革，着力推进工程建设项目审批制度改革试点，加大"三多四联"★力度，进一步精简审批环节，规范审批流程。深化商事制度改革，全面推进全程电子化登记和电子营业执照发放。落实支持民营经济发展政策措施，深入开展送政策送服务活动，助力民营经济健康发展。全年确保新增企业法人单位4000家，新增各类市场主体1万户。

七、强化自身建设，着力提升高质量发展能力

旗帜鲜明讲政治，树牢"四个意识"，坚定"四个自信"，坚决做到"两个维护"，始终在思想上政治上行动上同以习近平同志为核心的党中央保持高度一致，自觉以习近平新时代中国特色社会主义思想武装头脑、指导实践，努力建设服务型、法治型和廉洁型政府。

坚持依法行政。持续增强法治理念，主动接受区人大及其常委会法律监督和工作监督，区政协、各民主党派民主监督，创新建议提案办理机制，提高办理效率和质量。完善政府议事决策规则，充分发挥政府法律顾问作用，强化政府重大决策、重大合同、规范性文件合法合规审查，落实行政负责人出庭应诉制度。严格规范行政执法行为，落实行政执法人员持证上岗制度，推行行政执法全过程记录。依法公开政府信息，主动接受审计、群众、媒体监督，使权力在阳光下运行。

坚持为民务实。持续提升政府执行力和公信力，坚持问需于民、问计于民、问政于民、问效于民，完善激励约束、容错纠错机制，不做形象工程，不搞花架子，实事要办实，好事要办好，承诺要办成。强化政务服务能力建设，深化"互联网+政务服务"，办好江苏政务服务网雨花旗舰店，推进基层政务服务"一网通办""全科政务"。加快推进区政务服务大厅搬迁改造，优化政务大厅空间布局，让群众办事方便快捷、舒畅高效。完善12345政务热线办理机制，切实办好群众各类诉求。

坚持高效廉洁。严格执行中央"八项规定"精神及其实施细则，驰而不息整治"四风"问题，坚决整治形式主义、官僚主义，坚决杜绝不作为、慢作为、乱作为。加强权力运行监督制约，积极支持和配合监察机关对政府机关工作人员的纪律监督。推进党风廉政建设常态化、长效化，健全督查问责机制。加强审计监督，实现公共资金、国有资产、国有资源和领导干部履行经济责任情况审计全覆盖，全面建设风清气正、廉洁高效、群众满意的政府。

各位代表，蓝图已绘就，奋进正当时。让我们紧紧团结在以习近平同志为核心的党中央周围，在市委市政府和区委领导下，进一步解放思想，对标找差，创新实干，奋勇争先，全力推进"强富美高"新雨花建设，全力谱写雨花高质量发展新篇章，以优异成绩向新中国成立70周年献礼！

★链接　三大攻坚战：十九大报告中指出，要坚决打好防范化解重大风险、精准脱贫、污染防治的攻坚战，使全面建成小康社会得到人民认可、经得起历史检验。

国家双创示范基地：2016年5月，国务院办公厅印发《关于建设大众创业万众创新示范基地的实施意见》提出，重点围绕创业创新重点改革领域开展试点示范，建设一批双创示范基地，更大范围、更高层次、更深程度上推进大众创业万众创新。2017年6月，雨花台区获批建设国家双创示范基地。

“两落地一融合”工程：2017年9月，市委市政府启动南京“两落地一融合”工程，即科技成果项目落地、新型研发机构落地，校地融合发展，作为建设创新名城的具体抓手。

新型研发机构：指投资主体多元化，建设模式国际化，运行机制市场化，管理制度现代化，创新创业与孵化育成相结合，产学研紧密结合的独立法人组织。

独角兽、瞪羚企业：独角兽企业，指成立10年以内、估值超10亿美元、获过私募投资且尚未上市的企业，其具备爆发式成长的潜力。瞪羚企业，即高速成长的中小企业，一个地区瞪羚企业越多，创新活力越强，发展速度越快。

“双微”快速处理：2018年6月，省住房城乡建设厅印发《关于开展建立城市管理“双微”快速处置机制试点工作的通知》，要求建立城市基础设施微小破损、缺失问题和城市管理微小违法行为的快速处置机制。

“263”专项行动：指江苏省生态保护和环境治理专项行动，即“两减六治三提升”专项行动。“两减”，即减少煤炭消费总量、减少化工铸造等行业落后产能，“六治”，即治理太湖及长江流域水环境、治理生活垃圾、治理黑臭水体、治理畜禽养殖污染、治理挥发性有机物和扬尘污染、治理环境隐患，“三提升”，即提升生态保护水平、提升环境经济政策调控水平、提升环境执法监管水平。

“四方平台”工作法：由雨花街道翠竹园社区首创，指社区居民委员会、业主委员会、物业公司、社区社会组织，定期召开联席会议，共商社区建设与发展难题的工作方法。

三供一业：即国有企业职工家属区供水、供电、供热（供气）及物业管理。

告知承诺：指公民、法人或者其他组织提出行政审批申请，行政审批部门一次性告知其审批条件和需要提交的材料，申请人以书面形式承诺符合审批条件，并能够按照承诺在规定期限内提交材料的，由行政审批部门作出行政审批决定的方式。

六个高质量发展：2017年12月，省委全会围绕高质量发展要求，提出“六个高质量”发展任务，分别是经济发展高质量、改革开放高质量、城乡建设高质量、文化建设高质量、生态环境高质量、人民生活高质量。

“121”战略：指建设一个名城，即具有全球影响力的创新名城；打造两个中心，即科技产业创新中心和综合性科学中心；构建一流创新创业生态体系，即把南京建成最鼓励、最适合、最具活力的创新创业城市。

五城共建：2018年5月，南京市委常委会集体调研雨花时，提出“强富美高”新雨花要建设现代产业城、科技创新城、特色枢纽城、红色文化城和幸福宜居城。

城市“双修”：2017年3月，住建部印发《关于加强生态修复城市修补工作的指导意见》，安排部署在全国开展生态修复、城市修补工作，简称“城市双修”。

双随机：指“监管过程中随机抽取检查对象，随机选派执法检查人员”的监管模式。

三多四联：即多评合一、多规合一、多图联审、联合踏勘、联合测绘、联合验收、区域性联合评价。

雨花台区关于进一步加快软件及信息服务业发展的政策意见（修订）

雨委发〔2018〕57号

2018年9月30日

第一条　设立软件产业综合发展专项资金。专项资金的使用方式包括但不限于奖励补助、项目补贴、贷款贴息、股权投资等。资金使用过程中强化资金跟踪监管和绩效评估，提高资金使用效益。同等条件下优先支持获得创投资金和银行贷款的企业项目。

第二条　对年度软件和信息服务业收入首次达到5000万元、1亿元、5亿元、10亿元、50亿元、100亿元的软件企业，分别给予企业管理团队总额5万元、10万元、15万元、20万元、50万元、100万元的分级奖励。

第三条　对新入选的江苏省规划布局内重点软件企业、国家规划布局内重点软件企业、国内软件百强企业，分别给予20万元、50万元和100万元的奖励。对以上类型软件企业总部落户雨花的，给予200~500万元的专项扶持。对雨花软件产业发展有着特别重要贡献的产业项目，可给予不低于1000万元的重大专项扶持。

第四条　每年评选10家具有较大业务收入规模、产业特色明显、细分行业领先的领军型规模软件企业，给予不低于50万元的重点扶持。每年评选20家业务收入增速明显、具有一定规模和较强研发创新能力以及市场竞争实力的成长型优秀软件企业，给予不低于30万元的创新扶持。对新创办的潜力型小微软件企业，根据企业经营状况及主要产品的技术先进性和预期产出效益，经第三方评估后择优给予10万元的创业扶持，每年不超过30个。优先支持“互联网+”类和智能制造研发类软件企业。

第五条　对列入挂牌上市培育计划的企业，在主板（含中小板、创业板等）首发上市的，分阶段给予总额200万元的支持；对进入全国中小企业股份转让系统的，正式挂牌后给予不高于160万元的补贴；对在香港或其它海外股票市场首发上市的，发行工作完成后，参照南京市相关标准给予相应补贴。

第六条　区内企业实施企业股权（期权）激励、股权转让、以未分配利润、盈余公积及资本公积转增股本时，一次缴纳个人所得税确有困难的，经主管税务机关备案审核，可分期缴纳，但最长不得超过5个公历年度。对股权分红及符合股权激励条件的团队和个人，对股权转让、以未分配利润、盈余公积及资本公积转增股本的，对上市公司限售股自然人股东减持股票的，经批准给予实际发生的个人所得税区所得部分的一定比例代垫资金支持。对企业发行中小企业私募债、中期票据、短期融资券等融资产品的，给予1% ~3%的产品补贴，总额不超过50万元。

第七条　鼓励支持优势企业通过并购、重组、借壳、控股其他企业等方式做大做强，对并购方企业并购重组发生的法律、财务、资产评估等中介服务费，根据并购重组类型和交易额给予不超过100万元的并购资助，对特别重大的资本运作项目根据产业贡献度再给予200~300万元奖励。

第八条　加强软件产业和园区宣传推介，对参加由市、区软件产业主管部门组织参加的中国（南京）软博会等知名展会的软件企业，根据其参展规模和影响，给予不高于20万元的参展补贴。

第九条　对新认定的软件企业和国家集成电路设计企业，一次性给予3万元奖励；新认定的软件产品和取得国家集成电路布图设计登记证书的，每个一次性给予0.3万元奖励。对取得网络文化经营许可证的文化传媒企业，给予3万元奖励。对新获得"南京市优秀软件产品"、"江苏省优秀软件产品（金慧奖）"的企业，分别给予3万元和6万元奖励。对通过开发能力成熟度模型集成（CMMI）3级以上认定的软件企业，分级给予10~30万元奖励；对通过计算机信息系统集成资质认证的软件企业，分级给予4~10万元奖励。对通过信息技术服务标准认证（ITSS）、信息安全管理认证、信息技术服务管理认证、软件测试人才认证、项目管理专业人员资格认证等软件企业，分别给予不低于2万元的奖励。鼓励软件企业参与国内外行业标准制订，对主导或作为重要参与方参与制订国际、国内行业重要标准的软件企业，根据该标准实施后对区内相关产业发展的贡献度给予50~100万元的奖励。

第十条　对新认定的涉软高新技术企业一次性给予5万元奖励，对新认定的江苏省高新技术产品给予0.5万元奖励。对获得市著名商标、省著名商标、国家驰名商标的企业，分别给予2~10万元奖励。对涉软产业领域内新成立的市、省、国家级涉软企业技术中心、工程研究中心、工程技术研究中心、重点实验室、企业院士工作站、博士后创新实践基地、博士后科研工作站分级一次性给予10万元、20万元、30万元奖励。对第一单位获得政府颁发的国家、省、市级科学技术奖的软件企业，分级给予市、省（部）、国家等额配套奖励。对承担国家自然科学基金、国家科技重大专项、国家重点研发计划、技术创新引导专项（基金）的企业，根据其对雨花软件产业发展的贡献程度，给予最高不超过200万元奖励。

第十一条　推动软件产业创新网络建设，促进产学研协同创新发展。通过发放科技创新券的方式，对中小涉软企业向高校、科研院所和公共服务平台购买科技服务、科技成果以及实施科技成果转化项目等按实际发生额的25%进行补贴，最高不超过20万元。对于服务成效显著的中介服务机构，经考核评级后，每年择优给予10~30万元的分级服务奖励。鼓励企业加大研发投入，以企业执行年度研发费用加计扣除政策时认定的研发费用为准，对研发投入比达到10%的国家高新技术企业及科技创业家企业，依据拟兑现企业的年度研发费用，按比例给予奖励，研发投入奖励经费总额为每年300万元，单个企业当年度奖励最高不超过20万元。

第十二条　对新入驻经认定的软件楼宇、园区并实际支付房屋租金的软件企业，企业的年税收（指年度净入库的增值税、营业税、企业所得税、个人所得税四项之和，下同）产出在400元/平方米以上的，给予实际所支付房屋租金20%的补贴；年税收产出在1000元/平方米以上的，给予实际所支付房屋租金50%的补贴；年税收产出在2000元/平方米以上的，给予实际所支付房屋租金100%的补贴。房屋租金共补贴2年，补贴标准不高于60元/平方米?月。对软件企业购买经认定的专业化特色园区楼宇的，参照上述标准给予相应优惠。

第十三条　新创办的软件企业入驻经认定的科技企业孵化器，根据相关政策文件给予相应扶持。经认定的孵化器（含众创空间）内毕业企业入驻经认定的专业园区，参照新入驻企业标准享受房租或购房补贴。

第十四条　鼓励软件产业创业投资引导基金通过参股设立子基金、直接投资或跟进投资等方式，对处于种子期、初创期的软件企业进行风险投资。对成功引进创投、天使资金满一年的创业企业，按其引进创投、天使资金在本区内实际投资额的3%给予一次性奖励，最高不超过50万元；对提供融资服务满一年的孵化机构按实际投资额的2%给予奖励，每年最高不超过20万元；对满一年的投资方管理团队按实际投资额的1%给予奖励，每年最高不超过10万元。对小微企业利用线下小贷、线上互联网金融平台、网上众筹平台等方式融资，根据相关政策文件对借贷双方给予补贴。

第十五条　积极培育创业服务业，支持以政府购买服务等方式与国内知名的创业媒体合作，开展创业宣传，举办创业活动。促进服务于涉软创业项目市场化运作的众创空间发展。经认定的特色众创空间，根据年终考核评价等级择优给予30~100万元的分级服务奖励。新引进业界知名且有成功运作案例的众创空间，参照首年度租房面积标准给予50~100万元的启动运营补贴。

第十六条　优先推荐软件企业优秀人才申报国家“千人计划”、“万人计划”、江苏省“双创计划”和南京市相关高层次人才计划等国家和省、市人才计划。对申报成功的企业人才，按照有关人才政策给予重点支持。对高端人才（包括诺贝尔奖获得者、发达国家科学院或工程院院士，我国“两院”院士、“千人计划”专家、“万人计划”专家、长江学者特聘教授、杰出青年科学基金获得者）新创办涉软企业的，根据企业正常经营情况，两年内每年给予50~100万元的创业奖励。

第十七条　对软件企业骨干研发人员、高级管理人员上一年度在我区工资、薪金所得在12万元以上的，给予个人年度实际缴纳个人所得税额5%的综合补贴；对工资、薪金所得在50万元以上的企业高管，根据贡献度再给予一定的补贴。对符合条件的软件企业，优惠提供人才公寓供软件人才租住。

第十八条　对符合我区软件产业布局的重点公共服务平台，根据服务成效和品牌影响力给予不超过100万元的开办运营补贴。对新引进的国内外知名软件人才培训机构，根据其培训层次、规模以及毕业学员在区内软件企业就业情况，给予30~50万元的扶持。

第十九条　对具有专业日常管理机构、载体面积在一万平方米以上、企业入驻率达80%以上（其中涉软企业入驻率达一定比例）、产业特色明显的专业园区，经认定后，根据服务成效和品牌影响力给予不高于50万元的分级服务奖励。

第二十条　本修订意见自发布之日起施行，有效期五年，原《雨花台区关于进一步加快软件及信息服务业发展的政策意见》（雨委发〔2015〕33号）同时废止。本意见所指的企业，注册登记地须在雨花台区且纳入南京市软件产业统计系统和区（谷）税源管理系统，守法经营并正常报送统计报表。集成电路设计企业、文化创意企业适用本政策，从事金融、咨询和设计等现代服务业企业和总部经济企业可参照执行。本意见由区软件产业发展领导小组办公室负责解释，会同区（谷）发改、财政、商务（招商）、科技和人才等部门制定相关细则，并组织实施。实施过程中各项优惠政策重叠交叉时，按照从优不重复的原则执行。

文件目录选编

2018 年中共雨花台区委员会文件目录（选编）

表 42

文　号	时　间	文　件　标　题
雨委发〔2018〕1 号	3 月 14 日	关于印发《雨花台区 2018 年国民经济和社会发展目标一级分解方案》的通知
雨委发〔2018〕3 号	1 月 8 日	关于印发《雨花台区基层基本公共服务功能配置标准》的通知
雨委发〔2018〕4 号	1 月 10 日	关于梅钢片区环境综合整治情况的报告
雨委发〔2018〕5 号	1 月 11 日	雨花台区关于市委督查室第 23 号批示督办件的办理情况报告
雨委发〔2018〕6 号	1 月 16 日	雨花台区关于 2017 年工作总结和 2018 年工作安排的报告
雨委发〔2018〕7 号	1 月 16 日	雨花台区关于市委督查室第 15 号批示督办件的办理情况报告
雨委发〔2018〕8 号	2 月 8 日	关于表彰雨花台区第二批“攻坚之星”的决定
雨委发〔2018〕9 号	2 月 9 日	关于表彰 2017 年度先进集体、先进个人的决定
雨委发〔2018〕10 号	2 月 26 日	关于 2017 年度中共南京市雨花台区委常委会民主生活会情况的报告
雨委发〔2018〕11 号	2 月 27 日	中共南京市雨花台区委常委会 2018 年工作要点
雨委发〔2018〕13 号	3 月 1 日	关于转发《政协南京市雨花台区委员会 2018 年度工作要点和协商议题安排》的通知
雨委发〔2018〕14 号	3 月 3 日	关于转发《区人大常委会 2018 年常委会会议及主任会议议题安排》的通知
雨委发〔2018〕15 号	3 月 6 日	关于市委张书记在南京乐多玩具有限公司督办件办理情况报告
雨委发〔2018〕16 号	3 月 7 日	关于印发《雨花台区 2018 年为民办实事工作实施方案》的通知
雨委发〔2018〕17 号	3 月 8 日	中共南京市雨花台区委关于全面加强新时代党的建设的实施意见
雨委发〔2018〕18 号	3 月 8 日	关于拟邀请市委主要领导参加雨花台区重大项目集中开工仪式的请示
雨委发〔2018〕19 号	3 月 14 日	关于印发《雨花台区对标找差创新实干推动高质量发展工作方案》的通知
雨委发〔2018〕20 号	3 月 19 日	关于印发《中共南京市雨花台区委建立区委常委与党外人士谈心交友制度意见》的通知
雨委发〔2018〕21 号	3 月 26 日	关于上报《秦淮新河雨花段断面水质达标工作整治方案》的报告
雨委发〔2018〕22 号	4 月 8 日	关于表彰 2017 年机关工作人员年度考核中记三等功和嘉奖人员的决定
雨委发〔2018〕23 号	4 月 8 日	关于市委张书记在《关于雨花台区花神庙社区回民墓穴迁移的报告》上批示督查件报告

续表 42

文　号	时　间	文 件 标 题
雨委发〔2018〕24 号	4 月 23 日	关于统筹解决高铁南站片区教育需求问题的请示
雨委发〔2018〕25 号	5 月 10 日	关于《第 20 期常委会会议纪要督办通知》办理情况的报告
雨委发〔2018〕27 号	5 月 17 日	印发《关于做好防范化解金融风险打赢处置非法集资攻坚战工作实施方案》的通知
雨委发〔2018〕28 号	5 月 18 日	关于入江河道水质提升工作汇报
雨委发〔2018〕29 号	5 月 25 日	关于印发《2018 年雨花台区防汛防旱工作意见》的通知
雨委发〔2018〕30 号	5 月 31 日	关于华润大数据项目用电方案的批办督查件办理报告
雨委发〔2018〕31 号	6 月 1 日	关于中央环保督察同仁堂搬迁批示督办件报告
雨委发〔2018〕32 号	6 月 1 日	关于中央环保督察省级回头看事项批示督办件报告
雨委发〔2018〕33 号	6 月 11 日	关于推进安全生产领域改善发展的实施意见
雨委发〔2018〕34 号	6 月 14 日	关于岱善福润城安居福仁项目批示督查件报告
雨委发〔2018〕35 号	6 月 21 日	关于建立雨花台区关于中央环保督察交办信访问题办理包案制度的通知
雨委发〔2018〕36 号	7 月 3 日	关于板桥街道孙家社区村民扬言上访督查件办理情况报告
雨委发〔2018〕37 号	7 月 4 日	关于南京第二钢铁厂宿舍区有关情况的报告
雨委发〔2018〕38 号	7 月 4 日	关于 2018 年中央环保督察“回头看”新交办信访件区领导包案分工的通知
雨委发〔2018〕39 号	7 月 10 日	关于印发《雨花台区生态环境保护工作责任规定（试行）》的通知
雨委发〔2018〕40 号	7 月 12 日	雨花台区 2018 年上半年工作情况报告
雨委发〔2018〕41 号	7 月 18 日	关于印发《雨花台区 2018 年度经济和社会发展目标考评办法》的通知
雨委发〔2018〕42 号	7 月 24 日	2018 年上半年雨花台区意识形态工作责任制落实情况汇报
雨委发〔2018〕43 号	7 月 24 日	关于南京第二钢铁厂宿舍区改造推进情况的报告
雨委发〔2018〕44 号	7 月 24 日	关于印发《雨花台区关于构建和谐劳动关系的实施意见》的通知
雨委发〔2018〕46 号	7 月 31 日	关于印发《关于深入开展扫黑除恶专项斗争的实施方案》的通知
雨委发〔2018〕47 号	8 月 14 日	关于梅钢公司转移转型工作推进情况的报告
雨委发〔2018〕50 号	8 月 22 日	关于废止部分党内规范性文件的通知
雨委发〔2018〕51 号	8 月 23 日	关于中共南京市雨花台区委常委会中央巡视整改专题民主生活会情况报告
雨委发〔2018〕54 号	9 月 4 日	关于印发《雨花台区深化农村集体产权制度改革实施意见》的通知
雨委发〔2018〕55 号	9 月 8 日	中共雨花台区委印发《关于进一步激励广大干部新时代新担当新作为的实施意见》《雨花台区党政干部鼓励激励实施办法》《雨花台区进一步健全干事创业容错纠错机制的实施办法》《雨花台区推进党政领导干部能上能下实施办法》的通知
雨委发〔2018〕57 号	9 月 30 日	关于印发《雨花台区关于进一步加快软件及信息服务业发展的政策意见（修订）》的通知
雨委发〔2018〕58 号	10 月 22 日	关于上报政府隐性债务化解实施方案的报告
雨委发〔2018〕60 号	10 月 29 日	雨花台区关于第四次全国经济普查工作的报告
雨委发〔2018〕61 号	11 月 23 日	中共南京市雨花台区委关于统筹规范督查检查考核工作的实施意见

续表 42

文　号	时　间	文　件　标　题
雨委发〔2018〕62 号	11 月 23 日	雨花台区关于建成区黑臭水体整治推进情况的报告
雨委发〔2018〕63 号	11 月 25 日	关于印发《雨花台区深入推进城市执法体制改革进一步提升城市管理和服务水平实施方案》的通知
雨委发〔2018〕64 号	11 月 30 日	雨花台区关于农花河投诉举报问题整改落实情况的报告
雨委发〔2018〕66 号	12 月 20 日	2018 年度南京市雨花台区意识形态工作责任制落实情况汇报
雨委发〔2018〕67 号	12 月 25 日	关于转发《雨花台区人大常委会关于推行民生实事重点项目人大代表票决制工作的意见（试行）》的通知

2018 年雨花台区人民政府文件目录（选编）

表 43

文　号	日　期	文　件　标　题
雨政发〔2018〕2 号	2018 年 1 月 31 日	区政府关于批转区住建局《2018 年雨花台区城市建设计划》的通知
雨政发〔2018〕3 号	2018 年 1 月 3 日	关于南站地区综合管理问题的报告
雨政发〔2018〕7 号	2018 年 1 月 10 日	关于引进金陵中学和中华中学各开办一所初级中学的请示
雨政发〔2018〕9 号	2018 年 1 月 12 日	雨花台区人民政府关于 2017 年度法治政府建设情况的报告
雨政发〔2018〕10 号	2018 年 1 月 17 日	区政府关于开展雨花台区第二次全国污染源普查的通知
雨政发〔2018〕11 号	2018 年 1 月 17 日	关于雨花台区工农河流域以西梅山生活区雨污分流建设工程项目立项的请示
雨政发〔2018〕12 号	2018 年 1 月 17 日	关于雨花台区秦淮河流域梅山矿区雨污分流建设工程项目立项的请示
雨政发〔2018〕16 号	2018 年 1 月 17 日	关于雨花台区南河流域软件大道片区雨污分流工程项目立项的请示
雨政发〔2018〕20 号	2018 年 1 月 22 日	关于申报南京市 2016 年度农用地转用和土地征收第 5 批次实施方案用地的请示
雨政发〔2018〕21 号	2018 年 1 月 22 日	关于确认雨花台区征地留用地基数及留用地补偿标准的请示
雨政发〔2018〕24 号	2018 年 1 月 30 日	雨花台区水环境整治项目有关事项请示
雨政发〔2018〕29 号	2018 年 2 月 7 日	关于印发《雨花台区餐饮业环保专项整治方案》的通知
雨政发〔2018〕32 号	2018 年 2 月 11 日	关于申请对南京梅山冶金发展有限公司矿业分公司“1·2”冒顶事故结案销号的请示
雨政发〔2018〕33 号	2018 年 2 月 28 日	关于审核雨花台区 2018 年度建设用地审查意见的请示
雨政发〔2018〕40 号	2018 年 3 月 2 日	雨花台区 2017 年度计划生育目标管理责任制完成情况的报告
雨政发〔2018〕43 号	2018 年 3 月 7 日	关于印发《2018 年雨花台区城市精细化建设管理十项行动方案》的通知
雨政发〔2018〕44 号	2018 年 3 月 7 日	关于宁马高速改扩建工程雨花段征收拆迁费用筹措相关事宜的请示

续表 43

文　号	日　期	文 件 标 题
雨政发〔2018〕46 号	2018 年 3 月 8 日	关于雨花台区板桥街道工农河流域（宁芜公路以东）片区雨污分流工程立项的请示
雨政发〔2018〕48 号	2018 年 3 月 16 日	关于申请拨付雨花东路道路综合整治项目工程款的请示
雨政发〔2018〕49 号	2018 年 3 月 19 日	关于印发《雨花台区 2018 年城市管理工作意见》的通知
雨政发〔2018〕50 号	2018 年 3 月 19 日	关于雨花台区板桥街道辅机路等道路污水管道建设工程项目立项的请示
雨政发〔2018〕51 号	2018 年 3 月 19 日	关于申报江苏省知识产权强省建设区域性示范工作的请示
雨政发〔2018〕52 号	2018 年 3 月 20 日	关于潘窑地块规划调整工作的请示
雨政发〔2018〕53 号	2018 年 3 月 23 日	关于申报南京市城乡建设用地增减挂钩建新区 2018 年第 2 批次（2014 挂）建设用地的请示
雨政发〔2018〕55 号	2018 年 4 月 2 日	关于全区开展消防安全隐患大排查大整治百日专项行动的通知
雨政发〔2018〕62 号	2018 年 4 月 11 日	关于报审雨花台区 2018 年公厕建设工程可行性研究报告的请示
雨政发〔2018〕63 号	2018 年 4 月 16 日	关于雨花台区增补公共自行车站点的请示
雨政发〔2018〕65 号	2018 年 4 月 24 日	关于印发《2018 年全区稳定价格和治乱减负目标责任分解落实意见》的通知
雨政发〔2018〕66 号	2018 年 4 月 24 日	关于雨花台区南河流域（西善桥段）片区雨污分流工程项目立项的请示
雨政发〔2018〕67 号	2018 年 4 月 28 日	关于调增雨花南路环境综合整治工程投资估算的请示
雨政发〔2018〕69 号	2018 年 5 月 2 日	关于郁金香小区业主反映宁南汽配城一期安全隐患及环境污染问题整改情况的报告
雨政发〔2018〕70 号	2018 年 4 月 25 日	关于申报南京市 2018 年度第 5 批次村镇建设用地的请示
雨政发〔2018〕71 号	2018 年 4 月 25 日	雨花台区关于做好防范化解金融风险打赢处置非法集资攻坚战工作实施情况汇报
雨政发〔2018〕72 号	2018 年 4 月 25 日	雨花台区关于南河综合整治项目配套资金落实有关情况报告
雨政发〔2018〕74 号	2018 年 4 月 27 日	关于应天大街（雨花台段－南河至赛虹桥）沿街建筑立面建设工程立项的请示
雨政发〔2018〕75 号	2018 年 4 月 28 日	关于板桥街道 13 条道路雨污水管网清疏检测工程项目立项的请示
雨政发〔2018〕76 号	2018 年 5 月 2 日	关于印发《2018 年雨花台区既有住宅增设电梯工作方案》的通知
雨政发〔2018〕78 号	2018 年 5 月 4 日	关于办理南西营村地块内幼儿园划拨用地及使用权证的请示
雨政发〔2018〕81 号	2018 年 5 月 3 日	关于对 2018 年度重大火灾隐患整改工作实行挂牌督办的通知
雨政发〔2018〕83 号	2018 年 5 月 14 日	关于印发《雨花台区城市生态建设相关问题自查整改工作方案》的通知
雨政发〔2018〕85 号	2018 年 5 月 15 日	关于进一步做好有关投资项目融资规范工作的报告
雨政发〔2018〕89 号	2018 年 5 月 18 日	关于申请批准南京市 2017 年度农用地转用和土地征收第 7 批次实施方案的请示
雨政发〔2018〕93 号	2018 年 5 月 18 日	关于雨花台区 2017 年耕地保护补贴发放工作自查情况的报告

续表 43

文　号	日　期	文　件　标　题
雨政发〔2018〕94 号	2018 年 5 月 18 日	雨花台区关于雨污分流工程 3 月份督查通报问题的整改报告
雨政发〔2018〕95 号	2018 年 5 月 22 日	关于印发《雨花台区 2018 年度地质灾害防治方案》的通知
雨政发〔2018〕96 号	2018 年 5 月 22 日	关于开展第三次雨花台区土地调查的通知
雨政发〔2018〕99 号	2018 年 5 月 25 日	关于世纪塔出新整治消险工程立项的请示
雨政发〔2018〕103 号	2018 年 6 月 4 日	关于申报南京市 2018 年度第 7 批次村镇建设用地的请示
雨政发〔2018〕106 号	2018 年 6 月 4 日	关于做好第四次全国经济普查工作的通知
雨政发〔2018〕107 号	2018 年 6 月 1 日	关于印发《雨花台区 2018 年城市治理标准化工作实施方案》的通知
雨政发〔2018〕109 号	2018 年 6 月 8 日	关于上报雨花台区南京盈腾信息产业发展有限公司生命科技产业园等 2 宗低效用地再开发项目实施方案的请示
雨政发〔2018〕110 号	2018 年 6 月 11 日	关于印发《雨花台区停车设施普查工作方案》的通知
雨政发〔2018〕112 号	2018 年 6 月 10 日	雨花台砂砾石层保护区自查总结报告
雨政发〔2018〕111 号	2018 年 6 月 11 日	关于上报雨花台区斯威特 A、C 等两宗地块低效用地再开发项目实施方案的请示
雨政发〔2018〕113 号	2018 年 6 月 14 日	关于印发《雨花台区级科技创新基金管理办法（试行）》的通知
雨政发〔2018〕114 号	2018 年 6 月 15 日	雨花台区关于申报国家知识产权强县工程试点县（区）的请示
雨政发〔2018〕116 号	2018 年 6 月 21 日	关于国家生态环境部督察反馈固废推荐问题的整改情况报告
雨政发〔2018〕118 号	2018 年 6 月 28 日	关于雨花路、雨花西路供电通信线路下地专项工程立项的请示
雨政发〔2018〕119 号	2018 年 6 月 28 日	南河雨花侧综合整治工程推进情况报告
雨政发〔2018〕121 号	2018 年 7 月 2 日	关于同意宁芜铁路 203 道口平改立工程（引道接线部分）项目投资估算调整并办理相关手续的请示
雨政发〔2018〕123 号	2018 年 7 月 6 日	关于岱山安居福仁养老项目有关情况的报告
雨政发〔2018〕124 号	2018 年 7 月 7 日	关于全面开展农村集体资产清产核资工作的通知
雨政发〔2018〕125 号	2018 年 7 月 6 日	关于报审雨花台区 2018 年公厕建设工程可行性研究报告的请示（新建 4 座公厕）
雨政发〔2018〕128 号	2018 年 7 月 9 日	关于印发《雨花台区进一步加强经营性资产集中统一监管实施意见（试行）》的通知
雨政发〔2018〕129 号	2018 年 7 月 13 日	关于上报《南京市雨花台区国家级、省级生态保护红线校核工作报告》的请示
雨政发〔2018〕132 号	2018 年 7 月 17 日	区政府关于做好 2018 年国务院大督查迎查工作方案
雨政发〔2018〕135 号	2018 年 7 月 18 日	关于雨花台区铁心桥街道中心河流域中心河以东片区雨污分流建设工程项目立项的请示
雨政发〔2018〕139 号	2018 年 7 月 17 日	关于南京市文物保护单位普德寺抢险加固及修缮项目立项事宜的复函
雨政发〔2018〕140 号	2018 年 7 月 19 日	关于雨花台区板桥街道工农河流域（宁芜公路以西）片区雨污分流工程立项的请示
雨政发〔2018〕141 号	2018 年 7 月 20 日	雨花台区人民政府关于做好 2018 年国务院大督查自查情况的报告

续表 43

文号	日期	文件标题
雨政发〔2018〕151 号	2018 年 8 月 6 日	关于将岱山污水输送主干管清疏检测修复项目列入 2019 年城建计划的请示
雨政发〔2018〕155 号	2018 年 8 月 10 日	关于雨花台区 2016-2020 年区政府耕地保护责任目标期中检查自查工作的报告
雨政发〔2018〕156 号	2018 年 8 月 10 日	关于印发《2018 年雨花台区创建江苏省优秀管理城市实施方案》的通知
雨政发〔2018〕160 号	2018 年 8 月 24 日	关于天隆寺项目申请宗教场所生活用电、民用气价格的请示
雨政发〔2018〕162 号	2018 年 8 月 27 日	关于落实软件谷管委会机场二通道北段建设工程征收项目所需安置房源的请示
雨政发〔2018〕164 号	2018 年 8 月 29 日	关于将马家店保障性住房项目纳入 2018 年全省棚改专项债发行项目的请示
雨政发〔2018〕165 号	2018 年 9 月 3 日	关于雨花台区板桥河流域国关学院片区雨污分流建设工程项目立项的请示
雨政发〔2018〕166 号	2018 年 9 月 6 日	关于上报中国通信服务智慧产业研发基地低效用地再开发项目实施方案的请示
雨政发〔2018〕167 号	2018 年 9 月 6 日	关于审批宁芜铁路西善桥 1 号道口交通组织设计方案的请示
雨政发〔2018〕168 号	2018 年 9 月 7 日	关于奥体大街 - 规二路建设工程的情况汇报
雨政发〔2018〕169 号	2018 年 9 月 7 日	南京市雨花台区人民政府关于申请耕地占补平衡指标交易备案的请示
雨政发〔2018〕170 号	2018 年 9 月 10 日	关于 2018 年行政区域界线联合检查情况的报告
雨政发〔2018〕171 号	2018 年 9 月 10 日	关于同意板桥中部污水提升泵站及进出水管线建设工程项目用地的请示
雨政发〔2018〕174 号	2018 年 9 月 14 日	关于城南污水处理厂进水氨氮指标异常问题有关工作推进情况的报告
雨政发〔2018〕175 号	2018 年 9 月 21 日	关于将古遗井片区、兴梅雅苑片区雨污分流建设项目列入 2019 年城建计划的请示
雨政发〔2018〕177 号	2018 年 10 月 9 日	关于普德寺修缮及环境整治工程立项的请示
雨政发〔2018〕178 号	2018 年 10 月 10 日	雨花台区“大棚房”问题专项清理整治行动自查报告
雨政发〔2018〕180 号	2018 年 10 月 17 日	关于软件大道主管错接及雨花西路主管标高反向问题的报告
雨政发〔2018〕182 号	2018 年 10 月 23 日	关于同意板桥新城板东路（新城大街—华新路）建设工程项目用地的请示
雨政发〔2018〕186 号	2018 年 10 月 31 日	关于机场二通道（软件大道 - 大周路段）建设工程资金有关事宜的请示
雨政发〔2018〕188 号	2018 年 11 月 1 日	雨花台区人民政府关于孙中山同志等 4 人组团赴香港进行招商引资的请示
雨政发〔2018〕191 号	2018 年 11 月 2 日	雨花台区关于三合路、西春路等 9 条道路地名命名的请示
雨政发〔2018〕192 号	2018 年 11 月 6 日	雨花台区建成范围内水体情况报告
雨政发〔2018〕195 号	2018 年 11 月 9 日	雨花台区义务教育学校标准化建设有关任务完成情况自查报告

续表 43

文　号	日　期	文 件 标 题
雨政发〔2018〕197 号	2018 年 11 月 15 日	关于落实《区人大常委会关于对我区 2018 年上半年财政预算执行情况报告的审议意见》有关情况的报告
雨政发〔2018〕199 号	2018 年 11 月 16 日	雨花台区关于板桥河流域工兵仓库等片区雨污分流建设工程项目立项的请示
雨政发〔2018〕200 号	2018 年 11 月 20 日	雨花台区关于南京市 2016 和 2017 年度黑臭河道整治情况专项审计问题的整改报告
雨政发〔2018〕202 号	2018 年 11 月 21 日	外院东西沟等 3 个黑臭水体整治推进情况报告
雨政发〔2018〕206 号	2018 年 11 月 23 日	关于审批凤台南路环境综合整治工程（路内部分）初步设计的请示
雨政发〔2018〕209 号	2018 年 11 月 23 日	雨花台区“大棚房”问题专项清理整治行动工作推进落实情况报告
雨政发〔2018〕210 号	2018 年 11 月 27 日	关于申请耕地占补平衡指标交易备案的报告
雨政发〔2018〕211 号	2018 年 11 月 27 日	关于印发《2018 年 -2019 年度雨花台区扫雪防冻工作应急预案》的通知
雨政发〔2018〕212 号	2018 年 11 月 29 日	农花河投诉举报问题整改落实情况报告
雨政发〔2018〕213 号	2018 年 11 月 30 日	关于拨付雨花东路道路综合整治工程剩余工程款的请示
雨政发〔2018〕214 号	2018 年 11 月 26 日	关于对人大常委会《关于对区国民经济和社会发展第十三个五年规划中期评估报告的审议意见》落实情况的报告
雨政发〔2018〕215 号	2018 年 11 月 5 日	雨花台区大棚房问题再排查情况报告
雨政发〔2018〕216 号	2018 年 12 月 7 日	雨花台区关于申请调整省级公益林地块方案的情况说明
雨政发〔2018〕217 号	2018 年 12 月 7 日	关于申请调整雨花台区省级公益地块的请示（纵六路、观山路、旺谷路）
雨政发〔2018〕219 号	2018 年 12 月 10 日	关于申请批准南京市 2017 年度农用地转用和土地征收第 4 批次实施方案的请示
雨政发〔2018〕225 号	2018 年 12 月 14 日	雨花台区“大棚房”问题专项清理整治工作总结报告
雨政发〔2018〕227 号	2018 年 12 月 19 日	区政府关于清理非军事单位使用武警部队人员、车辆牌证、标志服饰、证件工作的自查报告
雨政发〔2018〕228 号	2018 年 12 月 19 日	区政府关于高质量推进“四好农村路”建设的实施意见
雨政发〔2018〕229 号	2018 年 12 月 20 日	雨花台区关于“大棚房”问题“再排查、再回看”工作的自查报告
雨政发〔2018〕230 号	2018 年 12 月 21 日	关于郁金香路、丁墙路、紫荆花路、花神大道、共青团路强弱电线路下地专项工程立项的请示
雨政发〔2018〕231 号	2018 年 12 月 22 日	雨花台区关于申请调出太湖流域综合治理范围的请示
雨政发〔2018〕235 号	2018 年 12 月 28 日	雨花台区 2018 年度土壤污染防治重点工作完成情况自评报告
雨政发〔2018〕236 号	2018 年 12 月 29 日	关于南京至马鞍山国家高速公路油坊桥互通至铜井镇（苏皖界）段扩建工程申请调整雨花台区省级公益林地块的请示
雨政发〔2018〕238 号	2018 年 11 月 1 日	关于印发《雨花台区工程建设项目审批制度改革试点实施方案》的通知

统计公报摘录

·综　合·

2018年，全区完成在地口径地区生产总值651.05亿元，增长8.5%。其中，第一产业增加值0.7亿元，下降9.2%；第二产业增加值158.56亿元，增长4.5%，其中工业增加值128.67亿元，增长5%；第三产业增加值491.79亿元，增长10%。三次产业比重为0.1∶24.4∶75.5。

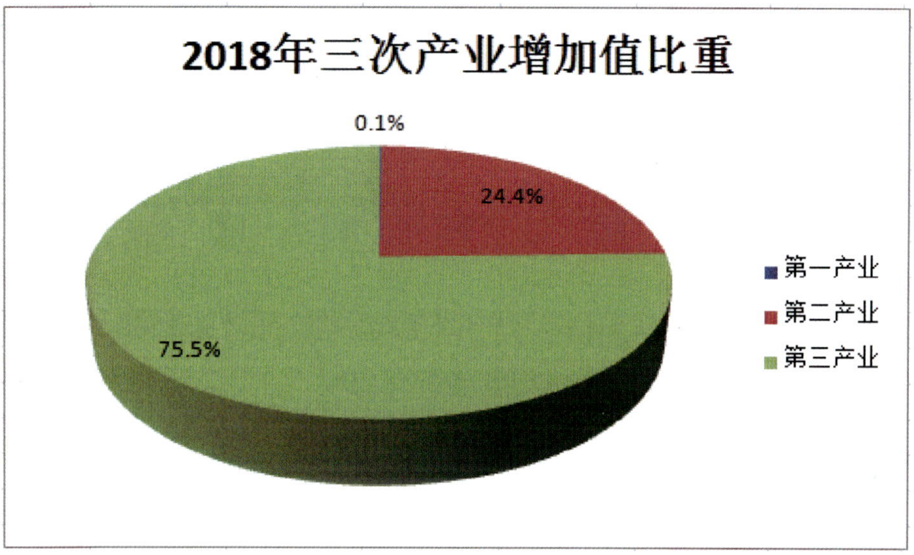

图1：2018年雨花台区三次产业增加值比重图

·农　业·

2018年，全区完成农林牧渔及农林牧渔服务业总产值12179万元，下降4.8%。其中：农业产值完成2135万元，下降5.2%；林业产值完成9157万元，下降5.0%；渔业产值完成887万元，下降0.9%。

·工业和建筑业·

2018年，全区规模以上工业企业53家，完成工业总产值92.2亿元，同比增长8.8%；主营业务收入94.1亿元，同比增长11.1%；利润总额3.7亿元，同比下降5.9%。

全区列统工业行业大类20个，其中：14个增长，6个下降。增长的行业主要有非金属矿物制品业、通用设备制造业和医药制造业，分别完成工业总产值14.8亿元、13.2亿元和6.6亿元，同比增长46%、19.5%和9.9%。下降的行业主要有专用设备制造业、电力、热力生产和供应业、橡胶和塑料制品业，分别完成总产值12.8亿元、8.9亿元和2.9亿元，同比下降2.7%、14.4%和4.2%。

表 44

2018 年雨花台区规模以上工业企业主要产品产量一览表

产品名称	计量单位	产量	增长（%）
服装	万件	290.5	-4.4
人造板表面装饰板	平方米	1133373	6.7
家具	件	168368	-1.4
硫酸（折 100%）	吨	59976.51	-4.5
中成药	吨	3038.23	-3.8
塑料制品	吨	23724	-10.9
商品混凝土	立方米	1546300.63	-13.1
滚动轴承	万套	220	-6.8
齿轮	吨	32936	28.2
灯具及照明装置	套（台、个）	409900	-73.2
程控交换机	线	2450	-63.7
工业自动调节仪表与控制系统	台（套）	33000	10.0
电工仪器仪表	台	91481	30.4

2018年规模以上工业企业生产的主要产品有13个品种。

2018年，全区具有资质等级的总承包和专业承包建筑业企业完成建筑业总产值198.39亿元，其中在外省完成建筑业总产值58.51亿元。

·固定资产投资和房地产销售·

2018年，全区完成全社会固定资产投资285.13亿元，同比增长9.4%。其中：工业投资完成1.1亿元，同比下降11.6%；服务业投资284.03亿元，同比增长9.5%。从所有制结构看，国有及国有控股经济完成投资103.36亿元；外商及港澳台经济完成投资41.39亿元；民间投资完成140.38亿元。

2018年，商品房销售面积72.68万平方米，同比增长24.4%；商品房销售额168.31亿元，同比增长14.9%。

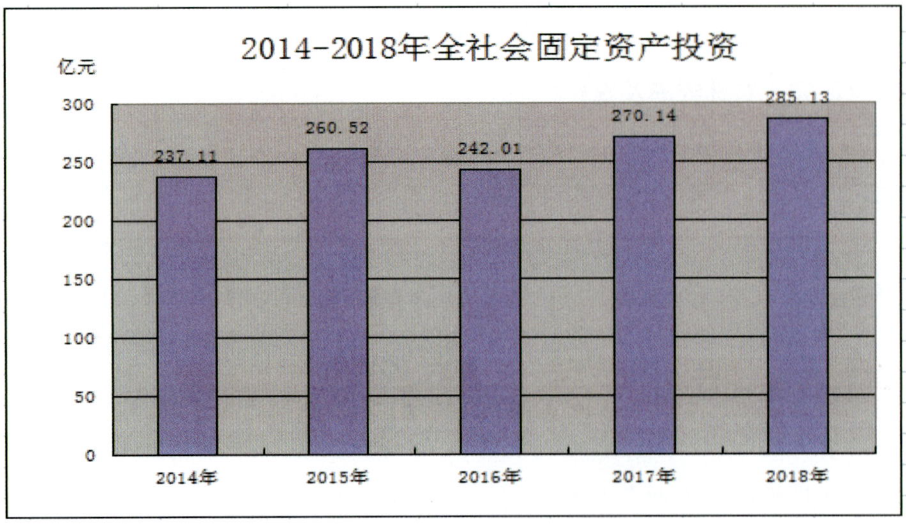

图 2：2014-2018 年雨花台区全社会固定资产投资图

·国内贸易和旅游·

2018年，旅游营业收入16.7亿元。全年接待海内外旅游者494万人次，其中，接待国内旅游者486万人次；接待入境旅游者8万人次。年末全区拥有旅游星级宾馆饭店1家（三星级的梅山宾馆）。旅游A级景区2家，其中AAAA级景区2家（雨花台风景区、南京科技馆），各类旅行社（含服务网点和分社）90家。

2018年，全区完成社会消费品零售总额417.3亿元，同比增长9.1%。其中：限上批发零售业完成零售额235.57亿元，同比增长5.4%，占限上零售额的98%；限上住宿餐饮业完成零售额4.8亿元，同比增长10.6%，占限上零售额的2%。

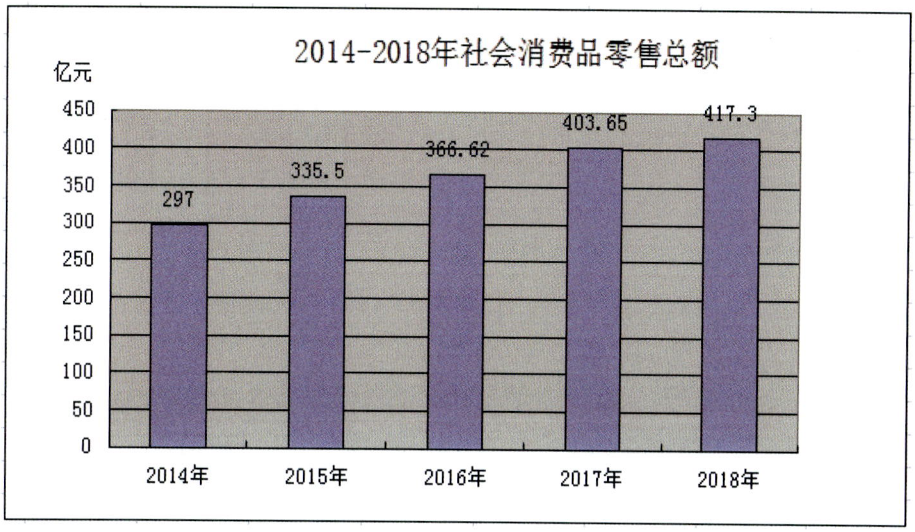

图3：2014-2018年雨花台区社会消费品零售总额图

2018年雨花台区限额以上批发和零售业商品分类零售额一览表

表45

序号	指标名称	累计零售额		
		2018年	上年同期	增幅
		万元	万元	%
1	总计	2355674.9	2243675.7	5.0
2	粮油、食品类	57389.8	52067.0	10.2
3	其中：粮油类	6989.4	6779.6	3.1
4	肉禽蛋类	7851.1	6775.2	15.9
5	水产品类	2786.9	2652.2	5.1
6	蔬菜类	1692.4	1506.2	12.4
7	干鲜果品类	20005.2	17709.2	13.0
8	饮料类	1975.0	2433.0	-18.8
9	烟酒类	49034.0	43337.3	13.1
10	服装、鞋帽、针纺织品类	137219.6	123163.4	11.4

续表 45

序号	指标名称	累计零售额		
		2018 年	上年同期	增幅
		万元	万元	%
11	服装类	92719.5	82711.1	12.1
12	鞋帽类	23656.7	21542.0	9.8
13	针纺织品类	20843.4	18914.8	10.2
14	化妆品类	3644.1	3369.7	8.1
15	金银珠宝类	78542.6	284141.9	−72.4
16	日用品类	12484.6	11290.3	10.6
17	其中：儿童玩具类	978.0	869.3	12.5
18	五金、电料类	30088.0	19957.4	50.8
19	体育、娱乐用品类	63073.6	57903.7	8.9
20	其中：照相器材类	4456.4	3858.3	15.5
21	书报杂志类	27.9	52.7	−47.0
22	电子出版物及音像制品类	—	—	—
23	家用电器和音像器材类	104060.7	104693.1	−0.6
24	中西药品类	19520.0	17565.8	11.1
25	其中：西药类	16041.3	15536.4	3.2
26	中草药及中成药类	1907.3	1307.5	45.9
27	文化办公用品类	175403.7	147044.8	19.3
28	其中：计算机及其配套产品	18619.5	93131.2	−80.0
29	家具类	5251.8	5820.0	−9.8
30	通讯器材类	220414.7	141743.1	55.5
31	煤炭及制品类	—	—	—
32	木材及制品类	—	—	—
33	石油及制品类	70628.2	69799.6	1.2
34	化工材料及制品类	—	—	—
35	其中：化肥类	—	—	—
36	金属材料类	—	—	—
37	建筑及装潢材料类	256449.9	241675.1	6.1
38	机电产品及设备类	9200.3	16486.0	−44.2
39	其中：农机类	—	—	—
40	汽车类	1014673.6	965516.8	5.1
41	种子饲料类	—	—	—
42	棉麻类	12935.1	9576.5	35.1
43	其他类	33657.7	25833.1	30.3

·对外经济·

2018年，全区注册外资实际到帐2.1亿美元；服务贸易进出口总额3.107亿美元；外贸进出口总额（货物贸易）269.46亿元，其中外贸出口总额（货物贸易）182.28亿元。

·软件及信息服务业和科技创新·

2018年，全区实现软件业务收入1550亿元，同比增长13.14%，新增软件产业建筑面积84.07万平方米，总量830.34万平方米；新增涉软企业316家，总数2402家；新增涉软从业人员2.1万人，总数24.5万人。

2018年，全区完成专利申请量5944件，其中发明专利申请量3401件；专利授权量2108件，其中发明专利授权量617件。培育市创新型企业家9人，认定科技顶尖专家3人，新认定高新技术企业168家，新增科技创业孵化面积5.59万平方米。

·财政收支·

2018年，全区一般公共预算收入完成82.5亿元，同口径增长13.5%。全区一般公共预算支出为81.6亿元，增长29.0%。其中：教育支出13.2亿元，科学技术支出4.0亿元，文化体育和传媒支出1.4亿元，社会保障和就业支出4.4亿元，医疗卫生支出2.5亿元。

·教育、文化、卫生和体育·

2018年，全区在校学生39111人。其中：教育部门办在校学生34761人，民办在校学生4350人。全区有普通中学13所，在校学生13827人。其中：教育部门办中学12所：完全中学2所，高级中学1所，初级中学9所（含铁心桥中学、九年一贯制雨中春江分校、九年一贯制华兴实验学校）。民办中学（民办实验学校）1所。全区小学21所（含3所一贯制小学），在校学生23427人。其中：教育部门办小学19所（含九年一贯制雨中春江分校、九年一贯制华兴实验学校），在校学生21040人。民办小学2所（含十二年一贯制民办实验学校1所），在校学生2387人。全区幼儿园63所，在园幼儿18532人。

2018年，全区组织开展各类群众文化活动1053场，建设63家达到省级标准的社区综合文化服务中心。全年送图书6600册，送演出36场。完成考古勘探项目15个，考古勘探总面积87万平方米，发掘古墓葬50余座，出土汉代漆器、铜器、铜镜及鼎豆壶等珍贵文物150余件。

2018年，全区共有医疗卫生机构155个，其中：政府办医疗卫生机构9个，政府办医疗卫生机构共有职工904人，现有卫生技术人员798人。雨花台区户籍居民人均预期寿命为82.78岁。婴儿死亡率控制为1.05‰，孕产妇死亡率0，甲、乙类传染病发病率控制为92.63/10万。

2018年，体育人口占总人口比例61%，全区体育场地数570个，出新改造健身路径22套，开展群众性体育竞赛活动200项次，为3500人免费提供体质测试服务。获市级以上比赛金牌24块。

·能源消耗和环境保护·

2018年，全区54家规模以上工业企业（含上海梅山钢铁股份有限公司），累计综合能源消费量498.6万吨标准煤，同比下降1.7%，煤炭消费量473万吨，同比下降8%。

2018年，全区有环境监测站1个，大气自动监测站2个，全年空气质量达到国家二级标准255天，达标率为71.6%，较2017年同期上升1.7个百分点，优于全市平均水平。PM2.5均值为41.6微克/立方米。全年降水83场，其中酸雨（PH〈5.60）1场，酸雨率为1.2%。水环境质量有所提升，街道级河道水质有较大改善。功能区噪声达标率100%。交通噪声昼间平均等效声级68.7分贝，区域环境噪声昼间平均值为54.9分贝，均达到国家标准要求。

·人口、人民生活和社会保障·

2018年年末全区户籍总人口为29.79万人，比上年增长3.8%；年末常住人口为46.39万人，比上年增长2.1%，城镇化率92.57%。

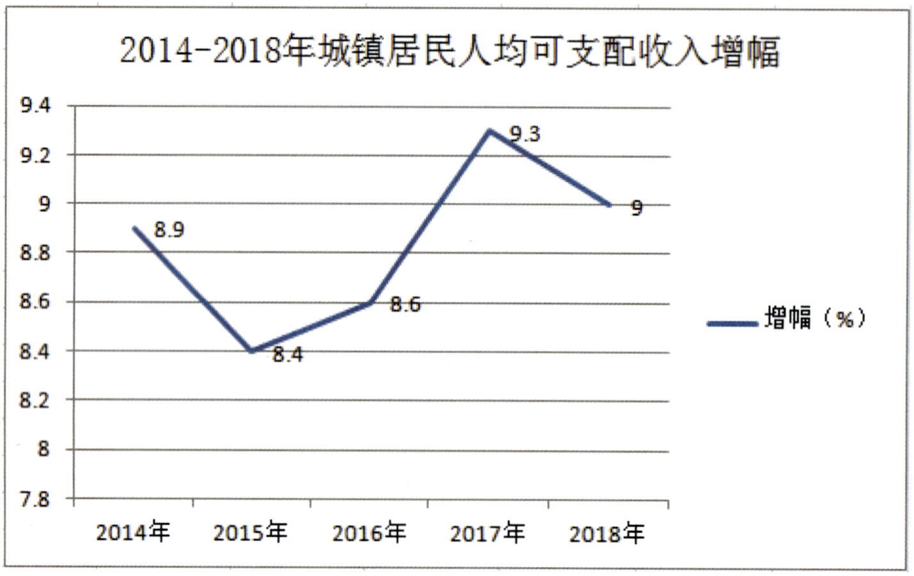

图4：2014-2018年雨花台区城镇居民人均可支配收入增幅图

根据住户抽样调查，2018年城镇居民人均可支配收入57530.4元，同比增长9.0%。按收入构成分：工资性收入43025元，同比增长9.0%；经营性净收入3645元，同比增长8.9%；财产性净收入8516元，同比增长8.9%；转移性净收入2344.4元，同比增长9.1%。城镇居民人均消费支出为33251.3元，同比增长6.9%。

2018年雨花台区城镇居民家庭全年人均收支情况一览表

表46

指　　标	绝对数（元）	增　幅（%）
人均可支配收入	57530.4	9.0
工资性收入	43025.0	9.0

续表 46

指　　标	绝对数（元）	增　幅（%）
经营净收入	3645.0	8.9
财产净收入	8516.0	8.9
转移净收入	2344.4	9.1
生活消费支出	33251.3	6.9
（一）食品烟酒	8488.0	6.9
（二）衣着	2344.0	6.5
（三）居住	6585.0	6.9
（四）生活用品及服务	1960.0	6.2
（五）交通通信	6265.0	6.9
（六）教育文化娱乐	5975.0	7.0
（七）医疗保健	925.0	6.9
（八）其他用品和服务	709.3	6.7

2018年年末全区新增城镇就业人数达14689人，年末城镇登记失业率控制在3.5%以内，城乡社会保险覆盖率达99%。

2018年全区城乡低保对象达2192户3074人，城乡低保标准提高到860元，实现应保尽保率100%。新增养老床位437张，每千名老人拥有床位达到38张。对符合条件的残疾人实行100%生活救助或补贴。

2018 年全区主要指标实绩一览表

表 47

指　　标	计量单位	2018 年	2017 年	2018 年比 2017 年 ±%
一、综合				
街道（园区）	个	9	9	—
其中：园区	个	3	3	—
社区居民委员会	个	59	59	—
行政村	个	—	—	—
村民小组	个	127	202	−37.1
年末总户数（户籍）	万户	11.14	10.6	5.1
年末总人口（户籍）	万人	29.79	28.71	3.8
常住人口	万人	46.39	45.45	2.1
乡村实有从业人员	万人	1.44	1.57	−8.3
土地面积	平方千米	132.39	132.39	—

续表 47

指　　标	计量单位	2018 年	2017 年	2018 年比 2017 年 ±%
地区生产总值（现价）	亿元	570.99	511.17	8.1
第一产业	亿元	0.7	0.85	-9.2
第二产业	亿元	85.06	79.26	0.9
# 工业	亿元	55.17	52.52	0.4
第三产业	亿元	485.23	431.06	9.5
二、农业				
农林牧渔总产值(现价)	万元	12179	12788	-4.8
(1) 农业总产值	万元	2135	2251	-5.2
(2) 林业总产值	万元	9157	9642	-5.0
(3) 牧业总产值	万元	0	0	—
(4) 渔业总产值	万元	887	895	-0.9
(5) 农林牧渔服务总产值	万元	—	—	—
三、工业				
规上工业企业单位数	个	53	53	—
规模以上工业总产值	亿元	92.24	84.77	8.8
规模以上工业主营业务收入	亿元	94.06	85.99	9.4
规模以上工业利润总额	亿元	3.65	3.45	5.8
规模以上工业企业综合能源消费量	万吨标准煤	498.58	507.01	-1.7
规模以上工业企业煤炭消费量	万吨	472.95	514.19	-8.0
四、全社会固定资产投资	亿元	285.13	—	9.4
其中：工业投资	亿元	1.1	—	-11.6
房地产投资	亿元	188.18	—	4.2
五、批发零售贸易和餐饮业				
社会消费品零售总额	亿元	417.3	—	9.1
六、外经外贸				
注册外资实际到账	亿美元	2.1	—	—
服务贸易进出口总额	亿美元	3.107	—	—
外贸进出口总额	亿元	269.46	—	—
其中：外贸出口总额	亿元	182.28	—	—
七、财政				

续表 47

指　标	计量单位	2018 年	2017 年	2018 年比 2017 年 ±%
财政收入（全口径）	亿元	157.2	—	14.5
公共财政预算收入	亿元	82.5	—	13.5
八、人民生活				
城镇人均可支配收入	元	57530.4	52780.2	9.0

注：1. 地区生产总值 2018 年比 2017 年增长速度采用可比价增长速度；

2. 综合能源消费量和煤炭消费量是 54 家规上工业企业的统计数据，多 1 家能源考核口径的企业（上海梅山钢铁股份有限公司），该企业报表由市局直统，其他汇总表数据均不包含该企业

（责任编辑：杨静珺）

组织机构及负责人

·雨花台区·

中共雨花台区委员会

书　记：黄　河（12月5日免）

戴华杰（12月5日任）

副书记：李世峰（9月28日免）

张连春（12月5日任）

袁传军

常　委：孙中华

谢　山（女）

艾长青

仲兆林

蒋　冰

杨昌生（6月4日免）

金　宏（8月8日免）

蔡会军（8月8日任）

凌向前

袁　迅（女）

徐文进（12月挂职结束）

雨花台区人大常委会

主　任：杨　明

副主任：郭幼佩

张　虎

顾晓春

杨宝龙

委　员：马丽敏（女）

王　强

王永进

王伟忠

王纯阳

邓宁城

刘　军（女）

刘新元

许　玲（女）

杨荣海

李　茜（女）

肖　彬

张　伟

张　勇

欧保华

周巧俊

赵　冉（女）

钟　宁（女）
俞　蓉（女）
夏玉祥
郭　伟
陶　文
黄伟国
葛建国
程顺友
翟青尧（女）

雨花台区人民政府

区　长：李世峰（12月13日免）
代理区长：张连春（12月13日任）
副区长：孙中华
蒋　冰
徐文进（12月挂职结束）
汪东明（援藏）
陆　一
余　清（女）
江　磊
王金玉
王传忠
蒋虻芒
王晓婷（女，挂职）

政协雨花台区委员会

主　席：黄唯佳（女）
副主席：李邦全
陆景文
杨　洋
孙红霞（女）
秘书长：钱　军

中共雨花台区委巡察一组

组　长：田月华
副组长：范小红（女）

中共雨花台区委巡察二组

组　长：许乐芬（女）
副组长：蒋同良

中共雨花台区委巡察三组

组　长：汤有国
副组长：袁克思

中共雨花台区纪律检查委员会

书　记：仲兆林
副书记：王兆强
常　委：刘晓燕（女）
田月华（7月3日免）
张　骞
凌　胜

办公室

主　任：张　骞

纪检监察干部管理监督室

主　任：秦旭文（7月13日任）

党风政风监督室

主　任：王宏启

案件监督管理室

主　任：林建斌（2月5日任）

信访室

主　任：史　毅（2月5日任，10月23日免）

郑　强（10月23日任）

区纪委第一纪检监察室
主　任：郑　强（10月23日免）
史　毅（10月23日任）

区纪委第二纪检监察室
主　任：凌　胜

区纪委第三纪检监察室
主　任：朱大志（2月5日任）

区纪委第四纪检监察室
主　任：陈　平（7月13日任）

案件审理室
主　任：朱大志（10月23日免）

派驻第一纪检组
组　长：崔　臻

派驻第二纪检组
组　长：任伯亭

派驻第三纪检组
组　长：刘晓燕

派驻第四纪检组
组　长：邵军芳

派驻第五纪检组
组　长：史　毅（2月5日免）
蔡亚锋（2月5日任）

派驻第六纪检组
组　长：杨春新

派驻第七纪检组
组　长：祝殿龙

雨花台区监委第一派出监察员办公室
办公室主任：史　毅（10月23日任）

雨花台区监委第二派出监察员办公室
办公室主任：朱大志（10月23日任）

巡察办
局　长：暂　缺
副局长：叶　君（女，2月5日免）

中共雨花台区委工作机构及直属单位

办公室
主　任：张亚军
副主任：郑诗宁（7月6日免）
张雪梅（女）
陈文彬（7月13日任）
施兴宝（兼，9月29日任）

政策研究室
主　任：张亚军（1月29日免）
郑诗宁（1月29日任，7月6日免）
副主任：武永杰

机要局（保密局）
局　长：郑诗宁（7月6日免）
陈文彬（兼，12月5日任）

社会建设工作委员会

书　记: 张亚军

信访局

局　长: 施兴宝

副局长: 陈云国

　　　　汪　晨

　　　　刘　印

　　　　潘大清（2月5日任）

组织部

部　长: 袁　迅（女）

副部长: 俞　蓉（女）

人才工作办公室（在区委组织部挂牌）

主　任: 夏　风

副主任: 魏建军

区委非公有制企业和社会组织工作委员会

书　记: 杨　彬（1月29日任）

老干部局

局　长: 俞　蓉（女）

副局长: 陈建平

离退休干部工作委员会

书　记: 俞　蓉（女，1月29日兼任）

宣传部

部　长: 谢　山（女）

副部长: 许　慎

　　　　沈晓莺（女）

　　　　蒋宁卫（2月5日任）

精神文明建设指导委员会办公室

主　任: 暂　缺

副主任: 徐　青

互联网信息办公室

主　任: 沈晓莺（女，兼）

副主任: 暂　缺

统一战线工作部

部　长: 艾长青

副部长: 缪文新（1月29日任）

　　　　黄子权

　　　　胡建忠

工商业联合会

会　长: 陆景文

党组书记: 缪文新（1月29日任）

副主席: 吴承陆（2月5日任）

　　　　张瑞晴（6月21日任，挂职）

副会长: 孟　煜（女，1月29日免）

台湾事务（侨务）工作办公室

主　任: 胡建忠

民族宗教事务局（与统战部合署）

局　长: 黄子权

副局长: 昝明霞（女）

　　　　魏以远（2月5日任）

政法委员会

书　记: 凌向前

副书记: 陈明贵

　　　　张良云（1月29日免）

社会治安管理综合治理委员会办公室
主　任：陈明贵
副主任：石　磊

防范和处理邪教问题领导小组办公室
主　任：张良云（1月29日免）
　　　　林　霞（女，2月5日任）
副主任：张明权
　　　　熊　军（2月5日任）

维护稳定工作领导小组办公室
主　任：韩启忠

国家安全领导小组办公室
主　任：苟小平
副主任：胡顺喜
　　　　孙　伟（挂职）

雨花台区法学会
副会长：陈文彬（7月13日免）

事业单位登记管理局
局　长：王德伟

机构编制委员会办公室
主　任：王德伟
副主任：王　建
　　　　余　飞

机关工委
书　记：尹　宏（1月29日任）
副书记：史　军（1月29日免）
　　　　韩雪松（2月5日任）

机关纪工委
书　记：尹　宏（1月29日任）

党　校
校　长：袁传军
副校长：陈明太
　　　　李　薇（女）

雨花台区群众团体

总工会
主　席：郭幼佩（兼）
副主席：程顺友
　　　　庄　捷（女）
　　　　方忠润（2月23日任）
　　　　沈　宇（兼，7月6日任）

团区委
书　记：赵　冉（女）
副书记：李文浩
　　　　葛丽霞（女，2月5日任）

妇女联合会
主　席：李　茜（女）
副主席：林晓慧（女）
　　　　张　晔（女，2月5日免）
　　　　陈　兰（女，2月5日任）
　　　　昝明霞（女，2月5日任）（挂职）

红十字会
会　长：孙红霞（女）
副会长：管　艳（女）

雨花台区人大常委会工作机构

办公室

主　任：黄伟国

副主任：张晓东

　　　　杨　勇

研究室

主　任：张　伟

副主任：邢苏平

财政经济工作委员会

主任委员提名人选：吴昌发（1月29日任）

预算经济工作委员会

主　任：王　强

副主任：徐顺慧

监察和司法委员会

主　任：周巧俊

副主任：翟青尧

内务司法工作委员会

主　任：翟青尧（女）

副主任：朱运刚

人事代表联络工作委员会

主　任：刘　军（女）

副主任：施怀强

科教文卫工作委员会

主　任：肖　彬

副主任：张　丽（女）

民族宗教侨务台湾事务工作委员会

主　任：王纯阳

副主任：郑尚辉（女）

环境资源城乡建设工作委员会

主　任：夏玉祥

副主任：娄翠红（女）

雨花台区人民政府工作机构及直属单位

办公室

主　任：朱盘江

副主任：陶龙波

　　　　张晓慧（女）

　　　　勾宏展

　　　　龚健灵

政务服务管理办公室

主　任：郜叶红（女）

副主任：白　静（女）

　　　　邢　凯

外事办公室

主　任：朱盘江（兼）

法制办公室

主　任：陈志廉（1月29日免）

　　　　史　军（1月29日任）

副主任：丁红霞（女）

　　　　叶　君（女，2月5日任）

区级机关事务管理服务中心

主　任：褚堂桂

副主任：王晓云（女）

　　　　李　钊（2月5日任）

区级机关事务管理局

局　长: 褚堂桂

信息中心:

主　任: 李　钊（2月5日任）

发展和改革局

局　长: 朱天燕（女）

副局长: 施妙生

　　　　蔡一菁（女）

　　　　曹祥娟（女）

　　　　张　涛（2月5日任）

党工委书记: 朱天燕（女）

党工委副书记: 施妙生

经济和信息化局

局　长: 朱天燕（女）

住房和建设局

局　长: 李　睿（7月6日免）

　　　　管　平

副局长: 李　进（2月5日免）

　　　　马翠平（2月5日任）

　　　　王瑞华

　　　　庄　毅（2月5日任）

党工委副书记: 管　平

科学技术局

局　长: 程道伟

副局长: 陈　涯（2月5日任）

　　　　朱家翔

　　　　陆纬栋

党工委书记: 缪文新（1月29日免）

　　　　　　程道伟（1月29日任）

党工委副书记: 陈　涯（2月5日任）

知识产权局

局　长: 程道伟

科学技术协会

主　席: 孟　煜（女，1月29日任）

教育局

局　长: 刘善海

副局长: 盛红霞（女）

　　　　周福卫

　　　　周文林

区委教育工作委员会

书　记: 盛云生

副书记: 刘善海

民政局

局　长: 宋海红（女）

副局长: 刘　涛（女）

　　　　熊康杰

　　　　乔　冲

党工委书记: 宋海红（女）

党工委副书记: 刘　涛（女）

司法局

局　长: 程　康

副局长: 魏红燕（女）

　　　　任金忠

　　　　张宋祥

党组书记: 程　康

财政局

局　长：贾乐实

副局长：项　前（女）

窦　勇

王长如

国有资产监督管理委员会办公室

主　任：贾乐实

副主任：暂　缺

人力资源和社会保障局

局　长：梁　汶（女）

副局长：朱震龙

沈　宇

蒋　华（女，2月5日任）

党工委书记：梁　汶（女）

党工委副书记：朱震龙

公务员局（在区人力资源和社会保障局挂牌）

局　长：梁　汶（女）

社保中心

主　任：童　静（女）

审计局

局　长：杨　凌（女，10月4日免）

尹湘麟（10月4日任）

副局长：高金华

陆国顺（1月3日任）

统计局

局　长：张　波

副局长：董天荣（女）

汤光华（2月5日任）

物价局

局　长：龚红旗

副局长：杨和春

刘德政

安全生产监督管理局

局　长：乔兰俊

副局长：马翠平（2月5日免）

许　谦

范雪明（2月5日任）

环境保护局

局　长：朱永俊

副局长：马志伟（女）

李　勇

孙环宇

城市管理局

局　长：王　强

副局长：王惠强

王　钢

笪洪斌

李小林

文　健（2月5日任）

党工委书记：王　强

党工委副书记：王惠强

城市管理行政执法局（在区城市管理局挂牌）

局　长：王　强

副局长：王惠强

王　钢

城市管理行政执法大队

大队长：刘　庆

政　委：曹华迅

交通运输局

局　长：衡长华
副局长：秦飞宇
　　　　沈　军
　　　　杨　啸
党工委书记：沈　强
党工委副书记：衡长华

农业局

局　长：宋玉强（7月6日免）
　　　　钱扬才（7月6日任）
党组书记：宋玉强(7月6日免）
　　　　　钱扬才(7月6日任）
副局长：赵章进
　　　　李正福
　　　　耿殿元
　　　　朱耀华（12月8日任）

区委农村工作委员会（与区农业局合署）

主　任：暂　缺
副主任：暂　缺

农村集体资产管理办公室

主　任：宋玉强（7月6日免）
　　　　钱扬才（7月6日任）

水务局

局　长：王瑞荣
副局长：梅　军
　　　　刘　陈
　　　　王小君（2月5日任）

商务局

局　长：陈正儒
副局长：宋玉会（女）
　　　　李古财
　　　　沈建新
　　　　王　浩
党工委书记：陈正儒
党工委副书记：宋玉会（女）

投资促进局（在区商务局挂牌）

局　长：暂缺

供销合作联社

主　任：陈正儒

中国国际贸易促进委员会南京市分会雨花台区支会

会　长：暂缺

文化局

局　长：朱向东（1月29日免）
　　　　陈志康（1月29日任）
党工委书记：陈志康（1月29日任）
副书记：朱向东（1月29日免）
副局长：孙　辰
　　　　丁文隽（女）
　　　　石明舟
　　　　陈　兰（女，2月5日免）
　　　　任晨慧（女，2月5日任）

旅游局（在区文化局挂牌）

局　长：陈志康（1月29日任）

卫生和计划生育局

局　长：褚堂琴（女）
副局长：张婉如（女）
　　　　刘文江
　　　　谢声萍（女）
　　　　蒋宁卫（2月5日免）
　　　　戴国强
党工委书记：褚堂琴（女）
党工委副书记：张婉如（女）

爱国卫生委员会办公室

主　任：暂　缺

市场监督管理局

局　长：张正坚（1月29日免）
　　　　李君毅（1月29日任）
副局长：裘　骏
　　　　周慧芬（女）
　　　　杨玉倩（女）
　　　　曹　钟（2月5日免）
　　　　陈　新
党工委书记：张心坚（1月29日任）
党工委副书记：李君毅（1月29日任）
区市场监管综合行政执法大队大队长：冯良华

人民防空办公室

主　任：施晓明
副主任：谢　洪

残疾人联合会

理事长：尹　宏（1月29日免）
　　　　杨春霞（女，1月29日任）
副理事长：马晓峰
　　　　　陈晓华（12月8日任）

体育局

局　长：蒋朝晖
副局长：江海翔（女）

档案局

局　长：徐美如（女）
副局长：俞建宁
　　　　张　镭（女）
　　　　过大江
　　　　倪恒威（2月5日任）

档案馆

馆　长：徐美如（女）

区委党史工作办公室

主　任：张　镭（女）
副主任：严明英（女，2月5日任）

地方志编纂委员会办公室

主　任：俞建宁

征收拆迁安置办公室（保障房片区管理办公室）

主　任：薛　伟
副主任：陈礼正
　　　　潘　红（女）

政协雨花台区委员会工作机构

办公室

主　任：钱　军
副主任：姜　宁
　　　　罗　敏（女）

提案委员会

主　任：葛宗超

副主任：刘　全

经济科技委员会

主　任：季昌锁

副主任：黄　霞（女）

人口资源环境和城市建设委员会

主　任：曹冬梅（女）

副主任：赵　涛

教卫文体和学习文史委员会

主　任：张剑飞

副主任：王　新（2月5日任）

社会法制和民族宗教委员会

主　任：李　明

委员工作委员会

主　任：林文辉

雨花台区人民法院

院　长：陶　红（女）

副院长：金　晖

　　　　韩　芳（女）

　　　　祝　怡（女）

　　　　费月华（女）

政治处主任：陆文俊

专职委员：陈　晨

执行局局长：胡卫方

党组书记：陶　红（女）

党组副书记：金　晖

雨花台区人民检察院

检察长：韩晓帆

副检察长：张　峰

　　　　　何立超（女）

　　　　　吕齐斌

专职委员：吴晓玉

　　　　　张梅菁（女）

党组书记：韩晓帆

党组副书记：张　峰（1月29日任）

反贪污贿赂局

局　长：吕齐斌（2月5日免）

街道（园区）

雨花街道

党工委书记：周洪涛

党工委副书记：刘建功

　　　　　　　邵美玲（女）

　　　　　　　蔡亚锋（女，2月5日免）

　　　　　　　裴　鸿（女，2月5日任）

纪工委书记：王庆华

办事处主任：刘建功

办事处副主任：邵美玲（女）

　　　　　　　王喜洲

　　　　　　　尹申海

　　　　　　　董　红（女）

　　　　　　　郑昱杰

　　　　　　　曹红伟（治安）

人大工委主任：马丽敏（女）

政协工委主任：李家祥

组织委员：裴　鸿（女，12月22日任）

宣传委员：董　红（女，2月5日免）

　　　　　谢　群（2月5日任）

人武部部长：郑昱杰

副处级统战干事: 李帮建
综合行政执法大队大队长: 邹一兵

赛虹桥街道

党工委书记: 汪丹彦（女）
党工委副书记: 伍葵阳
欧仁谷
卞志宏
纪工委书记: 储世荣
办事处主任: 伍葵阳
办事处副主任: 欧仁谷
董善龙
蒋顺录（2月5日免)
杨　浩
姚礼明（治安）
孙向东
人大工委主任: 杨荣海
政协工委主任: 孙忠南
人武部部长: 杨　浩
组织委员: 卞志宏（12月22日任）
宣传委员: 卞志宏（2月5日免）
史居敏（女,2月5日任）
副处级统战干事: 孙向东（2月5日免）
蒋顺录（2月5日任）
综合行政执法大队大队长: 惠如平

铁心桥街道

党工委书记: 张建设
党工委副书记: 张海毅（1月29日免）
赵　勇（1月29日任）
李　云（1月29日免）
娄　杰
张　晔（女,2月5日任）
纪工委书记: 臧忠仁
办事处主任: 张海毅（1月29日免）
赵　勇（1月29日任）
办事处副主任: 娄　杰(2月5日任)
李　云（1月29日免）
王孝春
蒋　进
韩焕新（治安）
人大工委主任: 邓宁成
政协工委主任: 朱汉奎
组织委员: 张　晔（女,12月22日任）
宣传委员: 李　晨
人武部部长: 蒋　进
副处级统战干事:李　晨
综合行政执法大队大队长: 王　炜

板桥街道

党工委书记: 赵道翀
党工委副书记: 魏　平
赵　勇（1月29日免）
梁　震(2月5日任)
华晓朝
纪工委书记: 顾春晖
办事处主任: 魏　平
办事处副主任: 赵　勇（1月29日免）
崔　伟（治安）(2月5日免)
梁　震
赍存保
刘吉清
刘　民（治安）(2月5日任)
人大工委主任: 欧保华
政协工委主任: 徐建平
组织委员: 华晓朝（12月22日任）
宣传委员: 倪海啸
人武部部长: 李海斌

副处级统战干事：李海斌
综合行政执法大队大队长：张秀平

西善桥街道

党工委书记：徐　立
党工委副书记：刘　佳
陆苏燕（女）
陈　涯(2月5日免)
许发俊(2月5日任)
纪工委书记：唐长泉
办事处主任：刘　佳
办事处副主任：陆苏燕（女）
汪国勇（治安）
许发俊（2月5日免）
赵守阳
余　岚（女）
王世勇（2月5日任）
人大工委主任：陈海松
政协工委主任：张良云（1月29日任）
宣传委员：张如铁
组织委员：许发俊（12月22日任）
人武部部长：许发俊
副处级统战干事：赵守阳
综合行政执法大队大队长：朱向军

梅山街道

党工委书记：陈志新
党工委副书记：钱扬才（ 7月6日免）
郑诗宁（7月6日任）
俞巍蔚（女）
刘立龙
纪工委书记：张思军（2月5日免）
徐明桂（2月5日任）
办事处主任：钱扬才（7月6日免）
郑诗宁（7月6日任）
办事处副主任：任晨慧（女， 2月5日免）
徐明桂（2月5日免）
李　军（治安）
汤大开
王思旺（7月6日任）
人大工委主任：朱向东
政协工委主任：王国成
组织委员：刘立龙（12月22日任）
宣传委员：向贵平
人武部部长：汤大开（2月5日免）
华文锦（2月5日任）
副处级统战干事：任晨慧（女，2月5日免）
韦　芸(女，2月5日任)
综合行政执法大队大队长：夏　俊

雨花经济开发区

党工委书记：黄　进
党工委副书记：郭治宇
王　鹏
范春生
纪工委书记：丁伯龙
管委会主任：郭治宇
管委会副主任：王　鹏
刘　东
杨世保（治安）
傅传贵
季苏颖（女，挂职）
高林浩（挂职）
人大工委主任：陶　文
政协工委主任：朱后祥
组织委员：范春生（12月22日任）
宣传委员：朱海东
副处级统战干事：朱海东

人武部长：林海滨

板桥新城

党工委书记：孙　凯（7月6日免）
　　　　　　李　睿（7月6日任）

副书记：戴　俊（女）
　　　　杨　勇
　　　　杨春霞（女，1月29日免）
　　　　庄兴海（2月5日任）

纪工委书记：庄兴海（2月5日免）
　　　　　　赵　波（2月5日任）

管委会主任：戴　俊（女）

管委会副主任：杨　勇
　　　　　　　缪小明（治安）
　　　　　　　方在金
　　　　　　　刘新元
　　　　　　　徐家连

雨花新城规划建设管理办公室

主　任：吴昌发（1月29日免）

副主任：赵　涛
　　　　黄　霞（女）
　　　　刘　全
　　　　孙春阳（女，2月5日任）

·中国（南京）软件谷·

中共南京市委中国（南京）软件谷党工委

党工委书记：黄　河（12月5日免）
　　　　　　戴华杰（12月5日任）

党工委副书记：谢祖国

党工委委员：仲兆林
　　　　　　卞艳艳（女）
　　　　　　王　辉
　　　　　　黄敖齐
　　　　　　彭金斌

纪工委书记：仲兆林

中国（南京）软件谷管委会

管委会主任：谢祖国

管委会副主任：卞艳艳（女）
　　　　　　　王　辉
　　　　　　　黄敖齐
　　　　　　　彭金斌

中国（南京）软件谷工作机构及直属单位

党政办公室

主　任：翟高峰
　　　　裴　鸿（女，2月5日免）

副主任：张思军（2月5日任）
　　　　杨镇宁

战略发展局

局　长：高建平

副局长：尹湘麟（5月17日免）
　　　　黄　玲（女）
　　　　肖　华（女）

规划建设局

局　长：尹　波（1月29日免）
　　　　张　盈（女，1月29日任）

副局长：李　进（2月15日任）
　　　　蔡　军

招商合作局

局　长：暂　缺

副局长：翟云海
　　　　李文华（女）

赵　华
黄　莉（女，2月5日任）

科技人才局

局　长：荣　飞（1月29日免）
李　云（1月29日任）
副局长：邵旻杰

财政国资局

局　长：贾乐实（兼）
副局长：夏红忠
吴　莹（女）
张金玲（女）

发展促进局

局　长：李君毅（1月29日免）
副局长：武　娟（女）

发展公司

负责人：娄　伟
副总经理：翟云海
陆文俊（2月7日任）

土地储备中心

主　任：尹　波（兼）
副主任：彭庆东

江苏数字出版基地（南京园区）管理办公室

主　任：黄　进（1月29日免）
尹湘麟（2月5日任，10月22日免）
副主任：王　鹏

·南京市铁路南站地区综合管理办公室·

主　任：蒋　冰（兼，7月6日免）
孙　凯（7月6日任）
副主任：张苏海
李　平
综合处处长：娄　伟
副处长：孙春阳（女，2月5日任）
教导处处长：吴昌发（1月29日免）
尹　波（1月29日任）
法规处副处长：徐家连
市政管养与综合服务中心副主任：申　昱

·南京市垂直管理机构·

雨花台烈士陵园管理局

局　长：赵永艳
党委书记：赵永艳
党委副书记：陈建军
副局长：黄　莹（女）
杨永清
方国中
纪委书记：陈建军

雨花台区人民武装部

部　长：金　宏（8月免）
蔡会军（2月任）
政　委：蔡会军（2月免）
胡子江（8月任）
副部长：陈　琳

南京市国土资源局雨花台分局

局　长: 朱　健

副局长: 李　军

陈　霞(女)

王旭东

南京市公安局雨花台分局

局　长: 蒋虻芒

政　委: 苗　满

区维稳办副主任: 林　霞(女)

监察室副主任: 芮红飞

副局长: 付小福

袁　俊

南京市雨花台区国家税务局

局　长: 姜莱斌

副局长: 吴勤锋

张迎乔

李　毅

党组书记: 姜莱斌

纪检组长: 马志奇

南京市地方税务局雨花台分局

局　长: 王桃之

副局长: 周　薇(女)

邵龙喜

郭智怡(女)

南京市规划局雨花台分局

局　长: 包考国

副局长: 吕　倩

雨花消防大队

大队长: 毕晓东

教导员: 周　林

副大队长: 唐　琪

交警八大队

大队长: 丁邦建

交通科科长: 贾　锋

副大队长: 吴晓晖

尹宣伦

陆　平

南京市烟草专卖局雨花台分局

局　长: 韩军纪

副局长: 赵文杰

副经理: 许小娟

(责任编辑: 张　玄)

索引

2019YUHUATAIALMANAC

Index

说　明

一、本索引采用主题索引方法，依据首字汉语拼音字母顺序排列，同音字按声调顺序排列；首字同音同调按笔排列；首字音序相同，按第二字音序排列，依次类推。

二、类目、分目、副分目标题和人名作索引词的均用黑体字标明。

三、索引词后数字表示内容所在页码或参见页码（用黑体排列在索引词后第一位置的为主出处项），数字后字母表示从左至右内容所在栏别，索引词后括注“表”字样表示表；索引词后括注其他内容为说明项。

四、“附见”内容悬挂缩进两格排印，附于相关款目之下。

五、图片、特载、大事记和附录下部分内容不作索引。

A

B

C

D

E

F

J

L

M

N

P

Q

R

S

W

X

Y

Z